SOCIOLOGIE DE L'ENTREPRISE

Sous la direction de

Sébastien Arcand, HEC Montréal

Jean-Pierre Dupuis, HEC Montréal

Joseph Facal, HEC Montréal

Patrick Pelletier, TÉLUQ

CHENELIÈRE ÉDUCATION

Sociologie de l'entreprise
3e édition

Sous la direction de Sébastien Arcand, Jean-Pierre Dupuis, Joseph Facal et Patrick Pelletier

Conception éditoriale : Eric Monarque
Édition : Marie Victoire Martin
Coordination : Nathalie Jalabert
Révision linguistique : Danielle Leclerc
Correction d'épreuves : Annie Cloutier
Conception graphique : Christian Campana
Conception de la couverture : Micheline Roy

Sources iconographiques

Couverture : © Gary Waters/Ikon Images/Corbis ;
Ouvertures de parties et de chapitres : © Mirko_Rosenau/iStockphoto ;
p. 124 : Meunierd/Shutterstock.com ;
p. 129 : © Alexis Hamel ;
p. 190 : Ville de Montréal. Gestion de documents et archives ;
p. 192 : Photographer unknown, 1871 ;
p. 193 : © budny/iStockphoto ;
p. 194 : International Pub. Co., Cleveland, Ohio, 1911 ;
p. 199 : Tatiana Grozetskaya/Shutterstock.com ;
p. 205 : Geek & Poke ;
p. 210 : HEC Montréal.

Catalogage avant publication de Bibliothèque et Archives nationales du Québec et Bibliothèque et Archives Canada

Sociologie de l'économie, du travail et de l'entreprise

Sociologie de l'entreprise

3e édition.

Publié antérieurement sous le titre : Sociologie de l'économie, du travail et de l'entreprise. Montréal : G. Morin, 1998.

Comprend des références bibliographiques et un index.

ISBN 978-2-7650-4524-3

1. Économie politique – Aspect sociologique. 2. Sociologie industrielle. 3. Entreprises – Aspect sociologique. I. Arcand, Sébastien, 1970- . II. Dupuis, Jean-Pierre, 1955- . III. Facal, Joseph, 1961- . IV. Pelletier, Patrick. V. Titre.

HM548.S64 2014 306.3 C2014-941463-3

CHENELIÈRE ÉDUCATION

5800, rue Saint-Denis, bureau 900
Montréal (Québec) H2S 3L5 Canada
Téléphone : 514 273-1066
Télécopieur : 514 276-0324 ou 1 800 814-0324
info@cheneliere.ca

ISBN 978-2-7650-4524-3

Dépôt légal : 1er trimestre 2015
Bibliothèque et Archives nationales du Québec
Bibliothèque et Archives Canada

Imprimé au Canada

3 4 5 6 7 M 26 25 24 23 22

Gouvernement du Québec – Programme de crédit d'impôt pour l'édition de livres – Gestion SODEC.

Ce projet est financé en partie par le gouvernement du Canada | Canada

FSC www.fsc.org MIXTE Papier issu de sources responsables FSC® C103567

Présentation des auteurs

Yves-Marie Abraham est professeur à HEC Montréal où il enseigne et mène des recherches dans le domaine de la sociologie de l'économie. Ses travaux sur les fondements sociaux de la réalité économique l'ont amené à s'intéresser de près à l'« objection de croissance », dont il est devenu un partisan convaincu. Il a notamment dirigé la publication de *Décroissance versus développement durable* chez Écosociété (2011) et créé à HEC l'un des premiers cours universitaires sur la décroissance soutenable.

Sébastien Arcand, qui détient un doctorat en sociologie de l'Université de Montréal, est professeur à HEC Montréal depuis 2005. Il s'intéresse aux rapports sociaux ethniques au sein des entreprises, des organisations internationales ou des organismes publics. Il a conduit des recherches sur des sujets liés aux dimensions ethnoculturelles des sociétés contemporaines, notamment sur l'intégration socioéconomique des populations maghrébines et latino-américaines à Montréal, ou encore sur les relations entre l'État québécois et les diverses populations issues de l'immigration. Il s'intéresse également à l'entrepreneuriat ethnique et au rôle des institutions d'éducation dans l'insertion professionnelle des personnes immigrantes. Outre son enseignement et ses activités de recherche à HEC, il enseigne régulièrement dans différentes universités en Colombie.

Luciano Barin Cruz est professeur agrégé au service de l'enseignement du management à HEC Montréal. Il est également codirecteur du Groupe de recherche interdisciplinaire en développement durable (GRIDD) de HEC Montréal. Il détient un doctorat en science de gestion de l'Université Jean Moulin Lyon III en France. Le professeur Barin Cruz mène de nombreux projets et mandats de recherche en développement durable, en responsabilité sociale des entreprises et en innovation sociale. Il est déjà intervenu dans divers pays d'Amérique latine et d'Europe. Ses travaux de recherche ont été publiés dans des revues telles *World Development, Business & Society, Journal of Business Ethics, Management Decision, Organization, Journal of Cleaner Production* et *M@n@gement*.

Urwana Coiquaud est professeure agrégée au département de gestion des ressources humaines à HEC Montréal et cochercheure au Centre de recherche interuniversitaire sur la mondialisation et le travail (CRIMT). Titulaire d'un doctorat en droit de l'Université d'Aix-Marseille III (France) et d'un Ph.D. en relations industrielles de l'Université de Montréal (en cotutelle), elle est coauteure de l'ouvrage *Droit des rapports collectifs de travail au Québec*, publié aux éditions Yvon Blais. Ses recherches portent sur le travail précaire, le droit du travail et les rapports collectifs de travail.

Nolywé Delannon est doctorante et chargée de cours en management à HEC Montréal. Elle est également coordonnatrice du Centre de recherche sur les innovations sociales de HEC Montréal (CRISES-HEC). Avant de s'intéresser à la gestion, elle a étudié en sciences politiques et économiques à l'Université de Montréal puis à Paris I Panthéon-Sorbonne. Ses recherches portent sur la responsabilité sociale des entreprises, plus précisément sur les relations entreprises-communautés locales. Ses travaux reposent essentiellement sur une perspective politique pour analyser ces relations dans la durée et dans des contextes locaux où les entreprises jouent un rôle significatif.

Jean-Pierre Dupuis est professeur de sociologie et d'anthropologie des organisations à HEC Montréal. Depuis de nombreuses années, il mène des recherches en management interculturel, notamment sur l'expérience internationale des Québécois et des Français et sur les entreprises multiculturelles montréalaises. Il a publié plusieurs articles sur le sujet, ainsi que cinq ouvrages touchant le monde de l'économie et de l'entreprise, dont *Gestion en contexte interculturel. Approches, problématiques, pratiques et plongées en 2008* (avec Eduardo Davel et Jean-François Chanlat) et *Coopérer dans les entreprises multiculturelles. Le cas d'entreprises montréalaises en 2013.*

Joseph Facal est professeur agrégé à HEC Montréal. Depuis 2004, il y enseigne la sociologie et le management. Il est titulaire d'un doctorat en sociologie de l'Université de Paris-Sorbonne et d'une maîtrise en sciences politiques de l'Université de Montréal. Ses recherches portent surtout sur l'évolution du modèle québécois de développement. Monsieur Facal, qui commente fréquemment l'actualité politique et économique dans divers médias, a été, de 1994 à 2003, député à l'Assemblée nationale du Québec. Durant cette période, il fut tour à tour président du Conseil du trésor et ministre d'État à l'Administration et à la Fonction publique, ministre des Relations avec les citoyens et de l'Immigration et ministre délégué aux Affaires intergouvernementales canadiennes.

Christian Lévesque est professeur titulaire à HEC Montréal et codirecteur du Centre de recherche interuniversitaire sur la mondialisation et le travail (CRIMT). Ses recherches portent sur le renouveau syndical, les relations du travail dans les firmes multinationales et la dynamique sociale de l'avantage comparatif institutionnel dans les pays du Nord et du Sud.

Lucie Morissette est professeure agrégée au Service de l'enseignement de la gestion des ressources humaines à HEC Montréal et membre du Centre de recherche interuniversitaire sur la mondialisation et le travail (CRIMT). Elle est titulaire d'un doctorat en relations industrielles de l'Université de Montréal. Ses recherches portent sur les innovations institutionnelles, notamment la création d'instruments financiers par les syndicats et les pratiques de gestion de la main-d'œuvre et du travail dans les *clusters* industriels.

Patrick Pelletier est professeur de management à la TÉLUQ. Titulaire d'une maîtrise en sociologie de l'Université du Québec à Montréal et d'un doctorat en management de HEC Montréal, il est spécialisé dans le domaine de la théorie de l'organisation. Ses travaux de recherche portent sur les processus de changement et d'innovation dans les organisations professionnelles, particulièrement dans les établissements d'enseignement supérieur.

Tania Saba est professeure titulaire à l'École de relations industrielles de l'Université de Montréal. Elle a obtenu un doctorat en relations industrielles de l'Université de Montréal, suivi d'un stage postdoctoral de spécialisation en gestion internationale des ressources humaines à l'Université Cornell. Madame Saba est chercheuse affiliée au Centre de recherche interuniversitaire sur la mondialisation et le travail (CRIMT) et au Centre d'études et de recherches internationales de l'Université de Montréal (CÉRIUM). À l'École de relations industrielles, elle a occupé les postes de directrice et de vice-doyenne aux études de 1er cycle. Depuis 2012, elle est vice-doyenne aux études de cycles supérieurs et aux affaires extérieures à la Faculté des arts et des sciences. Ses recherches portent sur les aspects internationaux de la gestion des ressources humaines, les processus de transfert des connaissances, les programmes de mobilité et le développement des talents à l'international, la transformation des relations d'emploi, le vieillissement au travail, les différences intergénérationnelles, la gestion des ressources humaines dans les secteurs publics et privés, ainsi que les formes d'organisation de la fonction ressources humaines dans les organisations.

Jamel Stambouli est candidat au doctorat en management à HEC Montréal et chargé de cours aux programmes de certificat et de baccalauréat en entrepreneuriat et en management. Il est titulaire d'une maîtrise en géographie (spécialisation en économie urbaine) obtenue de l'Université d'Aix-Marseille 3, en France, et d'un baccalauréat en administration (spécialisation en management) obtenu à la faculté des sciences économiques et de gestion de l'Université de Tunis. Ses recherches et publications portent sur l'entrepreneuriat, l'immigration, l'entrepreneuriat ethnique et la religion. Il est également associé à plusieurs projets de recherche en tant qu'assistant à l'Université de Montréal, au Centre d'études ethniques des universités montréalaises et au sein du réseau international Metropolis. Il a agi en tant que consultant pour l'Organisation internationale pour les migrations et travaillé comme gestionnaire au sein de plusieurs entreprises, en France et en Tunisie.

Diane-Gabrielle Tremblay est professeure à l'École des sciences administratives de la TELUQ. Elle est titulaire de la Chaire de recherche du Canada sur les enjeux socio-organisationnels de l'économie du savoir. Elle est aussi directrice de l'Alliance de recherche université-communauté (ARUC) sur la gestion des âges et des temps sociaux, et chercheure au Centre de recherche sur les innovations sociales (CRISES) de l'UQAM. Elle a été professeure invitée dans plusieurs universités en Europe et en Asie. Madame Tremblay est aussi responsable du comité « Gender, work and family » de la Society for the Advancement of Socio-Economics, coresponsable du comité « Temps sociaux » de l'Association internationale des sociologues de langue française, membre du comité de sociologie du travail de l'Association internationale de sociologie, ainsi que présidente de l'Association d'économie politique et codirectrice de la revue *Interventions économiques*.

Table des matières

Introduction

Le livre que vous avez entre les mains se veut un manuel pédagogique pour accompagner un cours d'introduction à la sociologie de l'entreprise conçu à l'intention d'étudiants universitaires de première année.

Or, la vérité est que les étudiants, surtout ceux qui aspirent à devenir gestionnaires, abordent souvent ce cours avec un mélange variable de perplexité, d'appréhension et de scepticisme. Les lourds préjugés ne sont jamais loin et, parfois, ils sont même exprimés spontanément.

Pourquoi ce cours est-il obligatoire dans certaines institutions, se demandent ces étudiants, puisqu'ils n'ont aucune intention de devenir sociologues ? En quoi ce cours pourrait-il bien leur être utile ? La sociologie peut-elle même prétendre au statut de science « sérieuse » et légitime au même titre que les mathématiques, la physique ou même la science économique ? Dans le cas particulier des étudiants qui aspirent à devenir gestionnaires, ce qui s'exprime sous forme d'équations et de graphiques commande plus spontanément le respect.

Ces questions sont légitimes et compréhensibles. Selon nous, la pertinence de ce cours et, par extension, du présent ouvrage, tient en quatre raisons qui sont interreliées.

D'abord, la sociologie est une discipline à vocation scientifique qui cherche à comprendre les comportements des individus ou des groupes d'individus de toutes les sphères de la société. Or, une entreprise n'est pas qu'un lieu où l'on produit des biens et offre des services. C'est aussi un espace dans lequel des individus agissent et nouent entre eux des relations de collaboration ou d'affrontement. En réalité, la remarque vaut aussi pour toute organisation humaine le moindrement complexe. Comprendre ce qui se passe dans une entreprise, pourquoi elle va bien ou mal, pourquoi l'atmosphère y est détestable ou motivante, pourquoi elle réussit à se réinventer et à changer ou, au contraire, pourquoi tout y est toujours laborieux et conflictuel, exige d'étudier non pas tellement des colonnes de chiffres, mais surtout le comportement des individus, ce à quoi la sociologie peut contribuer.

C'est d'autant plus vrai – et c'est la seconde raison de faire une place à la sociologie dans une école de gestion – que les modes de gestion ont beaucoup évolué. On a longtemps cru que l'efficacité passait par l'application de règles, de normes, de procédures inscrites dans des rapports hiérarchiques stricts. L'entreprise fût longtemps une sorte d'armée où certains commandaient et d'autres obéissaient. C'est encore vrai d'une certaine façon. Mais aujourd'hui on sait aussi que, dans nos sociétés où les changements surviennent à un rythme toujours plus rapide, où les êtres humains sont plus instruits et autonomes, l'efficacité exige davantage de souplesse, de flexibilité, de polyvalence, de débrouillardise et de créativité que par le passé. Les règles sont toujours nécessaires, mais elles peuvent devenir des freins si elles sont trop nombreuses ou trop tatillonnes. Plutôt que de les multiplier ou de les complexifier, il vaut mieux outiller et responsabiliser les êtres humains. Si l'être humain est au cœur du succès, il devient plus important que jamais de pouvoir comprendre son comportement.

La troisième raison justifiant la parution de cet ouvrage se trouve en quelque sorte à l'extérieur de l'entreprise. Les exigences de nos concitoyens à l'endroit de l'entreprise ont changé. Celle-ci ne peut plus justifier ses actions en invoquant seulement le droit légal d'agir et la légitimité de la quête du profit. On exige de plus en plus que l'entreprise adopte un comportement socialement responsable, bien que l'on pourrait discuter longuement de ce qu'implique ou non un tel comportement. Chose certaine, après des décennies de relative impunité, l'entreprise est désormais sous haute surveillance: les citoyens, les médias, les gouvernements lui demandent de rendre des comptes sur son respect de l'environnement, son souci de la santé de ses travailleurs et des consommateurs, son intégrité en publicité, ses interventions pour influencer les décisions des gouvernements et ainsi de suite. Somme toute, on exige de l'entreprise qu'elle trouve un nouveau point d'équilibre entre la recherche du profit et ses responsabilités sociales. Tout cela suppose que le gestionnaire est socialement éveillé, si l'on peut dire, et qu'il ne se concentre pas uniquement sur les aspects strictement économiques et comptables d'une situation ou d'un enjeu. Ici encore, la sociologie peut contribuer de manière décisive à cet élargissement de son regard.

En réalité, c'est toute notre planète, toute notre époque qui sont traversées par des enjeux qui interpelleront de plus en plus les gestionnaires: la mondialisation, les technologies de l'information, les manipulations génétiques, la fragilisation de l'environnement, l'approvisionnement en énergie, les changements démographiques, la diversité ethnoculturelle croissante de nos sociétés, par exemple. On pourra de moins en moins gérer en vase clos. Le gestionnaire de demain devra naviguer dans des eaux turbulentes qui exigeront qu'il lève le regard et qu'il sache comprendre les dimensions économiques, sociales, politiques et culturelles de son environnement d'affaires.

Notons enfin – voici la quatrième et dernière raison – que de nombreux étudiants amorçant leur parcours académique, et c'est tout à fait normal, ne savent pas encore quel métier ils pratiqueront ou, s'ils pensent le savoir, qui changeront d'avis en cours de route. Un cours qui embrasse large et qui les force à se frotter à des thèmes très variés les amènera peut-être à se découvrir de nouveaux champs d'intérêt et, qui sait, à trouver leur vocation.

La sociologie, disions-nous plus tôt, est une discipline à vocation scientifique. On notera que nous ne disons pas d'entrée de jeu qu'elle *est* une science. Nous entendons par là qu'elle peut *parfois* être scientifique. Il est vrai que la subjectivité ou l'idéologie du chercheur se pointent souvent le bout du nez, quand ils ne dictent pas carrément le choix du sujet, de l'angle de traitement, voire des conclusions. Les étudiants le sentent intuitivement. Quand on leur demande s'ils croient possible d'étudier scientifiquement les êtres humains et les sociétés, plusieurs répondent spontanément par la négative ou affichent un scepticisme certain.

Selon nous, tout sujet (un individu, un groupe d'individus, une organisation, une entreprise, un événement ou une situation particulière), petit ou grand, local ou planétaire, passé ou présent, tout, absolument tout, peut faire l'objet d'un examen scientifique. C'est la méthode utilisée, et non le sujet, qui détermine si l'effort de compréhension peut ou non être qualifié de scientifique. La question est de savoir si la démarche du chercheur est rigoureuse ou non, aussi objective que possible ou non, vérifiable par d'autres chercheurs ou non. Lorsqu'un chercheur observe avec minutie, dégage une problématique, pose des hypothèses vraisemblables, se dote d'un plan méticuleux, s'abstient de porter des jugements de valeur et interprète avec prudence et rigueur ses résultats, alors, oui, sa démarche sera scientifique, même si ce sont des êtres humains souvent imprévisibles et porteurs de leur propre subjectivité qui sont examinés.

Fondamentalement, les différences entre les sciences sociales, comme la sociologie, et les sciences naturelles, comme la biologie ou la chimie, sont au nombre de trois.

Tout d'abord, quand on examine le comportement humain, il est plus difficile d'en dégager des lois universelles valides en toutes circonstances, notamment parce que chaque humain est une somme unique d'humeurs, de traits de caractère et d'expériences formatrices, en plus d'être influencé par une culture familiale, professionnelle et, bien sûr, nationale. À l'opposé, deux gaz mélangés dans les mêmes proportions et à la même température produiront toujours la même réaction. Si l'expérience est reproduite un million de fois dans exactement les mêmes conditions, on obtiendra le même résultat un million de fois. Deux individus placés en interaction pourront, eux, changer d'avis et se comporter différemment d'une fois à l'autre. Cela ne veut pas dire qu'il est impossible de dégager des lois qui sont généralement vraies sous certaines conditions. La loi de l'offre et de la demande en est un exemple. Dire que chaque être humain tendra, en général, à prendre la décision qu'il estime la plus bénéfique selon la lecture qu'il fait de sa propre situation en est une autre.

La deuxième différence est que, dans les sciences sociales, il est plus difficile, quoique possible, de mener des expériences répétées en laboratoire sur des êtres humains. Mais ce n'est pas, et de loin, la méthode préférée des sociologues pour atteindre le sens de ce que les gens font et disent qu'ils font.

La troisième différence est que le chercheur qui étudie un aspect de la société plutôt qu'un aspect du cosmos ou des profondeurs sous-marines sera plus susceptible d'être influencé non seulement par ce qu'il voit, mais par ce qu'il voudrait voir, par la manière dont il pense que la société devrait être. Le risque d'être influencé par son idéologie et ses valeurs est plus présent dans les sciences sociales que dans les sciences naturelles ; les sciences naturelles ne sont pas pour autant à l'abri de biais idéologiques, comme l'a démontré la sociologie des sciences ces 30 dernières années.

Tout cela doit simplement conduire le chercheur en sciences sociales à une plus grande prudence dans les explications qu'il propose, surtout s'il s'aventure à faire des prédictions. Mais rien de tout cela ne rend impossible l'aspiration à un éclairage proprement scientifique du comportement humain.

Pour l'essentiel, la sociologie s'est progressivement constituée en tant que science sociale au XIXe siècle, en même temps que la science économique, la psychologie et l'anthropologie. Il est vrai par ailleurs que, dans des œuvres beaucoup plus anciennes comme celles de Machiavel (1469-1527) ou même de Platon (428/427 av. J.-C. à 348/347 av. J.-C.) ou d'Aristote (384 av. J.-C. à 322 av. J.-C.), on peut trouver des passages dans lesquels des penseurs essaient d'expliquer le comportement des êtres humains sans invoquer l'intervention divine. Parmi les pères fondateurs de la sociologie moderne en tant que champ relativement défini de la connaissance, citons Auguste Comte (1798-1857), Karl Marx (1818-1883), Émile Durkheim (1858-1917), Max Weber (1864-1920) et Vilfredo Pareto (1848-1923). On trouve aussi des pages authentiquement sociologiques chez des auteurs plus spontanément associés à la science économique, comme Adam Smith (1723-1790), ou à la philosophie, voire à l'histoire, comme Alexis de Tocqueville (1805-1859).

Est-ce l'effet du hasard si presque toutes les sciences sociales modernes ont émergé et se sont constituées à la même époque ? Bien sûr que non. À partir du moment où les progrès des sciences physiques, *grosso modo* depuis la fin du Moyen Âge, montrent que l'on peut expliquer le monde qui nous entoure autrement que par la magie ou la religion, les mythes et les dogmes traditionnels sont ébranlés et doivent faire place à de nouvelles tentatives pour expliquer la réalité. Par ailleurs, les XVIIIe et XIXe siècles ont connu de profonds bouleversements sociaux. Des monarchies qui disaient fonder leur pouvoir sur la volonté divine tombent. Les bourgeois succèdent aux aristocrates comme catégorie sociale dominante. Les paysans quittent les campagnes pour s'établir dans les villes. L'effort humain bénéficie de l'effort des machines. L'énergie animale cède le pas au charbon, puis au pétrole. Les premières usines apparaissent. Les ouvriers prennent la parole, s'organisent et revendiquent des droits. Les femmes font de même. Des inventions de toutes sortes voient le jour. Tous ces bouleversements mettent en lumière les insuffisances des explications traditionnelles et stimulent la quête de nouvelles réponses, d'où la constitution de nouveaux champs de la connaissance qui, à mesure qu'ils se spécialiseront, deviendront des disciplines relativement autonomes tout en étant reliées entre elles.

Puis, tout au long du XXe siècle, la sociologie étend son regard, ses regards devrait-on plutôt dire, à tous les domaines de l'action humaine. Il n'y a strictement aucun domaine de l'action humaine qui lui soit interdit. Partout où se trouvent des êtres humains dont on essaie de comprendre le comportement, il y a matière à un effort de compréhension par la sociologie. Évidemment, les progrès ont été tels que l'on peut aujourd'hui voir la sociologie comme un gigantesque coffre à outils dans lequel on trouvera de multiples théories, des méthodes très diverses, des résultats confirmés, des hypothèses spéculatives, des travaux classiques, des contributions plus controversées, etc.

Existe-t-il au moins quelques postulats théoriques communs à ce foisonnement ? On pourrait en discuter longtemps, mais il y en a au moins un qui nous semble difficilement discutable. En sociologie, il faut toujours poser qu'un comportement humain qui nous semble étrange, ou que nous désapprouvons, n'est pas pour autant « irrationnel ». En se mettant dans les souliers de l'acteur, en acceptant de regarder le réel à travers son point de vue, en posant que ses buts ont un sens pour lui, que les décisions qu'il prend et les gestes qu'il pose sont en concordance avec les buts qu'il espère atteindre, on en vient à comprendre que l'acteur est rationnel, mais que sa rationalité est limitée par l'information imparfaite ou incomplète dont il dispose, par les contraintes de sa situation, par son idéologie, ses valeurs, ses préjugés, ses expériences passées, etc. Si on fait cet exercice avec prudence et modestie, on en viendra même souvent à conclure qu'à sa place, nous nous serions possiblement comportés de la même manière.

Le fait d'hésiter ou de se tromper n'est donc pas un signe d'irrationalité. C'est simplement la preuve qu'il y a des limites à la rationalité. Quand on décrète qu'un acteur est irrationnel, c'est généralement qu'on n'a pas réussi à reconstituer la réalité à travers ses yeux, telle que lui la perçoit, au moment et dans le contexte dans lequel il agit, et qu'on comprend mal les valeurs et la vision du monde qui sont les siennes.

Quand on puise dans ce coffre à outils immense et désordonné qu'est la sociologie pour étudier n'importe quel aspect de l'action humaine dans l'entreprise, ou même pour examiner les rapports entre l'entreprise et son milieu environnant, on fait de la sociologie de l'entreprise. On pourra donc se pencher sur ses succès, ses échecs, ses difficultés, ses décisions, ses tensions, ses conflits, sa culture, son organisation, sa gestion du changement, bref, sur tout ce qui concerne de près ou de loin ce que font tous ceux qui en font partie, qu'ils soient dirigeants ou dirigés.

Par entreprise, on entendra ici un ensemble organisé d'individus et de relations entre eux, relativement stable, dont la finalité est de produire un bien ou un service pour lequel devront payer ou non ceux qui le désirent. Un chantier de construction n'est donc pas une entreprise, mais une activité particulière de cette dernière. Une succursale n'est pas vraiment une entreprise puisqu'elle suit des ordres venus d'ailleurs ; elle est plutôt une composante de l'entreprise. Les deux peuvent toutefois être étudiées sociologiquement si on les relie à l'autorité centrale dont ils relèvent. Par ailleurs, une entreprise pourra être privée, elle pourra appartenir au gouvernement, être contrôlée par une personne, par une famille, ou par un nombre plus ou moins grand de partenaires ou d'actionnaires, et elle pourra être dirigée de manière plus ou moins centralisée ou démocratique.

La sociologie de l'entreprise est un champ devenu si vaste, tant au plan des théories que des objets étudiés, qu'il nous a fallu forcément faire des choix. Au plan de l'approche conceptuelle, il fallait décider, si l'on peut dire, à travers quelle « paire de lunettes » nous choisirions de regarder l'entreprise. Nous avons choisi de reconduire l'approche qui était au cœur des éditions précédentes de ce livre parce qu'elle est simple et éprouvée. Nous nous inscrivons dans la tradition dite de la sociologie française des organisations, qui s'est constituée au cours des dernières décennies autour des travaux d'auteurs comme Michel Crozier, Erhard Friedberg, Renaud Sainsaulieu, Jean-Daniel Raynaud et d'autres encore. Cette approche est exposée au chapitre 2.

Présentation de l'ouvrage

Quelques mots maintenant sur la structure de l'ouvrage, qui se divise en trois parties et en dix chapitres.

La première partie, « Mise en contexte et outils théoriques », compte deux chapitres et présente les dynamiques du capitalisme et de l'entreprise capitaliste. Nous traitons bien sûr de l'entrepreneur, acteur central au cœur de ces dynamiques, mais aussi de tout le contexte qui favorise le développement des dynamiques en question. Nous pouvons ainsi percevoir toute l'épaisseur sociologique de l'entreprise.

Dans le premier chapitre, Jean-Pierre Dupuis, partant d'une histoire abrégée de l'émergence du capitalisme et des principaux acteurs de la société industrielle capitaliste, montre que, s'il y a un type idéal de société capitaliste, il existe divers capitalismes, différents modèles de développement économique dont il faut chercher l'explication à travers les contextes nationaux dans lesquels le capitalisme a pris forme. Cela illustre bien que chacun des capitalismes est autant le résultat de facteurs sociaux et culturels que de facteurs purement économiques, comme les lois du marché.

Dans le chapitre 2, le même auteur présente la dynamique interne de l'entreprise à partir d'une approche sociologique. Nous y voyons que, pour la plupart des individus, l'entreprise est plus qu'un simple lieu de travail : c'est un milieu de vie. Ils y passent une grande partie de leur temps, et souvent de leur vie. Ils y créent des liens, parfois très forts, qui marquent l'entreprise. L'auteur présente les concepts de but, de ressource, de stratégie et d'enjeu qui permettent de comprendre les individus comme acteurs de l'entreprise. Il examine ensuite les interactions des acteurs dans une perspective plus systémique. Le concept de régulation est au centre de cet examen. Il recouvre un ensemble construit de règles qui sert d'assise aux groupes, aux organisations, aux institutions ou aux sociétés. Il renvoie à la dynamique du pouvoir dans les entreprises. Le développement de ces interactions, dans un même lieu et autour de régulations, donne naissance à des identités de groupes et d'entreprises, concepts essentiels pour comprendre la richesse de la vie en entreprise. L'auteur montre que ces identités sont variées et sujettes à se transformer sous l'effet des bouleversements économiques, politiques et culturels qui touchent actuellement les sociétés industrielles.

La deuxième partie, intitulée « Les grandes institutions de la société capitaliste », présente quelques grands acteurs institutionnels qui encadrent la vie des entreprises et surtout la transformation de leur rôle dans un contexte de mondialisation. Dans le chapitre 3, Joseph Facal définit le rôle traditionnel de l'État, les fonctions qu'il remplit, les formes qu'il a prises avec le temps ainsi que les relations qu'il a entretenues avec l'entreprise. Il examine également, de façon critique, les tendances récentes de son évolution dans un contexte de mondialisation et tente de répondre à la fameuse question : la mondialisation entraîne-t-elle le déclin de l'État ? Il y apporte une réponse nuancée en examinant plus finement la crise de l'État-providence et la situation particulière du Québec.

Dans le chapitre 4, Sébastien Arcand présente les organisations économiques internationales (Banque mondiale, Fonds monétaire international, Organisation mondiale du commerce, etc.) qui, aux dires de plusieurs, ont ravi aux États nationaux le rôle de définisseur de situation. Il présente le contexte de leur naissance, leur évolution au fil du temps ainsi que les interventions qu'elles ont faites. Il examine plus en détail les enjeux politiques et économiques, sociaux et culturels, au cœur de leur intervention économique. Par exemple, le rôle et la place des États nationaux dans les échanges économiques, la protection des travailleurs à l'échelle internationale ou encore la diversité culturelle sont autant d'enjeux cruciaux pour les entreprises que pour les sociétés contemporaines.

Dans le chapitre 5, Lucie Morissette, Urwana Coiquaud et Christian Lévesque examinent le rôle et la place des syndicats dans le contexte de la nouvelle économie mondiale. Ils s'attardent dans un premier temps à retracer les origines et l'évolution du syndicalisme pour en montrer la raison d'être dans le temps. Ils examinent par la suite les rôles des syndicats en milieu de travail et dans la société : le rôle qu'ils ont joué en régulant tant le marché externe (intermédiaire entre les entreprises et les travailleurs) que le marché interne (dans l'entreprise) de l'emploi et des conditions de travail ; le rôle qu'ils ont joué aussi dans la promotion de certaines valeurs sociales (luttes pour l'équité et contre la discrimination, promotion de l'environnement et de la culture, etc.). Finalement, ils explorent les principales avenues de renouveau de l'action syndicale : l'approfondissement de partenariats patronal-syndical, l'organisation syndicale des milieux non traditionnels et les expériences internationales significatives des syndicats. Ils concluent de cet examen de l'état de la situation que tout n'est pas joué pour autant : le déclin comme le renforcement du syndicalisme sont encore possibles.

Dans le chapitre 6, Diane-Gabrielle Tremblay et Juan-Luis Klein nous présentent la ville comme un acteur incontournable du développement économique. La ville est un lieu par excellence de création de richesses et d'idées au cœur du développement du capitalisme, comme l'a avancé il y a longtemps l'économiste canadienne Jane Jacobs. Ils discutent dans ce chapitre de ce qui fait la force de la ville, soit la pluralité d'acteurs (institutionnels, associatifs, communautaires, etc.), ainsi que les défis qui l'attendent aujourd'hui, à savoir la création d'une cohésion sociale, le développement de capacités et de secteurs créatifs en matière de développement et le besoin d'une gouvernance inclusive pour y arriver. Ils discutent également de la célèbre thèse des villes créatives de Richard Florida, d'une approche alternative à cette thèse ainsi que du cas de Montréal, lieu propice au consensus et aux projets créatifs.

La troisième partie, intitulée « Quelques enjeux contemporains », est consacrée, comme son nom l'indique, à certains enjeux contemporains propres au capitalisme et aux entreprises. Fidèles à la perspective de l'ouvrage, les auteurs des quatre chapitres que réunit cette troisième partie se sont intéressés à la façon dont se constituent socialement les diverses catégories d'acteurs et, entre autres, à la façon dont l'économie, le travail et l'entreprise façonnent les comportements des acteurs et sont façonnés par eux.

Le chapitre 7, de Sébastien Arcand, Tania Saba et Jamel Stambouli, rend compte de la prise en compte de la diversité dans les entreprises. Plus particulièrement, les auteurs font le point sur la situation des minorités culturelles, des jeunes et des femmes dans les organisations, notamment dans les organisations québécoises. On y voit les différentes formes de discrimination, visibles et invisibles, qui expliquent une stagnation sur certains plans de ces populations. Les auteurs y font ressortir les similarités touchant ces populations minoritaires, mais ils ont surtout voulu faire mieux comprendre la complexité des relations entre générations, de genre et entre cultures, de même qu'ils ont tâché de sensibiliser les étudiants à l'importance de la prise en compte de la diversité et de sa gestion pour les organisations contemporaines.

Le chapitre 8, de Luciano Barin Cruz et Nolywé Delannon, traite de l'importante question de la responsabilité sociale des entreprises. Un sujet à la mode, mais qui sous-entend, selon les auteurs, une réalité ancienne, celle du rôle et de la responsabilité des dirigeants d'entreprises envers la société. Aujourd'hui, la responsabilité sociale incombe à toute l'organisation, et non aux seuls dirigeants, et concerne un nombre de plus en plus grand d'interlocuteurs ou d'acteurs, que l'on nomme souvent les parties prenantes de l'entreprise. De même, la réalité couverte sous ce titre regroupe de plus en plus de préoccupations sociales (environnement, justice sociale, etc.). Les auteurs montrent aussi qu'il y a des approches très diverses en matière de responsabilité sociale. Le débat actuel oppose principalement la responsabilité sociale utile pour l'entreprise, appelée stratégique, que mettent de l'avant les dirigeants des grandes entreprises et la responsabilité sociale politique, qui met en évidence les rapports de pouvoir entre les différents acteurs de l'entreprise et de la société et qui appellent à un élargissement de l'action responsable des entreprises.

Dans le chapitre 9, Patrick Pelletier traite d'un autre sujet d'actualité qui, parfois, est considéré comme le grand trait transformateur de nos sociétés et de nos organisations modernes, à savoir les technologies de l'information. Selon plusieurs auteurs, les technologies de l'information, en remettant en cause notamment les notions de temps et d'espace tels que nous les avons connus jusqu'à maintenant, remettraient aussi en cause notre monde actuel. Patrick Pelletier montre, au contraire, que loin de déterminer un modèle de société ou d'organisation uniforme et prévisible, les technologies de l'information sont d'abord et avant tout un construit social et qu'en ce sens, il n'y a pas de déterminisme absolu qui serait produit par ces technologies. Ce sont les hommes et les femmes qui déterminent les usages sociaux de ces technologies et, à ce titre, ils restent en quelque sorte les maîtres du jeu à la fois dans les organisations et dans les sociétés modernes. Il n'en demeure pas moins que le phénomène est important et qu'il mérite d'être examiné attentivement, notamment les différents usages sociaux qui sont faits des technologies de l'information.

Dans le chapitre 10, Yves-Marie Abraham présente une critique marxienne de la société capitaliste d'hier et d'aujourd'hui. Il montre que cette critique grandissante dans nos sociétés occidentales s'articule aujourd'hui autour de trois enjeux principaux, à savoir l'enjeu écologique (le capitalisme est-il en train de détruire notre planète ?), l'enjeu des inégalités sociales (le capitalisme génère-t-il de plus en plus d'injustice sociale ?) et l'enjeu de la liberté (le capitalisme est-il de plus en plus aliénant pour l'individu ?). Il propose également une voie de sortie du capitalisme axée sur la philosophie de la décroissance soutenable. Cette philosophie est développée par plusieurs auteurs et s'incarne dans un mouvement social de plus en plus prégnant.

Soulignons en terminant que, pour cette troisième édition, la direction de l'ouvrage est devenue collective. À Jean-Pierre Dupuis, qui a été responsable des deux premières éditions, dont la première en collaboration avec André Kuzminski, s'ajoutent à présent de nouveaux responsables : Sébastien Arcand, Joseph Facal et Patrick Pelletier.

PARTIE 1

Mise en contexte et outils théoriques

CHAPITRE 1

Jean-Pierre Dupuis

Le capitalisme : origines, essence et variété

1.1 Le capitalisme comme modèle de société

Pour se faire une idée claire du travail et de son organisation, de l'entreprise et de son fonctionnement, une bonne compréhension de la société dans laquelle nous vivons est essentielle, cela parce que le travail et l'entreprise sont tout autant des produits de cette société que des instruments qui interviennent dans sa transformation. Par conséquent, selon les types de sociétés, les liens qui existent entre travail et société prennent des formes différentes qu'il importe de comprendre. Quelle forme prennent ces liens dans nos sociétés capitalistes ? Pour répondre à cette question, nous partirons d'un examen de la nature de la société capitaliste et de ses origines. Nous verrons par la suite que les sociétés capitalistes, bien qu'elles aient en commun des caractéristiques générales, présentent des différences importantes, tant sur le plan de l'organisation du travail et de l'entreprise que sur celui de l'économie en général.

1.1.1 La naissance du capitalisme : le triomphe de la classe des marchands

Le marché est souvent présenté comme l'institution qui a révolutionné le monde en donnant naissance à la société capitaliste. La définition du capitalisme que donne le sociologue américain Peter L. Berger dans *La révolution capitaliste* (1992, p. 5-6) va ainsi : « La définition la plus utile du capitalisme est […] celle qui focalise sur ce que la plupart des gens ont eu à l'esprit lorsqu'ils ont utilisé le terme — *la production pour un marché par des individus ou des regroupements d'individus entreprenants dans le but de réaliser un profit.* »

Or, selon le sociologue français Jean Baechler (1971, p. 69), le marché est une institution aussi vieille que le monde, et des capitalistes, qu'il définit comme des personnes « dont l'activité repose sur l'espoir d'un profit par l'exploitation des possibilités d'échange », évoluent dans tous les empires que l'Histoire a connus, à quelques exceptions près — le Pérou des Incas, par exemple. Ce qui est nouveau avec la société capitaliste, c'est que, selon Baechler, pour la première fois dans l'histoire, ce groupe d'acteurs parvient, par ses pratiques, à imposer ses valeurs et son mode d'organisation à l'ensemble de la société. Les capitalistes occidentaux ont réussi à pousser au maximum l'idée de l'efficacité économique du marché, ce qui veut dire que de plus en plus de relations sociales d'échange (la garde des enfants, par exemple) s'insèrent dans une logique marchande (un échange engendrant un profit).

Mais comment les détenteurs du capital ont-ils réussi à s'imposer, à surclasser les acteurs politiques ou religieux qui dominaient les sociétés jusque-là ? Et pourquoi le capitalisme est-il né en Europe et pas ailleurs ? Se pose ici la question des origines du capitalisme comme modèle de société. Cette question est importante en ce qu'elle s'articule à celle des conditions qui favorisent l'émergence et l'épanouissement de la société capitaliste, que beaucoup de sociétés cherchent aujourd'hui à imiter. Répondre à la question des origines, c'est, d'une certaine façon, indiquer à ces sociétés ce qu'elles doivent faire pour que s'y développe le capitalisme, si tel est leur souhait. Examinons cela un peu plus en détail.

Disons d'abord que la plupart des auteurs ont beaucoup plus de mal à expliquer les origines du capitalisme qu'à décrire ses principales caractéristiques. L'historien français Paul Mantoux (1959, p. 380) dira d'ailleurs que les origines du capitalisme « reculent à mesure qu'on les étudie davantage ». Selon le philosophe et sociologue grec Cornelius Castoriadis, une telle étude serait futile et impossible tant les facteurs sont nombreux et interreliés. Voici comment il présente la naissance du capitalisme :

> Des centaines de bourgeois, visités ou non par l'esprit de Calvin et l'idée de l'ascèse intramondaine, se mettent à accumuler. Des milliers d'artisans ruinés et de paysans affamés se trouvent disponibles pour entrer dans les usines. Quelqu'un invente une machine à vapeur, un autre, un nouveau métier à tisser. Des philosophes et des physiciens essaient de penser l'univers comme une grande machine et d'en trouver les lois. Des rois continuent de se subordonner et d'émasculer la noblesse et créent des institutions nationales. Chacun des individus et des groupes en question poursuit des fins qui lui sont propres, personne ne vise la totalité sociétale comme telle. Pourtant le résultat est d'un tout autre ordre : c'est le capitalisme. Il est absolument indifférent, dans ce contexte, que ce résultat ait été parfaitement déterminé par l'ensemble des causes et des conditions [...]. Ce qui importe ici, c'est que ce résultat a une cohérence que personne ni rien ne voulait ni ne garantissait au départ ou par la suite ; et qu'il possède une signification (plutôt, paraît incarner un système virtuellement inépuisable de significations), qui fait qu'il y a bel et bien une sorte d'entité historique qui est le capitalisme (Castoriadis, 1975, p. 62).

Castoriadis a raison en ce qui a trait à l'origine accidentelle du système social nommé « capitalisme ». Il a aussi raison quand il soutient que le capitalisme possède une cohérence et une signification. C'est à partir du moment où un ensemble d'acteurs reconnaissent cette cohérence et la nomment (lui donnant une signification) que ces mêmes acteurs, ou d'autres, peuvent s'employer consciemment à promouvoir le phénomène en question — ou en tout cas ce qui en fait, selon eux, la force ou l'originalité — ou à le condamner, à le transformer, etc. Le propre des êtres humains est bien de nommer les choses, de leur donner un sens et d'agir en fonction de ce sens. Précisons tout de suite que cette signification a varié dans le temps et dans l'espace et qu'elle varie toujours, puisque, encore aujourd'hui, les divers acteurs ne s'entendent pas sur le sens du capitalisme.

Cela dit, faut-il pour autant renoncer à répondre à la question des origines, comme semble le recommander Castoriadis ? Nous ne le croyons pas, dans la mesure où les différentes réponses à cette question contribuent à donner un sens au capitalisme moderne, et, ce faisant, à orienter les actions des divers acteurs sociaux. En effet, la plupart des acteurs contemporains des sphères politique et économique, tout comme ceux du monde des sciences sociales, ont chacun leur opinion, implicite ou explicite, sur le sujet, opinion qui n'est pas sans influer sur les décisions qu'ils prennent quotidiennement, déterminant ainsi la vie économique, politique et sociale. Pour notre part, n'échappant pas à cette logique, nous voudrions donner notre propre interprétation des origines du capitalisme et de son évolution en nous fondant sur l'histoire (sélection et interprétation de faits historiques) et sur la sociologie (comparaison de faits de société dans l'espace et dans le temps), même si une telle interprétation est forcément partielle et partiale dans la mesure où la sélection et la comparaison des faits laissent une large place à notre subjectivité. Autrement dit, le recours à des disciplines comme l'histoire et la sociologie, bien que celles-ci permettent de prendre une certaine distance objective, n'élimine pas pour autant tous les partis pris liés à la subjectivité.

La plupart des auteurs s'entendent pour faire remonter les plus lointaines origines du capitalisme à l'effondrement de l'Empire romain d'Occident. L'effondrement d'un pouvoir central fort dans cette aire culturelle qu'est l'Europe a été, selon Baechler (1971), le phénomène ayant joué le plus grand rôle dans la montée de la classe des capitalistes. En effet, pendant plusieurs siècles, l'Europe a été une entité culturelle sans pouvoir politique fort, divisée en une multitude de fiefs féodaux rivaux et dans laquelle aucune autorité n'est parvenue à organiser, planifier et réguler les échanges marchands et l'économie. Profitant de cette anarchie politique, les marchands multiplieront les échanges économiques tout en s'étendant eux-mêmes, donnant naissance aux bourgs, puis aux villes d'Europe qui entretiendront entre elles, et avec d'autres régions du monde, un commerce florissant. Ce capitalisme urbain prend racine en Italie, en particulier dans les villes de Venise, Florence, Milan et Gênes. Son centre se déplace par la suite au nord, à Anvers et à Bruges. À cette époque, c'est-à-dire au début du XVIe siècle, l'Europe compte encore plus de 500 unités politiques autonomes et le cycle de centrage-recentrage de ce capitalisme urbain se continuera entre le Nord et le Sud, jusqu'à ce que les capitalistes anglais réussissent les premiers à créer un vaste marché interne — un marché national — qui aboutira à la fameuse révolution industrielle. Ainsi, pour Baechler (1971, p. 126), « l'explication ultime de l'extension des activités économiques en

Occident est le décalage entre l'homogénéité de l'espace culturel et la pluralité des unités politiques qui le partagent. L'expansion du capitalisme tire ses origines et sa raison d'être de l'anarchie politique».

C'est la combinaison homogénéité culturelle — la chrétienté héritée du monde romain — et pluralité des unités politiques qui a favorisé l'approfondissement de l'idée de marché. Cette idée, la classe des marchands capitalistes a pu la mettre en pratique sans contrainte politique majeure. Elle a circulé en Europe, du sud au nord, où chaque région a rivalisé d'imagination et d'adresse dans l'art du commerce et dans les moyens de réaliser un profit par l'échange. En effet, depuis les débuts du capitalisme, toutes les tentatives des puissances politiques montantes de se rendre maîtres de l'Europe — de l'Espagne des Habsbourg à l'Allemagne hitlérienne en passant par la France du Roi-Soleil ou de Napoléon — ont échoué. Chaque fois, une coalition de pays européens s'est constituée pour contrecarrer les projets de la puissance politique du moment (Kennedy, 1989).

En fait, aucun pouvoir politique ne pouvait contraindre cette classe de marchands européens dont les rois dépendaient pour asseoir et étendre leur pouvoir. Ils avaient besoin des marchands — de leur argent — pour former leurs armées et combattre les seigneurs. Il est d'ailleurs juste de dire que, progressivement, à cause de ce rôle joué auprès des rois et des princes, les marchands acquièrent un certain pouvoir politique qui deviendra de plus en plus grand à mesure que leurs fortunes se constituent et que le territoire des rois s'agrandit. Le nouveau pouvoir politique qui s'organise autour des États-nations en émergence est d'ores et déjà investi par la classe capitaliste qui participe activement à leur développement. Ces États-nations, avec en tête de file l'Angleterre, donneront son essor au commerce en forçant l'ouverture des marchés intérieur et extérieur. Ils mèneront même des guerres impérialistes au XIXe siècle contre les pays — notamment l'Inde et la Chine — qui refuseront d'ouvrir leurs marchés aux produits occidentaux[1].

Ce qui est nouveau avec la société capitaliste, c'est qu'elle est dominée par l'économie et ses principaux agents, qu'ils soient marchands, producteurs ou financiers, contrairement aux sociétés qui l'ont précédée, où prévalaient plutôt le politique, le religieux, la parenté, etc. Comme le signale l'économiste américain Robert L. Heilbroner (1986, p. 66), le principe central d'organisation du régime capitaliste, «c'est le capital avec sa nature auto-expansive». Sa thèse rejoint celle de Baechler (1971, p. 30), qui soutient que «ce qui est la raison d'être constitutive du capitalisme, c'est [...] l'emploi de la richesse sous diverses formes concrètes, non comme une fin en soi, mais comme le moyen d'acquérir plus de richesse». Il s'agit de faire fructifier les capitaux, non pas pour se procurer des biens matériels et en jouir, mais pour augmenter son capital, pour constituer des fortunes colossales qui deviendront, à la suite de la transformation des mentalités au XVIIIe siècle, une source importante de pouvoir et de prestige social. Il faut se rappeler que, jusque-là, et comme dans la plupart des sociétés précapitalistes, «l'activité orientée vers le gain est mal vue ou méprisée» (Heilbroner, 1986, p. 89). Il a donc fallu du temps et des efforts aux marchands pour que leur culture économique soit acceptée dans la société occidentale. Finalement, plus que d'être acceptée, elle s'imposera littéralement comme principe central d'organisation.

1.1.2 Le capitalisme industriel: la naissance de nouvelles classes sociales

La révolution industrielle est la consécration du capitalisme. Elle n'est pas celle qui donne naissance au capitalisme, elle est plutôt, comme le dit Berger (1992, p. 25), «un accomplissement historique» de ce dernier. C'est là qu'il prend la forme que nous lui connaissons encore aujourd'hui. Le capitalisme devient alors industriel, c'est-à-dire que le capital est appliqué à la production des marchandises et les profits capitalistes proviennent de cette production et de la vente des marchandises produites par des travailleurs salariés dans l'entreprise industrielle. Les marchands avaient déjà accumulé beaucoup de capitaux, mais l'entrepreneur industriel, soit celui qui utilisera ces capitaux, les fera fructifier davantage. Il y a là un nouveau moyen de faire du profit et d'augmenter son capital. Il est nouveau dans la mesure où, comme le dit Heilbroner (1986, p. 57), «aucune société du passé n'a employé la relation salariale comme principal moyen d'obtenir un surplus».

Selon Mantoux (1959, p. 383-394), la révolution industrielle donnera lieu à une véritable ruée. Tout le monde accourra pour faire fortune par l'industrie. Des gens de toutes les conditions et de tous les milieux, tels que les boutiquiers, aubergistes, rouliers, paysans, tisserands, forgerons, cloutiers, se transformeront en entrepreneurs industriels. Tous ne réussiront pas, mais beaucoup s'y essaieront. Nul besoin d'être riche ou inventeur, il suffit de posséder des qualités d'organisateur. Mantoux précise que ces nouveaux hommes d'affaires doivent être capables :

- de réunir les capitaux nécessaires à l'ouverture d'une fabrique, c'est-à-dire trouver des bailleurs de fonds ;
- de former la main-d'œuvre y travaillant ;
- d'y organiser le travail efficacement ;
- de trouver des débouchés pour les marchandises qui y sont produites.

Il s'agit d'un nouvel état qui combine plusieurs rôles dont certains existaient déjà : « À la fois capitaliste, organisateur du travail dans la fabrique, enfin commerçant et grand commerçant, l'industriel est le type nouveau et accompli de l'homme d'affaires. » (Mantoux, 1959, p. 394) On assiste donc à la création d'une classe d'industriels qui vient gonfler la classe des capitalistes. Parallèlement, issue de l'industrialisation, naît la classe des ouvriers, constituée des travailleurs salariés qui peuplent les nouvelles entreprises industrielles. C'est toute la société qui va se réorganiser autour de ces deux classes sociales devenues, en l'espace d'un siècle, les deux plus importantes de la société capitaliste industrielle.

Dans les premiers temps, les ouvriers connaissent des conditions de vie et de travail très difficiles. Les salaires sont faibles et ne permettent pas, dans plusieurs cas, de se nourrir et de se loger convenablement. Le travail des femmes et des enfants permet à peine à la famille d'y arriver. Les journées et les semaines de travail sont longues, de 14 à 16 heures par jour, six jours par semaine. Les conditions de travail sont pénibles (l'usine est souvent glaciale l'hiver, torride l'été, l'éclairage est mauvais, les mesures de sécurité inexistantes), et la misère, la sous-alimentation, les maladies et les accidents sont fréquents. La situation ne s'améliore pas nécessairement avec le temps, elle se détériore même, du moins dans les débuts, en raison d'une concurrence accrue. De la fin du XVIIe siècle, lors des débuts de l'industrialisation, jusqu'au milieu du XVIIIe, cette concurrence, combinée avec un taux de chômage tournant souvent autour de 15 %, entraîne une baisse des salaires et une dégradation générale des conditions de travail. Cela aboutira éventuellement à des affrontements majeurs entre groupes d'ouvriers et capitalistes. Par la suite, la situation aura tendance à s'améliorer, malgré l'existence de cycles économiques, sous l'effet conjugué de la croissance économique, des luttes ouvrières et des législations gouvernementales.

La situation des ouvriers sera moins difficile dans certains pays comme la France et les États-Unis, pour des raisons qui sont propres à leur histoire, mais, dans l'ensemble, le processus a été semblable dans tous les pays qui ont suivi la voie de l'industrialisation. Pourquoi alors les paysans, les ruraux, les artisans sont-ils allés travailler dans les usines ? Pourquoi y sont-ils restés ? Prenons le cas de l'Angleterre, premier pays à entreprendre la révolution industrielle. Plusieurs raisons incitent les paysans, ou plus généralement les ruraux, à aller travailler dans les usines des villes. Une première se rapporte à la réorganisation de la propriété foncière, connue sous le nom de *Enclosure Acts* (loi prescrivant la division, l'allotissement et la clôture des prairies, pacages, champs ouverts ou communs[2], des terres vagues et terres communes d'une paroisse, etc.), qui favorise les propriétaires les plus prospères, ne laissant aux petits paysans que des lopins de terre improductifs et redoublant leurs obligations (clôturer leurs terres, payer leur quote-part pour les frais généraux de l'*enclosure*, etc.), sans compter que, conséquemment à cette réforme, les nombreux ouvriers agricoles perdent les avantages qu'ils avaient (les droits d'usage des terres communes). Cette loi du XVIIIe siècle, qui généralisait un mouvement entrepris spontanément par de grands propriétaires dès le XVIe siècle — à la suite d'un accord majoritaire entre propriétaires, il était permis de réaménager et de clôturer un territoire —, a rendu possible la réorganisation complète du territoire agricole dans les diverses paroisses de l'Angleterre pour une plus grande productivité de l'agriculture. Cette réforme, qui a favorisé la concentration des exploitations, a entraîné l'expulsion de nombreux ruraux des terres où ils vivaient.

De plus, le gouvernement anglais, qui, depuis le XVIIe siècle, obligeait les paroisses à « parquer dans des workhouses pénitentiaires et moralisantes les pauvres sans travail rejetés du monde rural » (Rioux, 1971, p. 166), abroge cette obligation en 1795, précipitant ceux-ci vers les centres manufacturiers. Il faut préciser cependant que beaucoup de ruraux s'y étaient déjà rendus en espérant améliorer leur sort. C'est qu'en effet la vie était tout aussi, sinon plus, difficile pour un grand nombre de paysans et d'artisans que pour les sans-travail. Fernand Braudel (1979, p. 746-747) rappelle ce fait lorsqu'il écrit : « Sans doute, à l'intérieur d'une société où chacun, vivant de son labeur artisanal, était sans fin au bord de la malnutrition et de la faim, le travail des enfants à côté de leurs parents, dans les champs, dans l'atelier familial, dans la boutique, était la règle depuis toujours. »

Nous assistons alors à la création d'un véritable marché du travail avec des gens sans emploi ou sans occupation à la recherche d'un travail et des entrepreneurs à la recherche d'une main-d'œuvre pour travailler dans leur atelier ou leur manufacture. Ce marché du travail deviendra une des institutions centrales du capitalisme avec le marché des biens et des services qui étend progressivement son emprise sur toute la société anglaise, puis sur les sociétés européennes.

Pas plus que les gens n'acceptaient passivement leur sort dans le monde rural — en témoignent les révoltes populaires et paysannes qui ont marqué le Moyen Âge (Mullet, 1987) —, les nouveaux ouvriers urbains n'accepteront pas le leur dans les usines. Devant des conditions de travail difficiles qui apportent leur lot de pauvreté, de misère et de maladies, les ouvriers se révoltent à l'occasion. Il y a d'abord les réactions spontanées de violence contre les machines qui leur imposent un rythme soutenu de travail ou qui les remplacent. Il y a aussi les arrêts de travail, les sabotages, les grèves spontanées qui frappent régulièrement les lieux de travail. On tente d'organiser le mouvement ouvrier, de négocier avec les patrons des ententes pour améliorer les conditions de travail, mais la résistance des patrons et des gouvernements qui les appuient est forte. Toute tentative d'organisation est combattue, les syndicats sont même considérés comme des organisations criminelles. Il faudra attendre 1870 avant que l'Angleterre reconnaisse légalement les syndicats, qui n'ont que peu de pouvoir à cette époque.

Les ouvriers s'organisent aussi en coopératives pour se soustraire à l'emprise des patrons, qui est grande. Ainsi naissent les premières coopératives de consommation:

> Contre la pratique patronale du salaire payé en partie par des bons échangeables contre des denrées alimentaires ou des produits de première nécessité dans un magasin contrôlé par le patron, et qui souvent débite des marchandises médiocres ou frelatées à prix élevés, contre les intermédiaires qui spéculent sur la faim ouvrière, les premières coopératives apparaissent en 1815. (Rioux, 1971, p. 186)

L'action des ouvriers débouchera aussi sur l'action politique au sein de partis socialistes et communistes qui proposent des projets de sociétés égalitaires. La classe ouvrière devient le point d'appui de ces partis et ses membres, les agents du changement à entreprendre pour arriver à une société plus égalitaire. Le contrôle de l'État, accusé de servir surtout les intérêts des capitalistes, sera l'enjeu politique principal. On veut le mettre davantage, sinon exclusivement dans certains cas, au service de la classe ouvrière.

1.2 L'apparition de l'entreprise moderne

Les marchands capitalistes sont à l'origine de l'entreprise moderne. Ils commerçaient autant à l'étranger que sur leur propre territoire. Ils allaient chercher des marchandises précieuses (soie, porcelaine, épices, etc.) en Orient et ailleurs dans le monde. Ils équipaient et armaient des bateaux à cette fin. En Europe, ils achetaient la production des artisans et des paysans travaillant à domicile; ces derniers faisaient surtout de la filature et du tissage. Toutes ces marchandises étaient écoulées dans les marchés urbains d'Europe, celles qui étaient produites en Europe servant aussi de valeur d'échange contre des marchandises en provenance de l'étranger. La croissance des échanges obligea les marchands à couvrir un territoire de plus en plus grand pour se procurer les marchandises réclamées par les marchés urbains d'Europe et les marchés internationaux. C'est ainsi qu'ils durent se rendre dans les régions les plus reculées de leur pays pour trouver une main-d'œuvre capable de produire ces marchandises. Ils fournissaient très souvent les métiers à tisser et la matière première aux paysans. Mais, à l'évidence, ce travail à domicile des paysans — qu'exerçaient aussi leurs enfants et les gens à leur service — et celui qu'effectuaient les artisans dans leurs ateliers ne suffisaient pas à la demande, entre autres parce que la production était en règle générale irrégulière et peu abondante. Chacun travaillait davantage en fonction de ses besoins qu'en fonction de ceux des marchands.

Pour remédier à ce problème, des marchands se transformèrent en fabricants, regroupant de plus en plus les artisans et les paysans sous un même toit pour surveiller la production et imposer un rythme de travail plus productif à raison de six jours par semaine et de 12 à 15 heures par jour. Des artisans, parce qu'ils n'avaient pas d'autre choix, acceptaient d'y travailler. Les centres d'artisanat dirigés par les marchands-fabricants se multiplièrent. Pour y attirer les paysans, les marchands cessaient de leur fournir la matière première ou leur retiraient tout simplement leur métier à tisser, de sorte que les plus pauvres, ceux qui avaient besoin de ce surplus pour subsister, étaient obligés de migrer dans les centres où se trouvaient ces nouveaux lieux de production. C'est ainsi que naîtront les manufactures, qui, au début, sont essentiellement un lieu où la production est regroupée (Beaud, 1990, p. 67). Les réformes de l'agriculture contribuèrent aussi à fournir de la main-d'œuvre bon marché à ces nouvelles manufactures, comme nous l'avons vu plus haut.

À partir du milieu du XVIIIe siècle, ces manufactures seront remplacées par des fabriques. La fabrique se différencie de la manufacture par l'emploi de machines mues par une source d'énergie qui ne dépend pas de la force de l'homme ou d'un animal. C'est la fabrique qui est au cœur de la révolution industrielle et qui transformera radicalement le monde de la production. Les premières fabriques utiliseront surtout l'énergie hydraulique pour actionner les mécanismes des machines, mais rapidement d'autres sources d'énergie prennent le relais et offrent plus de possibilités. Comme le rappelle Michel Beaud (1990, p. 95):

> La fabrique utilise une énergie (houille noire pour la chaleur, houille blanche pour actionner les mécanismes) et des machines. Ce n'est qu'à la fin du siècle que les moteurs à vapeur, conçus et expérimentés par Watt entre 1765 et 1775, seront utilisés pour actionner des machines (il y en aura environ cinq cents en service vers 1800). Avec cette énergie est animé un système de machines d'où découle nécessairement l'organisation de la production et les cadences de travail, et qui implique une nouvelle discipline pour les travailleurs qui le servent. Les filatures sont construites, bâtiments de brique de quatre ou cinq étages employant plusieurs centaines d'ouvriers; des fabriques de fer et de fonte rassemblent plusieurs hauts fourneaux et plusieurs forges.

Le mouvement des fabriques déclenché en Angleterre s'étendra par la suite ailleurs en Europe et aux États-Unis au XIXe siècle. Mais aux États-Unis, ce n'est qu'après la découverte d'importants gisements d'anthracite (charbon) en Pennsylvanie, en 1830, que la fabrique s'étendra à d'autres productions que le textile. En effet, si les filatures pouvaient fonctionner grâce à l'énergie hydraulique, celle-ci était insuffisante dans d'autres secteurs. Le charbon apportait donc la chaleur élevée et régulière nécessaire aux nouvelles méthodes de production dans les activités de raffinage et de distillation, ainsi que dans les industries de la fusion et de la fonte. Le charbon, désormais disponible en grandes quantités, permit à son tour la naissance de l'industrie sidérurgique moderne, et, dans son sillage, celle des industries de fabrication de machines et des autres industries des métaux dont les États-Unis disposent aujourd'hui.

Mais, comme le souligne l'historien américain Alfred Chandler (1988, p. 275): « Bien que ce soient le charbon, le fer et les machines qui aient fourni respectivement l'énergie, la matière première et l'équipement nécessaires à l'usine moderne, ce sont les chemins de fer et le télégraphe qui ont encouragé la diffusion rapide de la nouvelle forme de production. » En effet, ces nouveaux moyens de transport et de communication favoriseront la production et la distribution de masse. Les chemins de fer et le télégraphe assurent l'approvisionnement rapide des usines en matières premières et la distribution tout aussi rapide des marchandises qui y sont produites, ce qui permet aux fabricants de rentabiliser leurs machines et de conserver une main-d'œuvre ouvrière permanente. De ce fait, il y a une incitation pour les entrepreneurs à investir dans de nouvelles usines et dans des installations de plus en plus importantes. De plus, ces moyens contribuent à l'établissement d'une communication rapide et directe entre producteurs et grossistes, ce qui facilite les échanges commerciaux. Les multiples intermédiaires sont désormais supprimés, et l'on voit apparaître de grandes entreprises qui accaparent la distribution.

Il existe donc, à la fin du XIXe siècle, de grandes entreprises de production et de distribution. Ces deux types d'entreprises ont bénéficié de ce que Chandler appelle des économies de vitesse et d'échelle. Ces entreprises fabriquaient ou distribuaient plus rapidement, en plus grande quantité et à un coût moindre que les entreprises traditionnelles de production et de distribution de l'époque. Cette révolution a été autant technique (nouvelles sources d'énergie, nouvelles machines) que managériale (organisation de la production et de la distribution). C'est la naissance de la grande entreprise qui marquera le XXe siècle.

*

* *

Nous venons de le voir, la société capitaliste est issue des pratiques d'une classe d'acteurs — les capitalistes, qu'ils soient marchands, financiers ou industriels — qui réussissent à imposer leurs valeurs à des sociétés dont l'orientation était jusque-là définie d'abord par des acteurs et des enjeux politiques et religieux. C'est la faiblesse historique du pouvoir politique en Europe, un territoire diversifié mais présentant une certaine homogénéité culturelle, qui explique cette percée. Cette faiblesse du pouvoir politique durera plusieurs siècles, et lorsqu'il prendra de la force, ce sera sous la poussée des capitalistes eux-mêmes qui s'en serviront pour étendre leurs pratiques à l'échelle nationale d'abord, puis internationale. Le politique est donc ici assujetti en grande partie à la logique économique (marchande) des capitalistes. Le politique tente bien, à l'occasion, de s'affranchir de cette emprise, mais il y est ramené aussitôt. Les tensions entre les sphères politique et économique sont bien visibles dans toutes les sociétés capitalistes, où le rôle de l'État est constamment discuté, voire remis en question. Ainsi, aussitôt qu'il tente de se définir autrement que comme soutien aux pratiques des capitalistes, il est accusé de freiner le développement et la croissance de l'économie. Nous reviendrons plus loin sur cette importante question.

Nous avons vu aussi que l'industrialisation est un approfondissement du capitalisme et que nos sociétés modernes sont de type industriel. Cela signifie que les entrepreneurs industriels et leurs entreprises restent les acteurs principaux dans ces sociétés. Ils sont appuyés en cela par l'État, qui joue toujours un rôle crucial dans le soutien de ce groupe et de ce système économique. À côté des entrepreneurs et de l'État, il y a les travailleurs salariés avec leurs organisations — les syndicats et les coopératives. Les entreprises, les syndicats, les coopératives et les États sont les principaux éléments qui tissent l'organisation de nos sociétés capitalistes.

1.3 Les capitalismes à l'œuvre dans le monde

Nous avons présenté le capitalisme comme un système dominé par les acteurs économiques, en particulier par les entreprises. Nous avons également présenté la création d'organisations telles que les syndicats et les coopératives comme une réaction à la domination des entreprises capitalistes. Nous pouvons aussi associer le développement du capitalisme à celui de l'État moderne, les deux se renforçant mutuellement au cours des siècles à travers une relation complexe (*voir le chapitre 4*). Selon les époques et les pays, les entrepreneurs capitalistes, les ouvriers et les pouvoirs politiques ont interagi différemment, donnant naissance à diverses formes de capitalisme. C'est ce que nous nous attacherons à montrer ici. En fait, même en ne s'en tenant qu'aux entreprises qui ont des activités dans les pays capitalistes, c'est-à-dire en excluant les syndicats, les coopératives et l'État qui donnent souvent au capitalisme sa forme nationale, on peut voir que le capitalisme peut prendre diverses formes d'un pays à l'autre. En effet, les grandes entreprises capitalistes ont eu des trajectoires différentes et varient selon les sociétés, au point d'amener Chandler à qualifier différemment le capitalisme à l'œuvre dans chacune des sociétés qu'il a étudiées. C'est le premier cas de figure que nous examinerons. Nous croyons cependant pouvoir mieux rendre compte du phénomène en montrant les interactions que les entreprises ont avec les autres organisations de la société capitaliste, ce que nous ferons par la suite.

1.3.1 Les capitalismes vus à travers le prisme de l'entreprise

Se centrant exclusivement sur les 200 plus grandes entreprises industrielles des trois pays les plus industrialisés de la fin du XIXe siècle jusqu'au milieu du XXe, soit l'Angleterre, les États-Unis et l'Allemagne, Chandler (1992, 1993a, 1993b) relève les traits caractéristiques du capitalisme industriel et les formes qu'il peut prendre. Il montre d'abord qu'au cœur de la dynamique du capitalisme industriel se trouvent les entreprises ayant un grand potentiel organisationnel qui donnent aux industries et aux pays auxquels elles appartiennent un avantage incomparable, à l'échelle nationale et internationale. Ces entreprises sont celles qui, les premières, ont réussi à se transformer en grandes entreprises industrielles modernes, c'est-à-dire celles qui ont largement investi dans leurs capacités de production, de distribution et de gestion (*revoir la section 1.2*). Cette réussite fut si grande qu'un siècle plus tard, ces mêmes entreprises dominent toujours dans leur industrie, et l'industrie nationale à laquelle elles appartiennent domine le monde.

Ce phénomène de transformation des entreprises a lieu simultanément dans plusieurs pays en voie d'industrialisation, bien que, pour des raisons historiques, ce type de grandes entreprises s'implante davantage aux États-Unis. En fait, elles s'y déploient en grand nombre tant dans le secteur de la production que dans celui de la distribution. En Grande-Bretagne, c'est surtout dans le secteur de la distribution que les entrepreneurs réussissent à s'implanter, et en Allemagne, c'est dans le secteur de la production. Selon Chandler, les différentes solutions managériales adoptées d'un pays à l'autre par les entrepreneurs des diverses industries, pour rester concurrentiels dans leur pays et dans le monde, ont favorisé ou empêché la transformation des entreprises en grandes entreprises industrielles modernes. Il semble que, sur ce plan, les entrepreneurs américains et allemands aient mieux réussi que les Britanniques. À la lumière des différences qu'il constate dans l'évolution des entreprises capitalistes dans ces trois pays, notamment celles qui ont trait à la capacité et à la volonté de créer de grandes entreprises industrielles modernes, Chandler qualifie le capitalisme américain de managérial compétitif, l'anglais, de familial et l'allemand, de coopératif. Examinons cela un peu plus en détail.

Le cas américain est la figure de référence. C'est en effet l'étude de la transformation des entreprises américaines dans la période 1880-1920 qui permet à Chandler de dégager le modèle de grande entreprise industrielle moderne. Aux États-Unis, un marché intérieur en expansion rapide et une population rurale très importante et dispersée sur un vaste territoire favorisent à la fois la production et la distribution à grande échelle. La coordination de ces activités de production et de distribution appelle la mise en place d'équipes de managers au sommet comme à la base. Enfin, les lois antitrusts américaines favorisent la fusion d'entreprises plutôt que l'organisation d'entreprises en cartels, pour desservir cet immense marché. Tous ces éléments, sous l'impulsion d'entrepreneurs et de gestionnaires innovateurs, finissent par déboucher sur la création de la grande entreprise industrielle moderne.

Aux États-Unis, le capitalisme est donc de type managérial compétitif, puisque le contexte économique et juridique pousse à la concurrence et à l'innovation organisationnelle (résoudre des problèmes logistiques comme celui d'alimenter un marché en expansion rapide sur un territoire de plus en plus grand sans avoir recours à la coopération interfirmes [cartels]). Sont dès lors favorisées les entreprises qui comptent sur les gestionnaires les plus innovateurs, ceux qui sont en mesure de résoudre ces problèmes de logistique et de gestion.

En Grande-Bretagne, les entrepreneurs évoluent aussi dans un marché en expansion, mais celle-ci n'est pas aussi rapide qu'aux États-Unis. Ainsi, en 1870, la population américaine est légèrement supérieure à celle de la Grande-Bretagne, soit respectivement 40 millions et 31 millions d'habitants; en 1913, la population des États-Unis atteint 100 millions, comparativement à 46 millions en Grande-Bretagne (Chandler, 1992, p. 95). Ce qui accentue encore plus la différence entre les deux pays, c'est que la population de la Grande-Bretagne est beaucoup plus concentrée et urbanisée que celle des États-Unis, ce qui ne favorise pas la multiplication des unités de production pour satisfaire la clientèle. En fait, en Grande-Bretagne, « on ne pouvait dégager que peu de bénéfices supplémentaires, en termes de coûts de transport par la construction de nouvelles capacités de production éloignées de l'usine-mère » (Chandler, 1993a, p. 56). Une telle situation explique, en partie du moins, le fait que ce soient surtout des entreprises de distribution, et non de production, qui façonnent la grande entreprise intégrée en Grande-Bretagne. D'autres éléments ont joué, comme le résume Chandler (1993a, p. 86):

> La superficie limitée de la Grande-Bretagne, son manque de matières premières, ses industries encore très rentables — celles qui avaient vu le jour avant l'apparition du chemin de fer et du télégraphe — et ses marchés de consommation extraordinairement riches l'amènent à investir ses ressources (en installations et en hommes) dans les industries de la consommation (et ce, en particulier dans les industries de produits conditionnés et vendus sous marques), de distribution de masse et dans les industries traditionnelles de la première révolution industrielle.

Cependant, selon lui, plus important encore est l'attachement des entrepreneurs à des valeurs traditionnelles comme la famille et le rang social. En effet, les entrepreneurs anglais étaient très souvent plus préoccupés de conserver la gestion individuelle et familiale de leur entreprise et de s'enrichir que de faire croître leur entreprise. De plus, le rôle de gestionnaire n'était pas aussi valorisé qu'aux États-Unis, si bien que les universités prestigieuses de Cambridge et d'Oxford n'encourageaient pas tellement la formation en gestion ou en ingénierie. En revanche, les professions de gestionnaire et d'ingénieur fleurissaient aux États-Unis et en Allemagne. Il y a eu bien sûr des exceptions, surtout dans le domaine de la distribution où des entrepreneurs ont instauré la grande entreprise industrielle intégrée, mais, dans l'ensemble, les entrepreneurs britanniques, pionniers de la première révolution industrielle, ont été dépassés par ceux des États-Unis et d'Allemagne.

Même après que l'Allemagne eut subi des pertes énormes en installations, en ressources et en compétences, conséquemment à sa défaite lors de la Première Guerre mondiale, les entrepreneurs britanniques ont été incapables de profiter de l'occasion pour prendre la place des Allemands sur les marchés et dans les industries que ces derniers dominaient avant la guerre.

Toujours selon Chandler (1992, p. 26), la Grande-Bretagne présente ainsi un capitalisme de type familial, tant ses entrepreneurs sont restés attachés à la gestion personnelle et familiale de leurs entreprises. Ce capitalisme s'est révélé moins efficace que celui des Américains pour conquérir les marchés nés de la deuxième révolution industrielle. Si bien que la Grande-Bretagne, qui détenait 32 % de la production industrielle en 1870, n'en détient plus que 9 % à la veille de la Deuxième Guerre mondiale. Durant la même période, les États-Unis passaient de 23 % à 32 % de la production mondiale, alors que l'Allemagne maintenait sa place avec une production variant entre 10 % et 20 %.

En Allemagne, où la population passe de 39 millions d'habitants en 1870 à 66 millions en 1913, la croissance du marché intérieur n'est pas aussi rapide qu'aux États-Unis, bien qu'elle soit supérieure à celle du marché de Grande-Bretagne. Comme les entrepreneurs britanniques, et contrairement aux Américains, les entrepreneurs allemands devaient viser beaucoup plus rapidement les marchés mondiaux pour faire croître leurs entreprises et les amener à des tailles semblables à celles des Américains. Ces marchés existaient, mais ils étaient un peu plus difficiles à pénétrer qu'un marché intérieur; si la Grande-Bretagne visait surtout le marché des pays de l'Empire britannique, l'Allemagne lorgnait plutôt du côté des pays d'Europe de l'Est et du Sud-Est. (Chandler, 1993b, p. 59)

Les Allemands ont mieux réussi que les Britanniques à s'imposer dans les entreprises de la seconde révolution industrielle (plus exigeantes en capital et en technologies) parce que, comme aux États-Unis, leur société valorise les gestionnaires et les ingénieurs, et l'avancement des connaissances scientifiques et techniques. Tout le système d'éducation allemand a rapidement été axé sur ces domaines. Les liens très serrés qu'entretient ce système d'éducation avec l'industrie sont l'une des particularités de la façon de faire allemande. On trouvait aussi en Allemagne des entrepreneurs moins attachés que les Britanniques à la gestion personnelle et familiale, bien que légèrement plus que les Américains. Cela donnera naissance à des formules hybrides comme les *Konzerne*, espèces de trusts familiaux.

Par contre, on relève de nombreuses différences entre les Allemands et les Américains, la plus importante étant que les Allemands préconisaient très largement la coopération interfirmes sous forme de cartels pour conquérir de nouveaux marchés. Ce qui était interdit aux États-Unis était parfaitement légal en Allemagne. Or, tout au long de leur développement, les entreprises allemandes ont favorisé cette formule. Même qu'après avoir perdu la Première Guerre mondiale, ils ont renforcé cette tendance. Et ces cartels sont parvenus à se donner une coordination au sommet qui avait l'efficacité de celle des équipes de gestionnaires dirigeant les grandes entreprises industrielles américaines. Ces cartels, qui regroupaient deux ou trois grandes entreprises et d'autres plus petites, permettaient à ces entreprises de se partager le marché, de fixer les prix et les quotas, de rationaliser la production, voire très souvent de partager non seulement les droits et les savoirs, mais aussi les profits, car la part de chacun était établie à l'avance, indépendamment des résultats réels. Ce processus n'a pas empêché la formation de grandes entreprises intégrées, mais il n'y avait pas, comme aux États-Unis, une incitation législative (lois antitrust) à la fusion. De plus, la taille plus petite du marché allemand incitait moins à l'implantation de plusieurs grandes entreprises qui s'y seraient fait concurrence. En règle générale, les entrepreneurs cherchaient surtout à consolider leurs parts du marché intérieur tout en se lançant ensemble à la conquête de nouveaux marchés extérieurs, action qui fut couronnée de succès dans les secteurs de la production d'équipements de machinerie lourde, de la chimie et des métaux, trois secteurs où le savoir-faire allemand est mondialement reconnu depuis maintenant plus d'un siècle.

Le financement des entreprises allemandes se démarque aussi nettement de celui des américaines ou des anglaises, ces dernières ayant été financées davantage par les grandes banques polyvalentes que par le marché boursier, comme aux États-Unis. Les banques se trouvaient ainsi à occuper une bonne place dans les conseils d'administration des entreprises et, comme elles avaient souvent des intérêts dans plusieurs entreprises, la concurrence à tout prix n'était pas de mise. La coopération permettait de mieux rentabiliser l'ensemble de leurs investissements. Ce capitalisme, Chandler le qualifie, et avec raison, de coopératif, puisqu'il mise énormément sur la coopération interfirmes.

On le constate, le capitalisme prend très tôt, sous l'impulsion même des chefs d'entreprise, des formes diverses, la concurrence pure et dure n'étant pas la règle guidant toutes les actions. D'autres logiques — familiale, de coopération — ont été mises en œuvre par les entrepreneurs eux-mêmes. Ce sont les contextes d'action différents dans lesquels s'insèrent les divers acteurs entrepreneuriaux qui les amènent à adopter certaines stratégies plutôt que d'autres. Il est vrai cependant que ce sont les entreprises qui ont réussi le triple investissement dont parle Chandler — comme GM et Du Pont aux États-Unis, Bayer et BASF en Allemagne, Unilever en Grande-Bretagne — qui sont depuis longtemps les principaux chefs de file de l'industrie à laquelle elles appartiennent à l'échelle mondiale, mais les chemins pour y parvenir ont varié beaucoup, et varient encore, selon les sociétés.

1.3.2 Les capitalismes nationaux

S'il est vrai que Chandler tient bien compte du rôle de l'État en soulignant que ce dernier, par l'adoption de réglementations contraignantes ou incitatives, ainsi que par l'intermédiaire de ses établissements d'enseignement qui favorisent des voies et des contenus d'apprentissage plutôt que d'autres, influe sur l'orientation du développement des entreprises capitalistes, il faut dire qu'il ne s'étend guère sur son rôle dans l'établissement des capitalismes nationaux. De plus, Chandler ne traite pas des syndicats qui, dans plusieurs sociétés, semblent avoir joué un rôle prépondérant. Selon lui, l'impulsion déterminante reste celle des entrepreneurs[3]. Loin de nous l'idée de contester le fait que ce sont eux qui ont été, et qui restent très souvent, les moteurs du capitalisme, mais il paraît évident que tant l'État que les syndicats ont joué des rôles centraux dans l'histoire du capitalisme, en particulier dans les formes nationales qu'il a prises. De plus, Chandler a limité son étude à trois pays, mais qu'en est-il si on considère la majorité des pays capitalistes ?

Voyons d'abord ce qu'il en est du rôle de l'État. Nous savons que l'État a pris une place de plus en plus importante dans nos sociétés. Son rôle s'est particulièrement accentué à partir des années 1930, et même une société libérale comme les États-Unis a vu l'État intervenir davantage dans l'économie et le social. La crise économique des années 1930 est d'une telle ampleur que la plupart des gouvernements, sous l'influence des travaux de l'économiste Keynes, interviennent pour aider les plus démunis, stimuler la croissance et l'emploi, réglementer davantage les entreprises, etc. Aux États-Unis, c'est le président Roosevelt qui instaurera des politiques et des programmes qui survivront pour la plupart jusqu'à l'ère Reagan. Ce dernier ne parviendra à démanteler que partiellement les réalisations de Roosevelt et de ses successeurs. Il reste cependant que les États-Unis sont allés moins loin que de nombreux gouvernements d'Europe durant la même période. L'un des éléments qui nous intéressent ici, c'est la portée et l'efficacité des interventions sur le plan économique. La plupart des pays européens d'après-guerre se sont dotés de politiques industrielles pour relancer leur économie affaiblie par une guerre dévastatrice. Par politiques industrielles, il faut entendre les politiques élaborées au sommet de l'État, en collaboration ou non avec les entreprises et les syndicats, visant à favoriser le développement économique.

On pourrait classer les divers pays sur une échelle allant de l'État minimal à l'État maximal. On aurait, d'une part, les pays capitalistes plus près de l'État minimal, mais avec des écarts importants entre certains, et, d'autre part, les pays socialistes et les dictatures plus près de l'État maximal. Examinons le cas des pays capitalistes en faisant ressortir les écarts qui les divisent. Par exemple, l'Allemagne et le Japon ont des États qui cherchent à habiliter les acteurs pour qu'ils donnent un meilleur rendement. Ils encouragent en particulier la coopération entre acteurs, notamment entre entreprises, entre entreprises et syndicats, entre universités et entreprises. Ils cherchent à institutionnaliser ces rapports de coopération par la mise en place de lois et de structures. À l'opposé, dans les pays anglo-saxons, l'État cherche peu à encourager ces rapports. Les États-Unis, comme l'Angleterre, ont même rendu illégaux certains types de collaboration. Les États-Unis, par exemple, interdisent non seulement les cartels (depuis le Sherman Act de 1890), mais aussi les investissements croisés entre banques et entreprises (depuis le Clayton Act de 1914) tels qu'ils se pratiquent au Japon et en Allemagne.

Des pays comme l'Italie et la France ont traditionnellement favorisé une forte intervention de l'État, même en l'absence de consensus des acteurs économiques en ce sens. Si bien qu'en France, c'est l'État qui est le véritable maître d'œuvre du développement économique. En fait, dans ce pays, on trouve un grand nombre de diplômés des deux grandes écoles françaises (Polytechnique et ENA) à la tête des grandes entreprises. La plupart du temps, avant d'accéder à de tels postes, ils ont fait un détour par l'administration publique comme députés, ministres ou hauts fonctionnaires. C'est là une caractéristique du capitalisme d'État à la française. Selon les recherches des sociologues français Michel Bauer et Bernadette Bertin-Mourot (1995), ce profil correspond à plus du tiers des postes de hauts dirigeants qui ont été pourvus en 1993. Les autres dirigeants viennent des grandes fortunes familiales (32 %) ou ont été formés au sein de l'entreprise (21 %). En Allemagne, au contraire, les hauts dirigeants viennent largement (dans une proportion de plus de 65 %) de l'entreprise. En 2013, la situation n'a guère changé, comme le souligne une enquête de Heidrick & Struggles sur l'analyse des profils des CEO (*Chief Executive Officer*) en France, en Allemagne, au Royaume-Uni et aux États-Unis: «Le parcours professionnel, malgré de légères évolutions, reste inchangé entre 2011 et 2013: les CEO anglo-saxons viennent majoritairement de la finance, tandis que les Français sont pour la plupart issus d'une carrière de haut fonctionnaire et les Allemands d'une carrière d'ingénieur.» (FocusRH, 2013)

Cette opposition entre les économies coordonnées par l'État et celles qui le sont très peu a marqué une première grande typologie entre les formes de capitalisme, la plus élémentaire et aussi la plus répandue. Selon cette typologie, il n'y aurait que deux types de capitalisme, soit les économies libérales de marché (ELM) et les économies coordonnées de marché (ECM) (Amable, 2005). La réalité est cependant plus complexe puisqu'il est bien difficile de classer dans la même catégorie des pays comme l'Allemagne, le Japon, la Suède, l'Italie et la Corée, par exemple. De plus, l'État joue aussi un rôle important dans l'économie américaine (*voir l'encadré 1.1*). Pour mieux comprendre ces différences, il faut aussi regarder le rôle des syndicats, celui des établissements d'enseignement et celui d'autres institutions.

Comme nous le voyons dans l'encadré 1.1, même les États-Unis utilisent l'État et la coopération interinstitutionnelle comme ressources, mais, pour des raisons difficiles à expliquer — historiques en grande partie —, les Américains limitent ce recours à certains domaines.

En ce qui concerne les syndicats, ils agissent souvent en tant que régulateurs des rapports sociaux dans presque toutes les sociétés, et, comme tels, ils sont soit consultés, soit associés d'une façon ou d'une autre dans le fonctionnement de l'État comme de l'économie. Nous savons également que la place qu'ils occupent dans chaque société est variable, que leur orientation idéologique (plus pragmatique ou plus militante) n'est pas la même, etc. Ces caractéristiques teintent forcément leurs rapports avec les entreprises ou avec l'État. Ainsi, aux États-Unis, où le taux de syndicalisation est faible et le pourcentage de travailleurs couverts par ces conventions l'est tout autant, les entreprises ont tendance à percevoir les syndicats comme des adversaires. Au contraire, on les voit davantage comme des partenaires en Allemagne, où le taux assez élevé de couverture des travailleurs par des conventions collectives de branche permet de compenser un taux de syndicalisation à peine plus élevé qu'aux États-Unis en étendant ces conventions à tous les travailleurs de la branche, syndiqués ou non. (Albert, 1991, p. 142-144; Lechevalier, 2013, p. 21-22). Il est évident que, dans ce contexte, le rôle des syndicats varie énormément d'un pays à l'autre. Il est vrai que le rôle et le poids des syndicats dépendent considérablement de la position de l'État et des citoyens d'un pays, mais comme, historiquement, ce sont souvent les syndicats qui forcent les États à intervenir davantage, il faut conclure que la place des syndicats dans ces pays repose sur l'acceptation de valeurs collectives plus fortes. Il y a

ENCADRÉ 1.1 Le rôle de l'État dans l'économie américaine

Selon le sociologue américain J. Rogers Hollingsworth (1996, p. 191-192), l'État a joué un rôle prépondérant dans les domaines militaire et sanitaire, mais à son grand étonnement, pas dans les secteurs plus traditionnels comme les secteurs manufacturier et de l'automobile, car, selon lui, ce sont dans ces domaines que les États-Unis ont été les plus performants.

La construction aéronautique, les semi-conducteurs, les circuits intégrés, l'informatique, l'énergie nucléaire, les télécommunications par faisceaux hertziens, les nouveaux matériaux tels les alliages d'acier haute résistance, les plastiques armés, le titane, et les équipements pour la métallurgie comme les machines-outils à contrôle numérique, constituent ainsi des produits et des technologies coordonnés par des réseaux solidement imbriqués dans un tissu complexe de relations de coopération avec des scientifiques et des ingénieurs travaillant dans des laboratoires universitaires, avec l'État (spécialement dans le secteur militaire) ainsi qu'avec d'autres entreprises qui sont à la fois partenaires et rivales. En l'absence de ces réseaux, ces technologies et produits n'auraient pu se développer aux États-Unis.

là toute une synergie entre la société, ou les citoyens, et les institutions qui la constituent. Aux États-Unis, la prégnance de l'individualisme dessert les actions collectives comme celles que mènent les syndicats.

En fait, si on regarde de plus près cette synergie entre l'État, les entreprises, les syndicats et d'autres institutions comme les établissements scolaires, on peut dégager plus de deux types de capitalisme. Dans une étude menée auprès d'une vingtaine de pays capitalistes pour lesquels suffisamment de données sont disponibles, Amable (2005) arrive à cinq grands types de capitalisme : le capitalisme libéral de marché, le capitalisme asiatique, le capitalisme européen continental, le capitalisme social-démocrate et le capitalisme méditerranéen. Il souligne que si la plupart des typologies précédentes n'en identifiaient que deux ou trois types, c'est parce qu'elles ne prenaient en compte que quelques dimensions. Il est plus juste selon lui de tenir compte de plus de dimensions et surtout de leur complémentarité qui donne une cohérence à chacun de ces modèles. Il faut également prendre en compte la hiérarchie des dimensions les unes par rapport aux autres dans les différentes sociétés, qui peuvent survaloriser certaines dimensions par rapport à d'autres. Les dimensions qu'il a retenues et qui permettent de différencier ces capitalismes sont les marchés des produits (intensité de la concurrence), les marchés du travail (leur degré de flexibilité), la finance (les systèmes financiers), la protection sociale (le niveau de protection) et l'éducation.

Derrière chaque dimension se trouvent de nombreuses variables et divers indicateurs. Pour mesurer l'intensité de la concurrence dans les marchés des produits, l'auteur s'appuie sur les variables et indicateurs agrégés suivants : contrôle de l'État (actionnariat public et implication dans la gestion des entreprises), obstacles à l'activité d'entreprise (opacité réglementaire et administrative, charges administratives pour la création d'entreprises, obstacles à la concurrence), obstacles explicites à l'échange et à l'investissement (obstacles aux participations, droits de douane) et autres obstacles (mesures discriminatoires, obstacles réglementaires). En ce qui concerne le degré de flexibilité des marchés du travail, il examine particulièrement la législation concernant la protection de l'emploi, notamment les obstacles procéduraux au licenciement, les coûts directs des licenciements, les périodes d'essai et de préavis, les conditions des contrats provisoires. Quant aux systèmes financiers, l'analyse de l'auteur couvre « plusieurs aspects importants de la relation de financement : la source des fonds, le développement et la dynamique des marchés financiers, la *corporate governance* et le capital-risque » (Amable, 2005, p. 188). Dans le cas des dépenses de protection sociale, sont pris en compte le type de dépense[4], la couverture offerte et la part du public dans ces dépenses. Enfin, en ce qui concerne l'éducation, l'auteur examine notamment la mesure et la nature de la standardisation des programmes d'études, le degré de flexibilité du système (existence ou non d'une deuxième chance), la nature de la formation professionnelle (à l'école ou en entreprise), le type de financement principal, public ou privé, du système. Le tableau 1.1 résume très schématiquement les cinq types. Examinons-les de plus près.

Le capitalisme libéral de marché se caractérise par une faible réglementation des marchés de produits et des marchés du travail. Du côté des marchés de produits, cela signifie qu'il existe peu de barrières à l'entrepreneuriat, peu de réglementations administratives, peu de contrôles de l'État et peu de participations publiques dans les entreprises. Du côté des marchés du travail, cela signifie que les entreprises jouissent d'une grande flexibilité grâce à une faible protection de l'emploi (licenciement facile, court délai de préavis de mise à pied, pas de pénalité excessive, travail temporaire florissant et peu protégé, etc.). Dans ce modèle, les entreprises se financent principalement sur le marché boursier qui agit comme régulateur de la gestion des entreprises (gouvernance d'entreprise) par son système de rémunérations basées sur les résultats en bourse. La protection sociale est assurée par l'emploi qui, lui, n'est pas très protégé, ce qui veut dire que tant que l'employé conserve son emploi, il peut jouir d'une bonne protection sociale (soins de santé par exemple), du moins dans les grandes entreprises. Toutefois, les marchés du travail peu réglementés lui permettent, en cas de perte d'emploi, de réintégrer plus facilement le marché du travail. Enfin, le système d'éducation est très concurrentiel, notamment au niveau universitaire où les taux de scolarisation sont élevés, et il permet une adaptation rapide aux fluctuations du marché.

Comme le souligne Amable (2005, p. 254-255), le modèle libéral de marché favorise :

> [...] la production de marchandises où l'innovation radicale est à la racine de la compétitivité des firmes, comme les ordinateurs ou la biotechnologie [...] où la circulation des scientifiques est facile et le financement des équipes de recherche flexible, ce qui est

TABLEAU 1.1 **Les cinq formes de capitalisme selon Amable**

	Capitalisme libéral de marché	Capitalisme asiatique	Capitalisme européen continental	Capitalisme social-démocrate	Capitalisme méditerranéen
Principaux pays (objet de l'enquête)	• Australie • Canada • Royaume-Uni • États-Unis	• Japon • Corée	• Allemagne • Autriche • Belgique • France • Irlande • Norvège • Pays-Bas • Suisse	• Danemark • Finlande • Suède	• Espagne • Grèce • Italie • Portugal
Marchés de produits	Fortement dérégulés	Concurrence dirigée	Faiblement réglementés	Réglementés	Réglementés
Marchés du travail	Fortement flexibles	Réglementés	Coordonnés	Réglementés	Réglementés
Finance	Par le marché boursier	À base de banques	Institutions financières	À base de banques	À base de banques
Protection sociale	Modèle libéral de protection sociale	Faible niveau de protection sociale	Modèle corporatiste	Modèle universel	Limitée
Éducation	Système éducatif concurrentiel	Système éducatif tertiaire privé	Système éducatif public	Système éducatif public	Système éducatif faible

Source : Adapté de Amable (2005), p. 221-289.

une caractéristique des systèmes scientifiques concurrentiels et décentralisés comme on les trouve dans les économies libérales de marché, en particulier aux États-Unis et au Royaume-Uni.

Aux États-Unis, par exemple, c'est un « système financier qui permet le financement de petites entreprises intensives en technologie », combiné avec le système d'éducation, qui fournit « les diplômés de l'enseignement supérieur et [les] scientifiques », eux-mêmes produits par « un système universitaire fortement concurrentiel où les départements de recherche sont financés pour des projets de recherche spécifiques par des agences nationales puissantes » (Amable, 2005, p. 254), qui offrent les conditions de développement et de croissance de ces firmes.

Le capitalisme asiatique a des marchés de produits beaucoup plus dirigés — les marchés qui y sont développés sont le fruit de décisions étatiques — et des marchés du travail bien réglementés, dominés par la protection de l'emploi. Les banques sont au cœur du système financier qui soutient les entreprises. Elles permettent un développement à long terme des entreprises. En revanche, la protection sociale y est minimale, mais elle est compensée, dans les grandes entreprises, par une protection de l'emploi. Le système d'éducation est bien développé. Ce modèle a assuré la force des pays asiatiques, comme le Japon et la Corée, dans l'électronique et les machines.

Le capitalisme européen continental a des marchés de produits concurrentiels faiblement réglementés. Les marchés du travail sont coordonnés et il y a une bonne variance entre les pays relativement à la protection de l'emploi, certains limitant le travail provisoire. Le système financier est fondé sur des institutions financières telles que les banques et les compagnies d'assurances. Les grandes sociétés (entreprises) sont contrôlées par les institutions financières qui y investissent. La protection sociale repose sur le modèle corporatiste où les allocations sont principalement fondées sur l'emploi. Le système d'éducation est public et gratuit à tous les ordres d'enseignement. L'accent est mis sur l'éducation secondaire, notamment sur l'éducation spécialisée, et les programmes sont standardisés, contrairement à ceux des sociétés où l'on pratique le capitalisme libéral de marché.

Contrairement aux autres modèles, «les pays du capitalisme européen continental ne sont pas fortement caractérisés par un mode spécifique de spécialisation scientifique, technologique ou commerciale» (Amable, 2005, p. 265). La trajectoire de chaque pays est en quelque sorte unique.

> Les institutions éducatives et industrielles de l'Allemagne, tels le système d'apprentissage dual, la coopération spécifique entre syndicats et patronat dans la définition des compétences nécessaires ainsi qu'un système de gouvernance d'entreprise fondé sur des liens propres avec les banques ont permis de construire la compétitivité dans des secteurs où la diffusion de la technologie et les compétences de la main-d'œuvre importent le plus: secteurs intensifs en technique et sensibles à la qualité comme la fabrication de machines-outils perfectionnées, de voitures haut de gamme, ou encore de produits chimiques spécifiques. Le système français de l'après-guerre — grandes écoles et relations étroites entre l'industrie et l'administration — a facilité la mise en œuvre de projets technologiques à grande échelle comme l'énergie nucléaire, les fusées de lancement des satellites ou les trains à grande vitesse. (Amable, 2005, p. 253-254)

Le capitalisme social-démocrate compte sur des marchés de produits et de travail très réglementés. La politique active du marché du travail permet d'offrir de la flexibilité aux entreprises et de bonnes possibilités de reclassement de la main-d'œuvre. Les syndicats jouent un rôle actif dans cette politique en étant des partenaires à part entière. Le financement des entreprises se fait par les banques qui y détiennent du capital. La protection sociale y est universelle et tous y ont droit, qu'ils aient un travail régulier ou non. Il y a de fortes dépenses publiques dans l'éducation, notamment en milieu universitaire où les étudiants sont soutenus financièrement. Ce modèle a un avantage comparatif fort dans les activités scientifiques liées à la santé et les secteurs utilisant le bois (Amable, 2005, p. 265).

Finalement, le capitalisme méditerranéen a des marchés de produits et du travail réglementés où les obstacles pour les entrepreneurs et les entreprises sont nombreux et où la présence du secteur public est forte. Les importantes limites au travail temporaire réduisent la flexibilité des entreprises. La propriété des entreprises est concentrée entre les mains de peu de joueurs et les banques y jouent un rôle important. La protection sociale est limitée, mais cela est compensé par une grande protection de l'emploi. On y investit tout de même dans certains programmes sociaux, notamment auprès de la population âgée. Le système d'éducation est peu développé et les investissements en la matière sont faibles, notamment au niveau universitaire, et en particulier en sciences et en technologie. Les taux de scolarisation sont faibles. Les pays de ce modèle sont «spécialisés dans des activités scientifiques traditionnelles comme les mathématiques et la physique et ont une spécialisation commerciale orientée vers des secteurs à faible intensité technologique» (Amable, 2005, p. 265).

La typologie d'Amable est intéressante parce qu'elle s'appuie sur un ensemble de dimensions assez bien documentées, notamment sur des études et des statistiques de l'OCDE. Elle montre bien les conséquences de chacun des modèles en matière de développement économique. Elle montre bien également les liens entre ces modèles et les choix politiques propres à chaque société. Ainsi, le modèle libéral a un électorat majoritairement de centre-droit et de droite alors que le modèle social-démocrate a une majorité d'électeurs à gauche. Toutefois, ces choix politiques renvoient à des choix de valeurs en société, et ces choix culturels sont peu évoqués. Pourtant, il nous semble qu'ils permettent également d'expliquer la grande cohérence des modèles et leur résistance à la mondialisation.

Ces choix renvoient aux valeurs fondatrices de l'Europe moderne, et des sociétés modernes dans leur ensemble: la liberté et l'égalité. Or, pour des raisons propres à l'histoire de chaque société, il semble que certaines valorisent davantage la liberté et d'autres l'égalité, bien que les deux valeurs y soient présentes. Les sociétés allemandes et scandinaves issues des tribus germaniques où dominait l'idée de communauté conservent un plus grand amour pour l'égalité qu'un pays comme l'Angleterre qui a fait une révolution bourgeoise mettant de l'avant la liberté, notamment celle de commercer et de jouir de la propriété de ses biens. La France, de son côté, a dépassé la révolution anglaise en insistant davantage sur l'égalité des citoyens, rejoignant en cela l'Allemagne. Ainsi, les pays qui votent davantage à gauche privilégient l'égalité dans de nombreux choix de société tandis que ceux qui votent à droite, dans le même contexte, valorisent plutôt la liberté. Ces choix de valeurs enracinés dans l'histoire de chaque pays rendent la transformation radicale des modèles extrêmement difficile, en particulier le passage d'un extrême à l'autre, par exemple celui du modèle social-démocrate au modèle libéral de marché, ou vice-versa. L'encadré 1.2 illustre le capitalisme québécois.

ENCADRÉ 1.2 Le capitalisme québécois

Avant les années 1960, l'absence de capitaux et de liens privilégiés avec les investisseurs britanniques ou américains a rendu presque impossible le développement des grandes entreprises francophones. Les entrepreneurs canadiens-français qui se sont lancés dans des secteurs exigeants sur le plan du capital et de la technologie ont en effet été vite dépassés par les Américains ou les Canadiens anglais, qui pouvaient disposer de capitaux plus facilement. Le cas de Julien-Édouard Dubuc est exemplaire à ce propos. Il est le premier à fonder une entreprise fabriquant de la pâte à papier au Saguenay, au début du XXe siècle, et il en ouvrira plusieurs autres par la suite. De même, en bon industriel, il tentera de diversifier ses activités et de trouver de nouvelles sources de financement pour être en mesure de résister à la poussée anglo-américaine. Il ne réussira pas, faute d'appuis financiers suffisants. Pourtant, les entrepreneurs anglo-saxons qui suivront, comme les Price, Duke, Davis, y arriveront parce qu'ils auront accès aux capitaux britanniques ou américains, ce qui leur permettra de faire croître rapidement leurs entreprises et surtout de s'approprier des productions plus prometteuses comme « celle du papier qui exige des investissements quatre fois supérieurs à la production de la pâte » (Girard et Perron, 1989, p. 307).

Les entrepreneurs canadiens-français ont en revanche mieux réussi dans des secteurs comme l'industrie alimentaire, le textile, le cuir et d'autres issus de la première révolution industrielle, plus exigeants en matière de main-d'œuvre mais beaucoup moins pour ce qui est des capitaux. De plus, en réunissant plusieurs entreprises des secteurs manufacturier et financier, certains réussiront à constituer de petits empires industriels régionaux. Nous pensons ici aux empires, familiaux pour la plupart, des Bienvenu, Brillant, Simard, Raymond et Lévesque qui constituaient, dans la période 1940-1960, autant de réseaux d'entreprises et de banques étroitement reliés (Bélanger et Fournier, 1987, p. 109-121). Ces empires et leurs entreprises résisteront mal à la compétition croissante des entreprises américaines au début des années 1960. Faillites, offres d'achat irrésistibles d'entreprises américaines, mauvaises décisions d'affaires ont contribué au démantèlement de ces empires et empêché la constitution de grandes entreprises francophones compétitrices à l'échelle nationale ou internationale. Il faudra attendre l'intervention de l'État et son soutien financier pour voir s'implanter et s'épanouir de grandes entreprises francophones au Québec.

En 1962, l'État québécois crée la Société générale de financement (SGF), qui vise à soutenir la croissance des entreprises québécoises qui ont besoin de capitaux, et, en 1964, Sidbec, qui veut favoriser la transformation au Québec des ressources minérales comme le fer en y développant une industrie lourde. La nationalisation de l'électricité, en 1962, la création de la Société québécoise d'exploration minière (Soquem) en 1965, de la Société de récupération, d'exploitation et de développement forestiers (Rexfor) en 1969, de la Société d'énergie de la Baie James en 1971 et de quelques autres sont motivées par des objectifs similaires : stimuler l'exploitation des ressources naturelles de la province et favoriser, par la même occasion, l'industrialisation du Québec par les francophones. La création de la Caisse de dépôt et placement en 1965 a permis, quant à elle, de réunir des capitaux et de les mettre à la disposition des entreprises francophones.

Ainsi, dans un premier temps, il s'agissait de créer des institutions étatiques pouvant soutenir le développement économique et de moderniser les lois (l'adoption d'un nouveau Code du travail qui inclut les employés du secteur public) et les institutions existantes (de nouvelles lois sur les syndicats et les coopératives). Dans un deuxième temps, dans les années 1970 et 1980, il s'agira surtout, selon Alain Noël (1995), de consolider l'entrepreneuriat francophone en soutenant des entreprises — dans des secteurs jugés prometteurs de l'économie québécoise — pour qu'elles puissent faire face à la concurrence anglo-saxonne et étrangère. De grandes entreprises francophones voient ainsi le jour grâce au soutien de l'État, ainsi que d'autres institutions québécoises qui ont été créées ou qui ont connu une croissance importante dans les années 1960, comme le souligne Alain Noël (1995, p. 72) à propos des Canam-Manac, Cascades, Groupe DMR, Groupe GTC, Jean Coutu, Provigo, Quebecor, Téléglobe et Vidéotron :

> Toutes ont fait l'objet de discussions systématiques impliquant tour à tour la Caisse de dépôt et placement du Québec, le Mouvement Desjardins et le Fonds de solidarité des travailleurs du Québec et souvent aussi la Société de

ENCADRÉ 1.2 Le capitalisme québécois (*suite*)

développement industriel, la Banque Nationale du Canada et sa filiale Lévesque, Beaubien, Geoffrion ainsi que des firmes de services professionnels comme Raymond, Chabot, Martin, Paré et associés ou Stikeman Elliott.

Cette forme de collaboration entre diverses institutions — étatiques, coopératives, syndicales et privées — caractérise le développement économique au Québec depuis les années 1960. Il n'est pas toujours facile d'en arriver à des consensus et à des actions concrètes, mais les grandes réalisations, comme l'établissement de grandes entreprises francophones, sont souvent le fruit d'une telle collaboration. En définitive, les actions entreprises par les Québécois au XXe siècle ont donné naissance à des institutions coopératives, syndicales et étatiques qui caractérisent l'économie du Québec. En effet, ici plus qu'ailleurs en Amérique du Nord, le fonctionnement de l'économie repose sur des acteurs collectifs comme la Caisse de dépôt et placement du Québec, le Mouvement Desjardins et le Fonds de solidarité des travailleurs du Québec dans le secteur financier, et sur les liens qu'ils tissent entre eux autour d'objectifs de développement.

Les ressorts de ce modèle de développement sont donc d'ordre sociohistorique. Plus particulièrement, il fallait que les Canadiens français prennent d'abord conscience de leur situation d'infériorité économique, du sous-développement économique du Québec. Cette prise de conscience se manifeste dès le milieu du XIXe siècle, puis s'intensifie tout au long du XXe siècle. Le modèle est le résultat de cette prise de conscience sans cesse renouvelée et de diverses initiatives. Ce modèle, qui mise davantage sur l'État, se rapproche des modèles européens continental et social-démocrate tout en étant loin d'être identique et aussi accompli. Il est en tout cas plus près d'un modèle communautaire de capitalisme que le modèle anglo-saxon.

1.4 Vers le déclin des capitalismes nationaux ?

Selon plusieurs spécialistes, la mondialisation actuelle de l'économie entraînerait la disparition des capitalismes nationaux, ou plutôt le triomphe du modèle libéral. Selon l'économiste britannique Susan Strange (1996, p. 254), « les forces largement statiques de divergence entre les formes de capitalisme moderne ont été submergées par les forces essentiellement dynamiques de convergence dérivées des changements structurels de l'économie mondiale ». Selon elle, les forces qui agiraient dans le sens d'une convergence vers le modèle libéral, et donc vers l'uniformisation du capitalisme, seraient principalement l'accélération du rythme du changement technologique et la mobilité du capital. Ces deux forces contraindraient les entreprises comme l'État à l'internationalisation. Par rapport aux changements technologiques, les entreprises feraient face à une double obligation : d'abord, celle d'introduire massivement de nouvelles technologies pour être compétitives sur leur propre marché local, ensuite, celle d'élargir leur marché en allant sur les marchés internationaux pour rentabiliser ces investissements élevés. En voulant soutenir leurs entreprises dans ce projet de conquête des marchés mondiaux, les États ont dû eux-mêmes ouvrir leurs portes aux entreprises étrangères dans un esprit de réciprocité. Les traités de libre-échange concrétisent ces ouvertures réciproques. Tout cela atténue la portée des politiques nationales, puisque les États doivent déréglementer leur propre marché pour permettre cet accès.

Strange constate finalement que les gouvernements sont de plus en plus incapables de gérer leur économie nationale, que les réglementations transnationales se multiplient et que de plus en plus de firmes sont en voie de dénationalisation, trois phénomènes qui montrent bien le déclin de l'influence des politiques des gouvernements nationaux en matière économique.

L'économiste français Philip G. Cerny constate pour sa part une véritable internationalisation de la finance qui sape les bases mêmes de la diversité des capitalismes. En fait, selon lui, « une forte tension structurelle s'est créée entre l'internationalisation de la finance et la réglementation financière nationale (depuis le début des années 1980). La réaction irrésistible à cette tension — la "déréglementation" de la finance — a affecté la portée autant que la substance de l'intervention économique » (Cerny, 1996, p. 238) des États. Bref, « le type de contrôle financier gouvernemental qui a permis aux formes nationales du capitalisme de se diversifier durant les Trente Glorieuses est en voie rapide de disparition» (Cerny, 1996, p. 245).

L'internationalisation, c'est aussi le développement spectaculaire des marchés financiers à l'échelle planétaire, comme le signale Beaud (cité dans Pichette, 1996, p. B1): «À l'époque de Keynes, dans les années 1930, le montant des activités financières était à peu près deux fois celui du commerce international. Dans les années 1970, il était environ dix fois plus grand. Aujourd'hui, cent fois plus grand!» On comprendra alors mieux la pression qu'exerce ce milieu sur les États nationaux par le biais de ses activités internationales.

La politologue française Suzanne Berger (1996, p. 55) résume bien la situation générale: «En somme, à travers un nombre croissant de négociations locales et internationales, les sociétés sont confrontées à la demande de transformation de leurs règles et institutions intérieures afin de se conformer à un modèle imposé de l'extérieur», ce modèle étant le modèle libéral tel que le mettent de l'avant les sociétés américaine et britannique et des organismes internationaux comme la Banque mondiale et le Fonds monétaire international. Ces forces nouvelles touchent donc surtout les types de capitalismes non libéraux, les modèles coopératif et étatique.

La solution la plus facile pour faire la transition vers la mondialisation semble être le laisser-faire, qui prend très souvent la forme d'une déconstruction de la trame institutionnelle existante (déréglementation, privatisation, etc.). Or le succès relatif du modèle libéral tient au fait qu'il est plus facile, dans un premier temps, de laisser aller les forces du marché que de construire de nouvelles institutions publiques de régulation de l'économie (le cas de l'Europe de l'Est) ou de les transformer en tenant compte de la nouvelle réalité mondiale (le cas de l'Europe de l'Ouest).

En fait, la recherche d'Amable (2005) apporte de fortes nuances à ces interprétations qui dominent dans les années 1990 et 2000. Elle montre la persistance de différents modèles capitalistes malgré la mondialisation. Son étude est d'autant plus convaincante qu'elle s'appuie sur des données des années 1990, particulièrement de la fin de cette période, alors que la mondialisation bat son plein depuis plusieurs années déjà. En fait, la popularité du modèle libéral de marché repose sur sa supposée meilleure performance économique par rapport aux autres modèles. Or, chiffres à l'appui, Amable démontre qu'il n'en est rien. Il utilise pour ce faire les principaux indicateurs habituels tels que la productivité et la croissance économique, où les différences ne sont pas significatives. Par exemple, il conclut sur l'importante question des hautes performances innovatrices, que certains, comme Strange (1996), estiment être l'enjeu le plus déterminant dans le contexte de la nouvelle économie, et montre qu'il y a au moins deux façons d'y arriver.

> La première est la voie libérale de marché, c'est-à-dire la déréglementation des marchés de produits combinée avec la «flexibilité» du travail. L'autre voie combinerait la coordination avec la réglementation du marché des biens en présence d'un système financier centralisé afin de garantir le financement à long terme. Ce modèle se rapprocherait du modèle social-démocrate idéal typique, mais aussi de certaines particularités du modèle européen continental. (Amable, 2005, p. 289)

De plus, la vision de la marche de tous vers le modèle libéral exige des nuances depuis la crise des marchés financiers de 2008 et, à sa suite, la déconfiture des économies de petits pays comme l'Irlande et l'Islande et de pays du sud de l'Europe (Espagne, Grèce et Portugal) ayant adopté plusieurs politiques du modèle libéral. Sans oublier le cas de la Chine, dont l'économie est devenue en quelques années une puissance mondiale (*voir l'encadré 1.3 à la page suivante pour un point de vue plus nuancé*), et qui dément tous les jours l'idée de la fin des capitalismes nationaux. En effet, comment qualifier le succès d'une économie de plus en plus capitaliste dirigée d'une main de fer par un parti communiste national omnipotent? Sommes-nous vraiment en face d'un modèle libéral en émergence? Nous sommes, bien sûr, beaucoup plus proches du type asiatique dont parle Amable, mais n'y a-t-il pas aussi des différences fondamentales entre le cas du Japon et celui de la Corée du Sud, tous deux fortement influencés par l'occupation américaine de l'après-guerre et jouant le jeu de la démocratie? La Chine est-elle en train d'inventer un nouveau type de capitalisme national et de faire la démonstration, contrairement aux idées reçues, que le capitalisme est possible sans démocratie? Bien sûr, nous n'avons pas la réponse, mais le seul cas de l'émergence de la Chine capitaliste, sans parler de l'Inde, de la Russie et du Brésil, pour ne nommer que ceux-là, suffit à ne pas éliminer trop rapidement l'idée de la persistance de capitalismes nationaux distincts.

ENCADRÉ 1.3 La Chine, une puissance mondiale?

Le professeur Zongxia CAI, qui enseigne à l'Institut de Géographie et des Ressources Naturelles de l'Académie des Sciences de Chine à Beijing, soutient qu'il y a deux visions dominantes de la Chine, l'une occidentale qui la voit comme une puissance mondiale et l'autre chinoise qui est plus modeste. Ce qui suit est composé d'extraits du texte de Zongxia Cai, tirés de plusieurs enquêtes menées autour de la question suivante « La Chine est-elle une puissance mondiale ? ».

Selon des enquêtes par sondage, 80 % des étrangers enquêtés répondent positivement à cette question, pour les raisons suivantes:

- La Chine occupe le 2e rang mondial par son PIB depuis 2010 (8300 milliards de dollars). Depuis les années 1980, la Chine a connu, grâce à la politique de réforme économique et d'ouverture, une croissance économique rapide et continue, en moyenne de 10 % par an depuis plus de dix ans ; à 7,8 % en 2012 et à 7,5 % prévus en 2013. En 2010, le PIB de la Chine représente environ 10 % du PIB mondial. On estime que cette proportion va atteindre 40 % en 2040 (selon Robert William Foger, Prix Nobel d'économie 1993). Cela montre que la Chine possède un grand potentiel de développement.
- Ayant 1,3 milliard d'habitants, la Chine est riche en ressources humaines et dispose d'un vaste marché intérieur, susceptible de la protéger lors de crises économiques mondiales.
- Avec un territoire très étendu (9,6 millions de km²) et diversifié, la Chine est riche en ressources naturelles, favorables à son développement socio-économique, comme les ressources en terres, en eau, en énergie et minerais qui figurent pour beaucoup parmi les premiers rangs mondiaux.
- La Chine fait partie des cinq membres permanents du Conseil de sécurité de l'ONU. Le rôle joué par la Chine devient de plus en plus important dans les affaires politiques et économiques mondiales et dans l'assurance de la paix dans le monde.

En revanche, précise-t-il, 80 % des Chinois enquêtés répondent par la négative à la question posée pour les raisons suivantes:

- La Chine se trouve à la 87e place dans le monde par son PIB/habitant et à la 109e place pour son revenu/habitant. Actuellement, en Chine, le PIB/habitant représente seulement 6000 dollars, tandis que les pays développés doivent avoir en moyenne un chiffre supérieur à 10 000 dollars, celui des États-Unis et du Japon étant supérieur à 40 000 dollars. La Chine reste donc un pays en voie de développement, loin d'être un pays développé. Bien que le chiffre absolu du PIB de la Chine dépasse celui du Japon, le PIB/habitant de la Chine ne correspond qu'à 1/10 de celui du Japon, car la population chinoise est 10 fois plus nombreuse que celle du Japon.
- La Chine est un pays relativement pauvre en ressources naturelles par habitant, notamment en ressource de terres, en eau et en énergie.

[…]

La Chine dispose de 7 % des terres cultivées du monde, mais ces terres doivent nourrir 1,3 milliard de personnes, soit 21 % de la population mondiale. En Chine, les terres cultivées se trouvent dans une situation de surexploitation et de dégradation. Au fur et à mesure du développement économique, notamment de l'industrialisation, de l'urbanisation accélérée et de la modernisation des infrastructures, les terres cultivées sont soumises à une forte consommation et menacent de diminution. Actuellement, les terres cultivées par habitant ne représentent que 0,11 hectare/personne, c'est une tendance inquiétante.

Avec une superficie de 9,6 millions de km² et plus de 50 000 cours d'eau dont la superficie du bassin versant dépasse 100 km², la Chine dispose de ressources en eau considérables. La quantité totale des ressources hydriques atteint environ 2812,4 milliards de m³, soit 5,8 % de celles du monde. C'est ainsi que la Chine est classée par ses ressources en eau au 6e rang, après le Brésil, la Russie, le Canada, les États-Unis et l'Indonésie. Cependant, compte tenu de l'importance de sa population, les disponibilités *per capita* s'avèrent très limitées. De plus, la répartition très inégale des ressources en eau dans l'espace et le temps, et par rapport à la population et aux terres cultivées, pose actuellement de grands problèmes pour le développement durable du pays. La pénurie d'eau dans les villes chinoises est de plus en plus marquée, notamment en Chine du Nord : par exemple, dans la ville de Pékin, la ressource en eau par personne est seulement de 328 m³/an. Face à l'insuffisance des ressources en eau se pose la question de l'amélioration de leur gestion, et notamment de la lutte contre la pollution et le gaspillage de l'eau en milieu rural et urbain. Plusieurs mesures ont été prises, comme la réalisation du transfert de l'eau du Sud (bassin du Yangzi) vers le Nord (grande plaine de la Chine du Nord) et des opérations d'aménagement destinées à économiser l'eau agricole, industrielle et domestique.

[…]

Le vieillissement accéléré de la population : depuis l'an 2000, la Chine a commencé à entrer dans une société de vieillissement. On estime qu'il y aura 200 millions de personnes âgées de 60 ans et plus en 2015, soit un cinquième des personnes âgées du monde, et 250 millions en 2020. Le pic aura lieu en 2050 avec 400 millions de personnes âgées. Ce sera une lourde charge pour l'État chinois.

ENCADRÉ 1.3 La Chine, une puissance mondiale? (*suite*)

Défis en série

Sous la pression démographique et à cause de l'exploitation économique excessive et sauvage, l'environnement écologique est fortement menacé de dégradation accélérée. Beaucoup de problèmes d'environnement se posent, comme l'érosion des sols, la désertification, la pollution de l'air, de l'eau et du sol, etc.

- La désertification. En Chine, la superficie des déserts et des zones en voie de désertification s'élève à 1,53 million de km², soit 27 % de la superficie totale du pays. À cause du changement climatique (réchauffement mondial), et notamment de la surexploitation agricole et du surpâturage, la désertification connaît une accélération à une vitesse à 3436 km²/an (moyenne des années 1990). Grâce à une série de mesures, comme les grandes opérations de reboisement en Chine du Nord et du Nord-Ouest, les grands travaux de réaménagement des régions désertifiées, l'introduction de nouvelles technologies d'agriculture et d'élevage, la vitesse de la désertification est ralentie actuellement à 2100 km²/an. Cependant, tous ces travaux et opérations deviennent très difficiles et coûteux, s'élevant à des milliards de dollars par an.
- L'érosion du sol. Actuellement, on estime que 1/3 des terres cultivées sont menacées par l'érosion, notamment sur le Plateau de Lœss et dans le bassin du fleuve Jaune. Même le fleuve Yangzi, portant le surnom de fleuve Bleu, devient un fleuve rouge à cause de l'érosion des sols dans son bassin supérieur. Chaque année, la perte de sols atteint 5 milliards de tonnes en moyenne en Chine. Cela entraîne une forte dégradation de productivité des terres cultivées.
- La pollution de l'air, de l'eau et du sol. La plupart des 500 villes chinoises ont connu des problèmes de pollution de l'air plus ou moins graves, liés à une forte augmentation du parc de voitures privées. Par exemple à Pékin, les habitants souffrent de la pollution de l'air rejetée par 5 millions de voitures; en plus des tempêtes de poussière, en hiver et au printemps, provenant des déserts de la Mongolie. Parmi les sept grands bassins fluviaux du pays, la moitié des cours d'eau sont pollués. En Chine, on estime que 800 millions de personnes souffrent plus ou moins d'une eau polluée.

[…]

En conclusion, la Chine présente clairement une caractéristique dualiste : en Chine tous les succès de développement divisés par 1,3 milliard d'habitants deviennent très faibles… et tous les problèmes socio-économiques, multipliés par 1,3 milliard d'habitants, deviennent très grands. La Chine reste encore un pays en voie de développement, loin d'être une puissance mondiale. La Chine est plutôt un pays grand qu'un pays puissant.

Source : Tiré de CAI (2013).

À terme, bien qu'Amable (2005) n'y croie pas, étant donné l'enracinement social et historique des différents modèles, il y a bien sûr la possibilité que le modèle libéral l'emporte et qu'il y ait convergence au sein des pays capitalistes, du moins des pays occidentaux. Mais est-ce à dire que ce sera la fin de la diversité des capitalismes ? Non, croient plusieurs analystes, ce sera plutôt la fin de l'hégémonie de l'État et des politiques nationales comme sources de différenciation des capitalismes. D'autres sources se manifesteront. Se présentent ici deux possibilités : celle des sous-ensembles locaux et régionaux et celle des ensembles supranationaux. L'Italie des régions est un bel exemple de la première possibilité. Ce ne sont plus les politiques étatiques qui, depuis assez longtemps, permettent à l'Italie de se distinguer et lui donnent ses entreprises les plus dynamiques. C'est plutôt l'existence de réseaux locaux et régionaux dans certains secteurs de l'activité économique. Crouch et Streeck (1996, p. 24) voient là, avec la constitution de secteurs internationaux de production et d'alliances d'entreprises, la principale source de « la diversité future du capitalisme ».

La deuxième possibilité se rapporte à la mise en place d'ensembles plus vastes, supranationaux, comme la Communauté économique européenne (CEE), qui donneraient au capitalisme une orientation différente selon les grandes régions du monde. Certains pensent que pourrait prendre forme, par exemple, une semblable communauté s'inspirant du modèle européen continental qui est à mi-chemin entre le modèle social-démocrate et le modèle méditerranéen. Il est clair en tout cas que le modèle libéral de marché ne réussit pas à convaincre la majorité des Européens. Le rejet, en 2005, du projet de constitution européenne par les Français et les Néerlandais, notamment pour protéger leur modèle social et économique, en est un bel exemple. Malgré de nombreuses concessions faites par les autorités, ce projet de constitution s'inspirait trop, aux yeux des Français, du modèle libéral de marché. De plus, comme nous l'avons indiqué précédemment, des petits pays comme l'Irlande et l'Islande, qui s'étaient engagés sur la voie du modèle libéral et ont été présentés comme modèles à suivre au tournant des années 2000, n'ont pas résisté au choc de la crise des marchés financiers de 2008. Un pas en arrière pour le modèle libéral.

Tout compte fait, il serait illusoire de croire qu'un seul et même modèle conviendrait à toutes les entreprises et à toutes les populations — locales, régionales ou nationales — du monde converti au capitalisme. Les raisons sous-jacentes à la diversité des capitalismes à l'échelle nationale — des populations ayant des histoires, des traditions et des institutions différentes — vont jouer sur d'autres plans et contribuer à recréer de la différence. Les modèles ont été par le passé difficilement exportables intégralement et ils continueront de l'être. Par contre, des rectifications, des innovations et des arrangements locaux, régionaux et supranationaux continueront sans doute d'être mis de l'avant par les acteurs, y compris par les entreprises. De plus, il ne faut pas croire que le rôle des États-nations sera nul pour autant, car ils participeront, et ils le font déjà, à la redéfinition de l'économie mondiale. Nous ne savons malheureusement pas si ce qui en sortira sera mieux ou pire pour les populations concernées que ce qui existe actuellement, ni combien de temps durera la transition. Comme le veut la célèbre formule: « Seul le temps le dira ».

NOTES

1. Prenons l'exemple de la Chine. Elle refuse d'ouvrir son marché au commerce international malgré maintes missions diplomatiques européennes auprès de l'empereur, et les Anglais en sont profondément choqués, au point de finir par déclarer la guerre à la Chine au XIXe siècle. En effet, la balance commerciale de l'Angleterre avec la Chine est de plus en plus déficitaire au XIXe siècle: les Anglais y achètent du thé, de la porcelaine, de la soie et d'autres produits, tandis que la Chine n'achète à peu près rien d'autre que du coton. Les marchands anglais vont trouver une marchandise qui leur permettra de rétablir l'équilibre, mais cette marchandise, l'opium importé de l'Inde, s'avère mortellement dangereuse pour la société chinoise. L'empereur finira par interdire aux marchands chinois d'en faire le commerce avec les Anglais. C'est à ce moment que, au nom de la liberté de commerce, les Anglais déclarent la guerre à la Chine, l'envahissent et l'occupent pendant 70 ans, soit de 1840 à 1911, avec le concours d'autres nations européennes (Peyrefitte, 1989, p. 612 et suiv.).
2. « "Les champs ouverts (*open fields*) ou champs communs (*common fields*) sont des étendues de terrain sur lesquelles les propriétés de plusieurs ayants droit se trouvent dispersées et mêlées." L'expression de *common field* a l'inconvénient de prêter à confusion: elle évoque l'idée d'un communisme [...]. Leurs propriétés ne se confondent pas en un tout indivis: elles sont seulement "dispersées et mêlées", c'est-à-dire subdivisées en un grand nombre de parcelles qui s'intercalent et s'enchevêtrent les unes dans les autres. C'est là, en effet, le trait le plus caractéristique de ce qu'on appelle l'*open field system.* » (Mantoux, 1959, p. 134-135)
3. À la décharge de Chandler, il faut préciser que son projet portait surtout sur l'histoire des entreprises et que pendant la période couverte, 1880-1948, les États intervenaient moins. Cependant, ses études comparatives l'amènent à constater que les différences entre les entreprises américaines, britanniques et allemandes reposent sur des histoires et des cultures propres à chacun de ces pays, mais il explore très peu cette voie et néglige ainsi le rôle des autres acteurs.
4. Voici la liste des dépenses examinées: « Allocations vieillesse, allocations pour les handicapés, assurance maladie, services aux personnes âgées et aux handicapés, allocations au survivant, allocations familiales, services aux familles, indemnités de chômage, prestations maladies, allocations logement et autres » (Amable, 2005, p. 196).

CHAPITRE 2

Jean-Pierre Dupuis

Une approche sociologique de la dynamique interne de l'entreprise

Introduction

Pour la plupart des gens, une entreprise est plus qu'un simple lieu de travail: c'est un milieu de vie. Ils y passent une grande partie de leur temps, et souvent de leur vie. Ils y créent des liens, parfois très forts, qui marquent l'entreprise. Nous essaierons de comprendre cette vie dans l'entreprise, de voir comment se créent les alliances, les collaborations, les oppositions, les affrontements entre les individus et les groupes qui la composent. Nous verrons que les diverses stratégies des acteurs (collaborations, affrontements, etc.) s'articulent autour de buts et d'intérêts multiples, de ressources et d'enjeux différents. Nous verrons également que le type de contrôle qu'exerce l'entreprise et les règles qui la gouvernent influent sur les stratégies des individus et des groupes. Il résulte de ces jeux d'acteurs des identités de groupes et d'entreprises qui illustrent la diversité des situations et la complexité de la vie en entreprise. En fait, si les entreprises se distinguent les unes des autres, c'est parce que les individus et les groupes qui les composent diffèrent: certaines comptent plus d'hommes, d'autres, plus de femmes; elles sont plus ou moins homogènes culturellement, marquées par les métiers manuels ou les activités intellectuelles; certaines sont contrôlées par des étrangers, d'autres par des intérêts locaux, par de grands gestionnaires ou par des familles. La diversité des acteurs — comme la disparité de leurs buts, de leurs intérêts et de leurs stratégies — se répercute sur la dynamique interne de l'entreprise, l'oriente et lui donne une couleur bien à elle.

Il importe de reconnaître la variété des dynamiques d'entreprise pour comprendre le fonctionnement de certaines d'entre elles. En effet, ceux qui croient que toutes les entreprises fonctionnent de la même façon et qu'elles peuvent être gérées selon des principes universels, ou encore ceux qui pensent que tous les travailleurs réagissent de la même façon devant l'employeur ou devant une situation donnée, vont assurément dans la mauvaise direction; ils se rendent impuissants et s'empêchent d'agir et d'intervenir avec un minimum d'efficacité. Pour être efficace, le gestionnaire et le travailleur doivent bien comprendre leur milieu avant d'agir ou de prendre une décision. Ils ne doivent surtout pas agir mécaniquement en suivant quelques recettes prétendument infaillibles. Il ne faut toutefois pas croire que l'approche proposée ici permet de régler tous les problèmes et de toujours trouver la bonne solution. Loin de nous cette prétention! D'ailleurs, dans ce chapitre, tout en reconnaissant la complexité de la vie en entreprise, nous combattons l'idée qu'il existe des solutions faciles, toutes faites, qu'il suffit d'appliquer rigoureusement. Certes, la compréhension de la complexité et de la variété des situations est essentielle, mais elle doit aussi rendre le gestionnaire, ou tout intervenant, modeste. L'idée principale consiste à renverser certaines certitudes simplistes plutôt que d'en proposer de nouvelles.

Pour bien comprendre l'entreprise, son fonctionnement interne, nous avons besoin de concepts qui la décomposent en plusieurs parties. Cette décomposition conceptuelle de l'entreprise permet d'observer ce qui s'y passe, de voir les individus et les groupes à l'œuvre, presque au jour le jour. Elle permet aussi de mieux saisir la richesse, la complexité et la variété des situations. Cette opération de décomposition n'a pas pour objectif de réduire l'entreprise à un ensemble d'éléments disparates plus ou moins intégrés, bien au contraire. En fait, c'est l'interdépendance de ces éléments que nous pourrons ainsi mettre en lumière, en montrant qu'une action sur l'un peut avoir des répercussions sur tous les autres. L'entreprise est constituée d'individus et de groupes, de ressources, de règles, de stratégies et d'enjeux fortement interdépendants. Nous allons présenter ces concepts et essayer de trouver en quoi ils nous éclairent sur la réalité sociale de l'entreprise.

L'entreprise, c'est d'abord et avant tout des acteurs en interaction. Qui sont ces acteurs? Quels sont leurs buts? Leurs ressources? Leurs stratégies? Quels enjeux sont au centre de leurs interactions? C'est ce que nous allons examiner dans les premières parties de ce chapitre, pour lesquelles nous nous sommes fortement inspirés des travaux de Friedberg (1988; 1993) et de Crozier et Friedberg (1977). Nous analyserons ensuite les formes de régulation et, par conséquent, les formes de pouvoir qui s'exercent en entreprise. Nous terminerons par l'exploration des identités de groupes ou d'entreprises qui s'y développent.

2.1 Trois catégories d'acteurs et leurs buts

Voyons d'abord ce que recouvrent les concepts d'acteurs et de buts. Les individus engagés dans l'entreprise sont le point de départ de toute analyse de celle-ci. On les appelle acteurs individuels s'ils sont seuls à accomplir des actions, ou acteurs collectifs s'ils sont regroupés. Ce qu'il ne faut pas manquer de dire à propos des individus-acteurs, et qui est à la base du modèle d'analyse de sociologues comme Michel Crozier et Erhard Friedberg, c'est que tout individu ou groupe jouit d'une part de liberté dans l'action, c'est-à-dire que chacun a un certain pouvoir, dans une entreprise donnée comme dans la société en général.

Cela signifie que tous les acteurs disposent d'une certaine marge de manœuvre parce qu'il est impossible de prévoir et de contraindre totalement les comportements des individus. En effet, on ne peut parfaitement contrôler le présent, ni prédire l'avenir; on aura beau essayer, il surgira toujours des éléments imprévisibles. Les individus bénéficient donc toujours d'une marge de liberté, si petite soit-elle, parce que la prévisibilité n'est jamais totale et qu'ils peuvent exploiter cette marge — cette imprévisibilité — dans leurs interactions avec les autres. Mais c'est aussi parce que l'individu ou le groupe a quelque chose à offrir qu'il a cette marge de manœuvre dans l'entreprise: ses habiletés manuelles ou intellectuelles, même limitées, lui sont nécessaires pour accomplir une tâche, un travail. Il peut arrêter de faire son travail ou, volontairement, mal le faire, ce qui lui confère un certain pouvoir. Cela signifie que, dans une entreprise, tous les individus peuvent être en relation de pouvoir, que tous peuvent gagner ou perdre quelque chose dans leurs interactions avec les autres, et que, finalement, le monde de l'entreprise peut être une scène d'action pour tous et chacun. Mais cette liberté des individus peut cependant être limitée par les contraintes structurelles propres à l'entreprise et à la société à l'intérieur desquelles ils évoluent, et elle varie beaucoup d'une personne à l'autre. Nous reviendrons sur ce point plus loin.

Il y aurait beaucoup à dire sur les buts des acteurs tant ils sont liés à leurs actions. En effet, derrière toute action se trouvent les buts que se sont fixés les acteurs. Ces buts peuvent être clairs, faciles à découvrir, ou inavoués, cachés en quelque sorte, jamais ouvertement formulés. L'intérêt d'une analyse consiste alors souvent à faire ressortir ces buts cachés qui motivent les acteurs afin de mieux comprendre les relations qu'ils entretiennent entre-eux.

Une entreprise compte trois principales catégories d'acteurs: les propriétaires, les dirigeants et les employés. Les propriétaires sont des individus, ou des groupes d'individus, qui lancent une entreprise au moyen d'un investissement en temps et en capitaux ou qui s'associent à une organisation déjà en place en lui apportant du financement. Ce faisant, ils cherchent à tirer un bénéfice de leur initiative, financier ou autre. Les dirigeants sont embauchés par les propriétaires ou par leurs représentants pour organiser les activités de production de l'entreprise. Ils veillent à l'organisation, à la coordination et à la réalisation du travail des employés ou des cadres placés sous leur responsabilité. Souvent, ils participent, avec les propriétaires, à définir l'orientation de l'entreprise et à établir son mode de fonctionnement. Les employés, quant à eux, doivent accomplir le travail qui leur est assigné par les dirigeants. Ils ont plus ou moins d'autonomie dans l'exécution de ce travail. Ils le font, tout comme les dirigeants, pour obtenir un salaire qui leur permet de gagner leur vie. Les conditions salariales des dirigeants et des employés sont souvent fort différentes, les premiers touchant une rémunération nettement supérieure aux seconds, particulièrement dans les plus grandes entreprises (*voir le tableau 2.1*). En gros, nous pourrions dire que les propriétaires financent, contrôlent et orientent leur entreprise, que les dirigeants la gèrent, et que les employés exécutent le travail. Chacun apporte ainsi sa contribution au principal «but» de l'entreprise: produire un bien ou un service.

Mais tout cela n'est pas aussi simple puisque, comme on peut le deviner, les acteurs de ces trois catégories poursuivent en fait des buts qui pourraient être difficilement conciliables. En effet, le profit du propriétaire ne sera-t-il pas plus élevé si les dépenses en main-d'œuvre, donc les salaires, sont faibles? Bien sûr, un grand nombre d'entreprises et d'industries requièrent une main-d'œuvre particulièrement qualifiée; ils ont donc intérêt à offrir de très bons salaires pour attirer ou conserver cette main-d'œuvre. Mais, toutes choses étant égales par ailleurs, il y a là un potentiel de conflit qu'illustrent bien les négociations salariales difficiles entre la direction et les employés. Nous pourrions aussi prendre l'exemple des dirigeants qui souhaitent eux aussi avoir de meilleurs salaires, qu'ils obtiennent d'ailleurs souvent parce qu'ils sont les représentants des propriétaires. Or, un écart salarial trop grand entre les dirigeants et les employés peut aussi donner lieu à des relations conflictuelles. Comment faire accepter de faibles salaires aux employés dans ce contexte?

La situation se complique d'autant plus dans les grandes entreprises où les catégories d'acteurs peuvent s'organiser en sous-groupes qui poursuivent des buts différents. Par exemple, une grande entreprise peut être entre les mains d'un actionnaire principal et de petits actionnaires. Il est clair que le poids et le rôle de ces deux types de propriétaires ne sont pas les mêmes, si bien qu'il importe d'en tenir compte dans l'analyse de l'entreprise. Il se peut que l'actionnaire principal veuille prendre des risques pour obtenir un fort profit à court terme et que les petits actionnaires, plus prudents, préfèrent un rendement sûr et régulier qui s'inscrit dans une perspective à plus long terme. La situation inverse est aussi possible en ce sens que l'actionnaire principal pourrait vouloir plus de sécurité à long terme et les petits actionnaires un meilleur rendement à court terme. Dans un cas, comme dans l'autre, il y a un conflit potentiel entre les propriétaires qui ne partagent pas les mêmes buts, ce qui peut perturber toute l'entreprise.

De la même façon, nous pouvons facilement imaginer qu'un conflit éclate entre des hauts dirigeants préoccupés par la croissance rapide de l'entreprise et des dirigeants d'unités plus opérationnelles qui acceptent mal les orientations définies par le siège social et qui souhaitent plutôt mettre de l'avant certains de leurs projets. Ces derniers pourraient travailler à minimiser les incidences de ces orientations dans leur unité pour maintenir de bonnes relations avec leurs employés et atteindre leur propre but, qui n'est pas de participer à tout prix à la croissance à court terme de l'entreprise, mais plutôt, par exemple, de

TABLEAU 2.1 **La rémunération globale de quelques dirigeants d'entreprise parmi les mieux rémunérés au Canada en 2013**

Rang	Dirigeant	Entreprise	Rémunération (en millions de dollars)
1er	E. Hunter Harrison	*Canadien Pacifique*	49
2e	James C. Smith	*Thomson Reuters*	18,8
3e	John Manzoni	*Talisman Energy*	18,7
4e	Paul N. Wright	*Eldorado Gold*	18,7
5e	Donald J. Walker	*Magna International*	16,8
32e	Pierre-Karl Péladeau	*Quebecor*	8,2
38e	Louis Vachon	*Banque nationale du Canada Alimentation*	7,7
43e	Alain Bouchard	*Couche-Tard*	7,2
47e	Alain Bédard	*TransForce*	6,9
56e	Pierre Beaudoin	*Bombardier*	5,9
60e	André Desmarais	*Power Corporation*	5,7

Source: Tiré de Mackenzie (2014).

mettre au point de nouveaux procédés de production jugés non prioritaires par le siège social. Les dirigeants voient dans la mise au point de ces nouveaux procédés une occasion de donner plus d'importance à leur unité, et donc à eux-mêmes, au sein de l'entreprise. Ils peuvent même espérer à terme un redéploiement des activités de l'entreprise autour des projets de leur unité et se voir offrir, par la même occasion, de nouvelles responsabilités (la direction du siège social peut-être).

Les désaccords et les conflits entre groupes d'employés peuvent être tout aussi nombreux et fréquents, en particulier dans les grandes entreprises qui comptent différents services, unités et filiales et où les dirigeants dressent les groupes les uns contre les autres. Les employés d'une filiale peuvent être divisés sur des questions comme les demandes patronales de réduction des salaires ou de modification des tâches. Certains voudront conserver leurs acquis et seront prêts à se battre pour cela, d'autres se montreront plus conciliants et accepteront de faire des concessions. Leur désaccord entraînera la pagaille, voire un conflit profond, entre les différents groupes d'employés.

Cet exemple est loin de la situation d'une petite entreprise où le propriétaire unique, ses deux ou trois dirigeants et sa trentaine d'employés peuvent aisément avoir des objectifs communs, mais encore là la situation peut se corser. En effet, même dans une entreprise de cette taille, il se peut que les groupes d'employés soient divisés en sous-groupes. Par exemple, l'un peut se contenter d'un certain niveau de salaire, l'autre en revendiquer un meilleur, ou encore demander une formation en vue de monter dans l'entreprise. Mais qu'il s'agisse d'une petite ou d'une grande entreprise, ces trois catégories d'acteurs — propriétaires, dirigeants et employés — en font partie et c'est de là qu'il faut partir pour comprendre son fonctionnement. Il est certain que plus l'entreprise est grande et complexe — comptant un grand nombre d'employés, d'unités de production et de services —, plus il y a d'acteurs et de buts potentiellement différents, ce qui complique forcément la compréhension de sa dynamique. Nous y reviendrons.

Nous pouvons admettre aussi que les acteurs d'une entreprise poursuivent au moins deux grands buts divergents: les propriétaires visent le profit alors que les dirigeants et les travailleurs recherchent un salaire. À côté de ces différences élémentaires et reconnues par tous, il se peut qu'une multitude de buts soient poursuivis simultanément dans l'organisation. Cela peut aller du but personnel d'un cadre ou d'un employé cherchant par tous les moyens à obtenir une promotion — quitte à aller à l'encontre des intérêts de l'entreprise —, à celui d'un groupe d'employés qui créent un syndicat parce qu'ils souhaitent plus de respect de la part de leurs dirigeants, en passant par celui d'un propriétaire qui compte bien léguer un patrimoine à ses enfants. Les buts ne sont donc pas uniquement de nature économique, ils peuvent être politiques (plus de pouvoir dans l'entreprise) ou symboliques (plus de respect des patrons). Les cas de figure sont infinis. En outre, les buts peuvent varier dans le temps: ce qu'on désirait il y a quelque temps peut ne plus correspondre à ce qu'on veut aujourd'hui.

De plus, il se peut que les buts des acteurs varient, en particulier ceux des propriétaires, en fonction du type d'entreprise: privée, publique ou coopérative. L'entreprise coopérative et l'entreprise publique ont rarement le profit comme principale motivation. Ces deux types d'entreprises répondent, la plupart du temps, à des impératifs socioéconomiques. L'entreprise coopérative est en général fondée par des individus qui n'ont pas, ou très peu, de ressources financières, mais qui veulent améliorer leur sort. Ces individus mettent ensemble leurs maigres ressources pour se donner un service ou un travail qu'ils pourraient difficilement s'offrir seuls: magasin d'alimentation, coopérative d'habitation, caisse populaire, coopérative de travail, etc. L'entreprise publique est créée par les gouvernements, au nom des citoyens qu'ils représentent, dans le but de fournir un service ou un produit qui n'existe pas de manière satisfaisante sur le marché, pour mettre en valeur les ressources naturelles du pays ou encore, par exemple, pour changer le rapport de force économique entre les citoyens. Pensons à Hydro-Québec qui, dès sa création en 1944, et après son expansion avec la nationalisation de l'électricité au début des années 1960, poursuivait plusieurs buts de cette nature. Mentionnons entre autres: mieux exploiter les ressources hydrauliques du Québec, offrir un service d'électricité de qualité aux citoyens de toutes les régions du Québec, favoriser l'émergence d'un entrepreneuriat et de grands dirigeants francophones. Il est vrai que les buts des entreprises publiques et privées peuvent changer avec le temps — par exemple en donnant une orientation plus économique (générer surtout des profits) que politique (changer un rapport de force) —, mais, dans le cas des entreprises publiques, ces buts restent définis par un acteur politique (le gouvernement) et font l'objet de larges débats démocratiques, souvent publics. Nous reviendrons plus en profondeur sur les dynamiques introduites par les types de propriété et de contrôle des entreprises un peu plus loin.

2.1.1 Trois types de stratégies

Les relations entre les individus, comme entre les groupes et les sous-groupes, peuvent être de trois ordres: la collaboration, l'hostilité ou l'indifférence. Dans une entreprise, par définition, une coopération existe entre les individus et les groupes qui la composent pour atteindre l'objectif minimal qui réunit tous les acteurs: produire un bien ou un service. Par contre, étant donné les buts souvent variés des acteurs, il se peut que des mésententes se produisent et que la coopération ne soit plus ou pas possible: il y a alors hostilité entre individus, entre groupes, ou entre individus et groupes. Cette hostilité peut mener à des situations plus ou moins graves telles que sabotage, grève, lock-out, fermeture, démission, vente d'actions, congédiement. L'indifférence s'installe lorsque les groupes ne sont pas en interaction directe les uns avec les autres; ils sont donc, objectivement du moins, en situation d'indifférence les uns par rapport aux autres. La situation peut changer, bien sûr, et l'indifférence peut se transformer en collaboration ou en hostilité.

Par stratégie, nous entendons le choix d'une action parmi un ensemble d'actions possibles pour entrer en relation avec les autres. Les individus et les groupes qui interagissent dans l'entreprise adoptent généralement trois grands types de stratégies les uns envers les autres: de collaboration, d'affrontement ou de négociation. Ici, à la lumière du concept de stratégie, la coopération n'est plus considérée comme naturelle et allant de soi, mais elle découle d'un choix des acteurs qui, pour toutes sortes de raisons qui leur sont propres, peuvent ne pas collaborer. Lorsqu'on choisit la stratégie d'affrontement, c'est l'hostilité qui s'affiche ouvertement, qui prend une forme concrète dans l'action, qui vise à changer les choses. Enfin, la stratégie de négociation fait en quelque sorte le pont entre les deux premières: on veut bien collaborer, mais à condition de négocier les aspects de la collaboration pour qu'elle ne se fasse pas à n'importe quel prix.

Il est possible, voire fréquent, de passer d'une stratégie à l'autre, mais il n'existe pas de règles ici. La collaboration peut se transformer en affrontement ou en négociation, l'affrontement en négociation ou en collaboration, mais un état stratégique peut tout aussi bien perdurer et avoir des effets néfastes pour l'un des acteurs. Par exemple, la stratégie d'affrontement entre un syndicat local et la direction d'une entreprise peut tout simplement mener à la fermeture de l'unité en question et au déménagement de ses activités dans un autre établissement de l'entreprise. Rien, en effet, ne garantit que l'affrontement s'adoucira et se transformera en négociation ou en collaboration. De même, la stratégie d'affrontement entre les dirigeants de deux divisions pourrait bien aboutir au congédiement de l'un d'entre eux par la haute direction ou par les propriétaires. Les résultats des diverses stratégies des acteurs ne sont donc pas totalement prévisibles. Bref, la situation comporte des risques pour les acteurs, dont celui d'échouer avec les conséquences qui s'ensuivent. Cela soulève toute la question des enjeux sous-jacents aux stratégies, question que nous aborderons bientôt.

Par ailleurs, ces stratégies peuvent prendre toutes sortes de formes. Ainsi, la collaboration pourrait consister en une alliance temporaire entre deux groupes par rapport à une question bien précise, en un engagement à long terme scellé par un contrat ou prendre la forme d'une convention collective qui lie tous les acteurs. Pourtant, dans un cas comme dans l'autre, rien, encore une fois, ne garantit la durée de la collaboration. Une alliance peut être rompue avant la fin de la période prévue, comme un contrat ou une convention collective peuvent, en raison d'interprétations différentes par les acteurs, provoquer des conflits. Les collaborations peuvent mettre en présence des acteurs extérieurs à l'entreprise comme d'autres syndicats, d'autres entreprises, le gouvernement, des groupes de pression. Par exemple, les dirigeants d'une entreprise pourraient s'allier avec un entrepreneur et confier une partie du travail de ses employés en sous-traitance, en guise de représailles ou pour donner une leçon à des employés qu'ils jugent trop exigeants. On peut aussi avoir recours à un arbitre de l'intérieur, en provenance d'un autre service ou établissement, ou de l'extérieur, nommé par le gouvernement par exemple, pour diriger une négociation difficile, résoudre un affrontement qui dure depuis trop longtemps. En ce sens, l'entreprise n'est pas un univers fermé, puisque des acteurs et des ressources de l'extérieur peuvent être fréquemment appelés à intervenir dans les rapports entre les individus et les groupes qui la composent.

2.1.2 Les ressources inégales des acteurs

Cela nous amène à la question des ressources des acteurs. Pour mettre en œuvre des stratégies, et surtout pour qu'elles soient efficaces, il faut pouvoir s'appuyer sur des ressources. Or, en cette matière, les acteurs d'une même entreprise sont forcément inégaux. Définissons d'abord ce que sont les ressources.

Nous entendons par ressources ce sur quoi l'acteur peut exercer un contrôle et qui est susceptible de devenir un objet d'intérêt pour les autres. Il s'agit de tout ce qu'un acteur peut mobiliser, utiliser dans ses relations avec les autres, pour imposer son point de vue, ses choix, ses désirs. Ces ressources sont matérielles (de l'argent, des biens, des propriétés, des lois et des règlements, etc.) ou symboliques (du prestige, des relations, des compétences, des connaissances, de l'information, etc.). Aussi, un acteur peut être une ressource pour un autre. Les règles officielles de l'entreprise ou les lois d'un pays peuvent en être une également. L'utilité de ces ressources dépend des situations. Dans certains cas, elles peuvent être très utiles à un acteur, dans d'autres, pas du tout. Elles doivent donc être pertinentes par rapport à une situation donnée pour être mobilisables, efficaces.

Mentionnons par exemple l'opinion publique qui s'exprime aujourd'hui par le biais des médias; cette ressource pourrait être importante pour un acteur collectif comme un syndicat, la direction d'une entreprise ou un gouvernement. Mais cette ressource symbolique peut parfois ne pas être mobilisable, ou même pire, elle pourrait se retourner contre l'acteur qui y fait appel. Ainsi, l'opinion publique peut appuyer un syndicat de la fonction publique quand elle trouve la cause juste, comme cela a été le cas des infirmières dans les années 1990, mais dans d'autres contextes, par temps durs de récession et d'instabilité économique, l'opinion publique n'est guère favorable aux syndicats. La situation était toute différente dans les années 1960 alors que, au Québec, l'appui aux syndicats était assez fort (sur l'image du pouvoir syndical au Québec, voir Rouillard, 1993). Les syndicats peuvent plus difficilement y recourir de nos jours dans leur affrontement avec l'État ou avec les entreprises. On en a eu la preuve lors des dernières rondes de négociation dans la fonction publique québécoise en 2005 et en 2010.

En entreprise, il est clair que ces ressources se distribuent très inégalement. Les propriétaires disposent en général d'un plus grand et d'un plus riche arsenal de ressources. Ils possèdent l'entreprise et ses installations, ils choisissent leurs dirigeants, ils ont un accès privilégié à l'information, ils ont des ressources financières et très souvent un accès direct aux capitaux, ils ont des relations dans l'industrie, parfois dans les gouvernements, ils sont reconnus socialement, etc. Il est bien sûr que nous parlons ici des propriétaires qui contrôlent véritablement leur entreprise. Les petits actionnaires, minoritaires, éparpillés, sans contact les uns avec les autres, qui représentent souvent une partie importante des propriétaires des grandes entreprises, ne disposent pas de telles ressources. Les principaux dirigeants jouissent sensiblement des mêmes ressources que les premiers, surtout s'ils en sont aussi les propriétaires, comme c'est souvent le cas des petites et moyennes entreprises. Dans les grandes, seuls quelques dirigeants, étroitement associés aux propriétaires, sont dans cette situation. Les autres se contentent souvent d'un accès privilégié, mais la plupart du temps limité, à l'information et à certaines ressources matérielles et financières.

Pour leur part, les employés ont beaucoup moins de ressources et il peut aussi y avoir de fortes inégalités parmi les employés quant à l'accès aux ressources. Par exemple, un professionnel — comptable, avocat, ingénieur, etc. — qui gère et manipule des informations essentielles pour l'entreprise a plus de ressources à mobiliser qu'un simple ouvrier non spécialisé travaillant sur une chaîne de montage, la seule ressource de ce dernier étant la plupart du temps la force de ses bras. C'est pourquoi de nombreuses catégories d'employés ont souvent cherché à se regrouper pour se donner plus de ressources, et donc de pouvoir, dans l'entreprise. L'action syndicale prend ici tout son sens. La reconnaissance formelle des syndicats et l'encadrement juridique de la pratique syndicale sont souvent les principales ressources des employés… syndiqués. Pour les autres, la protection juridique est, en Amérique du Nord (*voir l'encadré 2.1*), plus faible que dans de nombreux pays d'Europe où, par exemple, les mises à pied sont souvent très réglementées et coûteuses pour une entreprise. Par contre, la possibilité de se syndiquer constitue en soi une ressource qui peut être utilisée par les employés dans leurs relations avec les dirigeants.

Cette ressource d'ordre juridique permet aux employés de négocier à armes « plus égales » avec leurs employeurs. C'est d'ailleurs l'objectif de cette reconnaissance que d'équilibrer un rapport jugé au départ inégal entre employeurs et employés. Le droit de négocier un contrat de travail collectif, et de faire la grève en cas d'impasse dans les négociations, est une ressource importante pour les employés. Bien sûr, le droit de lock-out[1] accordé aux entreprises limite et contrebalance le droit de grève. En revanche, au Québec, la loi anti-briseurs de grève (ou loi anti-scabs) adoptée en 1977, qui empêche

ENCADRÉ 2.1 Les éléments législatifs composant l'encadrement juridique des relations de travail

Selon Mona-Josée Gagnon, trois grands éléments législatifs composent l'encadrement juridique des relations de travail :

1. Des lois universelles qui s'appliquent à tous les milieux de travail ou à tous les salariés, selon leur objet.
2. Des lois qui mettent en place des structures obligatoires ou facultatives de représentation des salariés dans les milieux de travail.
3. Des lois qui définissent le rôle et le fonctionnement des syndicats.

À partir de ces ingrédients de base, présents dans des mesures variables, des encadrements juridiques différents se sont constitués, illustrant d'autant des choix politiques. (Gagnon, 1994, p. 19-21.)

Au Québec, par exemple, la Loi sur les normes minimales de travail assure, comme son nom l'indique, un minimum de droits à tout employé, et le Code du travail réglemente les relations patronales-syndicales. Aucune loi ne prescrit à proprement parler la mise en place de structures de représentation des salariés.

les employeurs de remplacer les grévistes par des briseurs de grève, favorise nos salariés syndiqués par rapport aux autres salariés nord-américains. Il faut noter cependant que cette loi ne s'applique qu'aux entreprises formées en vertu de la Loi sur les compagnies de la province de Québec ; les entreprises constituées en vertu de la Loi fédérale sur les sociétés par actions ne sont pas soumises à ces dispositions.

La question des ressources est primordiale parce qu'elle conditionne les stratégies que les acteurs choisissent dans leurs relations avec les autres. Cette ressource syndicale est cependant toute relative par rapport à celles des propriétaires d'entreprise qui disposent de plus d'un lieu de production. Ils peuvent par exemple menacer les employés d'une unité de production de déménager leurs activités ailleurs s'ils n'entendent pas raison lors d'une négociation ou d'un affrontement. Il est donc clair que les employés, même s'ils sont syndiqués, ont des ressources beaucoup moins importantes que la plupart des propriétaires, ce qui ne les cantonne pas pour autant dans l'inaction.

Cette question des ressources ne se pose pas seulement au regard des relations entre les propriétaires et les dirigeants d'une part, et les employés d'une autre. Elle se retrouve aussi dans les relations entre propriétaires, entre dirigeants, entre employés, ou encore entre propriétaires et dirigeants. Nous avons déjà brièvement examiné la question des ressources inégales entre propriétaires au sein de la grande entreprise. Nous avons vu que les petits actionnaires d'une grande entreprise n'ont pas voix au chapitre, mais qu'ils ne sont pourtant pas totalement démunis. Ils peuvent s'en remettre aux tribunaux pour faire valoir leurs droits par rapport aux actionnaires principaux. Il arrive de plus en plus fréquemment que les juges leur donnent raison dans leurs affrontements avec les actionnaires principaux et certains grands dirigeants, mais encore une fois, leurs ressources demeurent faibles par rapport aux autres et limitent grandement les stratégies qu'ils peuvent mettre en œuvre.

2.1.3 Les trois principaux types d'enjeux

Tous les acteurs ont des buts, des ressources et des stratégies et ils agissent en fonction d'enjeux qui les concernent dans l'entreprise, soit comme individus, soit comme acteurs collectifs. La question des enjeux est centrale parce qu'elle permet de comprendre, au-delà des buts des acteurs et des tâches définies par l'entreprise, les actions et les stratégies des acteurs.

L'enjeu, c'est ce que les acteurs peuvent gagner ou perdre dans leurs relations avec les autres, en particulier par rapport aux stratégies qu'ils mettent de l'avant. Il peut y avoir plusieurs enjeux, certains peuvent être évidents, d'autres moins. L'un des objectifs de l'analyse est justement de mettre au jour ceux qui sont véritablement l'objet du rapport de force entre les acteurs. Les ressources peuvent être un enjeu dans la mesure où leur contrôle assure à un acteur un plus grand pouvoir sur les autres. De la même manière, les règles peuvent devenir des enjeux si elles avantagent certains acteurs au détriment des autres. Les acteurs ayant toujours intérêt à ce que les règles les favorisent, leur modification peut donc être un enjeu important.

Trois principaux types d'enjeux peuvent être dégagés : économiques, politiques et symboliques. Jusqu'à maintenant, nous avons surtout parlé des enjeux économiques qui ont cours lorsque les propriétaires cherchent à engranger les meilleurs profits possible en optant, selon les entreprises et les contextes, pour une politique salariale généreuse ou peu généreuse et lorsque les employés veulent les meilleurs salaires possible en collaborant avec les dirigeants ou en les affrontant. Ainsi, les stratégies de collaboration, de négociation ou d'affrontement visent souvent à orienter les actions des uns et des autres vers des conséquences économiques positives pour tous. Elles peuvent aussi servir à assurer la survie de l'entreprise ou le maintien des emplois. Mais ce n'est pas tout ce qui motive les actions des acteurs. Certains groupes d'employés font la grève parce qu'un dirigeant ne les respecte pas et qu'ils ont l'impression de n'être pas bien traités, ou tout simplement pour avoir leur mot à dire dans l'organisation du travail. Un dirigeant travaillera à la croissance de l'entreprise pour obtenir une reconnaissance sociale, du prestige, ou il adoptera des stratégies visant à éliminer un rival trop ambitieux qui veut prendre sa place. La notion d'enjeux politiques ou symboliques caractérise ces situations.

L'enjeu politique recouvre le désir d'exercer plus de pouvoir ou la peur d'en perdre. Les relations entre les acteurs sont constamment empreintes de ces rapports de pouvoir : le dirigeant d'une unité opérationnelle veut avoir plus de pouvoir par rapport au siège social pour atteindre ses objectifs de production, l'ouvrier veut plus de pouvoir pour avoir la possibilité d'exécuter son travail comme il l'entend, le propriétaire veut exercer le plus grand contrôle, etc. Cette recherche du pouvoir est en fait la recherche d'une plus grande autonomie dans la conduite de sa vie au travail. Ce désir d'autonomie est une caractéristique des individus dans nos sociétés modernes, et il s'accompagne souvent de la volonté de participer activement au fonctionnement de l'entreprise, d'où la nécessité d'y instaurer une véritable démocratie. Conserver le pouvoir ou en exercer un plus grand c'est, concrètement, obtenir de nouvelles ressources pour l'exercer, ou conserver celles qu'on contrôle déjà.

Ces ressources sont entre autres d'ordre matériel, décisionnel, informationnel. En effet, pour un dirigeant, disposer d'un budget plus important pour mener à bien un projet est une ressource significative au chapitre du pouvoir, et d'autant plus si ces ressources financières sont convoitées par des dirigeants d'autres services ou unités de production. Cela veut dire que son projet l'a emporté, qu'il peut y faire travailler des employés et que d'autres projets vont être mis de côté. Il a gagné et d'autres ont perdu. Pour les employés, le fait d'acquérir de nouvelles ressources peut impliquer qu'ils ont le droit de prendre plus de décisions dans l'exercice de leur tâche, ce qui peut contribuer à enrichir leur travail et à les soustraire un peu à l'autorité de leur supérieur immédiat : ils gagnent une certaine autonomie pendant que leur supérieur perd un peu de son pouvoir sur eux. Ils pourraient aussi avoir accès aux informations financières de la compagnie en siégeant au conseil d'administration, ce qui leur permettrait de mieux faire valoir leur point de vue, de négocier des conditions salariales et de travail en meilleure connaissance de cause et, donc, d'améliorer leurs rapports avec l'employeur. Ici encore, l'enjeu est politique en ce qu'il accorde un peu plus de pouvoir aux uns et un peu moins aux autres. Dans ce cas, en effet, les dirigeants ne pourraient plus invoquer indûment la situation économique difficile de l'entreprise au moment de la négociation d'un nouveau contrat de travail, comme ils le font souvent, parce que les employés auraient eu accès au bilan.

Bien sûr, comme toutes les ressources, celle-ci est relative. Peut-on l'utiliser ? Et dans quelle mesure ? Chaque situation est unique. Dans le cas où un siège est réservé à un employé au conseil d'administration, il faut savoir si un syndicat est en place dans l'entreprise ou s'il existe des mécanismes formels pour bien exploiter cette ressource. Il faut savoir par exemple si l'entreprise donne aux employés la possibilité de suivre une formation dans le domaine de la gestion pour leur permettre de remplir pleinement leur rôle, et, si oui, savoir qui est chargé de cette formation (les dirigeants ou des spécialistes venus de l'extérieur) et dans quel contexte elle se déroule (favorable ou non). Voilà autant d'aspects qui conditionneront l'usage de cette ressource, son poids, sa portée pour les employés. L'enjeu, ce n'est donc pas exclusivement la reconnaissance d'un droit ou l'obtention d'une ressource, c'est aussi la mise en œuvre, les conditions d'usage de ce droit ou de cette ressource.

Cela nous conduit tout naturellement à l'enjeu symbolique. Avoir une reconnaissance dans l'entreprise, comme lorsque des employés sont admis au conseil d'administration (cas rare, faut-il le préciser en Amérique du Nord, mais plus fréquent en Allemagne, par exemple), après une dure bataille ou une négociation de bonne foi, est d'abord un enjeu symbolique : être reconnu comme interlocuteur valable. Nous savons que cela ne suffit pas toujours, surtout si, une fois la bataille gagnée, cette reconnaissance ne se traduit pas par des effets réels, palpables. Mais il y a là un enjeu symbolique, souvent très important. En effet, les employés ont fréquemment l'impression de n'être que « des numéros interchangeables », de simples instruments de travail facilement remplaçables. Plusieurs conflits en entreprise ont pour cause principale un manque de respect des propriétaires et des dirigeants à leur égard. Pouvoir siéger au conseil d'administration change la dynamique à ce chapitre.

Régulièrement, voire quotidiennement, des enjeux symboliques se jouent dans l'entreprise : des dirigeants conservent les privilèges attachés à leur fonction alors que les salaires des employés sont réduits ; d'autres s'offrent de beaux et spacieux locaux alors que leurs employés de bureau sont entassés les uns sur les autres dans des aires ouvertes ; d'autres encore se congratulent mutuellement — annonces de nominations dans les journaux, fêtes en l'honneur d'une promotion ou d'un bon coup de l'un d'entre eux, etc. — mais les employés ne reçoivent jamais de reconnaissance ni de félicitations ; ou encore des employés ou des cadres ont des traitements de faveur, un plus grand bureau, de petites récompenses à l'occasion (billets de hockey ou invitation à dîner du grand patron). Ces petits riens peuvent finir par gâcher les relations de travail et devenir la source de conflits ou d'affrontements majeurs.

On le voit, la vie en entreprise ne se réduit pas à des enjeux économiques autour des profits, des salaires, de la productivité, du rendement ; elle comporte aussi des enjeux politiques liés à l'autonomie, aux responsabilités, au pouvoir, et des enjeux symboliques liés à la reconnaissance formelle ou informelle (fêtes, cérémonies, distribution des bureaux, etc.) de son existence, de son identité. Cette dynamique touche autant les dirigeants entre eux ou les employés entre eux, que les relations entre dirigeants et employés, propriétaires et dirigeants, propriétaires et employés.

2.2 Les régulations à l'œuvre

Contrairement aux jeux de société, les jeux de la vie n'ont pas de règles fixes, de règles qui seraient établies une fois pour toutes. Les règles sociales sont construites et transformées par les interactions des acteurs, par le jeu de leurs relations. Ces règles sont à la fois des guides pour l'action et pour son résultat. Elles sont parfois évidentes, formelles, comme les lois et les règlements qui régissent nos activités en société même si celles-ci sont appelées à changer avec le temps de façon à tenir compte des nouvelles pratiques sociales. Elles sont parfois moins évidentes, moins formelles, comme les codes culturels qui régissent les relations quotidiennes (comment se comporter en public, comment s'habiller pour travailler dans tel ou tel milieu, comment s'adresser au directeur de l'entreprise, etc.). Lorsque les règles contribuent à créer un ensemble social parce que des individus ont instauré des règles d'appartenance et d'exclusion, et à contraindre les activités de cet ensemble, elles constituent ce que Reynaud (1989) appelle des régulations. La régulation, c'est donc à la fois « le processus de création, de transformation ou de suppression des règles » (p. 31) et la gestion et le maintien de ces règles comme système ce qui permet finalement l'action collective, celle d'un groupe.

Examinons les différentes régulations à l'œuvre dans l'entreprise.

2.2.1 Les règles et les régulations dans l'entreprise

L'entreprise est aussi un univers de règles et de régulations. Ainsi, les interactions des acteurs autour d'enjeux, de buts, de stratégies et de ressources contribuent à la construction d'un mode de fonctionnement que cristallisent des règles et des régulations. D'une part, les règles délimitent le jeu des acteurs et de leurs relations dans l'entreprise. D'autre part, comme elles sont aussi le résultat des rapports de force entre les acteurs, elles sont continuellement négociées, voire transformées. Elles sont « la conclusion toujours provisoire, précaire et problématique d'une épreuve de force » (Friedberg, 1993, p. 171). En ce sens, ce sont des régulations, c'est-à-dire à la fois des règles stabilisées et contraignantes pour les individus et les groupes et des processus continus de création-transformation-suppression des règles des groupes.

On relève trois types de régulations, c'est-à-dire trois ensembles de règles et de processus permettant l'action collective, à l'œuvre dans l'entreprise : la régulation de contrôle, la régulation autonome et la régulation conjointe (Reynaud, 1989). La régulation de contrôle est la plus connue ; c'est, par exemple, celle de la direction et de l'encadrement dans l'entreprise. Il s'agit des règles et de la structure mises en place pour diriger et surveiller l'exécution du travail par les employés. La régulation de contrôle est en quelque sorte extérieure aux individus et aux groupes sur qui elle s'exerce, au sens où les règles sont imposées par d'autres — propriétaires, dirigeants, cadres ou contremaîtres chargés de s'assurer que les employés accomplissent le travail tel qu'il a été préalablement défini. Ses règles désignent explicitement les personnes en position d'autorité, la plupart du temps dans le cadre d'une structure hiérarchique où chacun a quelqu'un au-dessus de lui — d'où son caractère externe. Elles prescrivent de plus, pour chacune des situations (même s'il est impossible de toutes les prévoir) auxquelles font face les divers acteurs, la conduite à suivre et les mesures à prendre. Ces règles incluent généralement les procédures d'évaluation du personnel, les mesures disciplinaires en cas de manquements, les procédures de correction en cas de problèmes (techniques ou autres). La régulation de contrôle s'appuie en fait sur une assez grande variété de mécanismes, car les éléments qui les composent peuvent s'agencer différemment : ligne hiérarchique longue ou courte, centralisation ou décentralisation des décisions, planification à court ou à long terme, etc.

La régulation autonome provient de ceux qui effectuent le travail au quotidien dans des univers plus restreints, plus circonscrits. Il s'agit des règles qu'élabore progressivement, à travers des expériences partagées et régulières, un groupe d'acteurs. Ce sont, entre autres, les règles de métier que forgent les employés et qui leur permettent de s'approprier un peu plus leur travail tout en codifiant leurs relations interpersonnelles (initiation, intégration, entraide, etc.). Il ne s'agit pas d'une régulation commune et uniforme à l'ensemble de l'entreprise. Au contraire, il peut y avoir autant de régulations autonomes qu'il y a de groupes et d'acteurs collectifs dans l'entreprise.

La régulation conjointe naît de la rencontre de la régulation de contrôle et de la régulation autonome, quand des groupes d'employés négocient avec les propriétaires ou les dirigeants les règles de l'entreprise et en arrivent à un arrangement institutionnel. C'est le cas des entreprises où un syndicat a été mis en place et où une grande partie des règles sont négociées par les parties syndicale et patronale. C'est le cas aussi dans des pays comme l'Allemagne où les grandes entreprises ont une obligation légale de cogestion. La régulation conjointe n'élimine pas les régulations autonomes, mais elle s'en inspire en grande partie. Elle n'élimine pas non plus la régulation de contrôle, mais elle en limite la portée. Encore ici, plusieurs cas de figure sont possibles, puisque les règles négociées, résultat d'une régulation conjointe, peuvent s'appliquer à quelques éléments (promotions et mises à pied, par exemple, en vertu du principe de l'ancienneté) ou à plusieurs (quotas de production, changements technologiques, formation, etc.) de la vie en entreprise.

Pour résumer simplement, la régulation de contrôle, ce sont les règles qu'un groupe impose à un autre ; la régulation autonome, ce sont les règles qu'un groupe se donne pour assurer son existence et son fonctionnement ; et la régulation conjointe, c'est la négociation des règles qu'un groupe impose à un autre en tenant compte des règles propres à ce groupe. Nous allons dans les prochaines pages donner des exemples concrets de ces trois formes de régulation.

2.2.2 La régulation de contrôle : la logique des propriétaires et des dirigeants

Dans cette section, nous examinerons les différentes formes que peut prendre la régulation de contrôle dans l'entreprise privée. Nous nous intéresserons d'abord au contrôle qu'exercent les propriétaires sur les dirigeants de leurs entreprises, puis nous jetterons un rapide regard sur les conséquences de cette régulation sur le contrôle qu'exercent les dirigeants sur les employés, deuxième forme importante de la régulation de contrôle dans l'entreprise.

La régulation de contrôle managériale-actionnariale

Notre premier cas de figure est celui de la régulation de contrôle managériale-actionnariale, assez répandue dans les grandes entreprises américaines. Cette forme de régulation touche en effet plus de 40 % des entreprises américaines, selon une enquête comparative Canada – États-Unis (Rao et Lee-Sing, 1996, p. 7). Il s'agit d'entreprises qui sont la propriété d'actionnaires individuels et institutionnels (fonds de retraite, compagnies d'assurances, etc.) dont aucun ne possède plus de 10 % des actions. La direction de l'entreprise est alors entre les mains de grands gestionnaires qui travaillent en collaboration avec le conseil d'administration représentant les intérêts des actionnaires. La régulation de contrôle qui se met alors en place est celle du contrôle qu'exercent les actionnaires sur les dirigeants par le biais du conseil d'administration. En effet, il s'agit, pour les actionnaires, de s'assurer que les dirigeants travaillent bien pour leurs intérêts à eux. Or, selon de nombreux spécialistes, le conseil d'administration réussit rarement à bien jouer son rôle. Comme le soulignent Monks et Minow (1995, p. 184) si l'on traduit leur propos:

> Suivant [...] la définition juridique de leur rôle, les conseils [d'administration] existent [...] parce qu'il leur revient de surveiller les gestionnaires, d'embaucher ceux qui effectueront le meilleur travail et de les congédier s'ils ne répondent pas aux attentes. La gestion devrait ainsi se faire selon le bon vouloir du conseil d'administration. Or, la réalité est tout autre. Les administrateurs sont en effet redevables aux gestionnaires de leur nomination, de leur rémunération et de l'information dont ils disposent. Qui plus est, nombre d'entre eux n'ont pas la capacité ou le désir soit de consacrer du temps ou de l'énergie à superviser le fonctionnement de l'entreprise, soit de s'engager financièrement afin de contribuer à son succès.

En fait, c'est que le conseil d'administration doit faire face à des dirigeants qui fabriquent et gèrent l'information pertinente, qui la distribuent selon leur volonté. Autrement dit, le conseil d'administration fait face à des dirigeants qui ont leur régulation autonome, c'est-à-dire leurs propres règles de fonctionnement qu'ils modifient à leur gré ou presque. La situation peut cependant varier énormément d'une entreprise à l'autre, selon que le PDG de l'entreprise est ou non président du conseil d'administration — il l'est dans 60 % des cas aux États-Unis (Monks et Minow, 1995) —, selon que les actionnaires sont des individus ou des institutions (celles-ci exercent plus de pression sur les conseils d'administration et sur les dirigeants), selon la provenance (de l'extérieur ou de l'entreprise? et dans quelle proportion?) des membres du conseil d'administration (aux États-Unis, par exemple, un conseil d'administration d'une grande entreprise compte en moyenne 13 membres dont 3 viennent de l'entreprise), etc.

Cette situation de contrôle managérial-actionnarial qui est dominante aux États-Unis depuis longtemps ne l'est pas partout dans le monde. Par exemple, dans les années 1990, cette situation ne touchait que 23,1 % des entreprises canadiennes (Rao et Lee-Sing, 1996). À l'époque, au Canada, on trouvait plus d'entreprises contrôlées par un actionnaire ou un petit groupe d'actionnaires détenant plus de 50 % des actions (55,5 % des entreprises canadiennes par rapport à seulement 24,7 % des entreprises américaines). De plus, le PDG canadien était beaucoup moins fréquemment président du conseil d'administration (34,5 % des cas [*ibid.*, p. 15]) bien que siégeant au conseil dans la plupart des cas (Monks et Minow, 1995). Dans ces circonstances, la régulation de contrôle des actionnaires sur les dirigeants est moindre, puisque la plupart du temps, l'actionnaire principal (ou chaque actionnaire du petit groupe d'actionnaires principaux) est l'un des dirigeants de l'entreprise. Depuis cette époque, il y a eu un engouement pour la Bourse dans de nombreux pays du monde, mais la crise boursière de 2008 a ralenti la ferveur pour ce mode de financement des entreprises (Gatinois, 2008). La logique canadienne, comme celle de nombreux pays, se distingue donc encore de celle de nos voisins du sud: les propriétaires exercent un contrôle plus direct sur l'entreprise et sa direction. Il s'agit très souvent d'un contrôle personnel ou familial.

La régulation de contrôle personnelle ou familiale

L'entreprise familiale constitue un cas de figure sur lequel il vaut la peine de dire quelques mots, ne serait-ce que parce qu'il s'agit probablement du genre d'entreprise le plus répandu dans le monde. Précisons qu'elle est souvent caractérisée par le désir d'un parent de constituer un patrimoine familial qu'il entend léguer à ses enfants. Le processus est généralement le suivant: on lance une entreprise, on y intègre progressivement ses enfants, on leur délègue de plus en plus de responsabilités, et on leur cède finalement la direction de l'entreprise. Dans ce modèle, la croissance et les résultats financiers fracassants ne sont pas souvent les principaux objectifs. La régulation de contrôle dans l'entreprise — ses règles, son fonctionnement — est ici d'abord et avant tout marquée par des buts, des intérêts, des stratégies et des enjeux différents pour chacun des membres de la famille, au point que souvent la gestion et le développement de l'entreprise en souffrent. La question de la succession est particulièrement porteuse de conflits tels que disputes entre parents et enfants sur le choix du successeur, disputes entre enfants quant à l'orientation à donner à l'entreprise, etc.

La régulation de contrôle institutionnelle

La situation est tout autre dans plusieurs pays du nord de l'Europe. Dans ces pays, les actionnaires ont encore moins leur mot à dire sur le fonctionnement de l'entreprise, comparativement à ce qui est admis aux États-Unis et au Canada, c'est-à-dire que leur pouvoir sur les dirigeants est encore plus faible. En fait, les travailleurs y ont souvent un rôle tout aussi important, sinon plus. En ce sens, la régulation de contrôle dans les entreprises allemandes et japonaises est plus proche d'une situation de régulation conjointe. Il faut cependant rappeler, comme l'a fait Reynaud (1989, p. 113), que cette régulation conjointe, fruit d'une négociation entre direction et employés, en s'imposant à tous dans l'entreprise, revêt à ce titre une certaine dimension d'extériorité par rapport aux acteurs: «La négociation en forme [entre représentants de la direction et des employés] s'écarte aussi de la rencontre directe entre acteurs parce qu'elle est nécessairement plus centralisée.» Et il ajoute: «elle ne couvre pas tous les domaines de la vie de l'organisation avec la même efficacité et la même manière [...] et les domaines non couverts renaissent sans cesse...». Elle est donc en quelque sorte une forme plus douce, plus diffuse, plus démocratique de la régulation de contrôle. Nous l'appellerons «régulation de contrôle institutionnelle».

Examinons un peu plus longuement le cas des grandes entreprises allemandes qui sont généralement la propriété de banques et qui reposent sur un contrôle passablement différent du contrôle managérial-actionnarial. En Allemagne, dans les entreprises de plus de 2000 employés, les acteurs syndiqués jouent un rôle important puisqu'ils y ont obtenu la cogestion en 1976. Michel Albert (1991, p. 131-132) décrit ainsi le fonctionnement de ces entreprises:

> Au sommet de celles-ci, on trouve deux instances clés: le *directoire*, responsable de la gestion proprement dite, et le *conseil de surveillance*, élu par l'assemblée des actionnaires et chargé de superviser l'action du directoire. Ces deux organes sont tenus de collaborer en permanence pour assurer la direction harmonieuse de l'entreprise. Il existe donc un système de *check and balance* entre actionnaires et dirigeants qui permet à chacun de se faire entendre, sans pour autant que l'un prédomine.
>
> À cette division des pouvoirs au sommet s'ajoute la fameuse cogestion — ou coresponsabilité — avec le personnel. En Allemagne, elle est le fruit d'une longue tradition qui remonte à 1848. Elle s'exerce à travers le *conseil d'établissement* [...]. Cet organe est consulté sur toutes les questions sociales (formation, licenciements, horaires, mode de paiement des salaires, organisation du travail). Et un accord doit *obligatoirement* intervenir sur ces questions entre le patronat et les conseils d'établissement. Mais les salariés allemands disposent d'un autre moyen d'expression et d'action: le conseil de surveillance dans lequel siègent leurs représentants élus. Depuis la loi de 1976 portant sur les entreprises de plus de 2000 salariés, leur nombre est égal à celui des actionnaires. Certes, le président du conseil de surveillance est obligatoirement choisi parmi les actionnaires et, en cas de partage des votes, sa voix est prépondérante. Il n'empêche que la représentation et le poids des salariés dans l'un des organes décisifs de l'entreprise sont significatifs. Dans de telles conditions, le dialogue social est perçu comme un impératif faute duquel les entreprises ne pourraient fonctionner.

Ainsi, en Allemagne, les acteurs syndiqués participent souvent à la régulation de contrôle. Elle n'est plus ici l'affaire exclusive des propriétaires et des dirigeants. La présence de tels acteurs, combinée à celle des banques comme propriétaires-actionnaires-gestionnaires, change toute la dynamique de l'entreprise. En fait, les banques jouent ici, mais de façon plus efficace selon certains analystes, le rôle clé de surveillant des dirigeants. Il faut dire que c'est le cadre juridique qui, parce qu'il favorise le rôle d'intermédiaire pour les banques, permet ce meilleur contrôle. Par exemple, les banques sont la principale source de capitaux des entreprises en exerçant «un quasi-monopole», concédé par l'État, «pour l'émission d'actions et d'obligations, autant privées que publiques» (Nekhili, 1997, p. 354). Elles détiennent aussi très souvent une partie du capital, qui dépasse cependant rarement les 10%. En fait, ce qui fait la différence, c'est la délégation fréquente par les actionnaires individuels de leurs droits de vote aux banques, si bien que ces dernières exercent ultimement le contrôle effectif de l'entreprise, avec en moyenne 36% des droits de vote. Si les banques sont mieux placées que le conseil d'administration à l'américaine pour soumettre à un contrôle les dirigeants de l'entreprise, c'est qu'elles disposent de plus de ressources, notamment en ayant un accès privilégié aux informations financières. Ces dernières leur viennent non seulement de leur rôle de prêteur, mais de toute une série de services qu'elles rendent à l'entreprise: escomptes, opérations sur titres, garanties, virements, etc. Elles interviennent en fait directement à toutes les étapes de la vie d'une entreprise. C'est l'une des manifestations de ce capitalisme continental européen dont nous avons déjà parlé au chapitre 1 (Nekhili, 1997).

De toute évidence domine ici une logique institutionnelle (syndicats-banques-entreprises) qui privilégie la stabilité des capitaux et de la direction. En terminant, on se doit de souligner que des événements aussi importants que la réunification des deux Allemagnes, la crise des marchés financiers de 2008 et la crise de la zone euro, de même que certaines politiques récentes plus libérales du gouvernement allemand, n'ont pas trop ébranlé le modèle allemand. Comme le souligne Lechevalier (2013, p. 17): « Pourtant, les succès relatifs de l'économie allemande, au cœur de la crise devenue celle de la zone euro, tiennent plus à la réactivation des complémentarités institutionnelles propres au cœur industriel exportateur, qu'au diagnostic économique et à la politique sous-jacente à l'Agenda 2010 et aux réformes Hartz [du gouvernement d'Angela Merkel]. »

En fait, il est clair que ces événements ont eu un certain impact, comme une montée des inégalités sociales en Allemagne et une légère diminution du nombre de syndiqués couverts par les conventions collectives de branche (Lechevalier, 2013), mais, dans l'ensemble, les entreprises allemandes s'en sortent beaucoup mieux que celles qui font l'objet d'autres modes de régulation.

Il est évident que les cas de figure sont nombreux et variés (*voir l'encadré 2.2 pour avoir un bref aperçu d'autres cas de figure*), et ce, y compris à l'intérieur d'un même pays. Il reste cependant, à cause de l'histoire et de la culture propres à chaque pays, que certains types restent fortement associés à des pays particuliers. Ainsi, la régulation managériale-actionnariale est davantage associée aux États-Unis et à l'Angleterre (capitalisme libéral de marché), et la régulation institutionnelle à l'Allemagne et au Japon (capitalisme européen continental et capitalisme asiatique). Certains pays, comme la France, se trouvent dans une situation intermédiaire où le rôle des banques est plus grand qu'aux États-Unis — il faut dire que dans ce dernier pays le régime juridique « conduit réellement à une séparation entre les prêteurs et les actionnaires: il limite ainsi les banques à discipliner les dirigeants des firmes dans lesquelles elles investissent » (Nekhili, 1997, p. 347) — où par ailleurs le rôle du marché (par le biais des actionnaires) est plus grand.

Comment se traduisent ces différentes formes de régulation de contrôle lorsqu'il est question du contrôle des dirigeants sur les employés? En s'appuyant sur les écrits d'Albert (1991) et de Lechevalier (2013), on peut conclure que la régulation de contrôle institutionnelle assure une plus grande stabilité de la direction comme du personnel et permet une plus grande participation des travailleurs, produisant ainsi à la fois une régulation de contrôle plus stable et plus susceptible d'être négociée que dans le cas de la régulation managériale-actionnariale. Dans ce dernier cas, comme certains analystes l'ont noté, Kourchid (1992) par exemple, la participation des employés à la gestion de l'entreprise, à sa régulation, est possible mais plus rare et se fait surtout sur un mode individualisé, en l'absence d'instances représentant les employés ou de syndicats. Le pouvoir des employés y est donc passablement réduit, et ceux-ci sont davantage à la merci de réorganisations radicales de l'entreprise, incluant des mouvements de personnel importants. Du point de vue de la dynamique sociale de l'entreprise, on note donc une différence importante entre les deux modes de régulation de contrôle: l'un reconnaît les acteurs collectifs et leur aménage des espaces de négociation, l'autre les reconnaît rarement, sinon jamais, et ne leur aménage à peu près aucun espace de négociation.

*

* *

Nous le voyons, les types de propriété et de contrôle (managérial, personnel, familial, institutionnel) pèsent lourd sur l'entreprise, sur sa direction et sur ses employés.

ENCADRÉ 2.2 **La régulation dans les entreprises publiques, coopératives et communautaires**

Outre les entreprises privées, il existe de nombreuses autres formes d'entreprises: les entreprises publiques, coopératives, communautaires en sont des exemples. La régulation de contrôle dans ces entreprises obéit à des logiques différentes de celles de l'entreprise privée. Dans l'entreprise publique, c'est l'État, plus particulièrement le gouvernement, qui est l'acteur principal, qui définit les orientations de l'entreprise, qui y nomme les dirigeants, qui recueille les profits. Nous appelons « régulation de type sociopolitique » ce type de régulation propre à l'entreprise publique. Pour sa part, l'entreprise coopérative met en place une régulation de contrôle collective et égalitaire. Ce sont les membres propriétaires de l'entreprise qui prennent les décisions concernant l'orientation de l'entreprise et le type de direction qu'elle se donnera, et ce, dans un cadre de stricte égalité. Quant à l'entreprise communautaire, elle peut prendre plusieurs formes: la régulation peut venir d'un organisme à but non lucratif, d'une association de bénévoles, de militants politiques, etc.

Ce sont les propriétaires, ou les dirigeants dans certains cas, et, en dernier ressort, leurs buts, leurs intérêts, leurs ressources, leurs stratégies et les enjeux qui inspirent leurs actions, de même que leurs valeurs et leurs représentations, qui modulent — dans le contexte des contraintes d'un cadre sociétal et institutionnel — la régulation de contrôle dans l'entreprise.

2.2.3 La régulation autonome : la logique des exécutants

La régulation autonome est, rappelons-le, celle des exécutants qui, pour rendre leur travail plus agréable, plus acceptable et plus efficace très souvent, forgent des règles de comportement qui leur sont propres. Cette régulation touche non seulement les travailleurs salariés, mais aussi des cadres et des dirigeants qui, travaillant régulièrement au sein d'équipes d'employés ayant un même statut, élaborent leurs propres règles d'interaction. Nous allons observer quelques cas pour illustrer cette régulation autonome. D'abord celui des groupes de travailleurs exposés à des risques physiques ou psychologiques importants, comme les mineurs ou les infirmières affectées aux soins intensifs ou aux soins des cancéreux, conditions qui donnent lieu à une régulation particulière. Ensuite, nous nous pencherons sur le cas des salariés pratiquant des métiers moins dangereux, mais parfois ennuyeux et répétitifs, comme ceux qui exercent un travail à la chaîne. Nous verrons alors un autre type de régulation autonome à l'œuvre. Enfin, nous étudierons le cas des cadres et des dirigeants travaillant en équipes.

Les mineurs pratiquent un métier difficile et dans des conditions très dures et très dangereuses, comme l'a bien illustré une enquête réalisée sur les mineurs abitibiens (Dupuis, 2002). En effet, les mineurs se trouvent dans un lieu de travail hostile où il fait toujours noir, où il y a beaucoup de poussière, d'eau et de boue, où les écarts de température sont grands et où les risques d'accidents pouvant entraîner la mort sont élevés. Ces conditions de travail hostiles provoquent un stress qu'il faut gérer. Or, les mineurs ont perfectionné une façon de composer avec ces conditions de travail, une gestion qui constitue une partie importante de la régulation autonome de leur groupe. Ainsi, ils ne parlent jamais des risques d'accidents (provoqués par un effondrement du toit d'un tunnel ou par le détachement d'une roche de la paroi) associés à la pratique de leur métier. Car en parler serait y penser et y penser ferait ressurgir la peur tapie au fond d'eux, ce qui les empêcherait de travailler. Non seulement ne parlent-ils pas de ces dangers sur les lieux de travail (sauf après un accident, où il faut exorciser le danger et la peur par la parole), mais ils n'en parlent pas non plus à l'extérieur, ni entre eux, ni avec les parents et les amis. C'est un sujet tabou.

Une deuxième stratégie pour conjurer la peur consiste à travailler sans interruption. Les mineurs détestent les temps morts dans la mine et ils font tout pour éviter les situations où il y en aurait trop. C'est que, durant les temps morts, lorsque la machinerie ne fonctionne plus, ils entendent les bruits de la mine. Ces bruits et craquements sont bien sûr le résultat d'une exploitation intensive de la mine. Mais ils rappellent aux mineurs l'existence du danger, des risques d'effondrement. C'est pourquoi les mineurs aiment travailler en équipes, auprès de compagnons très sociables et avec qui ils peuvent parler durant les temps morts. Tout cela évite d'entendre vivre la mine. C'est pour cette raison qu'un chef d'équipe ou un superviseur n'hésitera jamais à déplacer des mineurs qui ne s'entendent pas bien. D'ailleurs, un mineur qui ne trouverait pas de compagnons pourrait difficilement conserver son poste.

La bonne entente entre collègues est primordiale pour une autre raison. En cas d'accident, le mineur doit pouvoir compter sur son plus proche collègue pour le secourir. Or, s'il ne s'entend pas bien avec lui, ou s'il n'a pas confiance en lui parce qu'il a tendance à avoir peur et à paniquer, il sait qu'il ne pourra pas compter sur son aide, d'où la tendance chez les mineurs à se mettre à l'épreuve, et surtout à tester les nouveaux, en jouant des tours. Ces mises à l'épreuve leur permettent de se trouver des compagnons en qui ils auront pleinement confiance et servent à séparer les mineurs de carrière des autres. L'un de ces tours pour éprouver un compagnon sur qui on aurait des doutes est de simuler un effondrement. Pour ce faire, un mineur éteint la lumière de son casque et se cache dans un tunnel pour attendre le passage de l'individu à surprendre. Après son passage, le mineur s'approche silencieusement par-derrière et lui applique d'un doigt une légère pression au-dessus de l'épaule pour simuler la chute d'une petite pierre, souvent annonciatrice d'un effondrement plus important. Il surveille alors la réaction du mineur. Il s'attend à une réaction de peur, mais ce qu'il veut mesurer, c'est l'ampleur de celle-ci. Si le mineur panique et « part à courir comme un fou dans la mine » — ce qui arrive parfois —, alors il saura qu'il ne pourra pas lui faire confiance en cas d'accident. En effet, ce dernier pourrait aussi bien, s'il se met à courir en tous sens, se blesser en butant contre la machinerie ou se tuer en tombant dans un trou de mine. Il ne sera en tout cas d'aucun secours. Encore une fois, un mineur qui n'a pas la confiance de son ou de ses compagnons sera déplacé.

Dupuis a également identifié trois règles qui sont au cœur du travail des mineurs (du moins en Abitibi) : il faut être « travaillant », sociable et il ne faut pas être trouillard. Il faut être « travaillant » parce que le salaire est lié à la productivité, et, surtout, parce que le travail effréné est une stratégie défensive pour conjurer la peur. Il faut être sociable parce que les journées sont longues, les conditions difficiles et que le seul réconfort des mineurs se trouve finalement dans les bonnes relations qu'ils entretiennent avec leurs compagnons de travail. Enfin, il faut mettre sa peur de côté parce que celle-ci rend le travail encore plus difficile et rappelle aux autres la peur qu'ils ont aussi au fond d'eux-mêmes et qu'ils tâchent de maîtriser. Toutefois, il ne faut pas non plus se montrer fanfaron, trop fantasque, car, dit-on : « un chien qui jappe est un chien qui a peur ». Les mineurs réservent d'ailleurs certaines plaisanteries aux plus fantasques. Ainsi, si on ne doit pas parler de la peur pour ne pas la faire surgir, on ne doit pas non plus la nier en la défiant inconsidérément. Et, nous l'avons déjà souligné, la direction reconnaît et respecte cette régulation, notamment en se soumettant à la règle du choix des compagnons.

Comme le dit si bien Cru (1987, p. 37), qui a étudié le métier de tailleur de pierre en France, il ne faut pas confondre ces règles de métier, qui organisent le travail et la vie du groupe, avec les règlements d'une entreprise. La différence entre les deux est fondamentale : « Et c'est là qu'une règle de métier diffère radicalement d'un règlement, d'un règlement intérieur d'entreprise par exemple. Il n'y a aucune sanction prévue contre les contrevenants. Celui qui ne respecte jamais la règle se met tout simplement hors jeu, et peut alors difficilement tenir dans une équipe où la règle est très forte. »

Pour illustrer cette affirmation, pensons à cette infirmière qui travaillait aux soins des cancéreux et qui a été incapable de s'adapter aux règles du groupe, un cas présenté dans un reportage intitulé *Être fonctionnaires*, diffusé à Radio-Québec dans le cadre de l'émission Première ligne (1989). Cette infirmière prenait son métier tellement à cœur qu'elle soutenait non seulement les patients, mais aussi leurs parents et amis tout au long de la maladie, allant même jusqu'à les accompagner aux funérailles et, le cas échéant, à vivre leur deuil avec eux. Ce faisant, elle allait à l'encontre des règles mises en place par les infirmières côtoyant régulièrement la mort et qui consistent notamment à prendre ses distances par rapport aux patients afin de se protéger de l'anxiété que suscite le contact quotidien avec la mort (sur ces règles, voir Carpentier-Roy, 1991). La principale stratégie, ou règle, dans ce métier est de dépersonnaliser la relation. Par exemple, très souvent, les infirmières, tout comme les médecins, n'appelleront pas les patients par leur nom mais par le numéro de leur chambre ou par le nom de leur maladie : « As-tu vu le 209 (ou le cancer du poumon) ce matin ? » Il s'agit pour elles de ne pas s'investir émotivement dans la relation pour être en mesure de bien exercer leur métier, et surtout pour pouvoir continuer de l'exercer longtemps. Pour les mêmes raisons, certaines infirmières éviteront d'aller voir leurs patients ou de s'attarder dans la chambre pendant les heures de visite pour ne pas rencontrer leurs parents ou amis.

L'infirmière qui faisait l'objet du documentaire a quitté la pratique après un certain temps, traitant ses collègues de sans-cœur et les hôpitaux, de boîtes inhumaines. Mais, pour la plupart d'entre elles, il est évident qu'un tel investissement rend impossible la pratique à long terme du métier d'infirmière. Cet investissement draine toutes les énergies de la personne et la rend inapte à poursuivre son travail.

D'autres règles ont cours dans les métiers moins risqués physiquement ou psychologiquement, règles qui ont pour but de rendre tolérables non pas la peur, les risques ou la mort, mais la monotonie et la répétition propres à certains métiers, tout en modelant les rapports interpersonnels. Dans le travail répétitif et monotone, comme celui que fait l'employé sur une chaîne d'assemblage, il existe aussi des règles qui visent à organiser le travail, à se l'approprier, à le rendre un peu plus intéressant. Et ces règles peuvent être assez différentes d'une entreprise à l'autre. Dans celles où des quotas sont fixés, les ouvriers se défonceront pour les atteindre le plus vite possible en vue de s'accorder un temps de détente pendant lequel ils pourront bavarder, rire et s'amuser un peu, tout en faisant semblant de travailler. Dans celles où le salaire horaire est fixe, les ouvriers suivront volontairement une certaine cadence, ni trop rapide ni trop lente, pour garder un certain contrôle sur leur temps de travail afin de respirer un peu. Dans les deux cas, les ouvriers qui refusent de suivre le rythme imposé par le groupe risquent de se voir marginalisés, isolés ou pris en grippe par certains et, dans bien des cas, ils finissent par quitter l'usine ou par y mener une existence misérable. De même, des dirigeants ou contremaîtres zélés qui voudraient changer les méthodes de travail des employés peuvent se heurter à une forte résistance. « Si le travail est fait, et bien fait, pourquoi nous embêter ? » diraient les ouvriers. Ces derniers ne cherchent qu'à rendre leur travail supportable, plus intéressant, en se ménageant du temps à eux.

Les dirigeants et les cadres ne font pas exception lorsqu'ils travaillent ensemble, en équipes. Ils ont aussi leurs règles, leur régulation autonome, qui obéissent à la même logique que celle qui fonde la régulation autonome chez les employés. Prenons l'exemple des cadres, une catégorie assez large qui englobe aussi bien des individus hautement scolarisés (le diplômé universitaire en administration) que des individus peu scolarisés (le cadre formé en entreprise), travaillant dans le secteur public ou le secteur privé, dans de grandes comme dans de plus petites entreprises, actionnaires ou non de l'entreprise, etc.[2]. La plupart d'entre eux vivent une incertitude extrême quant à leur avenir professionnel dans l'entreprise. En effet, les cadres peuvent grimper très rapidement les échelons comme ils peuvent les dégringoler à la même vitesse. Ils sont en fait à la merci non seulement du contexte et des performances économiques de l'entreprise, mais aussi de l'humeur des dirigeants et des actionnaires qui peuvent en tout temps décider de les déplacer, de les rétrograder, de leur accorder une promotion, etc. Cette situation d'instabilité pour le cadre tient à la fois au fait qu'il n'est pas collectivement organisé — il n'a pas la plupart du temps de syndicat pour le protéger et le contrat qu'il signe avec l'employeur est conclu sur une base individuelle — et au caractère flou et indéfinissable de sa tâche et de ses compétences. La gestion étant plus un art qu'une pratique aux règles bien définies, ce qui permet à un cadre de monter ou de descendre dans l'entreprise dépend plus de la subjectivité des acteurs, alors que dans certaines professions, ce sont les connaissances qui donnent accès à un emploi, surtout si ces professionnels (comme les ingénieurs et les médecins) se sont dotés de corporations professionnelles pour se défendre. Ce climat d'incertitude qui marque la vie des cadres colore fortement leurs relations. Ils ont toujours l'impression d'être en compétition les uns avec les autres et d'être tout aussi près d'une promotion que d'une rétrogradation ou d'un licenciement. Il n'est pas rare d'ailleurs que, dans un contexte de réorganisation, un cadre soit remercié alors qu'il s'attendait à une promotion ou, inversement, qu'un cadre qui s'attendait à être congédié soit promu. C'est dire combien l'incertitude peut régner dans une entreprise.

Comment les cadres composent-ils avec ce contexte ? Quelles sont leurs stratégies collectives de défense ? Quelles règles de fonctionnement se donnent-ils ? D'un côté, ils font preuve d'un dévouement total à l'endroit de l'entreprise en se montrant réceptifs aux suggestions des dirigeants, en accumulant les heures supplémentaires — les cadres travaillent bien souvent beaucoup plus que le nombre d'heures stipulé dans leur contrat —, en faisant corps avec l'entreprise au moment d'une prise de décision difficile — s'il faut congédier du personnel par exemple —, en se conformant aux règles informelles du groupe (tenue vestimentaire conservatrice par exemple), etc. D'un autre côté, afin de mettre toutes les chances de leur côté, ils restent à l'affût des connaissances et des modes dans leur domaine. À ce titre, la formation continue est l'une des stratégies privilégiées. Il n'est pas rare, de nos jours, que des cadres d'entreprise passent une grande partie de leur vie à suivre des cours de perfectionnement dans des universités ou ailleurs, des plus âgés aux plus jeunes d'ailleurs. Les plus âgés continuent leur formation dans l'espoir de conserver leur poste quelques années de plus devant les jeunes loups frais émoulus des universités et à la recherche d'un emploi. Les plus jeunes, pour leur part, se perfectionnent surtout pour se mettre sur la trajectoire des promotions. Il n'est pas rare, en effet, de voir de jeunes bacheliers en administration entreprendre, quelques années après l'obtention de leur diplôme, une maîtrise en administration (MBA) pour montrer à leur patron qu'ils veulent apprendre et monter dans l'entreprise. Cet exercice est bien souvent purement symbolique — lié entre autres au prestige plus grand du MBA — puisqu'il s'agit fréquemment de suivre de nouveau des cours identiques à ceux qu'on vient de terminer.

Tout ce processus permet aux cadres de se reconnaître entre eux et de participer, à leur niveau de responsabilité, à la sélection des cadres qui restent, qui montent ou qui partent, puisque, faut-il le préciser, il y a très souvent un cadre au-dessus ou en dessous d'un autre. Ainsi, ceux qui restent après une réorganisation ou qui reçoivent une promotion quand des postes s'ouvrent sont souvent les plus dévoués, ceux qui ont fait des heures supplémentaires, qui ont suivi des formations complémentaires, qui se sont conformés aux normes du groupe (tenue vestimentaire, rapports interpersonnels), tandis que parmi ceux qui partent se trouvent les marginaux, les critiques, les moins disponibles. Par exemple, quand la Banque Nationale du Canada a réorganisé ses services financiers dans les années 1980, notamment en réduisant son personnel, les cadres licenciés étaient ceux qui n'avaient pas fait d'heures supplémentaires au cours des dernières années[3]. Les raisons invoquées (charges familiales, maladie, etc.) ne comptaient pas. À ce sujet, il faut rappeler que les cadres masculins mariés dont les femmes ne travaillent pas pour se consacrer à la vie familiale ont des revenus plus élevés et des promotions plus fréquentes que les autres (Morris, 1997, p. 72).

2.2.4 La régulation conjointe : au carrefour des deux logiques

Nous l'avons dit, la régulation conjointe est celle qui découle de la rencontre de la régulation de contrôle et de la régulation autonome. En Amérique du Nord, c'est surtout dans le cadre de la négociation d'un contrat de travail dans une entreprise où les employés sont syndiqués que cette rencontre se réalise parce qu'il n'y a pas véritablement de lois forçant les dirigeants à tenir compte du point de vue des employés dans la gestion de l'entreprise, comme en Allemagne et en France. L'action syndicale a cependant eu jusqu'à récemment une portée limitée. C'est que les syndicats se sont en général contentés d'aller chercher de bons salaires et de bons avantages sociaux (congés de maladie, vacances statutaires payées, etc.) en laissant aux dirigeants pleine latitude quant à la gestion, à quelques exceptions près (la plus importante étant la reconnaissance du principe d'ancienneté dans l'attribution du travail). Le compromis nord-américain entre patrons et syndicats impliquait l'abandon du droit de gestion aux dirigeants en échange d'un certain niveau de vie pour les salariés.

Cependant, l'intensification de la compétition, qui a contribué à la détérioration de la situation économique en Amérique du Nord, a quelque peu renversé cet état de choses, si bien qu'il est de plus en plus difficile pour les entreprises de s'en tenir à un tel arrangement. Il faut dire que, voulant devenir plus compétitives, elles se sont attaquées entre autres aux coûts de la main-d'œuvre. Ce faisant, elles sont devenues moins généreuses envers leurs employés, pratiquant à grande échelle les réductions salariales et les mises à pied. De plus, elles exigeaient une collaboration accrue des employés pour atteindre de nouveaux objectifs de productivité, et, dans ce but, ont mis en place une nouvelle organisation du travail, ce qui touchait forcément les régulations déjà à l'œuvre. En réaction à ces exigences patronales, les syndicats ont proposé leur propre mode de participation ou, à tout le moins, ont cherché à poser leurs conditions de participation. C'est ainsi que les grandes centrales syndicales québécoises ont tour à tour donné leur aval à des expériences de participation à la gestion. Reynald Bourque et Paul-André Lapointe (1992) ont analysé cinq de ces expériences. Il s'agit d'entreprises où de nouvelles conventions collectives ont été négociées par des syndicats affiliés à la CSN au début des années 1990 : Aciers Atlas (Tracy), Abitibi-Price (usine Kénogami), Alcan (usine Saint-Maurice), MIL-Davie (Lauzon) et GEC-Alsthom (Tracy). Ils ont constaté que :

> Dans la plupart des cas analysés, les syndicats ont consenti des assouplissements aux chapitres de la flexibilité des métiers et de l'élargissement des tâches en échange de certains avantages comme les préretraites. Ces concessions sur les règles de travail sont beaucoup plus présentes que les concessions salariales dans les cas étudiés. […] Les gains syndicaux en regard de ces concessions reposent principalement sur la consolidation des emplois existants par l'amélioration de la productivité, et sur la responsabilité accrue des salariés et des chefs d'équipe dans l'organisation du travail. (Bourque et Lapointe, 1992, p. 580)

Concrètement, cela veut dire que la régulation autonome des groupes d'exécutants est davantage reconnue par l'entreprise qui délaisse certains des contrôles traditionnels auxquels elle les soumettait. L'entreprise espère ainsi accroître la productivité. La régulation de contrôle se trouve à sacrifier des postes de cadres subalternes et de contremaîtres pour s'en remettre au sens des responsabilités des groupes d'exécutants, ou encore à entériner une situation où, dans les faits, ce sont les employés qui assumaient la gestion d'un processus de travail.

Prenons le cas présenté par Denis Harrisson et Normand Laplante (1994) d'une usine de métaux primaires où les travailleurs sont affiliés à la CSN. Cette usine connaît des conflits et des affrontements entre les contremaîtres et les salariés, et le syndicat refuse, au milieu des années 1980, de participer à l'implantation de cercles de qualité visant à relancer l'entreprise, qui éprouve de sérieuses difficultés financières. La direction décide alors d'interrompre les activités pour trois mois en laissant planer la rumeur d'une fermeture définitive. Cet électrochoc convainc les ouvriers de changer d'attitude et l'entreprise relance le processus avec une nouvelle équipe de cadres, ce qui assainit le climat. Pour établir une véritable coopération, il faut des actions plus concrètes et plus significatives pour les salariés. La direction fera le premier pas en reconnaissant une partie de la régulation autonome exercée par ces derniers. Elle pourra ensuite leur faire accepter plus aisément des projets pour améliorer la qualité. Harrisson et Laplante (1994, p. 716) résument ainsi la situation :

> Avant le début du projet de coopération, le travail s'effectuait en processus continu de trois quarts de travail de huit heures. Par contre, les salariés avaient institué des quotas informels de production leur permettant de compléter leur tâche quotidienne en six heures. Peu de temps après le début du projet, les horaires de travail ont été modifiés. La direction et le syndicat ont conclu une entente non écrite pour répartir le travail sur trois quarts de travail de six heures consécutives, mais à la condition de maintenir le niveau de production. Le quart de nuit est supprimé et les travailleurs conservent la même rémunération.

Il s'agit donc de créer un climat de confiance qui, souvent, a disparu, et de transcrire les nouveaux arrangements dans des ententes que les acteurs chercheront à rendre de plus en plus formelles, par la signature de documents officiels engageant les deux parties, pour assurer leur pérennité. Ces ententes ne remplacent pas les conventions collectives, mais elles cherchent à assouplir leur application en permettant de régler, dans un climat de confiance, de coopération et de partenariat, les problèmes qui se présentent dans l'atelier. Elles sont peut-être, comme le soulignent Harrisson et Laplante, les germes d'un nouveau système de relations de travail dans les entreprises contemporaines. On ne trouvait pas de telles forces à l'œuvre dans les entreprises dépourvues de syndicat, ce qui ne veut pas dire qu'il n'y a pas eu là des arrangements allant dans ce sens. Le cas de Cascades, au Québec, est l'un de ces rares exemples, malgré une contestation marquée concernant l'efficacité des ententes conclues avec les travailleurs (Lapointe, 1996; Pépin, 1996). Ainsi, qu'il y ait ou non un syndicat dans l'entreprise, une régulation conjointe peut exister, bien que dans le premier cas on offre plus de ressources aux employés pour obtenir une participation réelle.

Or, les salariés ne cessent pas pour autant d'être contrôlés par la direction de l'entreprise. Dans cette nouvelle approche, le contrôle découle plus des résultats de l'entreprise que de la supervision directe de leur travail. Ils savent ainsi que si le rendement de l'entreprise n'est pas à la hauteur des espérances de la direction, celle-ci pourrait bien mettre un terme aux ententes, ou encore fermer l'établissement et déménager les activités dans une autre région ou un autre pays. On assiste alors à une transformation de la régulation de contrôle plutôt qu'à son abolition. Nul doute cependant que, dans cette nouvelle approche, l'autonomie et les régulations autonomes sont davantage valorisées. La régulation conjointe est donc toujours celle de la rencontre des deux régulations traditionnelles et signale un état de compromis entre elles. La situation actuelle, caractérisée par des crises économiques et sociales, favorise, jusqu'à un certain point, l'extension de ce type de régulation en forçant les acteurs à collaborer pour assurer la survie de leur entreprise. Les limites de cette approche dépendent donc de la bonne volonté des acteurs en présence comme de celle des gouvernements. Ces derniers peuvent en effet l'encourager, voire la rendre obligatoire, comme cela se fait dans certains pays auprès des grandes entreprises (rappelons encore une fois le cas de la cogestion en Allemagne).

2.3 Les identités de groupes et d'entreprises

Les entreprises sont constituées d'individus et de groupes d'individus qui entrent en interaction les uns avec les autres à propos de ressources et d'enjeux. Le jeu de leurs interactions produit des règles et des régulations qui conditionnent en retour les jeux à venir. Lorsque ces règles et régulations perdurent, elles deviennent l'univers premier de référence des individus et des groupes, la clé par laquelle ils accèdent à la compréhension de leur milieu de travail et, souvent, d'une partie du monde. Cet univers dépasse l'idée de règles et de régulations pour englober d'autres dimensions sociales de la vie en entreprise. C'est dans cet univers que naissent les identités de groupes et d'entreprises. Dans cette section, nous allons examiner cette question en commençant par définir la notion d'identité.

L'identité est un concept syncrétique, c'est-à-dire qui synthétise l'ensemble des caractéristiques propres à un individu ou à une collectivité (groupe, organisation, communauté, etc.) et qui permet de différencier les individus ou les groupes les uns par rapport aux autres. On pourrait, par exemple, distinguer deux individus ou deux groupes par quelques caractéristiques ou par un ensemble plus vaste de caractéristiques. Dans les deux cas, on pourrait utiliser le concept d'identité pour résumer, synthétiser les différences de caractéristiques en disant que l'un a une identité de type x et l'autre, une identité de type y. Les identités qui nous intéressent ici sont celles qui naissent au travail et qui donnent des identités de groupes ou d'entreprises.

L'anthropologue québécois Marc-Adélard Tremblay (1983), dans ses études sur l'identité québécoise, définit l'identité en trois parties: comme vision du monde, image de soi et genre de vie. Renaud Sainsaulieu (1977, 1988), qui s'est intéressé plus particulièrement aux identités au travail, reprend sensiblement le même découpage. Il parle d'espaces d'identification, de systèmes de représentations et de sociabilités. C'est ce grand découpage que nous retiendrons dans un premier temps pour rendre compte de l'identité collective des groupes et des entreprises.

Comme les autres formes d'identités, les identités de groupes et d'entreprises sont changeantes et sujettes à des transformations en profondeur en fonction des contextes. Il est plus juste alors de parler de dynamiques identitaires puisque ces identités se transforment au rythme des changements touchant le travail, les entreprises et la société. C'est pourquoi plusieurs auteurs parlent de stratégies identitaires, signifiant par là que les groupes et les entreprises prennent position dans certaines situations les concernant et qu'ils jouent la carte identitaire, utilisant en quelque sorte leur identité — s'en forgeant une au besoin, plus ou moins artificielle, comme le font certaines entreprises — comme ressource. Le politologue Jacques Chevalier (1996-1997, p. 37) soutient d'ailleurs que « ce qui joue dans l'identité, c'est en effet la construction du lien social, les processus d'intégration sociale, les rapports de domination et de pouvoir [...]. [C'est pourquoi] la question de l'identité doit être considérée comme politique par essence ».

À travers l'expression de leur identité, les groupes comme les entreprises affirment et défendent finalement leurs raisons d'être comme travailleurs ou comme entreprises. Ils affirment et défendent leurs valeurs et leurs intérêts. L'identité, c'est donc très souvent la prise de conscience de son existence en tant que collectivité. Nous allons examiner dans un premier temps les identités de groupes au travail, puis celles des entreprises.

2.3.1 Les identités de groupes au travail

Reprenons ici l'exemple des mineurs. Les règles et les régulations dont nous avons parlé sont constitutives de leur identité, mais celle-ci est loin de se réduire à ces seuls éléments. Au-delà des règles et des régulations, il y a tout un monde qui comprend, comme nous le disions plus haut, une image de soi, une vision du monde et un genre de vie particulier et localisé. Qu'en est-il des mineurs ? Ils ont tendance à se percevoir comme des individus joyeux, fêtards même, insouciants face à l'avenir, vivant au jour le jour, mais vivant leur vie à fond, à cent à l'heure. De plus, ils se perçoivent comme une communauté fortement égalitaire et solidaire. Leur vision du monde est plutôt fataliste, faite de résignation à leur travail ou à leur situation en général. Ils savent, par exemple, que leur métier est dur, dangereux, qu'il comporte des risques pour leur santé, mais ils croient qu'ils n'y peuvent pas grand-chose. Comme le dit l'un d'eux à propos des troubles respiratoires que peut entraîner le travail constant dans un milieu poussiéreux: « Nous sommes des petits filtreurs ambulants, et les petits filtreurs ne se changent pas. » Ce fatalisme ressemble beaucoup à celui des Indiens qui travaillent dans les mines de Bolivie: « Nous mangeons la mine et la mine nous mange[4]. » Leur vision du monde est qu'il s'en trouve des plus gros, des plus forts qu'eux, et qu'on n'y peut rien. Nous pourrions résumer ainsi leur philosophie de vie: Nous sommes des mineurs, et nous allons mourir de la mine, tel est notre destin. En attendant, rions, dépensons, fêtons.

Pourtant, la situation des mineurs n'est pas la même partout. Les mineurs de Bolivie ne vivent pas la même situation que ceux de l'Abitibi, par exemple, et même entre ces derniers, il peut exister des différences. Il suffit que les conditions de travail changent pour que l'identité, une partie du moins, s'en trouve profondément modifiée. Ainsi en est-il pour certains mineurs abitibiens qui se retrouvent dans des entreprises de sous-traitance où les règles et les régulations instaurées dans les grandes entreprises minières ne s'appliquent plus. En effet, la sous-traitance s'est développée quand les entreprises minières ont peu à peu confié à de plus petites entreprises les travaux parmi les plus dangereux et les plus risqués, comme la construction de nouveaux puits et de cheminées à minerai. Ce faisant, les grandes entreprises ont pu améliorer leurs résultats en matière de sécurité et de santé au travail (moins d'accidents, moins de dépenses). En fait, les risques et les coûts qui y sont associés ont été transférés aux petites entreprises et surtout à leurs mineurs. La situation de ces derniers est différente de celle des autres mineurs des grandes entreprises. Ils travaillent sous pression — dans un univers où la production à tout prix est le maître-mot — dans des conditions très difficiles et dangereuses.

Ainsi, les trois règles de métier dont nous avons parlé précédemment ne jouent pas toujours. Il faut bien sûr être « travaillant » pour abattre le travail et éviter de trop penser aux risques d'accidents. Par contre, l'exigence de sociabilité ne tient plus la plupart du temps. Pressés par l'entrepreneur, rémunérés en fonction du nombre de pieds abattus dans la journée, ils n'ont pas le temps de socialiser ou de plaisanter. Même s'ils le voulaient, ils ne le pourraient pas, car dans le puits, la cheminée ou la rampe où ils travaillent, le bruit couvre leur voix, la poussière et la boue les aveuglent. Travaillant tous au même endroit, ils n'ont pas non plus la possibilité de choisir leurs compagnons ou d'en changer. Ils travaillent si vite qu'ils prennent constamment des risques avec les outils et les explosifs. Les accidents sont nombreux, mais « la paye est bonne ». L'autre règle qui demande de renier sa peur et d'éviter de crâner, ne tient ici qu'à moitié. En effet, dans ces conditions, il ne faut certes pas être peureux, mais il faut même faire preuve d'une véritable témérité. Défier la mort au quotidien est la seule façon de survivre dans cet univers. Pas besoin d'épreuves et de plaisanteries pour éprouver les autres, les dangers se présentent naturellement, au quotidien. Voici comment, philosophe, un mineur travaillant pour une petite entreprise de sous-traitance décrit les risques liés à son travail :

> Faut pas tu regardes ça [les dangers], c'est pire. Tu en vois tout le temps. Surtout quand tu es sur la *slip*, la roche à un certain angle, tu coupes ça, tu peux t'en imaginer des *lousses* assez effrayants. Mon voisin, celui qui m'a fait rentrer, il peut pus travailler dans les mines, il a eu un gros accident. Lui un *lousse* est parti d'une *slip* pis te l'a accoté sur l'autre bord, une affaire de 16 tonnes, personne s'est fait tuer. Quand le gros morceau est parti il était accoté sur d'autres, ça a fait des éclats de roches, il y a eu des petites blessures. Si tu fais juste regarder ça tu vas *jumper*. La chienne va te poigner. C'est un job faut tu sois fantasque. Tu es toujours sur un *well plate*, ça a huit pouces, tu es debout là-dessus, à 1900 pieds dans les airs. Si tu commences à dire si… je tombe. Non, tu fais ton *shift*. (Dupuis, 2002, p. 225)

Ces mineurs, on les appelle dans le milieu des « bouleux » et on les traite de fous. Il est intéressant de noter que ce terme dérive du mot anglais *bull* (taureau) et qu'il fait référence à l'opiniâtreté de cet animal qui, tête baissée, continue de charger le torero, même s'il connaît le danger, à la manière du mineur qui travaille tête baissée et s'expose à tous les risques. Un « bouleux » légendaire nous est décrit par un de ses compagnons :

> C'est la deuxième « grosse » accident qu'il a. Il est fou le gars. Il est tout ouvert ici en arrière. Pis il travaille sept jours par semaine, douze heures par jour. Ah, c'est un fou. Son deuxième accident, des *air blasts* qu'on appelle, la pression vient assez fort dans les roches que, à un moment donné, ça décolle tout seul. Pis il s'est fait enterrer dans sept, huit pieds de roches par-dessus lui. Ils l'ont sorti, y l'ont monté à l'hôpital, une semaine après il était encore en dessous. Là, en ce moment, il est sept jours semaine, le gars est fini… (Dupuis, 2002, p. 224)

Ce jeune mineur rêvait de sortir au plus vite de ce milieu pour joindre l'autre catégorie dont, manifestement, il partageait l'opinion sur les « fous ». Nous le voyons, un abîme sépare les deux milieux et les deux catégories de mineurs, et les conditions de travail très dures qu'ils connaissent tous donnent lieu à des règles et à des régulations d'un tout autre genre. Dans un cas, des mécanismes de médiatisation de la peur et des risques s'installent, une sociabilité et un respect se manifestent, absents dans l'autre. Les mineurs « fous » ne sont pas solidaires, c'est chacun pour soi, le seul objectif étant de gagner un gros salaire. Leur estime de soi est beaucoup plus faible, leur vision du monde est encore plus fataliste et ils ont un genre de vie encore plus dommageable pour la santé : plus d'alcool et de drogue dans ce milieu que dans l'autre. Il faut dire que certains d'entre eux sont incapables de descendre dans le « trou » sans être sous l'effet de la drogue tant les conditions sont difficiles.

L'identité de mineurs n'est pas la seule qui varie en fonction des contextes de travail. Prenons le cas des comptables qui ont vu leur identité se transformer plusieurs fois au cours du siècle, comme le démontrent Bernard et Hamel (1982). C'est d'abord le déclin des comptables salariés non professionnels au début du siècle, conséquemment à la mécanisation d'une partie du contrôle interne des entreprises et, surtout, à la suite de la montée de la demande sociale d'une vérification externe des états financiers des entreprises au bénéfice des actionnaires, des créanciers et des gouvernements. Le krach boursier de 1929, en révélant l'absence d'informations publiques fiables sur les entreprises, a servi ici de tremplin à une nouvelle génération de comptables. L'image type du comptable est devenue celle du professionnel autonome, maîtrisant un savoir spécialisé, au service de la collectivité, qui s'autocontrôle par le biais d'une corporation. Le comptable agréé est un professionnel ayant une responsabilité sociale importante (qui est de donner une information fiable sur l'état financier des entreprises et des gouvernements) reconnue par l'État, qui lui cède le monopole de la vérification publique. Il jouit par conséquent d'un certain prestige et occupe un rang social élevé.

Cette identité de professionnel autonome attribuée au comptable va cependant s'effriter à partir des années 1960 sous l'action de plusieurs phénomènes. En effet, la monopolisation de l'économie par les grandes firmes, en particulier au Québec et au Canada par de grandes firmes sous contrôle étranger, et l'accroissement du rôle de l'État, vont entraîner la création de grandes firmes comptables plus aptes à fournir des services de masse à ces entreprises. Dans ce contexte, le comptable agréé est de moins en moins un travailleur autonome (4 % d'entre eux au Québec en 1981) et de plus en plus, comme à la fin du XIXe siècle en quelque sorte, un travailleur salarié. Il est soit au service d'une grande firme comptable (47 % d'entre eux y étaient salariés en 1981), elle-même fortement dépendante des grandes entreprises, soit directement au service de l'entreprise qui l'embauche comme contrôleur interne ou gestionnaire (34 % des comptables agréés) (Bernard et Hamel, 1982, p. 128-130). Ces transformations ont eu pour conséquence le déclassement du comptable agréé au profit d'autres catégories de comptables plus près de la gestion des entreprises. Ainsi, le prestige et le rang social du comptable agréé étaient moindres au tournant des années 2000, si bien que la majorité des étudiants en comptabilité ne se dirigeaient plus nécessairement vers cette profession, mais davantage vers les autres, en particulier celle de comptable en management accrédité (CMA). Les comptables se divisent donc, comme les mineurs, en quelques « tribus » aux identités qui varient selon les contextes et les époques. Au Québec, on parle de CA (comptable agréé), de CGA (comptables généraux accrédités) et de CMA et plusieurs tentatives infructueuses ont eu lieu dans le passé pour unifier ces professions sous un même titre (Cousineau, 2004). Ce n'est qu'en 2012 que la décision d'unifier la profession comptable sous le titre de CPA (comptable professionnel agréé) a été acceptée au Québec. Par contre, pendant les 10 premières années, les professionnels devront porter les deux titres, celui d'origine (CA, CGA ou CMA) et celui de CPA, comme quoi les identités d'origine restent fortes.

On peut relever également des identités de secrétaires, de caissières, de commis, de techniciens, d'ouvriers, de professionnels, de cadres, qui, tout en ayant des caractéristiques communes, présentent des différences importantes en fonction du type d'industrie dans lequel les individus s'insèrent, du type d'organisation et de division du travail en place dans l'entreprise, ou de la composition ethnique, sexuelle ou générationnelle de la main-d'œuvre. Il peut même arriver que, plutôt que la tâche elle-même, ce soit une caractéristique de l'industrie, de l'entreprise ou de la main-d'œuvre qui ait primé dans la construction de l'identité. Par exemple, les ouvrières immigrées qui travaillent dans le textile vont souvent se diviser en sous-groupes dans une entreprise selon leur appartenance ethnique (voir Teal, 1986, pour un exemple). L'identité associée en théorie à la condition de travailleuse est alors remodelée en fonction des sous-groupes ethniques. Ceux-ci seront la plupart du temps hiérarchisés sur le fondement de la force d'une communauté dans l'entreprise (la première communauté entrée, certains de leurs membres occupent des postes clés comme contremaîtres ou cadres subalternes, etc.).

Résumons. L'entreprise regroupe des individus qui ont une ou des tâches précises à accomplir. Certains dirigent, d'autres exécutent, mais tous ont des buts, disposent de ressources et agissent en fonction d'enjeux qui leur sont propres, ce qui se traduit par des actions et des stratégies spécifiques (de collaboration, d'affrontement ou de compromis). Une véritable dynamique se trouve ainsi créée, qui prend place dans un univers de règles et de régulations. Certaines règles et régulations sont imposées par la direction, d'autres naissent naturellement dans des sous-groupes d'employés, d'ouvriers ou de cadres qui doivent travailler quotidiennement ensemble et qui partagent souvent le même espace ou la même tâche. Du fait de partager une même tâche, d'avoir le même métier ou la même formation ou encore de vivre la même situation, ils en viennent à acquérir une identité de groupe fondée sur des valeurs, des symboles, des histoires qui leur sont propres. Ces identités de groupes sont parfois limitées au cadre de l'entreprise, comme dans le cas des travailleuses immigrées au sein d'une usine de textile.

Dans d'autres cas, elles débordent largement ce cadre, comme chez les mineurs et les comptables, pour donner naissance à de véritables communautés professionnelles. Ces identités s'inscrivent par ailleurs dans le contexte de leur époque et sont transformées et redéfinies en fonction des transformations sociales. Par exemple, les mineurs adoptent certaines stratégies identitaires dans des conditions idéales de travail. Par contre, là où les conditions sont mauvaises, comme celles que connaissent les mineurs employés par les petites entreprises de sous-traitance, ces stratégies peuvent difficilement s'épanouir. Alors, les mineurs en développent d'autres où le travail est réduit à sa dimension économique et où chaque mineur ne pense qu'à lui. La notion de collectif ou de communauté telle que la vivent les autres mineurs — avec leur sociabilité intense et leurs luttes collectives — leur est presque totalement inconnue.

L'entreprise est donc un lieu fortement marqué par des identités de groupes plus ou moins stables et plus ou moins affirmées. Plus ou moins affirmées parce qu'il arrive souvent que ces identités soient latentes et qu'elles n'éclatent au grand jour que lorsque survient une situation de crise. Jusque-là, les individus ne se reconnaissaient pas nécessairement comme un groupe ayant une identité propre à défendre malgré la présence de règles, de façons de faire ou de voir les choses qu'ils ont en commun. Ces éléments échappent souvent à la conscience et il faut parfois que certains employés se sentent menacés de perdre des ressources, des privilèges, voire leurs emplois, pour qu'ils se rendent compte enfin qu'ils partagent une même situation, une même condition, un même destin, une même identité. La situation de crise agit alors comme révélateur de l'identité latente. Nous ne parlons pas ici des identités de mineurs ou de comptables, par exemple, qui sont bien affirmées et bien reconnues socialement, mais de celles de groupes d'employés qui ne s'identifient pas aussi clairement à un métier. Il peut s'agir de simples ouvriers non spécialisés dans une entreprise industrielle, mais que le travail quotidien a amenés à définir des règles, des régulations, des valeurs, des symboles qui les rassemblent et qui constituent les fondements d'une identité de groupe.

2.3.2 Les identités d'entreprises

L'idée des identités d'entreprises est une extension de celle des identités de groupes, à la différence près qu'elles se forgent souvent en vertu des régulations de contrôle et des régulations conjointes plutôt qu'en vertu des régulations autonomes. En effet, ce que partagent tous les membres d'une même entreprise, ce n'est pas ce que vit chaque groupe quotidiennement dans les lieux de travail, services, unités et établissements, mais bien l'orientation donnée à l'entreprise par les dirigeants, la coordination mise en place pour faire fonctionner l'ensemble, le discours public sur l'entreprise, etc. C'est autour de ces éléments — plus près de la régulation de contrôle ou de la régulation conjointe — que peut s'articuler une identité d'entreprise. Encore ici, le contexte social et économique joue un grand rôle dans la nature de cette identité. En effet, une entreprise en déclin dans une économie en croissance n'aura pas du tout la même identité qu'une entreprise en croissance dans une économie en déclin, pour prendre deux exemples extrêmes. La première aura probablement, mais cela reste à vérifier par une enquête de terrain, une identité faible, peu mobilisatrice pour son personnel, tandis que la deuxième s'affichera comme un *success story* et voudra faire connaître son modèle, ses façons de faire, à des acteurs économiques inquiets et peu sûrs d'eux. Pensons, dans ce dernier cas, à Cascades ou à Bombardier, au Québec, et voyons ce qu'il en est.

Dans les années 1990, ces deux entreprises n'ont cessé d'accumuler les succès alors que l'économie se portait mal et que bon nombre d'entreprises fermaient leurs portes ou étaient en pleine rationalisation (réorganisation et mises à pied). Les modèles de Cascades et de Bombardier furent dès lors célébrés, analysés, décortiqués. Bien sûr, les analyses sérieuses montraient que ce n'était pas le bonheur total, que des employés se sentaient lésés, qu'il s'y produisait bien des accrochages et des conflits, mais leur reconnaissance publique, les innovations technologiques qui s'y faisaient (chez Bombardier en particulier), les contrats qui pleuvaient de l'étranger étaient, très souvent, pour les employés et les dirigeants, des sources d'identification assez fortes. Il faut savoir que cette identification à l'entreprise ne signifie pas que tous les employés et dirigeants se rangent entièrement, et en tout temps, aux politiques et aux décisions des entreprises. Loin de nous l'idée de réduire l'identité de l'entreprise à une question de consensus des acteurs sur ses grandes comme ses petites politiques. Au contraire, l'identité d'une entreprise peut fort bien être marquée par des conflits permanents, récurrents, violents, comme chez Bridgestone (autrefois Firestone) à Joliette, qui a vécu plusieurs grèves très dures depuis son ouverture dans les années 1960. Par exemple, la grève de 1995-1996 a duré six mois et a fortement ébranlé l'économie de la région. Elle est un résultat de cette culture du conflit. Ce n'est qu'au milieu des années 2000 qu'un changement de culture est intervenu dans l'entreprise (*pour une courte histoire des relations de travail dans cette entreprise, voir l'encadré 2.3*). L'identité ne repose donc pas uniquement sur les discours ou les politiques des dirigeants, mais aussi sur les relations quotidiennes entre employés et dirigeants, qui peuvent être des relations de respect ou de non-respect, de collaboration ou d'affrontement, etc. L'identité, c'est aussi ce qui caractérise plus particulièrement une entreprise, ce qui la distingue, et qui est reconnu comme tel par les acteurs concernés ou par des observateurs extérieurs.

On voit que l'identité de l'entreprise dépend de l'intégration des divers acteurs et des identités de groupes propres à chacune. Certaines entreprises réussissent mieux que d'autres à intégrer tous leurs acteurs et tous leurs groupes, à satisfaire les revendications et les besoins d'identification des uns et des autres. Parmi les entreprises qui réussissent moins bien cette intégration, il faut distinguer celles qui y sont parvenues, mais qui vivent actuellement un processus de désintégration, de celles qui n'y sont jamais arrivées parce que les groupes n'ont jamais adhéré à une culture ou à un projet commun. Trois situations, correspondant à autant d'états, sont donc possibles quant à l'intégration sociale en entreprise : l'intégration est réussie (intégration culturelle), n'est jamais réussie (confrontation culturelle), a été réussie mais est en voie d'effritement (désintégration culturelle). Chacune de ces situations contribue à la formation des identités des entreprises. (Voir à ce sujet, Sainsaulieu, 1988).

Nous avons cité Cascades et Bombardier comme étant des exemples d'intégration culturelle réussie. Nous donnons ces exemples avec les réserves qui s'imposent : ce sont les établissements les plus anciens qui vivent le plus intensément cette identification à l'entreprise. Par exemple, les travailleurs et les dirigeants de l'usine Cascades de Kingsey Falls et ceux de l'usine Bombardier de Valcourt sont beaucoup plus attachés à l'entreprise que ceux des établissements qui se sont joints à ces grands groupes dans les années 1990. Ces derniers établissements ont connu des problèmes de transition qui ont empêché ou ralenti pareille identification. Pensons notamment à l'usine Cascades d'East Angus où les travailleurs ont eu beaucoup de difficulté à faire respecter les droits inscrits dans leur convention

ENCADRÉ 2.3 **Les relations de travail chez Bridgestone-Firestone**

L'entreprise Firestone de Joliette a été ouverte en 1966 par la société américaine Firestone Tire and Rubber. L'entreprise japonaise Bridgestone s'est portée acquéreur de Firestone en 1988, créant ainsi la nouvelle société Bridgestone-Firestone. Au moment du déclenchement de la grève en août 1995, l'usine employait 900 personnes et fabriquait 14 000 pneus par jour dont 90 % étaient exportés aux États-Unis. À l'automne 1995, cinq des six usines Bridgestone des États-Unis étaient en grève. Les employés luttaient contre les méthodes de travail à la japonaise jugées trop exigeantes (Clément, 1995, p. A1).

En 1995, l'usine de Joliette n'en est pas à sa première grève ; elle en est en fait à sa cinquième. La première a eu lieu en 1969. Elle a duré 11 semaines, et les travailleurs revendiquaient déjà à l'époque de meilleures conditions de travail. Cette revendication reviendra dans tous les conflits par la suite. La grève de 1973 est la deuxième. Elle a été la plus dure et la plus longue, ayant duré 11 mois. Outre de meilleures conditions de travail et des salaires plus élevés — ils gagnaient à l'époque 1,05 $ de moins de l'heure que leurs homologues de l'usine de Hamilton, en Ontario —, les travailleurs exigeaient que le français soit la langue de travail à l'usine. Les deux autres grèves ont lieu en 1978, d'une durée de trois mois, et en 1983, une courte grève de deux semaines. Toutes ces grèves ont instauré au fil des ans une méfiance mutuelle, voire, selon certains, une culture du conflit entre les employés et la direction (Perreault, 1996, p. A23).

La longue grève de 1995-1996 n'a pas amélioré la situation. De nombreux ouvriers sont sortis infiniment frustrés de ce conflit et ils en ont voulu beaucoup à la direction. Comme le rapporte le journaliste Jean-Paul Charbonneau (1996, p. A1), les travailleurs ont accepté les offres « finales » de l'entreprise, mais bien à contre-cœur : « La majorité des syndiqués sont sortis de la salle en colère, le visage long. » Il ajoute qu'un représentant syndical « est d'avis que si rien n'est fait pour améliorer le climat, l'usine de Joliette sera dans l'obligation de fermer dans quelques années ».

La signature d'une nouvelle convention collective en 2005 confirme un changement de culture entrepris il y a cinq ans, selon Leila Rainville, la directrice des ressources humaines à l'usine de Joliette. En 2013, l'entreprise compte 1300 employés et annonce un investissement de 38,4 M $ « afin d'accroître la productivité des installations de son usine » (Site internet du Canal Argent, 2013).

collective, ou à ceux des usines belge et irlandaise pour qui le nom de Bombardier ne revêt pas la même signification que pour les travailleurs québécois (sur Cascades, voir Pépin, 1996; Lavigueur, 1997; sur Bombardier, voir Tremblay,1994). Il est possible que, dans ces établissements, l'identité se construise autour d'autres valeurs et d'autres réalités culturelles, malgré les efforts des dirigeants. La construction de l'identité de l'entreprise est un processus très long qui engage les acteurs dans une histoire commune s'étendant souvent sur plusieurs générations. Attardons-nous un peu plus longuement sur le cas de Bombardier pour mieux comprendre cette dynamique culturelle des entreprises.

L'invention par Joseph-Armand Bombardier d'un « lourd véhicule équipé de chenilles et de skis capable de circuler sur la neige et de sortir de leur isolement hivernal les populations des régions rurales du Québec » (Tremblay, 1994, p. 6) a été le point de départ de cette entreprise fondée à Valcourt en 1942. Une quinzaine d'années plus tard, Bombardier invente la motoneige qui lance définitivement l'entreprise. De 1964 à 1972, cette dernière connaît, sous le règne de Laurent Beaudoin, gendre de Bombardier, une croissance remarquable, le chiffre d'affaires passant de 10 à 183 millions de dollars. La crise du pétrole de 1973, une inflation galopante et une plus grande sensibilité à l'environnement entraînent une importante baisse de la consommation de la motoneige qui menace la survie de l'entreprise. En réaction à cette menace, l'entreprise entreprend une diversification de sa production.

Une première conversion l'amène dans le secteur du transport en commun où elle obtient, en 1974, un important contrat pour fabriquer la deuxième génération de voitures du métro de Montréal, même si elle n'a aucune expertise dans ce secteur. Le désir des promoteurs de confier ce lucratif contrat à une firme québécoise y est pour beaucoup. C'est à l'usine de fabrication de motoneiges de La Pocatière, transformée pour les besoins de la cause, que seront construites ces voitures. L'opération est un franc succès et l'obtention, en 1984, d'un contrat de plus d'un milliard de dollars canadiens pour la construction de 825 voitures de métro pour la Ville de New York permet de confirmer cette percée dans le secteur du transport en commun. Par la suite, Bombardier consolide sa présence dans ce secteur en faisant l'acquisition d'entreprises de fabrication de matériel de transport roulant: La Brugeoise et Nivelles (BN) en Belgique, ANF-Industrie en France, UTDC en Ontario et Concarril au Mexique. Puis, à partir de 1986, l'entreprise fait une première percée dans le secteur de l'aéronautique en se portant acquéreur de Canadair, au Québec. Elle s'implantera plus solidement dans ce secteur en faisant l'acquisition de Short Brothers en Irlande du Nord, de Learjet aux États-Unis et de Havilland en Ontario.

Qu'en est-il alors de l'identité et de la culture de Bombardier, qui acquiert souvent des entreprises plus anciennes et plus grosses que ses propres usines au Québec? Rappelons que l'identité de l'entreprise s'est développée à Valcourt du début des années 1940 jusqu'au début des années 1970, autour de la construction d'autoneiges et de motoneiges. Elle a donc à la fois reçu la marque de son fondateur, Joseph-Armand Bombardier, et celle de son milieu, Valcourt, une petite municipalité de l'Estrie. Tremblay (1994, p. 109) parle de fierté, de solidarité, d'intégrité, de débrouillardise, de travail et de simplicité, sur un fond de conservatisme et de paternalisme, pour décrire ce milieu et le fondateur. Les vieux employés de Valcourt ont une expression qui illustre bien ce sentiment d'appartenance: « Quand on se coupe, on saigne jaune », faisant ainsi référence à la couleur jaune moutarde des premières motoneiges Ski-Doo (Tremblay, 1994, p. 4). Cette culture a été enrichie par la suite par Laurent Beaudoin et son bras droit, Raymond Royer, ainsi que par les cadres et les employés de La Pocatière. Selon Tremblay (1994, p. 33):

> Parmi la trentaine d'usines exploitées par Bombardier à travers le monde, Valcourt et La Pocatière sont les modèles. Valcourt porte l'héritage de Joseph-Armand Bombardier et de son gendre Laurent Beaudoin, tandis que La Pocatière transmet celui de Raymond Royer. On pourrait se risquer à dire, sans trop caricaturer, que l'usine idéale emploierait les travailleurs de Valcourt et les cadres de La Pocatière. Cette synthèse, Bombardier tentera de la transmettre à ses autres usines, mais la greffe ne prendra pas toujours.

L'implantation de la culture Bombardier est parfois très difficile. En Belgique, par exemple, la direction belge de La Brugeoise et Nivelles (BN) — spécialisée dans la fabrication de matériel roulant ferroviaire — n'a jamais accepté l'achat de l'entreprise par des étrangers. Elle acceptait encore plus difficilement que ces derniers viennent lui donner des leçons de gestion étant donné que la Belgique fut le premier pays européen à construire un chemin de fer. C'est en quelque sorte l'histoire et la tradition d'un pays contre la culture d'une jeune entreprise québécoise. La direction de Bombardier a pourtant été tolérante et a cherché à changer les manières de faire progressivement. Mais, après quelques années de résultats médiocres, la direction de Bombardier s'est vue dans l'obligation de restructurer l'entreprise et de remplacer une bonne partie de la direction de BN qui s'entêtait à ne pas vouloir modifier ses façons de faire malgré les mauvais résultats financiers. Il y a donc eu, dans les premières années, un climat de confrontation autant entre la direction de Bombardier et celle de BN qu'entre la direction et les employés syndiqués qui vivaient mal la restructuration. On peut dire que la culture Bombardier ne s'impose pas facilement.

La situation est plus simple avec la direction de Short Brothers à Belfast, qui accepte plus aisément la philosophie de gestion de Bombardier axée sur la participation des cadres et des employés. Pourtant, d'autres problèmes compliquent drôlement les choses. Shorts est le plus gros employeur privé d'Irlande du Nord et est situé au cœur de Belfast, lieu d'un long et interminable conflit entre protestants et catholiques. Shorts a été longtemps considéré comme un bastion de la communauté protestante — l'usine est située du côté protestant — et compte peu de travailleurs catholiques, situation en voie de s'équilibrer, comme l'explique Tremblay (1994, p. 73):

> [...] à la suite de pressions locales et internationales, de deux législations sur l'égalité des chances à l'emploi, et de décisions prises par les nouveaux propriétaires québécois, l'entreprise s'ouvre de plus en plus à la minorité catholique, qui représente aujourd'hui 13,5 % de ses travailleurs en usine, comparativement à moins de 5 % au milieu des années quatre-vingt. À terme, Shorts vise 26 %, soit la proportion des catholiques qui habitent dans la région de Belfast.

Pour tenter de faire dérailler le processus de réconciliation entre les communautés protestante et catholique à l'intérieur de l'entreprise, l'Armée républicaine irlandaise (IRA) a fait exploser huit bombes aux abords de l'usine durant cette phase de transition. De plus, les travailleurs catholiques de l'usine ont été l'objet de menaces de mort de la part d'une organisation secrète loyaliste. On le voit, il y avait là des enjeux et des identités qui dépassent largement la philosophie de gestion de Bombardier, bien que cette dernière ne soit pas irréconciliable avec les projets des modérés ouverts à une participation plus grande des catholiques d'Irlande du Nord. Les dirigeants québécois ont par ailleurs une certaine expérience des tensions interethniques puisqu'elles ne sont pas absentes de leur réalité dans la province.

Au Québec, c'est l'acquisition de Canadair par Bombardier qui a été une source de tensions culturelles. Canadair était essentiellement une entreprise anglo-saxonne, voire britannique, puisqu'elle recrutait chaque année une dizaine d'ingénieurs en Grande-Bretagne. L'achat de l'entreprise par Bombardier fut un choc pour les cadres et les employés: « [...] lorsque Laurent Beaudoin prononce presque entièrement en français son premier discours devant les employés, un frisson traverse la majorité anglophone. "Jamais de ma vie je n'aurais cru que mon chèque de paye porterait un jour un nom de compagnie français", confie un employé » (Tremblay, 1994, p. 57).

La mise en place des principes de gestion de Bombardier se fera dans un climat très difficile. L'embauche de cadres et d'ingénieurs québécois vient aussi bouleverser les habitudes des cadres et des ingénieurs britanniques de Canadair et il se crée un clivage entre les deux groupes. Il a fallu faire venir Raymond Royer, le bras droit de Beaudoin, et une équipe de cadres formés à La Pocatière, pour changer les choses chez Canadair:

> Depuis l'arrivée de Bombardier, « on a changé la culture de la direction de l'entreprise, soutient Brown [président du groupe Canadair], à l'automne 1990. Avant, Canadair était une pyramide monolithique; une seule personne décidait de tout après avoir consulté un ou deux ministres. On a décentralisé l'entreprise en divisions, chacune avec son système financier, sa stratégie et sa comptabilité. On veut maximiser le potentiel de chaque individu en maximisant son autorité et ses responsabilités. » (Tremblay, 1994, p. 65-66)

Le changement a été important, même si les principes de gestion de Bombardier étaient loin d'être totalement intégrés au moment de l'enquête de Tremblay. Mais encore ici, on ne peut pas dire que du « sang jaune » coule dans les veines de tous les cadres et de tous les employés, à preuve le conflit chez Canadair au printemps 1997 qui a opposé les employés à la direction relativement aux salaires et aux conditions de travail.

Ainsi, pour BN en Belgique, Shorts en Irlande du Nord et Canadair au Québec, dans l'ouest de l'île de Montréal, on ne peut pas parler d'une identification et d'une intégration semblables à celles qui caractérisent les usines de Valcourt et de La Pocatière. En fait, loin d'assister à une intégration culturelle réussie dans les premières années, ces entreprises ont plutôt vécu une période de transition marquée par la désintégration et la confrontation culturelles. Et si jamais l'intégration culturelle se réalisait, en conformité avec les principes de gestion de l'entreprise mère, il n'est pas dit que l'identité et l'identification auraient la même couleur. Ce n'est de toute façon pas l'objectif de Laurent Beaudoin, qui est bien conscient des limites des transferts culturels et qui explique :

> [...] il est illusoire de penser que l'on va transférer exactement les mêmes valeurs à tous. Ce que tu peux changer dans une organisation, c'est la façon de voir certaines choses; comme d'être entreprenant plutôt que d'avoir peur de brasser la cage. On essaie de mettre dans la tête des gens qu'il faut générer des nouvelles idées pour se renforcer et se développer davantage. Il est très important que les dirigeants aient cette même vision. (Tremblay, 1994, p. 121)

Avec Bombardier et ses différentes usines dans le monde, nous voyons donc à la fois des cas d'intégration, de désintégration et de confrontation culturelles. Ces cas sont fréquents dans un contexte de mondialisation de l'économie qui provoque beaucoup de turbulence et bouleverse les dynamiques identitaires des entreprises. Ce sont souvent les groupes d'employés et de cadres subalternes qui vivent le plus durement les restructurations et les changements d'activités qui en découlent. Par exemple, les pertes d'emploi peuvent être nombreuses et, dans ce contexte, les employés doivent redéfinir ce qu'ils sont et ce à quoi ils peuvent aspirer.

Conclusion

D'un point de vue sociologique, l'entreprise est une réalité sociale complexe. Les nombreux acteurs qui la composent ont différents buts, certains personnels, d'autres liés à l'entreprise, qui mobilisent diverses ressources et appellent des stratégies variées. Les relations entre acteurs qui en découlent s'articulent autour d'enjeux personnels, organisationnels et sociétaux. Ces jeux dans l'entreprise et hors de l'entreprise influent profondément sur l'orientation et le fonctionnement de celle-ci. Ces relations et ces jeux se cristallisent dans des règles, des régulations et des identités qui donnent un sens aux acteurs. Ces derniers vont alors, en fonction de cette dynamique interne et des relations avec l'extérieur, s'identifier plus ou moins étroitement à l'entreprise.

La complexité sociale de l'entreprise tient notamment à l'interdépendance des divers éléments qui la composent. Changer l'une de ces composantes, c'est souvent changer toute la dynamique interne. Un acteur est-il mis de côté, des ressources coupées ou transférées à un autre acteur, une stratégie ou un enjeu redéfinis par le contexte extérieur, et c'est toute la dynamique de l'entreprise qui risque de changer.

L'entreprise est donc une réalité mouvante, sujette à de fréquentes transformations. Comprendre l'entreprise d'un point de vue sociologique, c'est être conscient de ces jeux d'acteurs, de ces enjeux économiques, politiques, symboliques et identitaires. Pour les employés comme pour les cadres, l'entreprise est plus qu'un lieu de travail, c'est un milieu de vie. En ce sens, c'est un lieu d'expression et de construction de soi à travers des relations sociales riches et complexes, comme dans la « vraie vie », parce que, justement, la vie au travail, c'est la vraie vie.

Pour le gestionnaire, prendre conscience de ces dynamiques sociales à l'œuvre dans l'entreprise est primordial. Cette prise de conscience lui permet de prendre toute la mesure des conséquences et de la portée de ses actes, à la fois pour les personnes et pour l'entreprise. Certaines décisions et actions vont favoriser davantage l'intégration des divers acteurs, individus comme groupes, dans l'entreprise, alors que d'autres accentueront les divisions, les antagonismes. L'art de la gestion repose entièrement sur ces actions intégratrices qui donnent une cohérence à l'entreprise. Mais il est évident que la multiplicité des buts, des intérêts, des valeurs et des identités des acteurs rend cette tâche presque impossible. La recherche de cohérence devient dès lors un guide d'action plus qu'une fin en soi.

La figure 2.1 schématise les principales dimensions de l'analyse de l'entreprise qui ont été examinées dans ce chapitre. Cette grille permet de poser un diagnostic quant à la dynamique interne d'une entreprise. Elle indique la voie à suivre pour y arriver. Ainsi, il faut d'abord isoler les acteurs de l'entreprise, découvrir leurs buts et leurs ressources, puis déterminer la nature de leurs relations et de leurs régulations et finalement mettre au jour les identités de groupes. L'identité de l'entreprise pourra être globalement caractérisée par l'état de sa dynamique sociale (confrontation culturelle, intégration culturelle ou désintégration culturelle) et être plus finement appréciée à la lumière des différents éléments (le dénombrement des acteurs ainsi que leurs buts et ressources, leurs stratégies, les règles, etc.) qui composent la grille.

FIGURE 2.1 **La dynamique interne de l'entreprise — une grille sociologique**

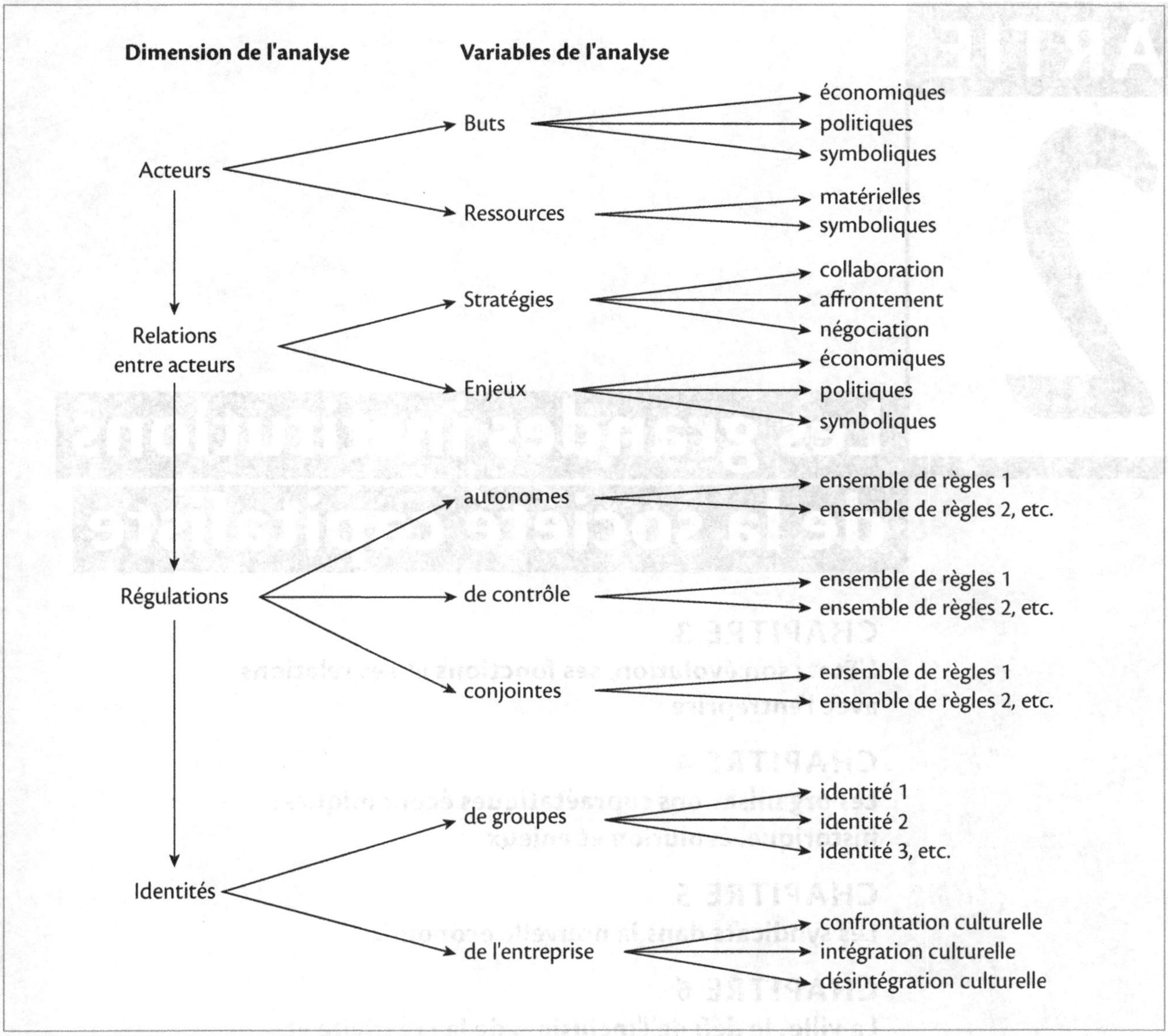

NOTES

1. Le droit de lock-out est la possibilité pour l'employeur de fermer son entreprise temporairement en cas d'impasse dans les négociations, mais il doit le faire avant que les employés ne déclenchent eux-mêmes la grève puisqu'il s'agit de deux droits qui ne peuvent s'exercer simultanément. Au Québec, c'est celui qui agit le premier, et lui seul, qui peut se prévaloir de son droit pendant un conflit de travail.
2. Les paragraphes suivants, portant sur les dirigeants et les cadres, s'inspirent très librement des travaux de Luc Boltanski (1982), un auteur qui s'est intéressé à la catégorie des cadres, en tant que « groupe social » et non « classe sociale ». Dans son ouvrage *Les cadres. La formation d'un groupe social*, Boltanski propose une analyse sociohistorique de la formation des cadres. Il montre la difficulté de définir sociologiquement le groupe, en raison de son hétérogénéité, et cherche à mieux appréhender cette réalité identitaire complexe.
3. Selon une communication personnelle avec un ex-cadre de la Banque Nationale du Canada. Ce cadre a « survécu » à la réorganisation. Il a quitté cette institution quelques années plus tard pour occuper un poste plus important dans une autre organisation.
4. D'après le titre de l'ouvrage de l'anthropologue June Nash (1979) sur les Indiens mineurs de Bolivie : *We Eat the Mines and the Mines Eat Us*.

PARTIE 2

Les grandes institutions de la société capitaliste

CHAPITRE

3

Joseph Facal

L'État : son évolution, ses fonctions et ses relations avec l'entreprise

Introduction

Nous insistons depuis le début de cet ouvrage sur le fait que l'entreprise n'exerce pas ses activités en vase clos, mais au sein de sociétés dans lesquelles elle est en interaction avec d'autres acteurs institutionnels. Parmi ceux-ci, l'État joue un rôle tout à fait central.

Mais de quoi au juste parlons-nous quand nous évoquons l'État ? Quelles sont ses principales fonctions ? Comment sont-elles apparues ? Peut-on classer les types d'État ? Quels sont ses rapports les plus usuels avec l'entreprise ? Quelles sont les principales tendances de son évolution ? Qu'en est-il du cas particulier du Québec ?

3.1 Qu'est-ce que l'État ?

Dans leur *Dictionnaire critique de la sociologie*, Raymond Boudon et François Bourricaud (1982, p. 220) nous préviennent d'entrée de jeu qu'il est pratiquement impossible de définir l'État d'une manière pleinement satisfaisante. Non seulement les tentatives pour clarifier cette notion peinent-elles à se mettre à l'abri du dérapage polémique et partisan, mais en outre, la question de savoir ce que la définition doit ou ne doit pas englober se pose d'emblée : faut-il, par exemple, limiter la notion d'État à celle de gouvernement au point d'en faire des synonymes ?

À défaut de pouvoir clore le débat, on peut se rabattre sur la plus classique de toutes les définitions : Max Weber (1864-1920), peut-être le plus grand de tous les sociologues, voit dans l'État l'organisation par laquelle s'institutionnalise le pouvoir politique, principalement par l'exercice légitime de la force et de la contrainte physique (Hermet, Badie, Birnbaum et Braud, 1994, p. 102). Cette définition complexe appelle plusieurs commentaires.

La notion clé, ici, est celle de pouvoir. Le pouvoir n'est pas que politique. On peut observer dans notre vie quotidienne de multiples manifestations de pouvoir : la relation entre des parents et leurs enfants, entre un employeur et ses employés, entre un enseignant et ses étudiants (Delwit, 2001, p. 20). Il n'y a pas d'essence abstraite et immuable du pouvoir. Tout pouvoir implique nécessairement une relation asymétrique entre au moins deux individus, qui fluctue selon le rapport de force et le contexte, par laquelle l'acteur A « a la capacité d'obtenir que B fasse ce que B n'aurait pas fait de lui-même et qui est conforme aux intimations ou aux suggestions de A » (Boudon et Bourricaud, 1982, p. 425).

Quand le pouvoir politique devient institutionnalisé, il s'incarne habituellement dans cette organisation qu'est l'État. Nous entendons ici par « institutionnalisation » le « processus de transfert de pouvoir d'une personne physique à une instance abstraite » (Hastings, 1996, p. 22). La principale caractéristique de ce type de pouvoir institutionnalisé est qu'il est généralement le seul, dans nos sociétés, à disposer de la capacité et de la légitimité, théoriquement au nom de l'intérêt général ou du bien commun, d'utiliser la force de ses lois, de sa police ou de son armée pour contraindre les individus à se comporter d'une certaine manière. On dit enfin de ce pouvoir qu'il est légitime quand ses directives « font l'objet de l'adhésion, ou du moins de l'acquiescement, de ceux auxquels elles sont destinées. Cet acquiescement résigné ou cette adhésion enthousiaste contribuent à faire du pouvoir une obligation morale ou juridique qui lie le dominé au dominant, ou au titulaire du pouvoir» (Boudon et Bourricaud, 1982, p. 427). Mais en cas de refus du citoyen d'obéir au pouvoir politique, cette institution qu'est l'État, qu'elle soit perçue comme légitime ou non, pourra toujours mobiliser des ressources pour sanctionner le contrevenant.

Il importe de noter que si l'État est aujourd'hui la forme d'organisation du pouvoir politique la plus répandue, elle n'a pas toujours été la seule. Il est arrivé dans le passé que les autorités religieuses détiennent l'essentiel du pouvoir politique. Une tribu peut aussi être vue comme une forme de société sans État. Mais le triomphe de cette version moderne d'organisation du pouvoir politique qu'est l'État a virtuellement fait disparaître ces autres formes d'organisation du pouvoir politique (Debbasch et Pontier, 1995, p. 26).

Qu'en est-il maintenant de l'expression si fréquente: «l'État de droit»? Hermet et ses collaborateurs (1994, p. 103) notent qu'elle est habituellement utilisée de manière assez subjective pour distinguer les régimes authentiquement démocratiques des régimes dictatoriaux, ces derniers faisant peu de cas du droit. Mais la question est complexe, car bien des dictatures revêtent d'apparats légaux le pouvoir politique qui s'y exerce et se disent démocratiques, et bien des démocraties incontestables peuvent être le théâtre d'initiatives gouvernementales légales mais perçues comme dépourvues de légitimité.

L'expression courante «État-nation» est, elle aussi, chargée d'ambiguïtés. En effet, l'association des deux notions ne va pas de soi. La notion d'État a une connotation juridique et institutionnelle et celle de nation renvoie plutôt aux traits culturels, linguistiques, plus rarement ethniques, et à la mémoire d'un héritage historique partagé par une communauté humaine. On utilise donc habituellement l'expression «État-nation» pour désigner des sociétés comme la France, l'Allemagne ou la Suède, somme toute peu nombreuses à l'échelle de la planète, dans lesquelles les deux notions sont pratiquement imbriquées l'une dans l'autre, au point que citoyenneté et nationalité deviennent presque indissociables. Ce n'est évidemment pas le cas d'États comme ceux d'Afrique, par exemple, dans lesquels on trouve, à l'intérieur d'un même territoire national, de nombreuses différences culturelles, linguistiques, ethniques ou tribales. Parfois, ces caractéristiques créeront entre les individus qui les partagent des liens de solidarité plus profonds que leur attachement à une citoyenneté légale commune, mais parfois aussi, ces particularités deviendront des sources de violentes rivalités entre communautés.

Peut-on, enfin, se permettre de considérer les notions d'État et de gouvernement comme équivalentes? Ici encore, rien n'est simple. On utilise habituellement le mot «État» pour englober l'ensemble des institutions publiques: ministères, sociétés d'État, tribunaux, police, armée, etc. Le mot «gouvernement», quant à lui, désigne plutôt l'équipe qui a été élue pour gouverner et ses plus proches collaborateurs. Mais il est vrai que le langage courant tend à utiliser indistinctement les deux notions.

3.2 Les raisons de l'institutionnalisation du pouvoir politique

On s'entend habituellement pour situer l'émergence de l'État, dans les formes qui préfigurent l'État moderne, au Moyen Âge, en Europe, au terme d'un très long processus de centralisation politico-administrative, le plus souvent autour d'un pouvoir royal.

Les principaux facteurs explicatifs qui peuvent être invoqués ont été relevés par Pascal Delwit (2001, p. 23-25):

- Le développement progressif du commerce entraîne l'émergence de marchés de plus en plus vastes. Pour faciliter la circulation des biens, il devient alors impératif de centraliser davantage une autorité politique jusque-là fragmentée entre une multitude de chefs féodaux.
- On réalise progressivement les inconvénients causés par les guerres incessantes entre ces multiples pouvoirs fragmentés: insécurité perpétuelle, destruction des récoltes lors des combats et instabilité politique qui rend problématique toute entreprise à long terme; d'où la centralisation progressive du pouvoir politique afin de sécuriser davantage la vie en société.
- L'émergence de l'État moderne va aussi de pair avec l'urbanisation. Plus les gens sont nombreux à quitter les campagnes pour venir vivre dans des agglomérations

urbaines qui connaissent une croissance rapide, plus émergent de nouveaux enjeux sociaux, comme la hausse de la criminalité ou l'hygiène publique, qui font pression pour qu'une autorité politique plus centralisée et plus efficace les prenne en charge.

- La constitution d'armées permanentes et centralisées autour de ces pouvoirs politiques émergents, plutôt que levées selon les circonstances, entraîne également des accroissements de coûts importants. Afin de pouvoir plus facilement prélever l'impôt royal, on accélère la monétarisation de l'économie. Bref, les interventions politiques plus fréquentes dans la sphère économique affaiblissent progressivement l'ordre politique médiéval.
- Enfin, la montée du pouvoir politique institutionnalisé autour des rois va de pair avec l'affaiblissement de la légitimité des autres formes concurrentes de pouvoir, principalement celui de l'Église et des seigneurs locaux.

La première forme que prend donc cet État moderne en devenir est celle d'un État dynastique autour de la figure du roi ou du souverain. Ce pouvoir politique est transmis et renforcé par les liens et les alliances dynastiques. L'Angleterre et la France sont les deux premiers pays où se constitue cet État moderne qui verra son cercle se compléter graduellement en Europe à partir du XVIe siècle (Bergeron, 1990, p. 106).

Cette forme dynastique de l'État deviendra souvent absolutiste, voire impérialiste par la suite, les rois abusant fréquemment de leur pouvoir de souveraineté. Les révolutions française (1789) et américaine (1776) s'attaquent ensuite à ces formes d'États et aux abus qu'elles autorisent. Ce qui est remis en question, ce n'est pas tant «le principe même de l'État, ni l'institution étatique comme unité de fonctionnement, mais bien plutôt la nature et les limites d'un pouvoir trop fort et trop centralisé (l'absolutiste), trop distant et trop rigide (l'impérialiste)» (Bergeron, 1990, p. 133).

Une idée nouvelle s'impose alors progressivement: celle de la souveraineté non plus d'un roi, mais d'un peuple ou d'une nation. Ce n'est donc plus autour de la figure du roi que se construiront l'autorité et les fonctions publiques, mais autour du peuple ou de la nation et de ses représentants désignés (élus). Ainsi, à partir du début du XIXe siècle, se déploie progressivement une forme d'État «national» qui va ébranler la forme d'État dynastique, absolutiste ou impérialiste présente dans d'autres pays. Il faut savoir qu'en Angleterre, dans la foulée des révolutions de 1648 et de 1688, la monarchie absolutiste s'était déjà progressivement transformée en monarchie parlementaire. Après la Révolution française de 1789, d'autres pays suivront la voie anglaise et se transformeront aussi en monarchies parlementaires.

Pour limiter le pouvoir de l'État, qu'il soit monarchique ou républicain, le moyen tout trouvé sera de le soumettre à une constitution. Ce processus de transformation atteignit sa maturité quand l'État «accepta de constitutionnaliser son autorité, de voir dans son propre consentement à ces autolimitations une manifestation même de souveraineté» (Bergeron, 1990, p. 215). La constitutionnalisation du pouvoir de l'État marque donc le triomphe du principe de droit sur les conceptions plus personnelles du pouvoir politique. Cette lente évolution allait finir par aboutir à notre conception moderne de l'État, qui est l'État dit «de droit», et à son évolution ultérieure comme «État-providence», qui élargit la notion de droit-protecteur à celle de droit-assureur (droit d'être soigné, droit à un salaire minimum, etc.).

Ainsi, paradoxalement, alors qu'aujourd'hui on condamne souvent l'omnipotence de l'État, celui-ci s'est constitué et structuré, sur le long terme, en autolimitant le pouvoir politique et en garantissant la protection des libertés individuelles (notamment la liberté de commercer) et de la propriété privée (celle des marchands tout particulièrement). Il est toutefois vital de garder en tête que cette émergence progressive de l'État moderne s'est étirée sur des siècles, à partir de la fin du Moyen Âge, que sa généralisation est somme toute relativement récente, et que, dans certaines parties du monde, ce processus se poursuit encore.

3.3 Les grandes fonctions de l'État

De nos jours, il n'y a pratiquement aucun domaine dans lequel l'État n'intervient pas d'une façon ou d'une autre, mais il n'en a pas toujours été ainsi. Nous sommes progressivement passés, pour reprendre une expression bien connue, de l'État-gendarme à l'État-providence.

À l'origine, les fonctions de l'État se limitaient presque exclusivement au maintien de l'ordre: les forces de police assuraient la paix sociale, les tribunaux réglaient les différends légaux, l'armée protégeait le territoire national contre les menaces extérieures. Le grand philosophe libéral Benjamin Constant (1767-1830) a dit à ce sujet : « La législation comme le gouvernement n'ont que deux objets : le premier, de prévenir les désordres intérieurs, le second de repousser les invasions étrangères » (Debbasch et Pontier, 1995, p. 54). À cela s'ajoutent des fonctions diplomatiques de représentation de cet État auprès des autres États, et des fonctions économiques limitées à l'origine à l'émission d'une monnaie et à la perception des impôts.

C'est à partir du XIXe siècle, et surtout au XXe, que de nouvelles fonctions étatiques sont venues s'ajouter à ses missions d'origine. Trois principaux facteurs, qui se renforcent les uns les autres, expliquent ce développement : la montée graduelle de l'influence, du moins jusqu'à tout récemment, de doctrines d'inspiration socialiste qui prônent l'intervention de l'État pour pallier les dysfonctions du marché ; le besoin pour les gouvernements de réagir aux désorganisations résultant des crises économiques, surtout celle des années 1930, et aux destructions causées par les deux guerres mondiales ; et les pressions, devenues aujourd'hui permanentes, de nouvelles catégories sociales qui multiplient les revendications (ouvriers, patrons, classe moyenne, femmes, aînés, jeunes, etc.).

Au cours des dernières décennies, l'État a surtout multiplié ses interventions dans les domaines économique et social. Sur le plan économique, à des degrés variables selon les pays, les conjonctures et l'idéologie des gouvernements en place, l'État s'est progressivement attribué les responsabilités de stimuler la croissance économique, de prévenir la surchauffe économique, d'encourager la création d'emplois, de construire des infrastructures de transport et de communication, de favoriser certains créneaux jugés stratégiques comme l'innovation et les hautes technologies, de venir en aide à des industries en difficulté, allant jusqu'à prendre lui-même le contrôle de pans entiers de l'économie par le biais d'entreprises publiques.

Sur le plan social, l'État a progressivement pris en charge, dans la très grande majorité des sociétés occidentales, l'organisation de la majeure partie de l'enseignement, la prestation des soins de santé, la promotion des arts, de la culture et des sports, la protection du patrimoine et de l'environnement, en plus de mettre en place de nombreux programmes sociaux de protection des individus contre les coûts et les risques liés au vieillissement, aux accidents, à la perte d'un emploi ou à la pauvreté aiguë. Aujourd'hui, on chercherait en vain, en Occident, un secteur de la société dans lequel l'État ne fait pas, d'une façon ou d'une autre, sentir sa présence : d'où l'expression « État-providence » pour désigner cette prise en charge de l'individu toute sa vie durant par l'État, au nom de la collectivité et selon des dispositifs extrêmement différents d'un pays à l'autre.

3.4 Les principaux types de régimes politiques

La diversité des régimes politiques est telle qu'il est extrêmement périlleux d'essayer de les classer. Cette diversité s'explique par les raisons et les circonstances historiques qui ont vu naître ces régimes, les principes philosophiques sur lesquels ils reposent, les traditions culturelles et religieuses qui sont les leurs, et les contextes et conjonctures dans lesquels ils évoluent.

La plus ancienne classification des régimes politiques connue est celle de l'historien grec Hérodote (484-452 av. J.-C.), fondée sur le nombre de personnes qui détiennent le pouvoir (Duhamel et Mercier, 2000, p. 15). Il faisait une distinction entre la monarchie (du grec *monarkhia*, formé de *monos*, qui veut dire « seul » ou « unique », et de *arkhos*, qui veut dire « celui qui guide » ou « chef ») pour désigner les régimes dans lesquels une seule personne détient le pouvoir, l'oligarchie (du grec *oligarkhia*, formé de *oligos*, qui veut dire « petit nombre », et de *arkhos*) pour qualifier les régimes dans lesquels un petit groupe de gens détient le pouvoir, et la démocratie (du grec *demokratia*, formé de *dêmos*, qui veut dire « peuple », et de *kratos* qui signifie « force » ou « pouvoir ») pour désigner les régimes dans lesquels les citoyens, directement ou par le biais de représentants qu'ils désignent, exercent le pouvoir. Les deux philosophes les plus illustres de la Grèce antique, Platon (428-347 av. J.-C.) et Aristote (384-322 av. J.-C.), se livrèrent eux aussi à des comparaisons des différents régimes politiques de leur temps afin de tenter d'en déterminer le meilleur.

C'est d'ailleurs là une des difficultés de l'exercice. On peut choisir de classer les régimes politiques de manière ouvertement normative, en fonction de leur correspondance plus ou moins grande avec un régime idéal, mais cela pose le problème de devoir désigner les valeurs les plus importantes: la liberté, l'égalité, l'ordre, la stabilité des institutions ou d'autres encore.

Même les classifications qui se veulent aussi objectives que possible butent sur deux autres difficultés que Duhamel et Mercier (2000, p. 16) font bien ressortir. Les critères de classification sont habituellement si généraux qu'ils parviennent difficilement à tenir compte des contextes sociopolitiques particuliers et à faire ressortir, par exemple, les différences entre le régime démocratique français et le régime démocratique allemand. De plus, la plupart des typologies sont habituellement intemporelles. Elles n'arrivent pas à rendre compte des changements que peut connaître un régime: un régime peut, par exemple, devenir plus ou moins démocratique selon les circonstances. Ajoutons aussi que, dans la joute politique, les acteurs utiliseront régulièrement des mots comme «anti-démocratique», «autoritaire», «fasciste», «communiste», «libéral» ou «néolibéral» pour attaquer leurs rivaux, les chargeant ainsi de connotations péjoratives qui compliquent la compréhension.

En science politique, la typologie la plus classique des régimes politiques est celle qui distingue trois grandes catégories — les régimes démocratiques, les régimes autoritaires et les régimes totalitaires —, chacune de ces catégories, surtout les deux premières, pouvant elle-même se subdiviser en de multiples sous-catégories.

Mais là encore, rien n'est simple. La ligne de démarcation entre un régime autoritaire et un régime totalitaire n'est pas toujours évidente. Des régimes autoritaires, voire totalitaires, peuvent se donner des apparences formelles de démocratie ou même parfois tolérer des espaces, aussi ténus soient-ils, de démocratie. Un régime dictatorial peut être perçu comme un moindre mal par le peuple, du moins à ses débuts, s'il fait suite à un régime formellement démocratique mais jugé corrompu et inefficace. Il peut aussi arriver qu'un régime se dote de formes constitutionnelles légales, mais que ses lois contiennent des éléments de discrimination tels qu'on ne peut en aucune façon les considérer comme démocratiques: l'Afrique du Sud, du temps de l'apartheid, en est le cas type. Bien des pays, notamment en Amérique latine, ont souvent connu des périodes d'alternance entre démocratie et dictature militaire. En outre, il est arrivé qu'un dictateur accède au pouvoir, Hitler par exemple, en remportant des élections démocratiques.

Il se peut aussi qu'un régime politique entre difficilement dans une catégorie prédéterminée trop étanche. Pensons à l'actuel régime politique chinois, qui permet l'économie de marché dans certains secteurs mais pas dans d'autres, tout en maintenant le monopole du pouvoir politique entre les mains du parti communiste, mais en variant, selon la conjoncture, le degré de tolérance des autorités à l'endroit des opposants au régime.

Reprenons tout de même la classification la plus usuelle dans la littérature politologique, qui distingue donc les régimes démocratiques, les régimes autoritaires et les régimes totalitaires.

3.4.1 Les régimes démocratiques

Dans un régime démocratique, le pouvoir est détenu par le peuple et exercé pour le peuple, c'est-à-dire pour son bénéfice, par opposition aux régimes dans lesquels le pouvoir est détenu par une seule personne ou par un petit groupe de personnes. Mais, comme le demande Pascal Delwit (2001, p. 72): «que faut-il entendre par le "peuple" et comment comprendre l'exercice du pouvoir "par" et "pour" le peuple?».

Ces questions ne peuvent être tranchées de manière pleinement satisfaisante. Dans la mesure où on s'entend toutefois pour voir dans les démocraties occidentales la forme très imparfaite, mais pour le moment la plus avancée, de démocratie, nous suivrons le politologue Jean-Louis Quermonne (1986) qui leur prête cinq traits caractéristiques (*voir l'encadré 3.1 à la page suivante*).

Il va de soi cependant que la généralité de ces traits ne permet pas de distinguer, par exemple, des régimes aussi démocratiques mais différents que ceux des États-Unis, de la Grande-Bretagne ou de la France. Au sein de la grande famille des régimes démocratiques, on tend donc à distinguer les régimes dits parlementaires des régimes dits présidentiels, chacun pouvant à son tour se subdiviser en de nombreuses sous-catégories.

Un régime parlementaire est un régime dans lequel, selon toutes sortes de variantes, «le gouvernement, qui exerce le pouvoir exécutif au nom d'un chef d'État [...] est responsable devant une Assemblée législative, elle-même susceptible d'être dissoute» (Hermet *et al.*, 1994, p. 234-235). Dans les régimes présidentiels, il n'existe pas de liens de dépendance institutionnelle réciproque entre la branche législative et la branche exécutive, au sens où le pouvoir exécutif ne peut dissoudre l'instance législative et où cette dernière ne peut renverser le président, sauf dans des cas tout à fait exceptionnels comme la procédure américaine de l'*impeachment* initiée contre les présidents Richard Nixon et Bill Clinton.

ENCADRÉ 3.1 Les traits caractéristiques des démocraties occidentales selon Quermonne

1. Le choix des gouvernements par les élections libres

À ce sujet, trois conditions doivent être respectées:

a) La liberté de candidature:

Elle « a pour corollaire la libre formation et le libre fonctionnement des partis politiques ».

b) La liberté de suffrage:

Elle « implique le suffrage universel et égal des hommes et des femmes [...] et [...] obéit à l'adage anglais: *One man, one vote* ».

c) La liberté de scrutin:

Elle « repose sur deux exigences: le secret (qui justifie l'isoloir) et l'égalité des conditions d'information et de propagande au cours de la campagne électorale ».

2. L'exercice du pouvoir gouvernemental par la majorité

« Celle-ci peut se dégager soit à l'occasion d'un scrutin direct (élection présidentielle), soit à la faveur d'un scrutin indirect (majorité parlementaire et investiture du gouvernement par l'assemblée issue du suffrage universel); dès lors, le gouvernement de la majorité est légitime. »

3. L'obligation pour la majorité de respecter l'opposition

Cela « entraîne deux conséquences: le droit pour l'opposition à la libre critique et le droit, à la suite de nouvelles élections libres, à l'alternance au pouvoir ».

4. Le principe du constitutionnalisme

Ce principe « signifie que les pouvoirs publics, comme d'ailleurs les citoyens, sont tenus au respect de la Constitution, ce qui entraîne pour les partis l'obligation de faire preuve d'un consensus minimum [...], et pour les pouvoirs publics de se soumettre au contrôle de la constitutionnalité et de la légalité de leurs actes par un organe juridictionnel indépendant ».

5. La garantie des droits fondamentaux et le respect de l'État de droit

La « garantie accordée aux droits fondamentaux des citoyens et, le cas échéant, des communautés intermédiaires » exige « l'application de l'État de droit et son respect par quiconque ».

Source: Jean-Louis Quermonne (1986), p. 18-19, extraits sélectionnés par Duhamel et Mercier (2000), p. 17.

Au-delà des différences formelles entre un régime démocratique et un autre, nombre d'auteurs soulignent toutefois que de tels traits institutionnels ne peuvent se perpétuer que parce que les citoyens de ces sociétés partagent certaines valeurs fondamentales comme la liberté et l'égalité de droit et qu'ils en sont profondément imprégnés. Ils partagent en ce sens une véritable éthique sociale, qui fait donc de la démocratie non seulement un ensemble d'institutions et de règles, mais une véritable culture politique.

3.4.2 Les régimes autoritaires

Nombre d'auteurs ont proposé de multiples manières de distinguer et de classer les divers types de régimes autoritaires. Selon certains, on retrouve en fait dans cette catégorie des régimes politiques de toute nature, qui n'ont en commun que d'être définis négativement par rapport à l'idéal démocratique. Pascal Delwit (2001, p. 52) leur prête les traits communs suivants:

- Il n'y a pas d'élections « réelles », de mise en concurrence « véritable » entre des candidats aux responsabilités publiques.
- Il n'y a dès lors pas d'alternance.
- Les rapports entre gouvernants et gouvernés reposeraient sur la force — à tout le moins sur la contrainte — plutôt que sur la persuasion.
- Il ne s'agirait pas d'un État de droit.

Mais il s'empresse de nous rappeler que la plupart des régimes autoritaires prennent soin de se revêtir d'apparences formelles démocratiques et légales, voire constitutionnelles.

À l'échelle de l'histoire, les régimes autoritaires ont été les plus nombreux. Les progrès authentiques et généralisés de la démocratie dans le monde sont relativement récents. On fait ici référence à la fin des dictatures militaires en Amérique latine (Argentine, Brésil, Uruguay, Chili, Paraguay), à la démocratisation de pays asiatiques comme la Corée du Sud ou les Philippines, aux percées démocratiques sur le continent africain, particulièrement en Afrique du Sud, et bien sûr à l'effondrement du bloc soviétique après la chute du mur de Berlin en 1989. La totalité des pays du Proche et du Moyen-Orient peut être classée dans la catégorie des régimes autoritaires, à l'exception d'Israël, mais du mouvement s'y dessine depuis le « printemps arabe » amorcé en 2010.

Notons que si l'on retrouve la plupart de ces régimes autoritaires dans les pays dits en voie de développement, c'est parce que beaucoup d'entre eux n'ont aucune tradition démocratique substantielle et qu'ils n'ont connu que des gouvernements qui se maintiennent au pouvoir par la force. Il faut dire cependant que, dans des sociétés où les difficultés et la désorganisation sont permanentes, ces régimes autoritaires aiment se présenter comme l'unique pôle de stabilité et la seule voie de sortie de la crise. De façon générale, la question de savoir si ces régimes sont des causes ou des conséquences du marasme économique et social ne peut être tranchée.

3.4.3 Les régimes totalitaires

La classification d'un régime politique dans la catégorie des régimes totalitaires est encore plus problématique en raison de la connotation extrêmement polémique et péjorative que charrient le nom «totalitarisme» et l'adjectif «totalitaire».

On doit à Hannah Arendt, dans *The Origins of Totalitarianism* (1951), la première caractérisation de ce qu'est un régime totalitaire, qu'elle élabora à partir des deux modèles qui, selon elle, sont les plus achevés : l'Union soviétique et l'Allemagne nazie. Pour Arendt, un régime totalitaire se distingue, de tous les autres types de régimes oppressifs connus auparavant, par les caractéristiques suivantes (Delwit, 2001, p. 62):

- Il détruit toutes les traditions sociales, juridiques et politiques du pays.
- Il transforme toujours «les classes en masse», dépersonnalise l'individu, le «décitoyennise».
- Il déplace le centre du pouvoir de l'armée vers un individu, chef suprême et indiscutable.
- Il met en œuvre une politique étrangère visant ouvertement à la domination du monde.
- Il agit selon un système de valeurs radicalement différentes de ce que l'histoire avait jusqu'alors connu.
- La terreur y est un moyen de réalisation d'une loi du mouvement et elle est portée à son paroxysme.

Bref, un régime politique totalitaire, à la différence d'un régime politique autoritaire, est un système de domination totale. Après Arendt, Raymond Aron, dans son classique *Démocratie et totalitarisme* (1965), essaiera à son tour de dégager les cinq traits constitutifs fondamentaux des régimes totalitaires. L'encadré 3.2 en reproduit des extraits, présentés par Debbasch et Pontier dans leur ouvrage *Introduction à la politique* (1995).

À la lumière de la caractérisation décrite par Aron, discutable mais forte et devenue classique, on classera donc sans peine, dans la catégorie des régimes totalitaires, le fascisme allemand, les régimes communistes de l'Europe de l'Est entre 1945 et la chute du mur de Berlin, et, plus récemment, le régime de la Corée du Nord. Mais on n'insistera jamais assez sur l'extrême prudence avec laquelle il faut manier cette notion si chargée, que l'on vide de sa portée et dont on affaiblit l'horreur légitime qu'elle inspire si, comme le soulignent Debbasch et Pontier (1995, p. 95), on en fait un usage large et inconsidéré.

ENCADRÉ 3.2 Les cinq traits constitutifs fondamentaux des régimes totalitaires selon Raymond Aron

1. Le phénomène totalitaire intervient dans un régime qui accorde à un parti le monopole de l'activité politique.
2. Le parti monopolistique est animé ou armé d'une idéologie à laquelle il confère une autorité absolue et qui, par la suite, devient la vérité officielle de l'État.
3. Pour répandre cette vérité officielle, l'État se réserve à son tour un double monopole, celui des moyens de force et celui des moyens de persuasion. L'ensemble des moyens de communication, radio, télévision, presse, est dirigé, commandé par l'État et ceux qui le représentent.
4. La plupart des activités économiques et professionnelles sont soumises à l'État et deviennent, d'une certaine façon, partie de l'État lui-même. Comme l'État est inséparable de son idéologie, la plupart des activités économiques et professionnelles sont colorées par la vérité officielle.
5. Tout étant désormais activité d'État et toute activité étant soumise à l'idéologie, une faute commise dans une activité économique ou professionnelle est simultanément une faute idéologique. D'où, au point d'arrivée, une politisation, une transfiguration idéologique de tout.

Source: Debbash et Pontier (1995), p. 94.

3.5 L'État et l'entreprise

Dans la mesure où toute entreprise exerce ses activités dans des sociétés dont les principales règles formelles de fonctionnement, soit les lois et les règlements, sont édictées par l'État, quel que soit le type de régime politique, il convient de se pencher un moment sur les rapports entre l'État et l'entreprise.

Cela nous semble particulièrement important, et à double titre. D'une part, l'enseignement et la recherche en gestion sont fréquemment désincarnés à cet égard et nous dépeignent trop souvent l'entreprise comme si elle agissait dans un environnement sans État ou dans lequel ce dernier est une lointaine abstraction. D'autre part, la plupart des gestionnaires tendent à voir l'État strictement comme une nuisance et non comme une ressource potentielle, et à se comporter à son égard de manière réactive plutôt que proactive, ne s'en souciant que lorsqu'ils prennent connaissance d'une intention gouvernementale potentiellement négative de leur point de vue. Pour dire les choses clairement, les préjugés tenaces envers les politiciens et les fonctionnaires «contaminent» souvent l'objectivité que les gens d'affaires devraient chercher à maintenir dans leurs rapports avec eux.

Ainsi, beaucoup de gens d'affaires auront tendance à penser que les élus ne se soucient que de leur réélection. D'autres penseront que l'élu ou le fonctionnaire devrait être un serviteur parfaitement désintéressé de l'intérêt public. Il faut se garder d'un excès de cynisme tout autant que d'un excès d'angélisme. Les élus pensent certes à leurs intérêts politiques, mais ils ont aussi des convictions personnelles. Selon l'individu ou les circonstances, l'une ou l'autre des dimensions sera plus ou moins prépondérante. Si on trouve légitime qu'une personne dans l'arène économique poursuive son intérêt, on voit mal pourquoi il serait illégitime qu'un acteur de l'arène politique, qui a lui aussi beaucoup à gagner ou à perdre, ne tienne pas également compte de son intérêt personnel.

Les gens d'affaires s'étonneront aussi souvent de l'importance que les élus accordent aux médias. C'est parce que les élus savent que le vote de l'électeur est en partie fondé sur des impressions influencées par la couverture médiatique. C'est aussi ce qui explique l'attention qu'ils accordent souvent à des petits groupes dont l'importance économique est négligeable en comparaison de la communauté d'affaires, mais qui occupent beaucoup d'espace médiatique et peuvent embarrasser les gouvernants. Si ces petits groupes d'activistes sont souvent si efficaces, c'est parce qu'il est généralement plus facile de mobiliser un petit nombre plutôt qu'un grand nombre de gens: en effet, plus un groupe est nombreux, plus ses membres ont tendance à être moins actifs et impliqués, comptant sur les efforts des autres pour obtenir ce qu'ils veulent (Olson, 1965).

Par ailleurs, si les élus donnent fréquemment l'impression de vouloir «gérer» un problème plutôt que de le régler – un reproche courant de la part des gens d'affaires –, notamment en créant d'innombrables comités, c'est parce que la sanction électorale survient à court terme alors que le «règlement» de certains problèmes est souvent très lent et que certains d'entre eux ne peuvent, au mieux, qu'être minimisés (criminalité, abandon scolaire, etc.). Ajoutons que l'aveu d'impuissance devant un problème mettrait un homme politique en difficulté face à un adversaire qui se prétendrait capable de le solutionner.

Les gens d'affaires déplorent aussi souvent que la fonction publique soit peu portée à prendre des risques. D'abord, la forte hiérarchie et l'abondance des règles qui y règnent réduit l'autonomie individuelle. Ensuite, son système de sanctions et de récompenses fait en sorte que, pour un fonctionnaire, une prise de risque qui débouche sur un succès ne procure guère de récompenses tangibles à court terme, alors qu'un échec peut avoir un impact négatif sur sa carrière (mise à l'écart, non-promotion, etc.). Voilà notamment pourquoi des propositions issues du milieu des affaires et que les acteurs gouvernementaux tendront à juger radicales (forte baisse d'impôt, déréglementation, réduction du pouvoir des syndicats, etc.) auront rarement gain de cause, sauf en temps de crise.

À vrai dire, toutes les dimensions d'une entreprise, sans exception, sont touchées de près ou de loin par les grandes orientations économiques et politiques établies par nos élus, par les lois, les règlements, les normes, les programmes administrés par nos gouvernements, de même que par les innombrables décisions, petites et grandes, prises par des milliers de fonctionnaires. L'État est parfois le client de l'entreprise, parfois son concurrent, mais aussi celui qui lui fournit des infrastructures de base comme les routes, ou des intrants comme la formation des travailleurs ou l'approvisionnement en électricité. L'État est également l'arbitre qui surveille en permanence les règles de la compétition entre les entreprises, qui peut changer ces règles en cours de match, ou choisir de devenir lui-même un joueur dans ce match en opérant une société d'État ou en soutenant une industrie en difficulté. Quand on y pense, l'État est aussi le seul acteur institutionnel qui a un droit de vie ou de mort sur un projet économique, par exemple en refusant d'émettre les autorisations requises, en décrétant un moratoire, ou en forçant des modifications à un projet qui augmentent les coûts pour l'entreprise ou la conduisent à renoncer.

L'encadré 3.3 résume les principales actions des gouvernements qui influencent l'entreprise.

On peut aussi se représenter les relations stratégiques qui lient une entreprise à l'État à l'aide de la figure 3.1 (*voir la page suivante*), en forme de cadran. Chacune de ses relations a des implications fondamentales au niveau des buts que l'entreprise poursuit et des stratégies qu'elle doit déployer pour les atteindre.

L'affaire est cependant encore plus complexe que cela. La plupart d'entre nous, et cela vaut aussi pour les gens d'affaires, prêtons surtout attention aux décisions des gouvernements qui donnent lieu à des débats publics, comme l'adoption de certaines lois ou la détermination des grandes orientations budgétaires. Mais l'appareil étatique produit aussi, au quotidien, une multitude de décisions, de divers types, petites et grandes, parfois politiques, parfois purement techniques, certaines très visibles, d'autres très discrètes.

Fondamentalement, on peut répertorier huit grands types de décisions produites par les institutions étatiques :

1. Le gouvernement détermine les grandes orientations budgétaires : combien dépenser, où, quand et comment.
2. Le gouvernement fait adopter par le parlement une loi changeant les règles du jeu.
3. L'appareil gouvernemental produit ensuite les normes et règlements d'interprétation de cette loi.
4. Des organismes gouvernementaux fixent les critères d'admissibilité aux programmes, leurs dates d'entrée en vigueur, leur durée, etc.
5. Les ministères et organismes prennent de multiples décisions discrétionnaires : donner le feu vert ou pas à un projet, accorder un délai ou pas, négocier des modalités de remboursement d'un paiement en retard, etc.
6. Un ministre annonce publiquement une intention, une nouvelle priorité, un changement de cap, qui sera désormais pris en compte par les fonctionnaires.

ENCADRÉ 3.3 **Les facettes de l'action de nos gouvernements qui influencent l'entreprise**

- Nos gouvernements cherchent à soutenir la croissance économique et à maîtriser l'inflation, voire à orienter le développement économique et social, selon leur idéologie.
- Nos gouvernements sont souvent les acteurs qui, par leurs propres dépenses, injectent le plus d'argent dans l'économie.
- Nos gouvernements subventionnent, directement ou indirectement, de nombreuses entreprises et viennent parfois au secours d'entreprises au bord de l'insolvabilité.
- Nos gouvernements sont fréquemment les plus gros acheteurs de biens et services dans une société.
- Nos gouvernements fournissent des infrastructures et des services publics indispensables aux entreprises.
- Nos gouvernements taxent les profits, les revenus, les gains en capital, la propriété, etc.
- Nos gouvernements font la promotion des exportations ou veulent protéger les industries locales.
- Nos gouvernements offrent des prêts, des garanties de prêt, voire de l'assurance.
- Nos gouvernements possèdent des entreprises publiques ou sont partenaires dans de nombreuses entreprises mixtes.
- Nos gouvernements réglementent certains prix, fixent des quotas, octroient des permis.
- Nos gouvernements déterminent l'étendue de nos droits et libertés individuels et tranchent en cas de litige à cet égard.
- Nos gouvernements encadrent très étroitement le commerce et les relations de travail par des lois pouvant porter sur les grèves, les jours de congé, les heures supplémentaires, les mesures de protection de la santé et de la sécurité des travailleurs, etc.
- Nos gouvernements soutiennent financièrement de nombreux groupes de pression.

Source : Adapté de Facal (2010), p. 26-31.

FIGURE 3.1 Quelle(s) relation(s) stratégique(s) ?

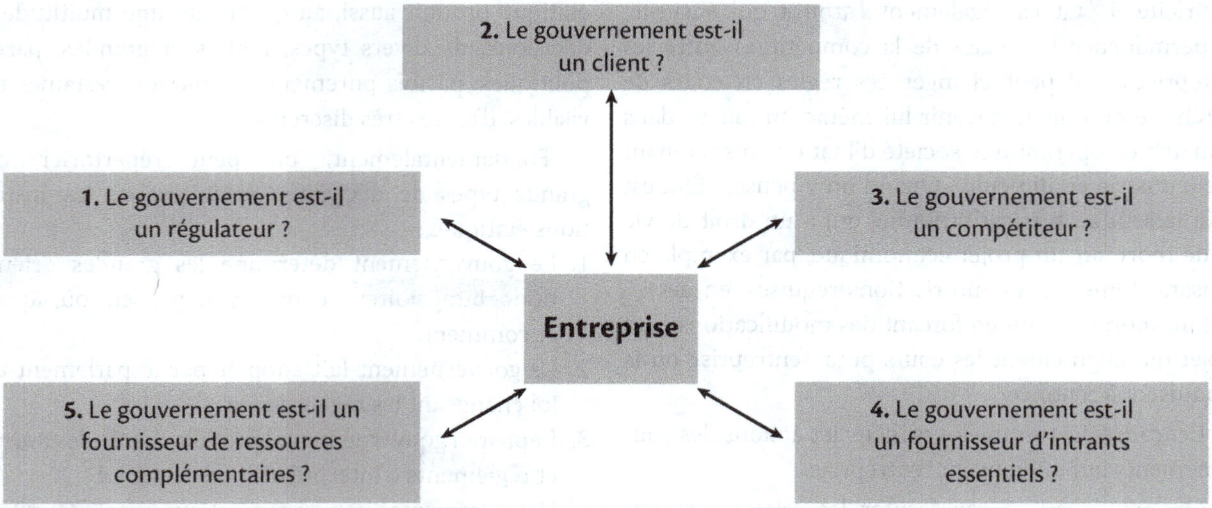

1. Certaines entreprises opèrent dans des secteurs qui sont très étroitement régulés par les autorités, par exemple celui des médicaments et celui du transport aérien. Elles ont donc intérêt à parfaitement connaître le processus gouvernemental de fixation de ces règles du jeu afin de pouvoir les influencer.

2. Si le gouvernement est ou pourrait être un des clients de l'entreprise, celle-ci a intérêt à comprendre comment le gouvernement s'y prend pour acheter ce dont il a besoin. Quelle est l'entité gouvernementale en charge des achats ? Comment procède-t-elle exactement ?

3. Il se peut que l'État soit un compétiteur direct d'une entreprise ou d'une institution privée. Pensons à une entreprise qui livre des colis, comme le fait aussi le service postal public, ou à une école privée qui coexiste avec un réseau public d'enseignement. Dans ce cas de figure, l'entreprise devra trouver l'avantage concurrentiel à construire et à exploiter.

4. Le gouvernement peut aussi être le fournisseur d'un intrant essentiel aux opérations de l'entreprise, comme l'électricité, dans le cas du Québec. L'entreprise devra alors savoir précisément comment le gouvernement fixe le prix qu'il exige afin de pouvoir intervenir à cet égard.

5. Enfin, le gouvernement fournit assurément, de façon plus ou moins directe, toutes sortes de ressources complémentaires sur lesquelles comptent les entreprises : infrastructures routières, programmes de formation de la main-d'œuvre, aménagements fiscaux particuliers, etc. L'entreprise a donc tout intérêt à ce que les autorités, lorsqu'elles établissent leurs orientations générales et leurs priorités budgétaires, investissent suffisamment dans ces domaines.

Source : Facal (2010), p. 86.

7. Des agences centrales du gouvernement, comme celles qui sont en charge du contrôle des dépenses ou des règles générales de gestion du personnel, peuvent émettre des directives administratives internes à l'endroit de l'ensemble des ministères et organismes.
8. Les tribunaux peuvent être saisis de demandes de décisions par les acteurs sociaux, y compris les gouvernements, et rendent des jugements auxquels les acteurs devront se conformer, mais qu'ils pourront aussi contester.

Tout cela constitue un réseau à interconnexions multiples qui est représenté par la figure 3.2.

Le caractère multidimensionnel de ce réseau et son fonctionnement ininterrompu ont au moins deux implications du point de vue de l'entreprise. D'abord, comme ce réseau n'arrête jamais de fonctionner, rien ne

FIGURE 3.2 **Un réseau à interconnexions multiples**

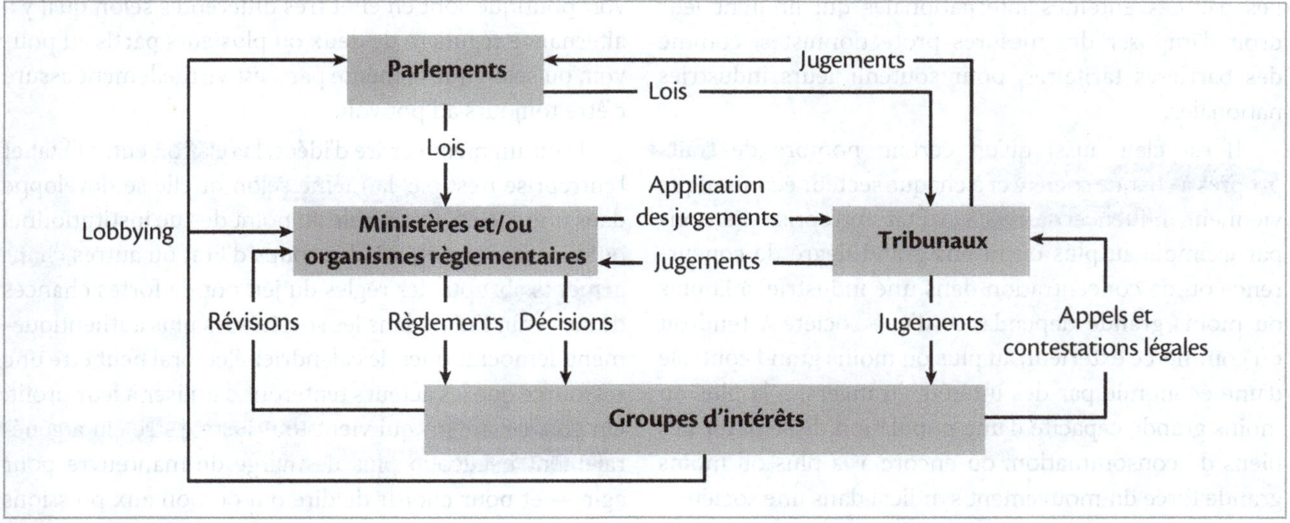

Source: Watkins, Edward et Thakrar (2001), p. 114.

sera jamais acquis pour elle. Puis, les règles du jeu (lois, normes, etc.) pourront changer, une fenêtre d'opportunité pourra s'ouvrir ou se fermer, ou des occasions ou des menaces surgiront périodiquement. Ensuite, des décisions importantes seront prises par des organismes administratifs dont les dirigeants n'ont pas à se faire élire et n'ont pas d'obligation de visibilité, ce qui rend difficile pour l'entreprise de les approcher pour les influencer.

Plus largement, nous n'insisterons jamais assez sur l'importance de comprendre que les relations entre l'État et l'entreprise ne sont jamais statiques ni unidimensionnelles et qu'elles ne se déroulent pas en vase clos. Elles sont dynamiques, complexes, multidimensionnelles, séquentielles, en plus d'établir une interdépendance entre les deux acteurs et d'être influencées par de nombreux facteurs exogènes, c'est-à-dire issus de l'environnement économique, politique et social dans lequel ils opèrent.

La relation est dynamique en ce sens que le rapport de force entre l'État et l'entreprise, ainsi que les enjeux qui sont au cœur de la relation, changent périodiquement. Elle est complexe parce qu'il pourra s'agir, selon les circonstances, d'une relation de confrontation, de collaboration, voire d'un aller-retour entre les deux. Elle est multidimensionnelle dans la mesure où il arrivera que plusieurs enjeux de natures différentes soient simultanément en cause dans les arènes législative, réglementaire, juridique, et que la portée soit exclusivement ou parallèlement locale, régionale, nationale ou internationale. Elle est séquentielle parce l'État et l'entreprise pourront s'affronter ou collaborer successivement autour d'enjeux différents, chacun enregistrant tantôt des victoires, tantôt des défaites. La relation en est aussi une d'interdépendance puisque, même dans les situations les plus tendues, l'entreprise sait qu'elle a besoin d'un État fonctionnel et l'État sait qu'il a besoin d'entreprises prospères.

La relation entre l'État et l'entreprise ne se déroule pas en vase clos. Elle est profondément influencée par des facteurs politiques, économiques ou sociaux issus de l'environnement externe. Ces facteurs pourront être de type institutionnel — c'est-à-dire liés aux structures et aux règles formelles en vigueur dans une société —, de type conjoncturel, ou encore être liés à des mutations plus profondes et habituellement plus lentes de nos sociétés. Évoquons ici les principaux sans prétendre à l'exhaustivité.

Parmi les facteurs qui influencent profondément la relation entre l'État et l'entreprise, on évoquera d'abord l'approfondissement probable de la mondialisation. Nous définissons celle-ci comme l'intensification et l'accélération croissantes de la circulation des marchandises, des capitaux et des êtres humains, avec pour principale conséquence le renforcement de l'interdépendance économique, politique et technologique des individus, des groupes et des nations. La concurrence accrue qui en résulte est à la fois, pour les entreprises, une source d'occasions favorables sur les marchés étrangers et une source de problèmes sur leurs marchés domestiques, ce qui se traduit par des pressions sur les États pour qu'ils leur viennent en aide. Il se trouve cependant que ces mêmes États sont de plus en plus liés par des ententes internationales qui limitent leur droit d'imposer des mesures protectionnistes, comme des barrières tarifaires, pour soutenir leurs industries nationales.

Il est clair aussi qu'un certain nombre de traits propres à chaque société et à chaque secteur économique viennent influencer la relation État-entreprise. Pensons par exemple au plus ou moins grand degré de concurrence ou de concentration dans une industrie, à la plus ou moins grande dépendance d'une société à l'endroit du commerce extérieur, au plus ou moins grand contrôle d'une économie par des intérêts étrangers, à la plus ou moins grande capacité d'une population de se payer des biens de consommation, ou encore à la plus ou moins grande force du mouvement syndical dans une société.

Enfin, la conjoncture économique influence aussi profondément la relation entre les deux acteurs. Lorsqu'il y a ralentissement économique, les pressions se font beaucoup plus fortes sur l'État pour qu'il vienne en aide aux entreprises. Par ailleurs, si un ralentissement économique affecte les revenus fiscaux d'un gouvernement et le contraint à faire des choix budgétaires difficiles, il est généralement plus prompt à réduire son soutien à la grande entreprise qu'à prendre les mesures les plus impopulaires sur le plan politique, soit les compressions budgétaires dans les services de santé ou de l'éducation.

Des facteurs politiques colorent aussi profondément la relation entre l'État et l'entreprise. Au premier rang, mentionnons le type de régime politique. Si nous sommes dans un régime parlementaire de type britannique, comme au Québec ou au Canada, le pouvoir véritable réside dans le Conseil des ministres et chez les hauts fonctionnaires, et c'est là que ceux qui représentent les intérêts des entreprises tentent habituellement de faire sentir leur influence. Dans un régime politique présidentiel ou bicaméral, où l'obligation pour un élu de respecter la ligne de son parti est beaucoup moins forte, comme aux États-Unis, le pouvoir du parlementaire individuel est beaucoup plus fort et fait de lui la cible d'une plus grande sollicitation de la part des représentants de l'entreprise.

Le fait qu'un État ait un gouvernement central unique ou qu'il s'agisse d'un État fédéral dans lequel les pouvoirs politiques sont répartis entre différents gouvernements influence également la relation entre l'État et l'entreprise. Le degré de compétition entre les partis politiques qui aspirent au pouvoir est un autre facteur d'influence : les stratégies des entreprises et des détenteurs du pouvoir politique sont en effet très différentes selon qu'il y a alternance régulière de deux ou plusieurs partis au pouvoir, ou selon que le même parti est virtuellement assuré d'être toujours au pouvoir.

Dans un même ordre d'idées, la relation entre l'État et l'entreprise n'est pas la même selon qu'elle se développe dans une société très stable du point de vue institutionnel ou dans une société où des coups d'État ou autres changements abrupts des règles du jeu ont de fortes chances de survenir. Enfin, dans les sociétés les plus authentiquement démocratiques, le calendrier électoral peut être une ressource que les acteurs tenteront d'utiliser à leur profit. Un gouvernement qui vient tout juste d'être élu a généralement beaucoup plus de marge de manœuvre pour agir — et pour choisir de dire oui ou non aux pressions — alors qu'un gouvernement en fin de mandat électoral, surtout si ses chances d'être réélu semblent incertaines, est habituellement plus vulnérable aux pressions.

D'autres facteurs, davantage liés cette fois à l'évolution des valeurs au sein de nos sociétés, influencent puissamment la relation entre l'État et l'entreprise. Le pouvoir grandissant des femmes, tant au sein de l'entreprise que dans les appareils politiques, fait en sorte que des problématiques comme l'équité salariale, la conciliation famille-travail ou le harcèlement sexuel en milieu de travail ont aujourd'hui plus d'importance que jadis. L'importance plus grande accordée aux questions environnementales se traduit en pressions pour que l'État impose aux entreprises des contraintes plus strictes relativement à l'émission de substances polluantes et à la protection des habitats naturels. La forte immigration dans les sociétés occidentales amène aussi leurs gouvernements à accorder une importance accrue à la gestion des différences culturelles et religieuses entre les individus et à la problématique plus générale de l'intégration des gens venus d'ailleurs.

Il est fondamental aussi d'insister sur le fait que les sociétés diffèrent profondément entre elles au sujet de l'importance qu'elles accordent à des valeurs comme la liberté, l'égalité, la solidarité ou la responsabilité. Ces différences de sensibilité sur le plan des valeurs influent fortement sur ce que les gens considèrent être la responsabilité de chaque individu, le rôle et la responsabilité de l'État, et sur ce qui est jugé comme un comportement acceptable ou non de la part des entreprises. Par exemple, des sociétés voisines comme le Canada et les États-Unis, qui semblent avoir tant en commun, sont à cet égard profondément différentes, comme l'a bien expliqué Seymour Martin Lipset dans son ouvrage classique *Continental Divide* (1990).

Pour des raisons qui remontent aux circonstances de la naissance des États-Unis — qui fut une rébellion populaire et bourgeoise contre un pouvoir aristocratique et colonial perçu comme oppressant —, la société américaine est une société qui valorise fortement la liberté individuelle, la responsabilité individuelle, les droits individuels, l'esprit d'entreprise ; le pouvoir de l'État y est davantage vu comme une menace potentielle aux droits et aux libertés individuels et doit donc être balisé constitutionnellement. Fondamentalement, chacun y est vu comme responsable de son sort. En comparaison, la sensibilité dominante au Canada est plus collectiviste, et l'État y est davantage vu comme l'incarnation de l'intérêt général qui, à ce titre, a donc la charge de l'organisation de la solidarité collective.

Ces différences collectives de sensibilité entre sociétés ont une influence cruciale sur les relations entre l'État et l'entreprise. Par exemple, en règle générale, aux États-Unis, les pertes d'emploi consécutives à une fermeture d'usine n'entraînent pas les mêmes pressions qu'ailleurs sur les gouvernements pour qu'ils viennent en aide aux individus et aux communautés affectés, et la direction de l'entreprise est jugée moins négativement qu'au Canada. Inversement, dans une société où la protection contre les aléas de la vie — perte d'emploi, pauvreté, maladie, accident, vieillesse — est vue plus comme une responsabilité collective qu'une responsabilité individuelle, l'État est plus interventionniste, la fiscalité plus lourde et les programmes sociaux plus nombreux.

3.6 La mondialisation entraîne-t-elle le déclin de l'État ?

Plus tôt dans cet ouvrage, nous avons vu qu'il fallait fortement relativiser l'idée selon laquelle la mondialisation entraînerait à terme le déclin des différents modèles capitalistes au profit du capitalisme de type libéral, dont les États-Unis seraient l'idéal type. Qu'en est-il maintenant de cette autre idée qui voudrait que la mondialisation entraîne un déclin irréversible de l'État ?

Nous avons défini la mondialisation comme un processus d'accélération et d'intensification des échanges économiques et de la circulation des capitaux, qui accentue l'interdépendance économique, politique et technologique entre les individus, les groupes et les nations. Il serait réducteur d'y voir un phénomène exclusivement économique. Chose certaine, s'il n'existe aucun consensus sur l'impact de ce phénomène sur les États, l'un des points de vue sur cette question nous semble plus convaincant que les autres.

Held, McGrew, Goldblatt et Perraton (1999) voient trois principaux courants de pensée dans le débat sur la mondialisation : le courant « sceptique », le courant « hypermondialiste » et le courant « transformationniste ».

Le courant « sceptique » regrouperait des auteurs comme Hirst et Thompson (1999) pour qui la mondialisation n'est pas cette prétendue radicale nouveauté. D'une part, ils notent que, dès le XIXe siècle, les échanges économiques à l'échelle internationale créaient des liens d'interdépendance entre les nations et, d'autre part, que l'économie internationale n'est pas encore suffisamment intégrée pour qu'on puisse la qualifier de véritablement mondialisée. Le commerce international se fait principalement entre trois grands blocs économiques régionaux : l'Amérique du Nord, l'Union européenne et les pays de la zone asiatique du Pacifique. Par exemple, le principal partenaire commercial du Mexique et du Canada est évidemment les États-Unis et les pays européens commercent essentiellement entre eux. De très nombreux pays sont peu ou pas intégrés dans le circuit des échanges économiques à l'échelle mondiale. Les regroupements en cours sont surtout régionaux, voire continentaux, et ce sont les États qui en sont les forces motrices.

Le courant que Held et ses collaborateurs qualifient d'« hypermondialiste », incarné par des auteurs comme le Japonais Kenichi Ohmae (1995), croit au contraire que la mondialisation nous entraîne inexorablement vers un monde où les frontières nationales auront de moins en moins d'importance et où les forces du marché auront de plus en plus d'ascendance sur les gouvernements nationaux. Ces auteurs soutiennent que les États ont de moins en moins de contrôle sur leurs économies nationales et que des problématiques comme l'environnement ou la volatilité des marchés financiers, qui nécessitent des régulations à l'échelle globale, accentuent encore cette perte d'influence. La crise de confiance à l'endroit de la classe politique, qui, selon eux, s'intensifie, s'expliquerait en bonne partie par le fait que les citoyens sentent bien l'impuissance croissante de leurs représentants élus.

Enfin, le courant « transformationniste », qui regroupe des penseurs comme Anthony Giddens (2000) et James Rosenau (1997), admet volontiers l'énorme impact de la mondialisation sur nos vies, mais note que l'ordre international conserve aussi de nombreux traits traditionnels. Le rôle de l'État se transforme certes, mais il reste central. La mondialisation, disent-ils, est un processus multidirectionnel et multidimensionnel qui ne se réduit pas à ses seuls aspects économiques et qui, s'il charrie son lot de pressions en faveur d'une plus grande uniformisation des modes de vie et des politiques, permet aussi à chaque collectivité de réaliser l'importance de préserver une identité distincte. Loin de rester passifs, les États repensent d'ailleurs, chacun à sa manière, leurs structures et leurs façons de faire. On se risquera ici à dire, sans entrer dans les détails, que c'est cette vision des choses, à mi-chemin entre les deux premières, qui semble la plus conforme à la réalité. Mais on verra aussi dans un instant que cette mondialisation, si on ne lui oppose pas de contrepoids politique, représente aussi un danger pour la démocratie.

Notons pour le moment que l'interdépendance croissante qui résulte de la mondialisation conduit au transfert de certaines responsabilités traditionnelles des États dans des forums décisionnels internationaux, qui prennent donc une importance stratégique accrue. Parce qu'elle s'accompagne d'un désir des populations d'être de plus en plus impliquées dans le façonnement de leur propre avenir, cette interdépendance conduit aussi au transfert de certaines responsabilités sur le plan local. C'est ainsi que les gouvernements municipaux, par exemple, ou même des organisations dirigées par les utilisateurs eux-mêmes, comme les conseils d'établissements ou les centres de la petite enfance au Québec, prennent une importance nouvelle. Le pouvoir politique, jadis concentré à l'échelon de l'État national, se fragmente et se redistribue désormais à l'échelle locale, régionale, nationale, continentale et mondiale.

Plutôt que d'affirmer que la mondialisation entraîne une marginalisation inexorable de l'État, il semble beaucoup plus juste de dire qu'elle modifie les fonctions et les attributs d'une entité qui reste au centre de l'ordre mondial. Les grands forums internationaux au sein desquels se négocient les nouvelles formes de régulation de la mondialisation — l'OMC, l'ONU, l'UNESCO — sont d'abord et avant tout des organisations interétatiques où ne siègent que les gouvernements des États souverains. Autre évidence : le nombre d'États souverains dans le monde ne cesse de croître et les États sont de plus en plus nombreux à siéger au sein d'organisations internationales. En 1945, il y avait 51 membres de l'ONU, en 1965, ils étaient 122 et en 2014, 193. La tendance est à la hausse, pas à la baisse, et rien ne permet d'en prédire la fin. Autrement dit, nonobstant les transformations indéniables dans le rôle de l'État, les peuples ne semblent pas en voie de penser qu'il ne sert plus à rien d'avoir un État qui sera le leur.

On ne voit guère non plus quel autre acteur institutionnel pourrait assumer des fonctions qui resteront tout aussi névralgiques qu'elles le sont depuis des décennies, voire des siècles : le maintien de la paix et de la sécurité, l'administration de la justice, l'instauration de grandes politiques publiques, la mise en place de services publics, la protection des droits individuels ou les interventions pour pallier les dysfonctions des marchés.

Il est cependant vrai que la mondialisation permet aux entreprises multinationales de mettre les États en concurrence les uns avec les autres avant de choisir de s'installer chez celui qui leur offrira les meilleures conditions. Les gouvernements sont donc de plus en plus contraints de se soucier de l'efficacité de leurs services publics, et doivent adopter, dans le but de créer les contextes les plus propices pour attirer les investisseurs, des politiques en matière d'économie, de fiscalité, de formation de la main-d'œuvre, de recherche et de développement, ainsi que d'investissement dans les infrastructures de transport. Bien sûr, d'autres facteurs fondamentaux expliquent aussi les réformes administratives dans le secteur public en cours dans la majorité des démocraties occidentales depuis quelques années : le poids de la dette publique, l'impact du vieillissement de la population sur les dépenses publiques, les possibilités offertes par les nouvelles technologies de l'information, le mécontentement des électeurs à l'endroit des services publics et la force du discours qui laisse entendre que le secteur privé pourrait s'acquitter de plusieurs tâches mieux que le secteur public.

Personne ne niera non plus que la mondialisation fait en sorte que l'État n'a plus une entière discrétion dans l'élaboration de ses politiques. Ce qui se décide, par exemple, à l'OMC, limite singulièrement la marge de manœuvre des États. Même des forums purement délibératifs finissent par gruger cette autonomie des États en exerçant sur eux une pression politique, voire économique. Toutefois, cette discrétion perdue par l'État dans l'élaboration des politiques sur son territoire a été compensée par la possibilité, en participant à ces divers forums, de négocier avec les autres États ce qui se passera sur leur territoire. En ce sens, le droit de participer à part entière à ces forums internationaux est devenu, en raison de son caractère de plus en plus névralgique, l'un des attributs fondamentaux de la souveraineté étatique.

Cependant, le fait que la mondialisation, si on ne lui oppose pas de contrepoids politique approprié, entraîne un indéniable déficit démocratique constitue une réelle source d'inquiétude. Le cas européen est patent. Des pans de souveraineté ont été retirés aux parlements nationaux pour être transférés aux instances politiques de l'Union européenne. Mais comme les États y sont tout naturellement représentés par leur exécutif respectif, l'élaboration de bien des politiques publiques échappe dorénavant aux parlements nationaux, c'est-à-dire au pouvoir législatif. Il en résulte un indéniable rétrécissement de la capacité du plus grand nombre de participer à la vie politique de l'État.

De plus, dans les pays où la souveraineté étatique est partagée entre un gouvernement fédéral et des entités territoriales fédérées, comme c'est le cas au Canada, ce déficit démocratique se creuse. Avec la libéralisation des marchés, et son corollaire la liberté de circulation, on constate de plus en plus que même les politiques de nature plus locale qui relèvent ordinairement de l'entité fédérée, par exemple les politiques sociales, font désormais l'objet de discussions dans l'arène internationale. Or, c'est la branche exécutive du gouvernement central qui participe aux forums internationaux au sein desquels est dorénavant élaborée une portion grandissante des politiques publiques, même lorsque celles-ci relèvent en principe des compétences exclusives des entités fédérées. La mondialisation a donc pour effet, dans un régime fédéral comme celui du Canada, de perturber davantage une charpente constitutionnelle déjà très ébranlée.

Le principe fédéral s'érode parce que les entités fédérées perdent, avec la mondialisation, une part significative de leur marge de manœuvre dans l'élaboration des politiques publiques, sans être pour autant dédommagées par une participation directe aux forums internationaux, comme le sont les États unitaires ou les gouvernements centraux des fédérations. Cette situation profite plutôt au gouvernement central qui s'attribue le droit de débattre de sujets relevant normalement de l'autorité des provinces, ce qui équivaut, dans les faits, à un transfert indirect en sa faveur de pouvoirs qui relèvent des provinces. Voilà pourquoi la mondialisation semble s'accompagner d'une montée des mouvements autonomistes à travers le monde.

Enfin, cette forte persistance de l'attachement des peuples à leur État national à l'ère de la mondialisation s'explique aussi par le caractère abstrait, théorique et désincarné de la liaison entre un individu seul et une humanité de plus de sept milliards de personnes. Des relais intermédiaires entre le local et le planétaire sont requis, qu'ils s'appellent État national, peuple ou nation, qui se fondent sur des besoins d'appartenance et d'identité parfaitement légitimes et dont rien ne laisse entrevoir la disparition.

3.7 La crise de l'État-providence

Nous avons vu précédemment que depuis la deuxième moitié du XIXe siècle, initialement en Europe, sous la pression des revendications de la classe ouvrière et plus tard des classes moyennes, émerge une conception nouvelle de l'État et des fonctions qui doivent être les siennes. On passe progressivement de la conception libérale d'un État qui maintient l'ordre, administre la justice et laisse le marché s'autoréguler, à une conception de l'État basée sur une définition élargie de l'intérêt général et des droits des citoyens, qui se traduit par des interventions beaucoup plus nombreuses et institutionnalisées des pouvoirs publics dans tous les domaines de la vie collective. On appelle État-providence cette conception de l'État dorénavant dominante dans les sociétés occidentales, bien que l'expression anglaise *Welfare State*, qui connote l'idée d'un État chargé du bien-être collectif, soit sans doute plus parlante et plus exacte.

Les pressions issues de la mondialisation ne sont évidemment pas les seules auxquelles est soumis présentement l'État-providence. Chose certaine, cette impression que l'État a de plus en plus de difficulté à répondre aux problématiques nouvelles que pose l'évolution de nos sociétés semble se répandre. Une croissance économique faible et irrégulière, la pression de plus en plus forte que le vieillissement de la population exerce sur les finances publiques, l'incapacité chronique de faire participer de nombreux exclus à la vie productive, le sentiment largement répandu que la qualité des services publics n'est pas à la hauteur des prélèvements fiscaux, tout cela a fait naître, dans toutes les sociétés occidentales, des débats sur la façon dont il faudrait réformer nos systèmes économiques et sociaux afin de mieux combiner dynamisme économique et protection sociale. C'est ainsi qu'il est maintenant admis que l'État-providence est en crise.

Il faut cependant se garder de trop généraliser. Toutes les sociétés occidentales doivent relever ces mêmes défis, mais les débats qui s'y déroulent et les tentatives de réforme sont fortement déterminés par les contextes qui leur sont propres. On ne s'étonnera donc pas que nombre d'auteurs aient tenté de classer en grandes catégories les divers types d'État-providence. Par exemple, si l'on prend comme critère de classification le rôle de l'État dans la vie économique, nous avons vu au premier chapitre qu'il est possible de distinguer plusieurs types de capitalisme, comme l'a fait Amable (2005).

On peut aussi classer les différents types d'État-providence sous l'angle des régimes de protection sociale qu'ils offrent. Dans un ouvrage devenu un classique du débat sur l'État-providence, le sociologue suédois Gösta Esping-Andersen (1990) propose trois grandes catégories d'État-providence:

1. Un État-providence libéral dans lequel les mécanismes de marché jouent un rôle central et où la protection sociale financée collectivement est réservée aux plus démunis; Esping-Andersen classe ici des sociétés comme les États-Unis, le Japon, la Suisse et, ce qui est infiniment discutable, le Canada.
2. Un État-providence dit conservateur, corporatiste ou bismarckien, dont la France et l'Allemagne seraient les exemples les plus représentatifs, dans lequel les programmes de protection sociale sont plus étendus, mais liés au travail salarié en ce sens qu'ils sont conçus de manière à protéger, au moins partiellement, les revenus du travailleur lorsque la maladie, la vieillesse ou un accident l'empêchent de subvenir lui-même à ses besoins.
3. Un État-providence social-démocrate, dont les sociétés scandinaves seraient les meilleurs exemples, et dans lequel la protection sociale est universelle, c'est-à-dire accessible à tous, mais modulée selon la condition de chacun, très étendue, fortement redistributive des riches vers les pauvres, et donc financée par une fiscalité lourde et très progressive.

Si cette classification est devenue courante, c'est sans doute parce qu'elle fut l'une des premières et des plus systématiques. Mais on peut bien sûr contester, par exemple, que le Canada soit regroupé dans la même catégorie que les États-Unis lorsqu'on pense que la protection sociale y est infiniment plus développée, plus universaliste et plus enracinée dans les valeurs collectives auxquelles sont attachés les Canadiens.

Ces réserves étant faites, il reste que la crise de l'État-providence, dans toutes les sociétés occidentales — y compris aux États-Unis, mais d'une manière très particulière dans ce cas —, se manifeste à travers quatre dimensions: une crise financière, une crise de légitimité, une crise de rigidité et une crise de représentation.

Il y a d'abord crise financière parce que les besoins sociaux que l'on souhaite voir pris en charge par l'État, donc par les contribuables, sont en théorie illimités, contrairement aux ressources disponibles. On conçoit mal une situation hypothétique où les groupes organisés cesseraient de revendiquer plus pour ceux qu'ils disent représenter. Dans un contexte où le financement de la solidarité passe exclusivement par l'État, l'allongement de l'espérance de vie et la stagnation du taux de natalité mettent une pression toujours plus considérable sur les finances publiques, donc sur des travailleurs. Or, les impôts de ces travailleurs, dont le nombre baissera en termes relatifs ou absolus, devront financer les services que consommera la partie la plus âgée de la population, qui ira en augmentant et qui, si rien ne change, contribuera peu ou pas à leur financement.

De cette crise d'abord budgétaire découle une crise de légitimité. Cette croissance exponentielle et théoriquement illimitée des besoins conduit certains segments de la population à remettre en question cette solidarité devenue mécanique au point qu'on en perd de vue la finalité. Jusqu'où faut-il aller pour lutter contre les inégalités ? À partir de quel moment des problèmes individuels doivent-ils devenir des problématiques collectives ? Où se situe la limite du pourcentage du revenu personnel qui doit être payé au fisc ? Dans quelle mesure, par exemple, la lourdeur de la fiscalité n'encourage-t-elle pas l'évasion fiscale, ou la dépendance à l'endroit de l'État n'alimente-t-elle pas l'oisiveté ? Au fond, jusqu'à quel point chacun est-il responsable de sa propre condition ? Il est extraordinairement difficile de discuter sereinement de ces questions, car elles mettent en cause nos valeurs les plus fondamentales. Prenant appui sur ces questionnements cruciaux et légitimes, les tenants les plus durs du camp libéral en viennent donc à remettre en cause la raison d'être même de l'État-providence. Nous sentons tous qu'il existe effectivement une ligne au-delà de laquelle le poids et la place de l'État deviennent contre-productifs, mais personne n'est en mesure d'établir hors de tout doute où elle se trouve.

L'État-providence vit aussi une crise de rigidité. Il repose sur une organisation relativement centralisée de la solidarité, alors que les nouvelles technologies, la diversification des statuts sur le marché du travail, les exigences accrues de populations de plus en plus instruites, la vitesse stupéfiante des changements sociaux, la complexité sans cesse croissante de nos sociétés requièrent au contraire davantage de souplesse et de sur-mesure dans l'offre de services publics.

Enfin, la combinaison de ces facteurs accentue la crise de représentation, soit le désenchantement croissant à l'endroit de la démocratie représentative traditionnelle — celle qui nous fait élire, à intervalles réguliers, des représentants que nous mandatons pour décider à notre place. Ce scepticisme des citoyens alimente une revendication encore diffuse mais évidente de formes de démocratie plus participatives — dont le mouvement altermondialiste est une des manifestations —, c'est-à-dire une revendication venue d'en bas pour que le pouvoir réel, que la mondialisation semble éloigner du simple citoyen, revienne vers celui-ci. La diffusion incontestable de cette protestation met donc aussi à mal l'organisation et la distribution traditionnelles du pouvoir politique dans l'État-providence.

Cet ébranlement généralisé de l'État-providence se traduit évidemment par des débats politiques qui sont colorés par l'histoire, les valeurs et la culture politique propres à chaque société. Mais on peut dire schématiquement que ce débat pose la question de savoir où doit se situer le point d'équilibre entre les deux grandes valeurs fondatrices de la démocratie en Occident : la liberté et l'égalité, ou, si l'on préfère, le pôle individuel et le pôle collectif. Trop d'égalité finit par tuer la liberté, mais trop de liberté creuse les inégalités au point de priver les plus faibles de liberté.

Joseph-Yvon Thériault (2004) résume ainsi le débat en cours : d'un côté, ceux qui considèrent que la démocratie repose en dernière instance chez le peuple réel, et non dans une volonté générale qu'ils jugent abstraite, estimeront qu'il faut surmonter cette crise de l'État-providence en redonnant au citoyen davantage de responsabilités individuelles et de moyens, notamment par une diminution des impôts et par des interventions de l'État plus ciblées et moins universalistes ; d'un autre côté, ceux qui croient, au contraire, qu'il est abstrait de parler de liberté individuelle quand certaines personnes n'ont pas les moyens matériels de l'exercer, soutiendront plutôt que la démocratie authentique passe par la construction d'une volonté générale et d'une définition largement partagée du Bien commun, que seul l'État peut prendre en charge ; ils estiment donc qu'il faut préserver, voire renforcer les mécanismes institutionnels de solidarité. Il est un peu réducteur, mais pas entièrement faux, d'associer le premier camp à une pensée libérale classée plutôt à « droite » et le second à des positions sociales-démocrates ou même socialistes classées plutôt à « gauche ». Mais il faut manier avec la plus grande prudence ces notions floues et souvent mobilisées à des fins polémiques.

3.8 Un cas particulier : le modèle québécois

Les débats en cours au Québec sur le rôle de l'État, sur les missions qu'il devrait prioriser, sur le poids des impôts, sur la place qu'il faudrait faire ou non au secteur privé dans le domaine de la santé, sur le gel des droits de scolarité, sur ses interventions pour aider les régions en difficulté ou pour soutenir de grands projets industriels, pour ne nommer que ceux-là, sont autant de dimensions locales et sectorielles de ce débat plus général sur l'État-providence qui a lieu partout en Occident. Une expression s'est imposée dans notre vie publique pour qualifier la forme particulière prise par l'État-providence au Québec et les rapports économiques et sociaux entre acteurs qui en découlent : le « modèle québécois ».

Personne ne nie sérieusement les progrès spectaculaires du Québec depuis cinquante ans, mais certains soutiennent qu'ils s'expliquent précisément par le modèle de développement collectif en vigueur ici, alors que d'autres soutiennent que des progrès plus spectaculaires auraient pu être accomplis autrement. Les premiers sont portés à insister sur le rattrapage effectué par le Québec depuis quelques décennies quand on le compare, par exemple, à l'Ontario. Les seconds mettent l'accent sur les retards qui persistent. Il n'existe pas non plus de consensus sur le degré de rattrapage effectué par le Québec puisque le portrait peut varier énormément selon les indicateurs de comparaison retenus. Dans sa version plus polémique, le débat prend la forme d'un questionnement: Le modèle québécois actuel est-il «dépassé» ou non? Faut-il approfondir encore la logique qui le sous-tend ou l'assouplir? Et comment?

On ne fera évidemment pas le tour de ces questions ici. On se contentera plutôt de donner quatre éléments de clarification: le premier est relatif à la manière dont il faut comprendre le sens de l'expression «modèle québécois», le deuxième se rapporte aux circonstances de son développement historique et à son degré d'originalité, le troisième concerne les critères de mesure de sa performance et le dernier a trait aux grandes positions dans le débat sur l'avenir du modèle québécois.

Le terme «modèle» est souvent pris dans son sens normatif pour désigner une personne ou une réalisation jugée à ce point admirable qu'elle devrait être prise en exemple. Ainsi, on parle parfois d'un élève studieux et assidu comme d'un «modèle» pour les autres. Dans un autre contexte, on ne compte plus les auteurs qui, dans les années 1960, chantaient les louanges du «modèle suédois», puis qui, dans les années 1970, se mirent à faire l'éloge du «modèle japonais». Dans les années 1980, nombre de spécialistes des réformes de l'administration publique furent fascinés par les réformes musclées introduites en Nouvelle-Zélande et parlaient avec admiration du «modèle néo-zélandais».

L'expression «modèle québécois» n'est habituellement pas utilisée dans ce sens élogieux. Même ses plus chauds défenseurs ne vont pas jusqu'à le proposer en exemple au monde entier. On l'utilise plutôt pour désigner une façon simplifiée de caractériser, en faisant ressortir ses traits les plus typiques, les principaux aspects de l'organisation collective de la société québécoise. On parlera donc du modèle québécois comme on parle d'un «modèle» en langage mathématique pour représenter, en le simplifiant, un processus complexe, ou encore comme le modèle réduit d'un avion reproduit les principaux traits de l'appareil véritable, mais évidemment pas ses moindres détails.

Au Québec, les principaux traits constitutifs de l'organisation des rapports économiques et sociaux sautent aux yeux: l'interventionnisme assez prononcé de l'État dans les domaines économique et social, la solidarité collective et les services publics organisés sous l'égide de l'État au moyen d'une fiscalité élevée et fortement progressive, ainsi que la recherche de grands consensus sociaux sur les orientations collectives à suivre par une institutionnalisation assez poussée de la concertation, particulièrement entre les grands acteurs institutionnels que sont les entreprises, les syndicats, les gouvernements et, plus récemment, les groupes sociaux qui disent représenter la société civile.

Ces traits de base s'expliquent par la trajectoire sociohistorique d'une collectivité francophone qui voulait s'extraire d'une situation d'infériorité économique et politique, par suite de son éloignement d'un capital financier longtemps resté entre des mains anglophones, et qui a donc fait de l'État son principal levier de développement collectif. Le résultat est un modèle de développement dont certains aspects sont proches des modèles européens d'inspiration sociale-démocrate, mais qui inclut aussi des traits typiquement nord-américains.

Ce modèle n'est d'ailleurs pas resté figé dans le temps. Plusieurs auteurs, comme Benoît Lévesque (2003), notent deux grandes phases dans l'évolution du modèle québécois. La première est celle de sa construction, qui court *grosso modo* du début des années 1960 jusqu'à la fin des années 1970, au cours de laquelle l'État a endossé le rôle de planificateur et entrepreneur sur le plan économique afin d'accélérer le développement industriel du Québec. Sur le plan social, l'État s'est substitué aux communautés religieuses et a organisé les grands services publics de santé et d'éducation sur des bases d'accessibilité universelle et de financement collectif par la voie de la fiscalité. Les mécanismes de concertation institutionnelle étaient encore très peu développés à cette époque. Les années 1980, qui sont celles de l'ébranlement de l'État-providence, ont été une décennie de tâtonnements, oscillant entre la tenue des premiers grands sommets de concertation entre le gouvernement, les patrons et les syndicats sous le gouvernement du Parti québécois, et une tentative de réduire la place de l'État qui fit long feu, dans la deuxième moitié de la décennie, sous le gouvernement de Robert Bourassa.

Puis, à partir du début des années 1990, on a vu, toujours selon Lévesque, émerger progressivement un nouveau paradigme de développement qu'il qualifie de «modèle québécois de seconde génération». L'État devient moins un planificateur et un maître d'œuvre du développement collectif, et davantage un État stratège et un accompagnateur de l'entreprise privée dans des créneaux spécialisés et jugés vitaux pour l'avenir. On passe progressivement d'une optique de construction à une optique de consolidation, puis d'adaptation. Les mécanismes de concertation s'institutionnalisent progressivement. Les interventions de l'État à des fins sociales cherchent à être plus ciblées, plus fines, et visent désormais l'équité plutôt que l'égalité. Ce découpage est certes discutable et on pourrait multiplier les objections à coups d'exemples, mais il contient suffisamment de vérité pour être recevable.

Il faut cependant prendre garde de ne pas exagérer l'originalité du modèle québécois. La modernisation du Québec, de l'après-guerre à aujourd'hui, a emprunté des formes générales très similaires à celles des autres sociétés industrielles: enrichissement collectif, mise en place de programmes sociaux très étendus, tertiarisation de l'économie, montée de la scolarisation, urbanisation, décléricalisation, ouverture sur le monde, diversification de la population et ainsi de suite. Il est donc extraordinairement difficile de départager le rôle respectif des forces externes et internes de la société québécoise dans l'émergence de ces transformations.

Il n'est pas faux non plus de faire démarrer la construction du modèle québécois avec l'avènement de la période appelée Révolution tranquille, à partir de 1960. Cette période peut être caractérisée par la modernisation accélérée des institutions québécoises, animée à la fois par une rationalité technocratique, une soif de justice sociale et une volonté nationaliste de redressement collectif, et portée surtout par une nouvelle élite davantage éduquée. Ce qui ne tient plus guère la route est le récit longtemps dominant sur la Révolution tranquille, construit par ceux qui en furent les protagonistes, qui qualifiait de «Grande Noirceur» tout le Québec d'avant 1960: un Québec étouffant et conservateur, disait-on, qui refusait obstinément d'embrasser la modernité. On admet aujourd'hui qu'à bien des égards, l'accélération du développement du Québec pendant la Révolution tranquille se préparait depuis les deux ou trois décennies précédentes. Le Québec accusait bel et bien un retard par rapport au reste de l'Amérique du Nord, mais plus un seul historien sérieux ne soutient la thèse d'un Québec demeuré immobile avant 1960. En effet, de nombreux auteurs ont depuis largement nuancé la vision trop figée et pessimiste qui a longtemps prévalue, comme l'illustrent divers constats touchant différents aspects du développement du Québec.

- Depuis la fin du XIXe siècle, il existait un entrepreneurship industriel francophone (Toulouse, 1979).
- Le libéralisme était beaucoup plus présent que ne l'avait donné à penser l'historiographie conservatrice (Roy, 1988).
- Le niveau d'instruction, quand on le compare à d'autres, n'a pas été le désastre annoncé (Verrette, 1989).
- Le peuple n'était pas entièrement sous la coupe du clergé (Wallot, 1973).
- Les villes étaient déjà les moteurs du développement économique depuis un siècle (Linteau, 1981).
- Le syndicalisme n'était pas moins revendicateur parce que catholique (Rouillard, 1989).
- Les sciences sociales progressaient (Warren, 2003).
- Des courants modernistes traversaient tous les arts (Lamonde et Trépanier, 1986).

La liste des réalités, qui vont à l'encontre des idées reçues, pourrait s'allonger. L'étude des causes du retard du Québec a de surcroît fait naître plusieurs des plus grandes œuvres des sciences sociales au Québec. Les historiens de l'École de Montréal — Séguin, Brunet, Frégault — soutiendront qu'il s'agissait d'une société «normale», mais qui fut déstructurée, décapitée par la Conquête, puis assujettie et minorisée par l'Union et la Confédération. D'où un nationalisme dont la fonction principale en fut une de compensation. Les historiens de l'École de Laval — Fernand Ouellet au premier rang — pointeront plutôt du doigt l'inexistence d'un «esprit capitaliste» sous le Régime français, l'obscurantisme religieux et le nationalisme d'arrière-garde de nos élites.

Cela dit, depuis que la science économique et la sociologie ont raffiné leurs méthodes quantitatives, on ne compte plus les efforts pour mesurer ce retard économique et social du Québec. Mais à cause des visées polémiques qui accompagnent la plupart de ces contributions et de la variété des critères de mesure, il devient impossible de trancher pour de bon la question. On s'entend généralement pour reconnaître qu'à la lumière des critères les plus usuels — par exemple, le PIB par habitant pondéré en fonction du coût de la vie, donc du pouvoir d'achat —, le Québec réduit progressivement son retard, bien qu'il demeure encore un peu au-dessous de la moyenne canadienne et encore plus loin des États-Unis. Il y a donc eu rattrapage, mais la vitesse et les facettes spécifiques de ce rattrapage sont discutables. Les causes de ce rattrapage ne font pas non plus l'unanimité, mais les progrès spectaculaires de la scolarisation moyenne des Québécois semblent avoir été un facteur déterminant. Par contre, l'examen d'autres critères de performance pourrait également nous mener à d'autres interprétations. Par exemple, s'il est vrai que le Québec est nettement moins riche sur le plan collectif que la moyenne américaine, les écarts entre les riches et les pauvres sont toutefois beaucoup moins élevés au Québec qu'aux États-Unis, bien qu'ils soient très similaires entre le Québec et le reste du Canada.

Le débat sur les performances du modèle québécois est donc un débat que la science peut éclairer, mais qu'elle ne peut clore pour de bon, parce qu'il est traversé de part en part par des considérations idéologiques. Ces jugements très contrastés sur ses performances s'accompagnent logiquement de positions très tranchées sur ce qu'il conviendrait de faire maintenant. Les uns proposeront d'approfondir encore la logique étatiste héritée de la Révolution tranquille : interventionnisme lourd de l'État dans le développement économique, maintien du quasi-monopole du financement étatique des services publics par le biais d'une fiscalité encore plus progressive et élargissement des droits sociaux. Les autres suggéreront de rompre, plus ou moins nettement, avec l'étatisme et de faire une plus large place au secteur privé et à la régulation par les mécanismes de marché. Enfin, certains chercheront à faire émerger un modèle assis sur un État qui veut faire autrement et mieux — plutôt que simplement plus ou moins — notamment en développant une plus grande autonomie chez les gens par une éducation et une formation mieux adaptées, en décentralisant certains pouvoirs vers les collectivités locales, en développant de nouveaux partenariats avec le milieu associatif et communautaire et en instaurant de nouvelles formes de démocratie participative.

Conclusion

Au fond, bon nombre de débats politiques parmi les plus fondamentaux dans nos sociétés peuvent se situer le long d'un axe imaginaire sur lequel on peut placer à un extrême l'individualisme intégral et, à l'autre, le collectivisme intégral. Selon les sociétés, les époques et les rapports de force, le centre de gravité politique sera plus ou moins près de l'un ou l'autre des pôles. On pourrait aller jusqu'à dire que nos débats naissent des efforts des uns et des autres pour ramener ce centre de gravité davantage d'un côté ou de l'autre, et du fait qu'à chaque fois que nous avons collectivement le sentiment d'être allés trop loin dans un sens, une réaction inverse nous ramène dans l'autre direction.

CHAPITRE 4

Sébastien Arcand

Les organisations supraétatiques économiques : historique, évolution et enjeux

Introduction

La place grandissante des organisations internationales dans divers secteurs d'activité des sociétés contemporaines est incontestable. Qu'il s'agisse de leur rôle dans l'élaboration de mesures de protection sanitaire à l'échelle planétaire ou de sécurité en matière de pratiques financières, pour ne citer que ces exemples, les organisations supraétatiques sont des acteurs incontournables dans la reconfiguration du système international initié par le processus de globalisation contemporain. Bien que leur rôle diffère de l'une à l'autre, on peut dégager certains points communs dans les pratiques de ces organisations. Ainsi, elles agissent toutes au-delà des frontières nationales des pays tout en étant influencées par des intérêts nationaux (gouvernements, mouvements sociaux, multinationales, etc.). En cela, la présence accrue de ces organisations supraétatiques ne marque pas la fin de l'État-nation et de ses prérogatives en tant qu'acteur dominant à l'échelle nationale et internationale.

En effet, la plupart de ces organisations ont été mises sur pied et sont contrôlées par des gouvernements de pays souverains, comme c'est le cas, par exemple, de l'Organisation mondiale du commerce (OMC), de l'Association des nations de l'Asie du Sud-Est (ANASE), du Forum pour la coopération sino-africaine ou encore de l'Organisation de coopération et de développement économique (OCDE). Constituées d'États, ces organisations internationales n'en demeurent pas moins des acteurs de premier plan dans la construction d'un ordre mondial fondé sur les échanges économiques et le commerce international. Cela dit, la prolifération de ces organisations participe à un certain affaiblissement des cadres nationaux de régulation ainsi qu'à l'accroissement des intégrations régionales, grâce à des accords de natures multiples (politiques, économiques, culturels, etc.) (Adda, 2001 ; Bayremzadeh, 2011).

Sans accorder plus d'importance à certaines de ces organisations qu'à d'autres, force est de reconnaître qu'elles n'ont pas toutes la même influence ni la même capacité d'intervention. Certaines jouissent de l'appui d'un grand nombre de pays et d'autres ont développé, sous l'influence de grandes puissances comme les États-Unis, une position hégémonique qui leur permet d'avoir une ascendance déterminante sur la conduite de pays moins nantis. D'autres encore tirent leur pouvoir de l'intérêt accru accordé à leur domaine d'activité par la communauté internationale comme c'est le cas, notamment, des organisations engagées dans les causes environnementales et humanitaires telles Human Rights Watch, Greenpeace et Médecins sans frontières.

La diversification des organisations supraétatiques est un phénomène qui touche également celles dont le mandat et les actions s'inscrivent dans la sphère du développement économique. Compte tenu de la position dominante du capitalisme à l'échelle planétaire et de sa capacité à orienter, façonner et transformer des rapports sociaux dépassant le seul domaine des transactions commerciales et financières, ces organisations supraétatiques à caractère économique se retrouvent dans une situation favorable par rapport à l'ensemble des organisations internationales vouées à d'autres fonctions. Tout en reconnaissant l'importance de ces « autres » organisations supraétatiques, le présent chapitre porte essentiellement sur les organisations supraétatiques économiques (OSE) et sur l'impact de leurs actions sur l'ensemble des pays, des peuples et des régions du monde.

Dans un premier temps, nous allons identifier les moments historiques clés de l'apparition et de l'expansion de ce type d'organisations. Nous nous pencherons ensuite sur quelques-unes des OSE les plus importantes actuellement. Ce sera l'occasion d'explorer plus en détail certaines organisations internationales telles que le Fonds monétaire international (FMI), la Banque mondiale et l'Organisation mondiale du commerce (OMC). Des organisations régionales comme l'Union européenne (UE), l'Accord de libre-échange nord-américain (ALENA) et l'Association des nations de l'Asie du Sud-Est (ANASE) seront aussi étudiées. Pour compléter le portrait général, deux tableaux comprenant des informations sur quelques autres organisations sélectionnées sont présentés. Enfin, nous aborderons les enjeux importants qui sont en lien avec le rôle et la place des OSE dans le système mondial actuel. Toutefois, avant d'aborder les dimensions historiques de leur développement, une définition générale s'impose.

Les organisations supraétatiques économiques : une définition

Rappelons que les organisations supraétatiques économiques (OSE) s'inscrivent avant tout dans le domaine des transactions marchandes et financières ainsi que du développement socioéconomique. À ce titre, un de leurs objectifs généraux est de favoriser l'ouverture des marchés locaux (nationaux) à des acteurs de diverses nationalités. La définition suivante prend en compte cette réalité : Une OSE est une association d'États qui acceptent de délaisser certains de leurs pouvoirs et prérogatives dans le but de mettre des intérêts en commun pour agir sur la sphère macroéconomique. Les pratiques et les mesures imposées par ces organisations peuvent avoir des répercussions positives ou négatives sur les pratiques et les structures des différents acteurs nationaux (États, entreprises, syndicats, citoyens).

Cette définition générale fait ressortir l'importance des liens qui unissent les OSE et l'évolution interne des pays. Autrement dit, on ne saurait reconnaître l'importance de ces organisations sans préalablement considérer que le système global international est encore et toujours dominé par des acteurs nationaux, mais que ce pouvoir est également affaibli par la forte pénétration d'accords, de règles et de normes issus d'étroites collaborations entre des entreprises multinationales et les pouvoirs publics. La définition proposée met en lumière le caractère permanent et structuré de ces organisations, notamment parce qu'elles sont régies par une charte ratifiée par l'ensemble des membres et qui couvre des champs de compétence préalablement définis. Elles sont toutefois sujettes à subir des modifications au fil des relations qu'entretiennent les États entre eux et des conjonctures économiques. Maintenant que les OSE sont définies, nous parlerons dans la section suivante de leur évolution historique et de leur importance grandissante au cours du XXe siècle.

4.1 Bref historique du développement des organisations supraétatiques économiques au XXe siècle

Historiquement, la quête d'une stabilité mondiale et d'une pacification des rapports entre pays est souvent passée par la présence d'organisations supraétatiques. En effet, depuis la fin de l'époque médiévale et l'apparition de l'État-nation, on observe l'émergence d'idées et de tentatives de mise en application de ces idées qui prônent la création de structures favorisant la mise en commun d'intérêts nationaux parfois divergents et potentiellement conflictuels. C'est notamment le cas dans le contexte européen, bastion historique du capitalisme, mais aussi lieu de multiples affrontements armés, où l'on observe une volonté séculaire de constituer une telle « communauté des nations ». Que ce soit par des tentatives de refonte des relations interétatiques par les traités de Westphalie signés en 1648, qui ont mis fin à la guerre de Trente Ans (1618-1648), le Congrès de Vienne de 1815 ou, plus près de nous, la création et l'expansion de l'Union européenne, ou encore à travers les idéaux de personnages historiques d'envergure tels que Napoléon 1er et certains philosophes du siècle des Lumières comme Emmanuel Kant avec son *Projet de paix perpétuelle*, la volonté de favoriser la stabilité et la paix communes est récurrente dans l'histoire de l'Europe et du monde occidental en général.

Bien que l'idée de mettre en place des organisations pour réguler les relations internationales sur les plans politique et économique soit relativement ancienne, ce n'est qu'au début du XXe siècle que sont véritablement apparues les premières organisations supraétatiques. Tout en étant largement dominées par des préoccupations d'ordre politique (sécurité, stabilité des frontières géopolitiques), ces premières organisations ont tracé la voie au système international actuel au sein duquel les OSE occupent une place déterminante. C'est à la fin de la Première Guerre mondiale, en 1918, qu'est créée une véritable organisation supraétatique chapeautant un ensemble d'intérêts nationaux. C'est ainsi que, sur l'initiative du président américain Woodrow Wilson, la Société des Nations (SDN), ancêtre de l'Organisation des Nations Unies (ONU), a été créée. La SDN avait pour objectif de « construire un nouvel ordre mondial favorable à la paix et de rendre le monde plus sûr pour la démocratie » (Brasseul, 2003)[1]. Les chemins de la SDN seront cependant parsemés d'obstacles qu'elle ne réussira pas à surmonter.

4.1.1 La grande déception : grandeurs et misères de la Société des Nations

Les nombreuses transformations apportées au système international et la mise en commun de certains intérêts nationaux sont attribuables aux échecs répétés de tentatives pour construire un système stable participant d'une vision commune des rapports planétaires. Le premier de ces échecs est sans l'ombre d'un doute le déclenchement de la Première Guerre mondiale et ses multiples répercussions sur les populations européennes, ainsi que sur l'espoir de voir un jour une certaine harmonie régner au sein des pays occidentaux, maîtres d'œuvre de l'organisation du système-monde au XXe siècle. Après l'armistice de 1918, qui mettait fin à une guerre de quatre ans ayant laissé dans son sillon son lot de désolations et des relations toujours tendues entre les pays, notamment entre la France et l'Allemagne, les dirigeants des pays occidentaux ont jugé qu'il devenait prioritaire de mettre en place un organisme supraétatique ayant pour mission de prévenir d'autres conflits. C'est ainsi que la Société des Nations (SDN) a vu le jour en 1920.

Les premières années de l'après-guerre sont marquées par une certaine prospérité économique, politique et monétaire. Cette période de prospérité n'a évidemment pas cours dans l'Allemagne de la république de Weimar, alors sous le coup des représailles qui ont suivi la Première Guerre mondiale. Par contre, cela est vrai surtout pour l'Europe et l'Amérique du Nord qui vivent à l'ère des années folles, marquant une pause relative dans la prolifération des horreurs de la guerre, des échecs diplomatiques successifs et des graves crises socioéconomiques. Cette période de prospérité sera cependant mise à rude épreuve une première fois en 1929, alors que le monde capitaliste subit une véritable secousse sismique sur le plan économique à la suite du krach boursier. Pendant que l'économie de la plupart des pays capitalistes s'effondre, l'URSS semble jouir d'une certaine croissance attribuable notamment au rattrapage de son économie planifiée sur l'ensemble des pays capitalistes. Cette crise aura des répercussions sur le déclenchement éventuel de la Deuxième Guerre mondiale en 1939, mais également sur la manière de concevoir et d'organiser le système économique mondial à venir. En effet, la crise de 1929 a montré les limites du « laisser-faire » dans l'économie capitaliste, de même que l'incapacité des organisations supraétatiques de l'époque à réguler l'économie de marché[2]. Les causes de cette crise sont multiples et il serait réducteur d'en attribuer la seule responsabilité à la faiblesse des OSE. Néanmoins, leur incapacité à prévenir la crise et à trouver les moyens d'intervention appropriés a eu des effets importants sur la suite des choses.

Les années 1930 se caractérisent par une baisse importante de la prospérité. Si les économies capitalistes semblent se remettre tranquillement de la crise de 1929, sur le plan social et politique, on assiste à la montée du conservatisme et à une forte augmentation du nombre de pauvres, tant en Europe qu'aux États-Unis (Brasseul, 2003). C'est ainsi qu'aux États-Unis, le protectionnisme, la prohibition, l'isolationnisme à l'égard du reste du monde (sauf du reste de l'Amérique considérée comme leur chasse gardée depuis la doctrine de Monroe en 1823) et la ségrégation raciale caractérisent pour l'essentiel cette puissance en émergence. Sur le plan macroéconomique, on assiste, dans les années 1930, à la poursuite du déclin des « vieilles industries » qui se soldera par l'avènement de l'ère postindustrielle, au cours des années 1960 (Bell, 1976). Comme le souligne Margaret Gordon (citée par Brasseul, 2003), les États-Unis ne sont pas les seuls à modifier leurs pratiques économiques.

En effet, les années 1920-1930 marquent un élargissement considérable des frontières politiques de l'Europe. Au lieu de favoriser l'ouverture des marchés, les acteurs nationaux ont plutôt le réflexe de favoriser le protectionnisme économique de crainte de subir les contrecoups de cette ouverture. Cela ralentit le commerce en Europe, entraînant un effet « désastreux sur le développement économique du continent [européen] » au cours de ces deux décennies (Brasseul, 2003, p. 124). L'incapacité de la SDN à prévenir le krach de 1929, ou du moins à en atténuer les effets négatifs, ne reflète que l'une des nombreuses faiblesses de cette organisation soumise aux objectifs et intérêts nationaux des pays qui la composent.

La SDN a certes de nobles intentions, mais elle est née des politiques revanchardes à l'égard de l'Allemagne qui se trouvait dans un état lamentable après sa défaite de 1918. À la suite de la Première Guerre mondiale, la ratification de certains traités a eu des conséquences économiques déterminantes sur la disparition à moyen terme de la SDN. Cette « paix » conclue au profit des seuls vainqueurs a servi la cause du fascisme en Allemagne au cours des années 1930. La situation désastreuse dans laquelle l'Allemagne était plongée après sa défaite de 1918 a largement contribué à l'arrivée au pouvoir d'Adolf Hitler et, éventuellement, au déclenchement de la Deuxième Guerre mondiale. Cette guerre, inégalée jusqu'à ce jour, tant par son intensité et ses atrocités que par le nombre de pays qui y ont participé, a eu tôt fait de démontrer l'inefficacité de la SDN pour stabiliser le système politique et économique mondial. En revanche, au même moment, certaines organisations ont réussi à s'imposer comme des acteurs incontournables au ni veau international. C'est le cas notamment de l'Organisation Internationale du Travail (OIT) qui est encore très active aujourd'hui.

4.1.2 L'Organisation Internationale du Travail et la Banque des règlements internationaux : les premiers jalons du système international contemporain

Aujourd'hui agence de l'ONU, l'Organisation Internationale du Travail (OIT) a été créée en 1919 avec pour objectif premier de favoriser l'amélioration des conditions de travail d'un point de vue humanitaire, politique et économique. Malgré des changements importants survenus au cours des dernières décennies sur le plan des relations internationales, l'OIT a réussi à adapter son mode de fonctionnement et ses structures au nouveau contexte de mondialisation. Composée de représentants des 185 pays membres, d'employeurs et de travailleurs, cette organisation continue de défendre les intérêts des travailleurs partout dans le monde en faisant la promotion de la justice sociale et des droits internationaux liés au travail. De nos jours, des problématiques comme le travail des enfants, l'égalité des hommes et des femmes en matière d'emploi et la santé et la sécurité au travail sont au cœur de ses préoccupations (OIT, 2014).

La Banque des règlements internationaux (BRI), dont le siège social est situé à Bâle en Suisse, a été créée en 1930 après une intense activité diplomatique autour du problème des réparations que le traité de Versailles (1919) exigeait de l'Allemagne. Depuis, la BRI n'a cessé de jouer un rôle important à l'échelle internationale, notamment en défendant et en promouvant les accords de Bretton Woods sur lesquels nous reviendrons plus loin. Aujourd'hui, la BRI supervise et facilite la collaboration entre les banques centrales de 176 pays. La diversité de ses activités, ainsi que son rôle dans la régulation des activités financières à l'échelle internationale, font dire à plusieurs qu'elle est en quelque sorte la « banque centrale des banques centrales » (BRI, 2014).

En somme, en dépit de leur faible capacité d'intervention et du désordre dans lequel elles cherchaient à combattre la crise économique et la montée du chômage dans les années 1930, ces premières organisations à dimensions internationales que sont l'OIT et la BRI ont historiquement favorisé la mise en place d'une « véritable administration internationale, créant peu à peu l'habitude des négociations permanentes » (Fontanel, 1981, p. 24). L'une des conséquences positives de l'échec des politiques économiques mondiales avant la Deuxième Guerre mondiale est certes d'avoir favorisé, au sein des pays à économie de marché, une remise en question des grands paramètres sur lesquels reposait le capitalisme d'alors et d'avoir corrigé certains des aspects les plus néfastes de ce système économique. C'est notamment au cours des années 1930 que l'on constate que les effets des excès du protectionnisme et des mauvaises politiques monétaires peuvent être atténués par de meilleures politiques nationales et par la création d'organisations internationales chargées de structurer et de contrôler l'économie de marché pour lui permettre de prospérer, de prendre de l'expansion et ultimement d'occuper une position hégémonique dans le système économique international[3]. Pour Rey et Robert (1996, p. 17), un des principaux objectifs des institutions antérieures à 1944

(Bretton Woods) n'est pas d'« [...] établir un système économique mondial, ni de discipliner l'intervention des États dans l'organisation de leurs échanges économiques avec le reste du monde ». C'est dire qu'à cette époque, il ne s'agissait pas d'inscrire ces OSE dans des rapports dépassant les exigences ponctuelles de tel ou tel marché. Leurs objectifs généraux étaient plutôt de corriger, au besoin et au cas par cas, les imperfections du système.

4.1.3 Les accords de Bretton Woods ou quand les vainqueurs organisent le système d'après-guerre

Avec le déclenchement de la Deuxième Guerre mondiale, il apparaît évident que le système international nécessite des changements importants. Cette idée va se concrétiser avant même la fin de ce conflit mondial et c'est alors que plusieurs organisations seront créées. Un des principaux événements ayant mené à une restructuration du système international est sans l'ombre d'un doute la rencontre de Bretton Woods, que nous allons maintenant étudier en détail.

Connus aussi sous le nom de « Conférence monétaire et financière des Nations Unies », les accords de Bretton Woods tirent leur appellation du nom du centre de villégiature situé dans l'État du New Hampshire, aux États-Unis, où se sont réunis les représentants de 44 pays. Lors de cette rencontre, qui eut lieu le 22 juillet 1944, ces représentants ont décidé du statut du Fonds monétaire international (FMI) et de la Banque internationale pour la reconstruction et le développement (BIRD), connue aujourd'hui sous le nom de Banque mondiale. Nous reviendrons plus loin sur ces deux organisations, mais pour l'instant mentionnons que le FMI constituait la charte des relations monétaires alors que la Banque mondiale devait « mettre le crédit de ses États membres au service de la collecte de l'épargne aux fins de la reconstruction des pays ruinés et du développement des régions les plus pauvres » (Rey et Robert, 1996).

Quoi qu'il en soit, la période qui suit la Deuxième Guerre mondiale n'est pas uniquement celle de l'émergence des OSE. C'est aussi une période de forte prospérité économique qui durera environ trente ans, communément appelés les « trente glorieuses ». Cette période débute en 1945 et commencera à décliner avec les chocs pétroliers successifs au cours des années 1970. Plusieurs facteurs expliquent la forte croissance d'après-guerre : la qualité du capital humain, l'abondance de la main-d'œuvre, l'introduction de la production de masse, les taux d'investissement élevés et les politiques keynésiennes, pour ne nommer que ceux-là. Ajoutons à ces facteurs la libéralisation des échanges qui, sous l'essor des organisations et des traités internationaux, montre bien que tant l'Europe occidentale que les États-Unis et le Japon, soit les pays développés à économie de marché, semblent avoir appris des erreurs du passé, notamment des politiques protectionnistes à outrance. L'investissement international reprend peu à peu de sa vigueur sous l'égide des OSE qui font disparaître progressivement les entraves aux mouvements de capitaux et favorisent le « retour des grandes monnaies à la convertibilité externe vers 1957 » (Berstein et Milza, 1987).

Il n'y a pas que le système capitaliste qui bénéficiera de l'apport des organisations supraétatiques après la Deuxième Guerre mondiale, comme le souligne Brasseul (2003, p. 172) :

> Les institutions mises en place après la guerre [Deuxième] ont facilité la croissance économique, notamment dans les relations du travail, par une coopération tripartite État/Patrons/Syndicats – un aspect du capitalisme mixte, ou du libéralisme dirigé, qui se met en place alors – autorisant des compromis sociaux et la modération des salaires en échange d'investissements productifs, ce qui permet d'améliorer le sort de tous à long terme.

À partir des années 1950, le capitalisme prend une autre tangente et dans ce nouveau système international apparaissent des modes de régulation de l'économie parfois novateurs, mais surtout stables. Il en sera peu question ici, mais il ne faudrait pas oublier que, sur le plan institutionnel, la création de l'ONU en 1945 est un événement fondateur du système international contemporain. Compte tenu de la diversité de ses activités, nous n'examinerons pas en détail le cas de l'ONU. Par contre, dans le tableau 4.1 (*voir la page 86*), il est mentionné qu'une organisation aussi importante que l'Organisation de coopération et de développement économique (OCDE) relève justement de l'ONU.

Il ne faut pas oublier que les accords de Bretton Woods sont le fruit de rencontres entre les futurs vainqueurs alors que la guerre n'est pas encore terminée. Cela aura des répercussions importantes sur la répartition du pouvoir au sein des structures du système international. En effet, et c'est là un reproche qui est souvent adressé aux organisations qui existent toujours, ces dernières sont encore et toujours contrôlées par et pour les vainqueurs de la Deuxième Guerre mondiale avec, au premier plan, les États-Unis et les pays européens. En considérant l'importance de pays comme la Chine, l'Inde et le Brésil dans l'économie mondiale contemporaine, on peut se demander si des OSE aussi puissantes que le FMI et la Banque mondiale sont le reflet d'un ordre mondial archaïque ou si elles témoignent d'une réalité actuelle. Voyons maintenant de plus près quelques-unes des OSE.

4.2 Quelques organisations et leur influence : les organisations à portée internationale

Après avoir tracé un bref historique du développement des organisations supraétatiques dans le système international, voyons maintenant quelques-unes des organisations qui jouent un rôle important dans la structuration du système économique mondial en ce XXIe siècle. Le choix a été fait en fonction de l'importance de ces organisations sur le plan international ou régional quant au développement et à l'orientation de politiques économiques nationales et internationales. Nous commencerons par les deux piliers issus de la rencontre de Bretton Woods, soit le Fonds monétaire international (FMI) et la Banque mondiale. À ces deux organisations s'ajoute l'Organisation mondiale du commerce (OMC), elle aussi héritière du contexte idéologique et économique de l'après-Deuxième Guerre mondiale. Pour ce qui est de la dimension « régionale » des OSE, nous nous pencherons plus spécifiquement sur l'Union européenne (UE), l'Accord de libre-échange nord-américain (ALENA) et l'Association des nations de l'Asie du Sud-Est (ANASE).

4.2.1 La Banque internationale pour la reconstruction et le développement (la Banque mondiale)

Issue des accords de Bretton Woods de 1944, la Banque mondiale (dont l'acronyme parfois utilisé en français est BM) a pour premier objectif, comme son nom officiel l'indique, de répondre aux problèmes de développement et de reconstruction qui se posent notamment après un conflit. S'inspirant de la philosophie du libéralisme, la Banque mondiale consacre peu à peu ses efforts aux prêts pour le développement. Toutefois, elle ne pourra pas toujours remplir cette mission, compte tenu de la faible capacité de rembourser des pays pauvres, principaux « clients » de la Banque au cours des cinquante dernières années (Banque mondiale, 2014 ; Fontanel, 1981). Les objectifs de la Banque mondiale ont été modifiés au cours des dernières décennies. Aujourd'hui, son principal objectif est de réduire la pauvreté et de favoriser la création de petites entreprises. Depuis quelques années, sous l'effet des nombreuses critiques qui lui ont été adressées, la Banque mondiale a adopté de nouvelles politiques sur des questions environnementales, notamment l'eau potable, ainsi que sur divers aspects à caractère social (Banque mondiale, 2014).

Les ressources financières de la Banque mondiale proviennent d'investisseurs privés et publics et les prêts sont accordés à des fins productives en fonction des possibilités réelles de remboursement. Les ressources dont dispose la Banque sont d'ordre économique (les emprunts et les revenus) et le capital social disponible dans chaque pays concerné, soit la qualité de la main-d'œuvre, les liens de coopération et de collaboration au sein d'une société et le degré de cohésion sociale du pays. Les critères retenus pour accorder un prêt à un pays relèvent des principes suivants : la rentabilité du projet, la conception du projet, l'intérêt du projet pour le développement économique du pays, la qualité prévisible de la gestion, la possibilité de remboursement de l'emprunt et la difficulté de l'emprunteur à recourir à d'autres sources de financement (Banque mondiale, 2014).

Les ressources de la Banque mondiale sont importantes, mais elles ne sont pas illimitées et elles varient en fonction des conjonctures économiques. Composé de 188 États membres, le Groupe de la Banque mondiale est largement dominé par les représentants des pays développés, car ce sont eux qui contribuent le plus à son capital[4]. Il faut aussi savoir que, depuis sa création, la Banque mondiale est dirigée systématiquement par un Américain ; force est donc de constater que le pouvoir et la volonté d'intervention de la Banque sont largement tributaires de ses bailleurs de fonds, les pays développés, qui peuvent ainsi décider de la nature de l'aide et des sommes à allouer aux pays demandeurs, majoritairement en voie de développement. De plus, les prêts sont accordés uniquement en fonction des aspects économiques, sans égard au régime politique, ce qui alimente les critiques quant à la possibilité que les OSE puissent participer indirectement à la mise en place et au maintien de régimes politiques autoritaires et antidémocratiques. Autrement dit, la Banque mondiale ne se reconnaît aucune responsabilité sur le plan éthique ; seuls les résultats financiers comptent. C'est ainsi que plusieurs critiques s'élèvent contre l'apparente contradiction entre, d'une part, la croyance de la Banque dans les lois du marché et dans l'entreprise privée pour enrayer la pauvreté alors que, d'autre part, elle demande aux États tributaires de son aide de couper dans les services sociaux en fonction de la politique dite des « 3 D » (déflation, dévaluation, déréglementation) basée sur les faibles coûts de main-d'œuvre (pour un aperçu de ces critiques, voir le site de l'Eurodad). Concrètement, la mesure dite de « conditionnalité » qui prévaut à la Banque mondiale et au FMI leur permet d'imposer des conditions qui peuvent aller à l'encontre des intérêts des pays concernés (*voir à ce sujet l'encadré 4.1, à la p. 89*). Ces conditionnalités signifient non seulement qu'un prêt est accordé à un pays en fonction de sa capacité de rembourser, mais également en fonction de sa volonté de réaliser certains objectifs de libéralisation de son économie qui sont prédéterminés par la Banque mondiale et ses bailleurs de fonds.

Les contraintes liées aux emprunts et aux conditions de remboursement auxquelles sont soumis les pays emprunteurs entraînent une restriction des actions potentielles de ces pays pour régler des problèmes endémiques qui, dans bien des cas, dépassent le cadre rigide de la Banque mondiale. C'est ainsi que se crée un certain déséquilibre entre les pays pourvoyeurs, soit les pays riches, et ceux qui demandent de l'aide au développement. En y regardant de plus près, on constate que la structure organisationnelle de la Banque mondiale favorise les pays riches au détriment des pays pauvres.

En vertu de ses statuts, tous les pays membres de la Banque mondiale souscrivent aux parts du capital de la Banque et le nombre de leurs parts reflète le poids économique de chacun des États membres. Rappelons que la Banque est dirigée par le président, un Américain, et est placée avec son conseil d'administration sous l'autorité du Conseil des gouverneurs composé d'un gouverneur et d'un suppléant nommés par chaque État membre, selon les modalités propres à chaque État. Le plus souvent, le gouverneur et son suppléant sont le ministre des Finances et le gouverneur de la Banque centrale. Le Conseil des gouverneurs dispose de pouvoirs importants dont les suivants :

- Admettre de nouveaux États.
- Augmenter ou réduire le capital social de l'institution.
- Suspendre un État membre.
- Conclure des accords avec d'autres organismes internationaux.
- Suspendre les opérations de la Banque.
- Fixer le partage de ses bénéfices.
- Statuer sur les recours exercés contre les interprétations d'un accord donné par les administrateurs.

Les 25 administrateurs sont nommés en fonction de leur statut. C'est pourquoi les cinq plus grands pays donateurs (États-Unis, Japon, Allemagne, France, Royaume-Uni) peuvent désigner leurs représentants, alors que les 20 autres qui sont issus de pays membres complètent le Conseil des administrateurs (Banque mondiale, 2014). Le président de l'institution est formellement choisi par les administrateurs, ce qui leur donne un pouvoir accru. Le président préside les réunions du conseil d'administration sans prendre part au vote, sauf si le partage des voix est égal, auquel cas il dispose d'une voix prépondérante. Pendant son mandat, généralement de cinq ans, il assure la direction et l'organisation de l'ensemble des services de la Banque mondiale et gère l'ensemble des activités selon les instructions des administrateurs. Il a le pouvoir de nommer l'ensemble du personnel de la Banque, ce qui lui donne une grande marge de manoeuvre. Le siège de la Banque, comme la plus grande partie de son personnel, se trouve à Washington. Depuis 1997, des réformes ont été entreprises pour rendre les services bancaires plus accessibles aux emprunteurs et pour décentraliser les activités de la Banque.

Même si elle est de plus en plus remise en question parce qu'elle reproduirait des processus de domination des pays riches sur les pays pauvres, la Banque mondiale n'est toutefois pas l'OSE la plus décriée de nos jours. Au contraire, elle jouit plutôt d'une certaine sympathie, notamment parce qu'elle s'occupe de développement international et de reconstruction dans des pays en voie de développement. À l'opposé, le

Fonds monétaire international, second pilier de Bretton Woods, suscite le mécontentement parce qu'il serait passé de gardien de l'ordre monétaire international à « police financière des pays en développement, imposant des politiques d'ajustements aux pays se trouvant dans l'impossibilité de rembourser leurs dettes » (Adda, 2001).

4.2.2 Le Fonds monétaire international

Le Fonds monétaire international (FMI) s'occupe de la promotion de la coopération monétaire internationale et du développement harmonieux du commerce international et il a pour objectif de favoriser la stabilité des changes grâce à un système multilatéral de règlement des transactions (FMI, 2014). À l'origine, le FMI constituait la charte des relations monétaires internationales et devait participer activement à la stabilisation des échanges monétaires pour éviter, entre autres, qu'une crise comme celle vécue dans les années 1930 ne se reproduise.

Le FMI est la première concrétisation d'un système monétaire international à vocation mondiale fondé sur un traité international (Rey et Robert, 1996). Doté de ressources importantes, il est aujourd'hui l'une des OSE les plus importantes du système capitaliste, mais aussi l'une des plus décriées.

De par le rôle qui lui a été confié dès 1944, le FMI occupe une place déterminante dans les politiques économiques des pays qui reçoivent son aide, notamment parce qu'il surveille la situation macroéconomique de ces pays et qu'il peut à tout moment suspendre cette aide s'il juge qu'un pays dépense plus d'argent qu'il en reçoit (entrées fiscales et aide étrangère confondues). C'est donc dire que non seulement le FMI détermine la somme à allouer aux pays demandeurs, mais qu'en plus, il dicte la manière dont l'argent sera dépensé. Comme exemple de pratiques décriées du FMI, soulignons ses programmes d'ajustement structurel (PAS) en vigueur dans les années 1990, et qui n'ont pas échappé à la critique tant pour les actions qu'ils exigent de la part des pays qui doivent en suivre les préceptes que pour les conséquences négatives qu'ils génèrent, encore de nos jours, sur les populations locales (privatisation de certains services, réduction des dépenses publiques en matière de santé et d'éducation) (Stiglitz, 2002). Notons que ces PAS ont été remplacés depuis par un programme appelé « Facilité élargie de crédit » (FEC) (FMI, 2014)[5].

4.2.3 L'Organisation mondiale du commerce

Héritière du *General Agreement on Tariffs and Trade* (GATT, Accord général sur les tarifs douaniers et le commerce) signé en 1947, l'Organisation mondiale du commerce (OMC) est l'une des plus jeunes organisations internationales d'importance puisqu'elle n'a été mise en place qu'en 1995. Créée à la suite des accords de l'Uruguay Round de 1994, l'OMC est la dernière étape d'un long processus d'accords multilatéraux signés entre plusieurs États concernant des règles commerciales. L'OMC regroupe 159 pays en 2014 et parmi ses domaines d'intervention, mentionnons A) la mise en place de mesures antidumping B) l'évaluation en douane C) l'accord relatif aux textiles et aux vêtements et D) la propriété intellectuelle (voir le site de l'OMC pour en apprendre davantage).

Plusieurs autres domaines relatifs aux échanges commerciaux relèvent de l'OMC dont les fonctions principales sont :

1. Gérer les accords associés à l'OMC.
2. Prendre les décisions prévues par ces accords.
3. Servir de forum de négociations multilatérales.
4. Administrer les procédures de règlement des différends.
5. Administrer le mécanisme d'examen des politiques commerciales.
6. Coopérer avec le FMI et la Banque mondiale (OMC, 2014).

Alors que les accords du GATT ont été ratifiés pour éviter que des mesures protectionnistes freinent le développement du capitalisme et créent les conditions pour que survienne une autre crise boursière, l'OMC est aujourd'hui critiquée pour accroître les effets néfastes de la globalisation et les écarts entre pays riches et pays pauvres.

Parmi les réalisations du GATT, et de l'OMC par la suite, on observe depuis 1948 une baisse moyenne de 80 % des droits de douanes des pays industrialisés, ce qui a favorisé l'accroissement rapide des échanges commerciaux (OMC, 2014). Cela dit, les efforts pour endiguer les mesures protectionnistes se frottent parfois à des pratiques contradictoires de la part d'États qui prétendent prôner la philosophie d'ouverture des marchés et l'abolition des barrières tarifaires, alors que leurs pratiques tendent plutôt vers le protectionnisme. Le contexte général dans lequel se déroulent les cycles de négociation de l'OMC et les mesures qui y sont envisagées suscitent des critiques de la part d'acteurs tels que les organismes non gouvernementaux qui accusent l'OMC d'être idéologique et de considérer que le commerce est obligatoirement un signe de développement et de richesse. De nombreux autres (intellectuels, altermondialistes, économistes, milieux proches des entreprises, syndicats, etc.) considèrent que la mondialisation et ses principaux défenseurs, dont l'OMC, ne tiennent pas compte de la position des pays pauvres, et certains d'entre eux voudraient revenir à des mesures « néoprotectionnistes » parce qu'ils jugent que l'ouverture tous azimuts des marchés crée une concurrence déloyale faisant baisser les prix des biens et services. Ainsi, à l'instar du FMI et de la Banque mondiale, l'OMC n'échappe pas aux critiques en ce début de XXIe siècle.

4.2.4 Les organisations économiques à portée internationale dans le contexte actuel

Tout comme leur nombre, le pouvoir des OSE s'est considérablement accru au cours des dernières décennies. Devenues incontournables dans les régulations à l'échelle mondiale, elles ont également dû adapter leurs pratiques de gouvernance à ce nouveau contexte. Comme conséquence de ce rôle accru, les OSE ont de plus en plus tendance à chercher à collaborer entre elles. À titre d'exemple, à la suite de la crise financière de 2008, l'OIT et la Banque mondiale ont uni leurs efforts pour constituer une banque de données sur les « réponses politiques apportées par les États à la récente crise économique et financière mondiale dans le domaine de l'emploi » (OIT, 2014). L'objectif de cette banque de données est de permettre à tous les acteurs directement impliqués dans la recherche de solutions aux crises économiques de partager leur savoir-faire pour mieux se préparer à faire face aux crises à venir. De nombreux exemples de collaborations de ce genre pourraient être exposés ici, mais nous soulignerons simplement que la complexité des enjeux liés au système économique et financier international, et l'incapacité des gouvernements et des spécialistes en la matière de prévoir les crises, ont amené les OSE à partager leurs informations et à collaborer plus étroitement au nom de ce que l'OMC nomme la « cohérence » (OMC, 2014) et au nom d'un « nouveau multilatéralisme », selon l'expression utilisée cette fois par la directrice générale du FMI, Christine Lagarde (2014).

Cette approche, qui valorise davantage le partage d'information et de collaboration au niveau planétaire, s'inscrit pour ainsi dire dans une logique de « changement dans la continuité ». En effet, loin de prôner une remise en question en profondeur du système économico-financier mondial, la très grande majorité des OSE réitèrent plutôt leur volonté de consolider les assises sur lesquelles repose le capitalisme contemporain. Elles réaffirment de ce fait à quel point il est important que le système financier soit au service de l'économie productive au lieu de favoriser la création de produits dits toxiques tels que les subprimes, par exemple. Constatant que l'approche du « laisser-faire » et de l'autorégulation avait ses limites, les OSE cherchent de plus en plus à s'imposer comme les gendarmes de l'ordre économique mondial. Malgré ces efforts, certaines critiques à leur endroit peuvent être citées:

- Les OSE sont des organisations dont la composition et la gouvernance ne correspondent plus à la réalité géoéconomique mondiale. Les pays du BRIC (Brésil, Russie, Inde et Chine) et d'autres pays émergents jouent un rôle de plus en plus important, notamment à titre de bailleurs de fonds, ce qui fragilise la portée des actions d'OSE comme le FMI et la Banque mondiale et met à mal leur légitimité.
- Les décisions prises par certaines OSE vont à l'encontre des intérêts des populations des pays auxquels les programmes sont destinés. Ce fut le cas des programmes d'ajustements structurels, comme en témoignent la crise argentine et les crises asiatiques dans les années 1990 (deux cas particulièrement intéressants à étudier pour comprendre les effets des programmes et des mesures du FMI qui ne sont pas toujours adaptés au pays).
- Les OSE peinent à réglementer et à mettre sur pied des modes de régulation du système financier international dominé par quelques grandes institutions financières.
- Bien que la pauvreté soit à la baisse dans le monde, les OSE n'arrivent pas à endiguer l'écart croissant entre les revenus des mieux nantis et ceux des plus pauvres (Observatoire des inégalités, 2014).
- L'accroissement de la circulation des produits et services à l'échelle planétaire favorise les multinationales, et les OSE n'arrivent pas à encadrer les actions des multinationales qui n'hésitent pas à délocaliser et relocaliser leur production et leur main-d'œuvre au gré de leurs objectifs à court terme.

- L'accroissement des prérogatives des OSE met à mal les actions des États, notamment démocratiques, ce qui peut parfois aller à l'encontre des intérêts économiques et sociaux des populations nationales.

Ces six critiques ne sont que quelques-unes de celles qui sont généralement formulées à l'égard des OSE. Évidemment, plus ces critiques se positionnent à gauche sur l'échiquier idéologique, plus elles sont acerbes.

Le tableau 4.1 présente et donne une brève description des OSE qui jouent un rôle actif sur le plan macroéconomique. Ces organisations sont en effet parmi les plus importantes structures supranationales qui régissent le système mondial sur le plan économique. Toutefois, leur importance réside également dans leur capacité à influencer d'autres domaines d'activité tels que le politique et le social.

TABLEAU 4.1 Des organisations supranationales à portée internationale[a]

Nom	Date de création et siège social	Pays membres en 2013	Objectifs	Domaines de compétence
Organisation mondiale du commerce (OMC)	1994 Genève	159 pays	Créer et maintenir un système commercial solide et prospère à l'échelle planétaire.	• Marchandises • Services • Propriété intellectuelle • Règlement des différends • Examen des politiques • Soutien aux pays en développement
Banque mondiale (BM)	1944 Washington DC	188 pays	• Reconstruire. • Lutter contre la pauvreté. • Régler des conflits.	• Économies en transition • Urgence humanitaire
Fonds monétaire international (FMI)	1944 Washington DC	188 pays	• Développer harmonieusement le commerce mondial. • Stabiliser les changes. • Résoudre des problèmes de balance de paiement.	• Secteurs financiers • Politiques économiques • Politiques monétaires • Échanges internationaux • Réduction de la pauvreté • Emploi
Conseil économique et social (ECOSOC) Organisation des Nations Unies	1945 New York	54 pays élus pour trois ans	Coordonner les activités économiques et sociales de l'ONU.	• Économie • Aspect social • Aspect culturel • Éducation • Santé publique
G8	1975	France, États-Unis, Grande-Bretagne, Allemagne, Japon, Italie, Canada, Union européenne (Russie, membre invité)	Tenir une réunion annuelle portant sur les enjeux économiques et politiques.	• Gestion macroéconomique • Échanges internationaux • Relations avec les pays en développement
Organisation de coopération et de développement économique (OCDE)	1961 Paris	34 pays membres issus de démocraties de marché	Favoriser la bonne gouvernance des secteurs privé et public grâce à une surveillance structurelle des secteurs économiques clés des pays.	Plus de trente secteurs d'activité allant des migrations internationales au problème du blanchiment d'argent, en passant par l'éducation et la croissance économique

a. Les informations présentées proviennent des sites Internet des organisations et n'ont pas fait l'objet d'une révision critique.

Compte tenu de l'influence de ces OSE et de l'impact de leurs décisions, elles sont devenues, au cours des dernières années, des cibles de choix pour les opposants à la globalisation telle qu'elle évolue depuis la deuxième moitié des années 1990. Globalement, les critiques sont principalement dirigées contre les mesures imposées aux pays en développement pour assainir leurs finances publiques. Rappelons que ces critiques proviennent de différentes sources, dont le courant altermondialiste sur lequel nous reviendrons plus loin, et qu'elles peuvent aussi prendre une dimension institutionnelle. Ce fut le cas avec la création de la Banque interaméricaine de développement (BID) créée en 1954, de la Banque africaine de développement (BAD) créée en 1964 ou encore de la Banque asiatique de développement (BASD) créée en 1966, dont les objectifs généraux sont d'assurer des prêts à long terme et une assistance technique au sein de la région qu'elles desservent (La documentation française, 2014).

En somme, la création de ces banques régionales peut être perçue comme un moyen de contre-balancer le pouvoir d'organisations internationales comme le FMI, l'OMC et la Banque mondiale, en donnant un ancrage régional à des interventions socioéconomiques ponctuelles et ciblées.

4.3 Quelques organisations et leur influence: les organisations à portée régionale

Malgré le processus de globalisation en cours, on remarque qu'à l'heure actuelle, ce sont plutôt les regroupements régionaux qui prédominent. Alors que les organisations internationales ont pour objectif de réguler le commerce international, les organisations supraétatiques à portée régionale, qui sont des entités regroupant des États ayant généralement des frontières communes entre au moins deux des pays membres, ont pour objectif de favoriser les échanges commerciaux et d'accroître la stabilité d'une région donnée. Bien que les organisations supraétatiques régionales favorisent des pratiques nouvelles, il peut aussi s'agir d'une formalisation de relations politiques et économiques déjà inscrites dans les pratiques des acteurs en présence. Généralement, de telles organisations regroupent des pays culturellement similaires, mais ce n'est pas une condition *sine qua non*. C'est pourquoi il existe autant de modèles que d'organisations[6].

Pour les besoins de la cause, nous avons sélectionné trois organisations supraétatiques qui, bien que leurs pratiques dépassent la seule sphère économique, ont une influence importante sur l'évolution du système économique dans leurs régions respectives, et, par conséquent, sur l'ensemble du système capitaliste mondial. Ces trois organisations sont, dans l'ordre, l'Union européenne (UE), l'Accord de libre-échange nord-américain (ALENA) et l'Association des nations de l'Asie du Sud-Est (ANASE).

4.3.1 L'Union européenne

Lorsqu'il est question d'organisation régionale, un des premiers noms qui vient à l'esprit est certes l'Union européenne (UE). Forte d'une alliance regroupant, en 2014, 28 États membres pour une population totale de 509 166 337 personnes (Statistiques mondiales, 2014), l'UE est la concrétisation d'un rêve longtemps caressé. L'idée même de regrouper les pays européens sous une seule bannière vient d'une interminable suite de conflits armés entre les puissances européennes traditionnelles que sont la France, l'Allemagne et l'Angleterre. Bien que l'idée de la création d'une union européenne soit présente dans l'esprit de plusieurs depuis longtemps, il a fallu attendre la fin de la Deuxième Guerre mondiale pour la voir se concrétiser.

La situation catastrophique dans laquelle a été plongée la majorité des pays européens après la Deuxième Guerre mondiale nécessitait des mesures extraordinaires, ce qui a favorisé l'évolution du projet. La coordination d'une aide à l'échelle continentale a donc contribué, du moins au début, à faire évoluer rapidement la mise en commun d'intérêts nationaux[7]. À la fin des années 1940, la seule institution européenne était la Commission économique pour l'Europe (ECE) dont le mandat était de fournir une organisation économique intergouvernementale fonctionnant sur une base sectorielle large (charbon, transport). Aujourd'hui, les activités de l'UE couvrent un large éventail de domaines dont l'agriculture, les droits humains et le commerce extérieur. Parmi les institutions européennes se trouvent un parlement, une banque centrale de même qu'un fonds européen d'investissement, sans oublier une monnaie unique, l'euro, qui a cours dans la majorité des pays membres (18 sur 28 en 2014).

La rationalité institutionnelle et économique de l'UE permet de mettre en lumière la nécessité du communautarisme exigé de la part de chacun des pays membres. En revanche, chaque membre jouit d'un accès direct à un marché économique de très grande envergure et à la mise en commun de la gestion de problèmes qui les concernent tous (immigration, lois du travail, politiques sociales, libre circulation des biens et des personnes, etc.). À cet égard, le défi de l'UE n'est pas tant d'adapter ses institutions à la réalité de chacun des membres, mais bien de favoriser l'intégration des diverses composantes nationales et régionales au sein d'une structure commune. C'est ainsi que la question de la flexibilité des institutions européennes, de même que la relation conflictuelle entre la « raison d'État » et la perte de souveraineté nationale au profit de l'UE et de la Commission européenne, sont des défis constants pour une organisation constituée de 28 pays souverains et dont la légitimité a été sévèrement mise à mal lors de la crise économique qui a débuté en 2008.

Sur le plan strictement économique, les plus grands défis de l'UE demeurent liés au processus de soutien financier aux différents acteurs (PME, grandes entreprises, États), notamment quant au transfert de technologies, à la libre circulation de la main-d'œuvre et aux divers accords permettant de concurrencer, sur le plan international, des géants économiques comme les États-Unis et les pays du BRIC. Toutefois, le défi majeur de l'UE et de chacun de ses membres relève de la double logique dans laquelle toute organisation régionale s'inscrit. D'abord, la logique de l'État-nation au sein de laquelle les gouvernements sont redevables de leurs populations respectives souvent réfractaires à tout affaiblissement de l'économie nationale au profit de l'ensemble de l'Union. Puis, la logique du régionalisme qui exige que chaque entité nationale travaille au mieux-être de l'ensemble de l'Union, quitte à devoir accepter un certain affaiblissement de sa souveraineté. En somme, la relation difficile entre la logique nationale et la logique régionale est au cœur même des défis contemporains de l'évolution de l'UE et des possibilités qu'elle est censée offrir aux différents acteurs (entreprises, mouvements sociaux, gouvernements, citoyens, etc.). Toutefois, et en dépit du processus de globalisation qui touche l'ensemble de la planète, la crise profonde dans laquelle certains membres de l'UE ont été plongés après 2008 a posé les limites de la capacité du Parlement européen à favoriser une vision commune et solidaire du développement de l'Union. Cela devrait contribuer à freiner ou encore à ralentir tout élargissement éventuel de l'UE pour les années à venir. L'encadré 4.1 présente le cas de la crise grecque, qui illustre bien que la solidité de la coopération au sein de l'UE est tributaire des conjonctures économiques.

4.3.2 L'Accord de libre-échange nord-américain

Moins complet en matière de prérogatives que les accords régissant l'UE, l'Accord de libre échange nord-américain (ALENA), démarré en 1994, n'en demeure pas moins important à cause des populations qu'il dessert, soit près de 460 millions de personnes, et de l'importance des transactions marchandes entre le Canada, les États-Unis et le Mexique qu'il initie, soit environ 1155 milliards de dollars américains en biens et services annuellement. Au-delà des chiffres, notons que cet accord a surtout permis au Canada et au Mexique de multiplier leurs exportations vers les États-Unis.

L'impact positif de l'ALENA sur les trois pays membres est réel. Aux yeux de plusieurs, c'est même l'ALENA qui, grâce au commerce avec les États-Unis, a permis au Mexique de se sortir de la crise dans laquelle il a été plongé en 1994, et non les politiques du FMI comme certains l'ont laissé croire (à ce sujet, voir Laderman, Menéndez, Perry et Stiglitz, 2001). Est-ce à dire qu'aucun problème ne se pose entre les membres de l'ALENA ou que le niveau de vie des populations concernées est à son meilleur ? Certainement pas. Qui plus est, la hausse réelle du niveau de vie de la population mexicaine fait trop souvent oublier l'état de pauvreté et de désolation dans lequel se trouvent ses populations autochtones[8]. Et c'est sans parler de la hausse des salaires qui a entraîné la fermeture d'usines, les *maquiladoras*, qui ont préféré déménager que de verser un salaire plus élevé aux employés. De plus, l'ALENA devait permettre une augmentation subtantielle des investissements dans les infrastructures et l'éducation au

ENCADRÉ 4.1 La crise européenne: l'exemple de la Grèce

Avec l'arrivée de la zone euro au début des années 2000, plusieurs membres de l'Union européenne (UE) ont voulu à tout prix joindre cette aventure de la monnaie unique européenne. C'est notamment le cas de la Grèce qui, bien qu'elle faisait partie de l'UE depuis 1981, n'avait pas selon les analystes les reins assez solides pour faire son entrée dans cette zone euro. L'énorme dette publique de la Grèce, initiée selon plusieurs par le gigantisme de la fonction publique, se situait aux alentours de 40 % du PIB. De plus, l'économie souterraine et la corruption minaient considérablement l'économie de la Grèce. Avec l'aide d'institutions financières internationales, la Grèce a enjolivé ses chiffres pour pouvoir se faire accepter dans la zone euro. Selon de nombreux observateurs, les principaux pays de l'UE, l'Allemagne en tête, savaient dès 2000 que les chiffres présentés par la Grèce ne correspondaient pas à la réalité. Toutefois, les pays de l'Union ont décidé de passer outre à cet état de fait et ont permis à la Grèce d'intégrer l'euro à son économie. Compte tenu que les chiffres avancés étaient falsifiés et ne correspondaient pas à l'état de santé de l'économie, la Grèce a été l'un des pays les plus fortement affectés par la crise économique et financière de 2008. Cela a également affecté l'économie d'autres pays de la zone euro et de nombreux problèmes politiques, économiques et sociaux s'ensuivirent.

Quoi qu'il en soit, l'exemple de la Grèce illustre bien les pressions que subissent les États, et qu'ils s'imposent bien souvent, pour joindre des organisations supraétatiques, qu'elles soient à caractère économique ou non. Les discours sur les nécessités de créer des collaborations interétatiques et de favoriser l'ouverture de nouveaux marchés poussent les gouvernements à tout mettre en œuvre pour adhérer à ces organisations. À ce titre, les enjeux économiques et les questions d'ordre identitaire et politique entraînent parfois, comme c'est le cas avec la Grèce, des pratiques qui, à moyen et long terme, ont des répercussions négatives importantes sur les populations impliquées.

La volonté de croissance des organisations supraétatiques est donc au cœur des pratiques des gouvernements qui subissent des pressions internes et externes pour adhérer à ces organisations, devenues de réels lieux de décision à l'échelle régionale et planétaire. Dans un souci de relever l'économie grecque et de donner un souffle nouveau à l'UE, lourdement affectée par la crise financière de 2008, le FMI a uni ses efforts avec elle et avec la Banque centrale européenne. Les membres de cette « troïka », comme il est d'usage de la nommer, ont eu beaucoup de difficulté à s'entendre et à collaborer dans cette opération de sauvetage. Cet exemple de difficile collaboration n'est qu'une illustration de plus des obstacles auxquels sont confrontés des acteurs dont les intérêts, régionaux pour la BCE et l'UE et internationaux pour le FMI, ne sont pas toujours convergents.

Mexique, ce qui ne s'est pas encore produit après 20 ans (Bérubé, 2013). De même, les importations aux États-Unis et au Canada ont cru davantage que les exportations, ce qui a eu des effets importants sur les travailleurs de ces pays avec des impacts directs sur la hausse des inégalités sociales et un accroissement des profits des multinationales et des secteurs financiers. L'un des problèmes récurrents de l'ALENA est l'absence de liens autres que ceux qui relèvent de l'échange économique. À ce titre, la construction identitaire de l'Amérique du Nord est toujours à l'état de projet.

Malgré la faiblesse des institutions de l'ALENA à plusieurs égards, il demeure que même les organisations supraétatiques régionales comme elle, en principe plus souples et mieux adaptées aux besoins de leurs membres, peuvent contraindre les pouvoirs des États dans leurs actions. Dans le but d'illustrer la manière dont les litiges entre les pays membres de l'ALENA sont régulés, l'encadré 4.2 (*voir la page suivante*) présente les grandes lignes du conflit du bois d'œuvre entre le Canada et les États-Unis survenu au début des années 2000.

Le litige entre le Canada et les États-Unis sur la question du bois d'œuvre montre bien les possibilités de collaboration, voire d'interdépendance, entre les accords régionaux et les organisations internationales et entre les États membres. Le fait que le Canada puisse s'adresser à la fois aux instances de l'ALENA et à celles de l'OMC pour un litige concernant deux pays membres liés par un accord régional, révèle qu'une standardisation des normes du commerce et une interdépendance entre OSE est une réalité incontournable du système économique mondial. Toutefois, il aurait pu arriver, et rien ne garantit que cela ne se produira pas dans l'avenir, qu'un tribunal d'une organisation régionale et un tribunal d'une organisation internationale rendent des jugements contraires, ce qui, le cas échéant, aurait difficilement permis d'en arriver à un règlement. En somme, les enjeux et les stratégies des parties en cause dans

ENCADRÉ 4.2 Le litige du bois d'œuvre entre le Canada et les États-Unis

En signant l'ALENA en 1994, le Canada, les États-Unis et le Mexique se sont engagés entre autres choses à éliminer les obstacles au commerce des produits et des services et à faciliter leur circulation entre les trois pays membres. L'article 102 de l'ALENA prévoit des procédures « efficaces pour la mise en œuvre et l'application du présent accord, pour son administration conjointe et pour le règlement des différends » (Affaires étrangères, Commerce et Développement Canada, 2014). Plusieurs autres articles ont été prévus dans le but de régler des litiges. Dans le cas du conflit commercial opposant le Canada et les États-Unis sur l'importation du bois d'œuvre canadien en sol américain, il faut d'abord revenir sur les arguments invoqués par l'une et l'autre des parties pour comprendre la dynamique du conflit, de même que les mécanismes de règlement des différends tels que stipulés dans l'Accord. Le bois d'œuvre résineux est l'un des principaux produits d'exportation du Canada vers les États-Unis. Pour bien saisir les principaux enjeux entourant le conflit qui oppose ces deux partenaires, un bref retour en arrière est nécessaire. Rappelons qu'au plus fort de ce conflit, au début des années 1990, le Canada exportait pour plus de 19 milliards de « pieds-planche », ce qui représentait une valeur de 6,8 milliards de dollars. À l'époque, au Canada, plus de 290 000 personnes travaillaient dans le secteur forestier, alors qu'aux États-Unis la production interne ne suffisait pas à la demande, notamment dans le secteur de la construction. C'est pourquoi non seulement le bois d'œuvre canadien était, et est toujours, en demande aux États-Unis, mais il constitue en outre une source de revenus directe et indirecte de première importance pour les deux pays. C'est donc dire que d'un point de vue strictement économique, l'exportation de bois d'œuvre résineux canadien vers les États-Unis est un des piliers de la relation commerciale entre le Canada et les États-Unis (Affaires étrangères, Commerce et Développement Canada, 2014)[a].

En dépit de l'importance du commerce du bois d'œuvre pour les deux pays, le gouvernement américain, sous la pression du lobby des producteurs de bois aux États-Unis, a limité l'arrivée massive de bois d'œuvre canadien et a imposé, à partir de 2002, des mesures compensatoires d'environ 22 % au Canada pour l'exportation de son bois d'œuvre. Pour exiger ces droits compensatoires, le gouvernement américain a allégué que les programmes de droits de coupe provinciaux canadiens constituaient des subventions aux entreprises, ce qui contrevient aux mesures de l'ALENA. Par le fait même, le gouvernement américain considérait que le Canada pratiquait du dumping commercial en vendant son bois d'œuvre résineux à des prix très bas grâce aux subventions du gouvernement canadien. Celui-ci a fortement contesté ces mesures compensatoires imposées à partir du 22 mars 2002 par le département du Commerce américain, arguant qu'elles sont non fondées et illégales selon les accords signés en 1994. De 2002 à 2006, le gouvernement du Canada s'est adressé à plusieurs instances disciplinaires afin d'obliger les États-Unis à revenir sur leur décision et à mettre fin aux droits compensatoires.

Dans un premier temps, le Canada s'est adressé à des groupes spéciaux binationaux formés en vertu de l'ALENA. Après une série de jugements et de contestations, le Canada a obtenu gain de cause et le gouvernement américain a été sommé de mettre fin à ses mesures compensatoires. Afin de donner plus de poids à ses revendications, le gouvernement canadien s'est également adressé à l'OMC en affirmant que les États-Unis ne respectaient pas les règles du commerce international en vigueur. Après une série de décisions tantôt favorables, tantôt défavorables à la cause du Canada, le 5 décembre 2005, l'OMC a statué en faveur du Canada en soulignant que la « méthode employée par les États-Unis pour fixer les droits compensatoires imposés sur le bois d'œuvre canadien [allait] à l'encontre des règles de l'OMC » (Affaires étrangères, Commerce et Développement Canada, 2014). Le gouvernement canadien s'est aussi adressé au Tribunal de commerce international des États-Unis (TIC), qui, en avril 2006, a rendu une décision favorable au Canada. En dépit de cette victoire et de la ratification de l'Accord sur le bois-d'œuvre résineux le 12 septembre 2006, la relation entre les deux partenaires commerciaux n'est pas au beau fixe sur la question du bois-d'œuvre résineux puisqu'entre 2009 et 2012, les États-Unis ont porté plainte à trois reprises contre le Canada devant le tribunal de l'ALENA.

a. En 2010, l'exportation de bois d'œuvre résineux vers les États-Unis représentait 3,1 % de l'économie québécoise, soit 3,75 millards de dollars et 21,5 % des emplois du secteur manufacturier (Finances et Économie Québec, 2014).

un conflit commercial sont peut-être de plus en plus canalisés dans les organisations supraétatiques, mais en dernière instance, ce sont les États qui demeurent responsables de leurs politiques économiques. Quoi qu'il en soit, l'exemple du bois-d'œuvre résineux est une bonne illustration de l'utilisation d'instances supraétatiques par des États souverains pour résoudre des conflits économiques.

4.3.3 L'Association des nations de l'Asie du Sud-Est

L'Association des nations de l'Asie du Sud-Est (ANASE) est un organisme intergouvernemental de coopération régionale où les décisions sont fondées sur le consensus (ANASE, 2014). Créée en 1967 par l'Indonésie, la Malaisie, les Philippines, Singapour et la Thaïlande, pays auxquels se sont joints plus tard le Brunei (1984), le Vietnam (1995), le Myanmar et le Laos (1997), puis le Cambodge (1999), l'ANASE est le principal mécanisme régional de dialogue sur un ensemble de questions variées (politiques, économiques, sociales, sécurité…). Le mandat de l'ANASE est très large et même si les résultats de ses activités politiques sont parfois mitigés, elle accomplit un travail très important sur le plan de la coopération économique et technique grâce à ses institutions spécialisées, dont la Banque asiatique de développement (BASD).

Outre les rapports avec ses membres, l'ANASE établit avec certains pays des relations de consultation spéciales appelées «partenariats de dialogue». C'est le cas notamment avec le Canada, qui est un partenaire important depuis 1977. L'Australie, la République populaire de Chine, l'Union européenne, l'Inde, le Japon, la République de Corée, la Nouvelle-Zélande, la Russie et les États-Unis sont aussi des partenaires du dialogue de l'ANASE.

4.3.4 Les organisations à portée régionale dans le contexte actuel

Il existe d'autres organisations supraétatiques régionales dans le monde, dont les principales sont présentées dans le tableau 4.2 (*voir la page suivante*). Ce tableau comprend des organisations regroupant plusieurs pays dans le monde, et, même s'il n'est pas exhaustif, il est représentatif de la réalité contemporaine en matière d'accords régionaux. Les accords régionaux peuvent favoriser un plus grand respect des caractéristiques propres aux diverses régions et pays de la planète. Évidemment, certaines composantes étatiques de ces accords sont plus fortes que d'autres; c'est pourquoi il est presque impossible, dans l'état actuel des choses, d'atteindre une égalité pleine et entière entre les acteurs étatiques liés par des accords et des entités supraétatiques.

4.4 Quelques enjeux présents et futurs

Triomphe du capitalisme, de la libre entreprise et de la liberté pour les uns ou domination néolibérale favorisant l'exploitation des travailleurs et l'accroissement des inégalités à l'échelle planétaire pour les autres, jusqu'à présent le début du XXIe siècle est marqué par la consolidation du processus de globalisation et par une concentration de plus en plus grande des richesses mondiales dans les mains de quelques pays riches et de grandes multinationales. En ce sens, le système actuel montre des signes de faiblesse en dépit du fait que jamais dans l'histoire de l'humanité la richesse n'a été aussi grande. L'importance des moyens de communication, à commencer par Internet, contribue à faire ressortir les inégalités entre les peuples et les régions (pour un aperçu du processus de globalisation à géométrie variable et du développement inégal en cours, voir Giraud, 2008, 2012 et Sciences Humaines, 2013-2014). C'est pourquoi de nombreux enjeux sont liés au système actuel et à la manière dont il évoluera au cours des prochaines années. Sur ce point, nul doute que les États sont aux prises avec la nécessité d'ouvrir leurs marchés à l'international tout en continuant d'assurer la protection sociale de leurs populations. Ce défi oblige les gouvernements, souvent séduits par la rhétorique des grandes multinationales quant aux bienfaits de la libéralisation des marchés, à faire preuve d'ingéniosité, de flexibilité et de transparence.

Dans ce jeu où les États semblent perdre quelque peu de leurs prérogatives, on assiste à une prolifération et à une diversification d'acteurs au niveau international. C'est dans cette optique d'accroissement et de diversité des organisations supraétatiques, dont les OSE, que nous aborderons maintenant quelques enjeux importants en ce qui a trait à la place et au rôle de ces organisations.

4.4.1 Les enjeux économiques et politiques

Rappelons l'hypothèse consacrée selon laquelle l'importance accrue du rôle des OSE a pour effet de fragiliser les pouvoirs politiques nationaux. Si ces organisations ne sont pas complètement autonomes devant ces

TABLEAU 4.2 **Des organisations supraétatiques à portée régionale**[a]

Nom	Date de création et siège social	Pays membres en 2014	Objectifs	Domaines de compétence
Union européenne	1967[b] Bruxelles	28 pays	• Dépasser les antagonismes nationaux. • Assurer la sécurité. • Développer la solidarité économique et sociale. • Promouvoir un modèle de société.	Tous les domaines des sphères politique, économique, sociale et culturelle régies par le « principe de subsidiarité »
Accord de libre-échange nord-américain (ALENA)	1994 Mexico Ottawa Washington	Canada États-Unis Mexique	• Renforcer les liens entre les membres. • Contribuer au développement de la coopération internationale. • Promouvoir le développement durable. • Protéger les droits des travailleurs.	• Économie • Droit du commerce • Libre circulation des biens
Marché commun du Cône sud (Mercosur)	1991 Montevideo	Argentine Bolivie (membre associé) Brésil Chili (membre associé) Paraguay Uruguay Venezuela	Favoriser le lien entre le développement économique et la justice sociale.	• Sur le plan politique : favoriser la confiance et l'harmonie entre les membres. • Sur le plan économique : rendre les marchés accessibles aux membres, assurer la flexibilité des démarches administratives aux frontières, faciliter l'investissement, la production, l'exportation et la mise en place de tarifs douaniers communs.
Association des nations de l'Asie du Sud-Est (ANASE)	1967 Djakarta	Brunei Cambodge Indonésie Laos Malaisie Myanmar Philippines Singapour Thaïlande Vietnam	Accélérer la croissance économique, le progrès social et le développement culturel.	• Développement social • Environnement • Science et technologie • Agriculture • Culture et information
Marché commun d'Afrique orientale et australe (COMESA)	1994 Lusaka	19 pays africains	Développer la solidarité panafricaine et l'autosuffisance collective.	• Égalité et interdépendance des États membres • Non-agression • Droits humains • Gouvernance

a. Les informations présentées proviennent des sites Internet des organisations et n'ont pas fait l'objet d'une révision critique.

b. La date de création de l'Union européenne est variable selon le point de vue envisagé. Nous avons choisi 1967, car c'est l'année où le Conseil des ministres de la Communauté économique européenne (CEE) a décidé d'harmoniser les législations en matière de fiscalité indirecte et d'adopter le principe du système de la taxe sur la valeur ajoutée. De plus, le 9 mars de la même année, le premier programme de politique économique à moyen terme a été approuvé (Union européenne, 2014).

pouvoirs politiques, elles n'en acquièrent pas moins une plus grande marge de manœuvre à l'égard des gouvernements. Toutefois, le fait que des OSE puissent s'immiscer dans la conduite de pays souverains peut aussi apporter son lot d'aspects positifs. Le cas des révolutions dans certains pays arabes entre 2010 et 2014, ce qu'il est convenu d'appeler le « Printemps arabe », illustre bien que les interventions des OSE peuvent aussi servir à favoriser des transitions politiques et économiques (*voir l'encadré 4.3*).

ENCADRÉ 4.3 **Le développement économique à la suite du « Printemps arabe » : un exemple de collaboration entre organisations internationales**

Dans une volonté de favoriser le développement économique et d'accroître les échanges avec les pays les plus touchés par ces révolutions démocratiques (le « Printemps arabe »), les pays occidentaux et quelques autres ont mis sur pied, dès 2011, une série de mesures concrètes visant à la reconstruction économique des pays les plus touchés, soit l'Égypte, la Libye et la Tunisie. Parmi les mesures initiées par cette collaboration — qui regroupe entre autres le FMI, l'UE, la Banque mondiale, la Banque africaine de développement et certains États comme les États-Unis, le Royaume-Uni et l'Arabie saoudite — se trouvent les éléments suivants: A) une garantie d'emprunts des États en transition sur les marchés internationaux; B) des fonds régionaux de garantie PME; C) un soutien à l'innovation, au développement urbain intégré et à la décision publique d'investissement, le tout par le recours à des partenariats public-privé. D'autres mesures et programmes d'appui aux pays arabes en transition démocratique ont été mis sur pied (pour plus de détails, voir notamment le site de l'organisme Convention). Il est important de souligner ici la volonté des États et des organisations internationales, qui sont plus souvent qu'autrement des lieux de rassemblement des intérêts de ces mêmes États, d'accroître les mesures de collaboration pour favoriser le développement politique, économique et social des pays concernés. Les objectifs avoués de ces collaborations sont de favoriser la stabilité des pays visés par les interventions et de permettre à ces derniers d'initier ou de renforcer leurs liens économiques avec les pays qui les ont aidés à se restructurer. Dans ce cas, les interventions des OSE sont issues d'une décision de ces dernières et de leurs principaux pays bailleurs de fonds de stabiliser la région et de favoriser le commerce intérieur et extérieur des pays en cause, ainsi que d'une volonté des pays arabes en transition d'obtenir de l'aide de certains pays riches. Ici, les OSE ont servi en quelque sorte d'intermédiaires dans la collaboration entre des pays riches et les pays arabes concernés.

C'est ainsi qu'au fil des ans, les pouvoirs publics de nombreux pays, riches et pauvres, ont perdu certaines de leurs prérogatives au profit des OSE et d'intérêts privés, principalement des multinationales, dont les objectifs vont parfois à l'encontre des intérêts nationaux et des populations qu'ils représentent. Dans ce contexte, on assiste à un débalancement des pouvoirs qui favorisent ces intérêts privés, surtout lorsque les actions des OSE ont pour effet, directement ou indirectement, de favoriser ces mêmes intérêts. Comme le souligne le sociologue Ulrich Beck (2003), les différents acteurs à l'échelle internationale n'ont pas tous les mêmes possibilités de se constituer en acteurs politiques et ainsi espérer influer sur les destinées du système international. Cette réalité laisse donc le champ libre à ceux qui possèdent des ressources importantes pour jouer un rôle déterminant au sein de ce système.

Bien que le déséquilibre entre acteurs internationaux soit bien réel, certaines nuances s'imposent. S'il ne fait aucun doute que la mondialisation a entraîné la perte de certaines des prérogatives des États au profit des intérêts privés, on ne peut nier que les règles internationales imposées par les OSE ont également pour effet de limiter le pouvoir des entreprises multinationales. De plus, l'ouverture de l'espace public international, grâce notamment aux divers mouvements altermondialistes, sert à alerter l'opinion publique au sujet des pratiques contestables de certaines entreprises alors susceptibles d'être boycottées par des consommateurs de plus en plus vigilants. En ce sens, tout système de règles est en soi un contre-pouvoir aux lois du marché et au « laisser-faire » économique. Certes, la raison d'être des organisations dont nous parlons ici n'est pas de remettre en question les fondements mêmes du capitalisme ni d'en freiner l'expansion, bien au contraire. Ces organisations visent à favoriser un environnement stable pour que les bases sur lesquelles repose ce système économique soient des plus solides. Il n'en demeure pas moins que le jeu de pouvoir et de contre-pouvoir qui existe au sein du système international ne sert pas seulement les intérêts des entreprises qui sont à la recherche de revenus plus élevés et de coûts de production plus bas. Autrement dit, et en dépit de la faiblesse de leur système juridique, les OSE peuvent constituer un obstacle de taille à tout abus du système de la part de certaines entreprises, pourvu que la volonté politique des États membres y soit. Sur ce point, on peut considérer qu'une réforme au sein des organisations supraétatiques pourrait s'avérer plus pertinente que l'abolition de ces structures. La question est de savoir comment des États, sur un territoire relativement limité, peuvent avoir du pouvoir dans un contexte où les frontières géographiques perdent de leur importance et où les populations, qui subissent des chocs culturels quasi permanents, semblent de plus en plus soumises aux lois du marché et à l'idéologie consumériste ? À ce titre, les États doivent donc composer avec un ensemble de facteurs parfois radicalement opposés, les divers groupes sociaux d'une société donnée par exemple, alors que les entreprises peuvent se mobiliser beaucoup plus rapidement, ce qui en fait des joueurs mieux adaptés pour dicter les règles du jeu. Est-ce à dire que les entreprises et le capital ont nécessairement l'avantage sur les États et les sociétés civiles ? Loin de là. Le problème ne réside pas tant dans la capacité d'intervention des États que dans leur volonté d'effectuer les changements nécessaires en vue de protéger les populations des effets négatifs des pratiques néolibérales outrancières. Emprisonnés pour ainsi dire dans une logique organisationnelle qui les oblige à se structurer, voire à fonder des partis politiques, les acteurs de la société civile qui voudraient faire contrepoids au capitalisme et aux pratiques des organisations internationales se heurtent à de multiples obstacles et contraintes ; d'où l'importance de privilégier un système de régulation des pratiques économiques à l'échelle nationale et internationale[9].

S'il est vrai que les lois nationales permettent encore de protéger les citoyens d'éventuels abus du marché et de la concurrence en maintenant, bon gré mal gré, certains services sociaux, les gouvernements doivent aussi tenir compte des décisions des grandes organisations supraétatiques. Les changements qu'entraîne l'accroissement de la présence de ces organisations affectent donc directement la capacité des États souverains à légiférer et à intervenir sur leur propre territoire.

Prenons par exemple la question des tarifs douaniers mis sur pied pour protéger les économies locales des excès du libre marché et de la concurrence. Comme il est plus difficile pour les États d'intervenir et de légiférer de façon générale en matière d'échanges économiques, ils entrent dès lors en compétition directe avec des entreprises qui jouissent d'une plus grande flexibilité. La compétition existe aussi avec d'autres États, ce qui les oblige à modifier leurs pratiques et surtout à réduire leurs dépenses pour affronter cette nouvelle compétition. En réduisant les tarifs douaniers, on accroît certes le commerce international, mais les pays les plus fragiles économiquement mettent ainsi en danger leur balance commerciale en augmentant considérablement leurs importations au détriment des exportations[10].

Comme le souligne Moreau Defarges (2002, p. 54-55), pour les États, « [...] les flux de la mondialisation (tourisme, investissements des multinationales, etc.) constituent une condition majeure de leur enrichissement ; il est vital de les attirer ». C'est dire que, dans bien des cas, la priorité n'est plus, ou n'est pas uniquement, de s'occuper des populations, mais d'administrer les affaires de l'État comme on administre une entreprise, c'est-à-dire en accordant une plus grande importance aux dimensions économiques qu'aux aspects sociaux et politiques. Avec la globalisation et l'importance accrue du rôle des OSE, c'est la notion même d'État-providence qui est mise à mal. Comment, dès lors, concevoir le lien social dans un contexte où ces grandes organisations, dont les dirigeants ne sont pas élus par les populations, s'immiscent dans des domaines jadis réservés aux États et aux citoyens ? Et que dire du lien présumément intrinsèque entre la démocratie et le libéralisme économique alors que la Chine, l'un des principaux moteurs de l'économie mondiale actuelle, n'a pas un régime politique pluraliste et ouvert ? Quelle doit être la responsabilité des démocraties libérales à l'égard des pays qui, comme la Chine, bien qu'ils fournissent une main-d'oeuvre de plus en plus qualifiée et à des coûts moindres, ne sont pas démocratiques et souvent irrespectueux des droits de la personne ? De même, il faut se demander pourquoi les États se placent dans des situations où ils perdent des prérogatives au profit de ces entités supraétatiques et de certaines multinationales. La réponse à cette question est complexe et nécessiterait des explications qu'il serait trop long d'exposer ici. Toutefois, certains éléments de réponse apparaissent plus fondamentaux et méritent d'être évoqués.

L'une des raisons pour lesquelles les États acceptent, et dans certains cas encouragent, la création d'entités supraétatiques est liée à la forte pression exercée par les États les plus puissants. Ces puissances semblent avoir tout à gagner de l'ouverture des marchés locaux étrangers rendue possible grâce à la présence de ces entités indépendantes sur le plan juridique, mais économiquement et stratégiquement liées à ceux qui les financent et les soutiennent. Cela dit, l'explication voulant que les entités supraétatiques soient entièrement contrôlées par les États les plus puissants est pertinente, mais elle est insuffisante pour comprendre les raisons qui poussent l'ensemble des États à ouvrir leurs marchés et à abolir les tarifs douaniers sur un ensemble de produits et de services. La promesse, toute théorique dans certains cas, de pouvoir exporter des produits locaux sur les marchés mondiaux est l'une des principales raisons pour lesquelles les États acceptent délibérément de perdre un peu de pouvoir au profit des OSE. Pour certains États, la réalité est plus complexe et il leur est difficile de pénétrer les marchés dominés par des puissances économiques. C'est pourquoi on ne peut s'attarder aux entités supraétatiques et à l'ouverture des marchés sans poser un regard critique sur les possibilités qui s'offrent aux pays les moins nantis en matière d'exportation et d'accès aux marchés mondiaux. C'est dire que cette dynamique, qui met à l'avant-scène les rapports entre États et organisations supraétatiques, est souvent guidée par une double logique où le protectionnisme prévaut dans plusieurs pays nantis, alors que les entités supraétatiques, elles-mêmes contrôlées par ces pays riches, incitent, voire obligent, les pays moins nantis à s'ouvrir au marché mondial pour y laisser pénétrer des produits étrangers.

Un autre élément important lié aux enjeux économiques et politiques touche les mécanismes de régulation des échanges entre différents partenaires économiques. Si la majorité des accords régionaux incluent dans leur charte des mécanismes d'arbitrage bien définis, on peut s'interroger sur la portée réelle des décisions qui sont prises par les instances juridiques de ces organisations. Autrement dit, en dépit de l'existence d'un système qui a été pensé et organisé pour mieux encadrer les échanges de plus en plus nombreux entre les partenaires, plusieurs problèmes sont survenus au cours des dernières années montrant que, dans la pratique, certains de ces mécanismes sont déficients. De plus, la capacité de ces instances à punir les acteurs, publics comme privés, pour leurs écarts de conduite est au cœur des enjeux présents et à venir. Comment, en effet, peut-on pénaliser les fautifs en adoptant des mesures efficientes alors que, dans bien des cas, ceux qui décident des pénalités à imposer sont à la fois juge et partie? Les possibilités de voir deux OSE, l'une régionale et l'autre internationale par exemple, rendre des jugements contraires sont aussi bien réelles. Il apparaît donc que le système actuel, loin d'être uniforme, contribue plutôt à fragmenter les règles qui régissent le commerce international, ce qui va à l'encontre de la raison d'être de ces organisations supraétatiques et des arguments en faveur d'un accroissement de leurs prérogatives.

Bien sûr, on ne peut étudier, sur une base purement comparative, des organisations régionales et internationales sans apporter de nuances. La relation qu'entretiennent entre eux les membres de l'UE, sans vouloir évacuer toute relation de pouvoir entre eux, n'est certes pas la même que les rapports qu'entretient le FMI avec des pays africains par exemple. Qui plus est, ce sont les pratiques des grandes organisations internationales qui suscitent le plus de critiques de la part des sociétés civiles, ce qui montre bien que ces organisations, le FMI et l'OMC en tête, entretiennent un lien ténu avec les populations, voire avec certains gouvernements, et que d'éventuelles réformes seraient bien accueillies par plusieurs acteurs internationaux, à commencer par certaines personnes ayant elles-mêmes œuvré au sein de ces organisations[11]. La question de la main-d'oeuvre et des formes de protection des travailleurs est une autre dimension des enjeux économiques et politiques qui mérite que l'on y prête une attention particulière.

La main-d'œuvre et la protection des travailleurs

Quel rôle les OSE peuvent-elles jouer à l'échelle internationale en matière de main-d'œuvre et de protection des travailleurs? L'évolution et l'accroissement des organisations supraétatiques exercent une influence déterminante sur le plan des relations de travail. Les processus de délocalisation rendus possibles grâce aux accords bipartites ou multipartites ont des impacts souvent inattendus sur l'organisation du travail dans les pays concernés, en ce qui concerne les syndicats, les relations de travail au sein des organisations ou encore la structure même du travail dans un pays donné (lois, mesures de protection, création ou perte d'emplois, etc.).

S'il y a un domaine où la mondialisation est décriée de toutes parts, c'est bien celui du travail et des effets de la délocalisation, de l'exploitation des travailleurs et du travail des enfants pour le compte de multinationales.

Ce phénomène touche plus gravement les pays en voie de développement, mais il concerne aussi ceux qui dominent l'économie mondiale. Selon l'OIT, en 2014, plus de 168 millions d'enfants âgés de moins de 15 ans étaient forcés de travailler. La plupart d'entre eux proviennent de pays en développement, notamment l'Asie et l'Afrique sud-saharienne. Dû au double effet des pertes d'emplois et de la montée du chômage dans des pays développés qui voient leurs entreprises s'installer là où la main-d'œuvre bon marché abonde, cette dimension de la globalisation est de plus en plus remise en question, et ce, bien qu'il semble difficile pour les organisations internationales de la contrôler. Ainsi se pose avec acuité l'immense problème de la protection des travailleurs auquel se heurtent les syndicats nationaux.

Les difficultés inhérentes à la création d'un système global de régulation et au maintien de règles obligeant les entreprises à respecter des conventions collectives à l'échelle internationale ont pour effet de placer les syndicats dans une situation de faiblesse. Or, des organisations comme l'ALENA ou l'OMC ne semblent pas vouloir ou pouvoir se préoccuper de cette question. Le manque d'organisation des travailleurs à l'échelle mondiale a des conséquences importantes non seulement sur la main-d'œuvre, mais également sur le système capitaliste.

En effet, on s'entend de plus en plus dans la communauté scientifique pour souligner que de meilleures conditions de travail entraînent une meilleure productivité et une plus grande stabilité au sein du système, ce qui, à terme, est profitable pour l'ensemble des acteurs. En outre, de meilleures conditions de travail permettraient d'améliorer les critères d'éthique et de gouvernance des entreprises et entraîneraient une meilleure coordination des actions à entreprendre contre les entreprises prises en situation d'illégalité. En matière de relations de travail, il revient à l'OIT d'agir en tant que chien de garde de l'État-providence au niveau international, ce qui la place souvent en porte-à-faux avec certaines des organisations dont nous avons parlé précédemment.

4.4.2 Les enjeux sociaux et culturels

Aborder le thème des organisations supraétatiques sans traiter des enjeux sociaux et culturels serait omettre un important volet de la nature même du système capitaliste contemporain et de sa capacité à agir dans différentes sphères d'activité. En ce sens, le processus de mondialisation enclenché depuis le début des années 1990 s'inscrit parfaitement dans la dynamique du capitalisme instaurée depuis plus de deux cents ans et qui favorise une certaine homogénéisation culturelle[12]. Loin de plaire à tous, la pression exercée par le capitalisme, grâce entre autres aux organisations supraétatiques, alimente les critiques et est à l'origine de mesures adoptées par d'autres organisations internationales pour pallier le processus d'homogénéisation culturelle et de destruction du tissu social propre à chaque contexte national et régional. Plusieurs auteurs, dont des historiens, ont montré avec brio que le capitalisme porte en lui les germes de l'expansion territoriale et de l'unification des systèmes politico-juridiques (Braudel, 1985; Baechler, 1971). Depuis l'apparition des premières formes d'institutionnalisation du capitalisme et l'émergence d'un marché basé sur l'échange, le capitalisme n'a cessé de s'étendre à de nouveaux espaces géographiques et de conquérir de nouvelles entités socioculturelles.

La mouvance altermondialiste

Lorsqu'il est question de mondialisation, c'est justement cette capacité du capitalisme à prendre de l'expansion qu'il faut retenir. En ce sens, la globalisation telle qu'elle se présente aujourd'hui crée un nombre considérable de laissés-pour-compte qui, même si leur nombre tend à diminuer, sont devenus d'une certaine manière plus « visibles ». D'où l'apparition, dans l'espace public international, de voix de plus en plus nombreuses pour dénoncer les excès du néolibéralisme. Les multiples critiques qui fusent de partout à l'égard des OSE ont un objectif commun : remettre en question le discours et les pratiques économiques fortement influencées par ce que plusieurs appellent la « financiarisation du monde » (Boltanski et Chiapello, 1999).

C'est dans ce contexte de contestation et de revendication à l'endroit des organisations supraétatiques que la mouvance altermondialiste connaît une prolifération sans précédent depuis la fin du bloc soviétique. En tant que mouvement dit « arc-en-ciel », parce qu'il englobe une diversité de mouvements, la mouvance altermondialiste a passablement évolué avec le temps. Premier signe de changement, la dénomination même de cette mouvance qui, au début des années 1980, était définie plus fréquemment par le terme « antimondialiste » qui exprimait, à l'époque, bien plus un rejet du processus de globalisation qu'une volonté de le transformer comme c'est le cas aujourd'hui. Un autre aspect de cette transformation de l'altermondialisme est certes l'éclatement des limites idéologiques du mouvement, qui regroupe maintenant une pléiade d'appartenances, allant des anticapitalistes aux libertariens en passant par des réformistes favorables au marché mais critiques à l'égard de sa position hégémonique dans l'organisation des sociétés et des relations internationales en général. Au sein de la mouvance altermondialiste se trouvent même des partisans du nationalisme et du retour au protectionnisme. Cette grande diversité d'intérêts s'étend des défenseurs des tortues des îles Galápagos aux groupes antinucléaires en passant par l'Association pour la taxation des transactions financières et pour l'action citoyenne (ATTAC).

Mouvance aux horizons disparates, l'altermondialisme s'articule néanmoins autour de quelques axes de pensées et d'actions dont la lutte pour le développement, les droits fondamentaux, la paix et la démocratie. Les cibles préférées de l'altermondialisme sont sans contredit le FMI, ainsi que l'OMC et ses efforts de libéralisation des marchés mondiaux. Les altermondialistes considèrent que les pratiques de ces organisations supraétatiques, tout comme celles de la Banque mondiale, du G8 et du G20, pour ne nommer que celles-là, vont à l'encontre des principes de démocratie et de justice sociale. Ils considèrent que l'économie est d'abord et avant tout organisée autour d'intérêts politiques, suivant une logique où les gouvernements abandonneraient consciemment leurs prérogatives au profit d'intérêts privés et antidémocratiques. Les critiques formulées à l'endroit des pays riches dans leurs relations avec les pays pauvres sont également au cœur des revendications d'une majorité de groupes altermondialistes. De plus, les altermondialistes font des grandes multinationales comme Nike, Wal-Mart, les sociétés pétrolières et minières l'objet de leurs critiques les plus virulentes.

Alors qu'au début, les altermondialistes occidentaux se rassemblaient pour manifester là où les grandes organisations se réunissaient (Davos et Seattle pour l'OMC, ville de Québec pour l'éventuelle zone de libre-échange des Amériques, Gênes lors du sommet du G8, etc.), depuis quelques années ils organisent des sommets parallèles dans des endroits généralement situés dans des pays en voie de développement. Ce fut le cas notamment lors des forums sociaux mondiaux de Porto Alegre au Brésil de 2001 à 2003, ou encore lors du forum de Mumbaï en Inde en 2004. Depuis, des forums sociaux dits « polycentriques » sont organisés dans différents endroits, principalement dans des villes de pays en développement, pour bien marquer la différence entre ces sommets et les rencontres des grandes organisations qui, historiquement, se tiennent dans des villes de pays développés. Bien que ces rencontres expriment une volonté de remettre en question la libéralisation des marchés au détriment des dimensions sociales et humaines de la vie en société, elles expriment aussi le passage d'une position purement critique à celle d'une position participative au processus de globalisation. Par le fait même, la plupart des mouvements altermondialistes reconnaissent l'inéluctabilité de l'ouverture des frontières, voire les bienfaits de certaines dimensions de cette ouverture, notamment vis-à-vis de cultures plus ou moins méconnues (celles de certains peuples autochtones d'Amérique par exemple), et une solidarité transfrontalière et transnationale.

Souvent blâmés par le passé parce qu'ils se contentaient de critiquer sans jamais rien proposer, les mouvements altermondialistes ont donc modifié leurs stratégies en orientant leurs discours autour de grandes idées qui font consensus. Parmi celles-ci, notons l'annulation de la dette publique des pays pauvres, une meilleure redistribution de la richesse par le commerce équitable, une plus grande transparence des organisations supraétatiques, l'instauration d'une taxe sur les transactions financières (TTF), communément appelée la taxe Tobin du nom de cet économiste américain qui fut le premier à proposer une telle taxe en 1972, l'abolition des paradis fiscaux, l'opposition à la privatisation de l'eau ou des services de santé et la promotion d'accords internationaux visant à protéger l'environnement, à Kyoto, par exemple. Bien qu'il soit difficile de mesurer la portée réelle des actions des mouvements altermondialistes, c'est grâce à eux si les populations ont pris conscience de l'importance d'organisations telle l'OMC dans la structuration de l'économie mondiale. Après plus de deux décennies d'existence et de présence dans les médias, ces mouvements ont su éveiller les consciences. Des événements comme la crise financière de 2008, le Printemps arabe et la crise européenne ont participé à raviver quelque peu l'altermondialisme avec des mouvements tels *Occupy Wall Street* ou encore le mouvement des indignés (*los indignados*), né en Espagne mais qui a depuis pris une certaine expansion à l'extérieur du pays.

Conclusion

Au cours de ce chapitre, nous avons présenté les trois principales organisations supraétatiques économiques sur le plan international, soit le Fonds monétaire international, la Banque mondiale et l'Organisation mondiale du commerce. Tout en mettant l'accent sur l'importance de ces organisations dans la structuration du capitalisme contemporain, nous avons vu que plusieurs autres organisations internationales et régionales jouent, elles aussi, un rôle important. La chute du bloc soviétique ayant accéléré l'expansion du capitalisme au cours des années 1990, principalement en Europe de l'Est et en Chine, ces organisations n'en sont devenues que plus puissantes et, par le fait même, soumises aux critiques et aux remises en question.

Alors que certains prônent, au nom d'une meilleure répartition de la richesse à l'échelle planétaire, l'abolition de ces grandes organisations supraétatiques nées à la fin de la Deuxième Guerre mondiale, d'autres optent plutôt pour leur réforme. Le choix entre ces deux options, auxquelles s'ajoute le *statu quo*, est certes difficile, mais il ne faut pas oublier que si ces organisations venaient à disparaître, cela pourrait signifier un retour à l'omnipotence des États, ce qui, et l'histoire nous l'enseigne fort bien, n'a jamais réussi à favoriser l'harmonie et la stabilité à l'échelle planétaire, ni sur le plan politique ni sur le plan économique.

Quoi qu'il en soit, les OSE ont joué un rôle fondamental dans l'évolution du système capitaliste tel que nous le connaissons aujourd'hui et il serait fort étonnant qu'elles disparaissent. Selon toute vraisemblance, l'expansion du capitalisme et la faiblesse des autres modèles proposés devraient favoriser davantage de regroupements d'intérêts nationaux au sein d'organisations supraétatiques, et ce, dans une volonté toute capitaliste de concurrencer d'autres entités elles aussi dominées par l'économie de marché et les intérêts spécifiques de quelques acteurs principaux. C'est dans cette optique que les entités supraétatiques occupent des espaces juridiques et économiques restés vierges et qui, autrement, auraient été totalement accaparés par les entreprises multinationales en vue de leur seul profit. C'est dire que loin d'affaiblir complètement l'État-nation, sa présence au sein des organisations supraétatiques pourrait même lui donner un second souffle. En poussant l'argumentaire plus loin, on peut même considérer que la puissance des organisations supraétatiques tient à la volonté des États-nations de ne pas laisser le champ libre à l'entreprise privée dans le domaine de la régulation des échanges économiques mondiaux.

NOTES

1. Bien que le projet d'une organisation supraétatique ait été institué sous la pression du président Wilson, il faut savoir que les États-Unis ne feront pas partie de la SDN, ni l'ex-Union soviétique (URSS).
2. Avant la crise de 1929, les crises successives au sein du capitalisme étaient perçues comme des moments incontournables permettant de « purger » le système et de se renouveler. Plus tard, l'économiste Joseph Schumpeter (1883-1950) élaborera le concept de « destruction créatrice » pour expliquer ces moments de crise précédant la récession économique.
3. Des intellectuels, comme l'économiste anglais J. Maynard Keynes, père du keynésianisme, vont aussi jouer un rôle important dans les transformations à venir en faisant ressortir l'importance de se doter d'organisations supraétatiques pour mieux contrôler les excès du capitalisme.
4. Pour être membre de la Banque mondiale, un pays doit d'abord adhérer au FMI. Le « Groupe de la Banque mondiale » fait référence à 5 entités soit : la Banque internationale pour la reconstruction et le développement (BIRD) comprenant 188 pays membres en 2014, l'Association internationale de développement (IDA) avec 172 pays membres, la Société financière internationale (IFC) avec 184 pays membres, l'Agence multilatérale de garantie des investissements (MIGA) avec 179 pays membres et le Centre international pour le règlement des différends relatifs aux investissements (CIRDI) avec 149 pays membres. L'adhésion à l'IDA, à l'IFC et à la MIGA n'est possible que pour les pays qui sont déjà membres de la BIRD (Banque mondiale : www.banquemondiale.org/print/pays-membres.html).
5. Le cas de l'Argentine, à la fin des années 1990, est un exemple probant des lourdes conséquences des Programmes d'ajustement structurels du FMI sur certains pays.
6. Les débats entourant une éventuelle accession de la Turquie à l'Union européenne pourraient servir de contre-exemple à l'idée de la nécessaire proximité culturelle dans les organisations régionales. Cela ne se fait toutefois pas sans heurts, et le cas de la Turquie est intéressant pour quiconque s'intéresse au lien entre espace culturel et intégration politico-économique au sein d'une structure régionale.

7. On ne peut passer sous silence le rôle du plan Marshall. Ce plan américain d'aide économique à l'Europe a permis aux États-Unis de jouer un rôle important dans la réorganisation de l'Europe d'après-guerre et d'affaiblir la position de l'URSS en Europe occidentale. Toutefois, cela n'a pas nui à la création de l'Union européenne.
8. Il ne faut pas oublier non plus que la situation des autochtones au Canada et aux États-Unis est tout aussi difficile mais peut-être moins visible à cause de leurs « réserves indiennes ».
9. Les cas d'Enron et de Worldcom aux États-Unis au début des années 2000, ou encore ceux de nombreuses institutions financières, aux États-Unis et ailleurs avant la crise de 2008, sont des exemples probants de la nécessité d'adopter des mesures strictes relativement aux pratiques de certaines entreprises.
10. Bien que les économies les plus fragiles soient les plus durement touchées, les États-Unis se heurtent depuis quelques années à un réel problème concernant leur balance commerciale. Ce problème est attribuable principalement aux nombreuses importations provenant de Chine.
11. Le nom de Joseph E. Stiglitz, prix Nobel d'économie, est souvent associé à ceux pour qui des réformes s'imposent. Ancien président de la Banque mondiale, Stiglitz prône une meilleure gestion de la mondialisation par la mise en place d'institutions mieux adaptées à la réalité de l'ensemble des pays (pour plus de détails, voir l'ouvrage de Stiglitz [2003] *Quand le capitalisme perd la tête*). Jean Ziegler, rapporteur spécial sur le droit à l'alimentation pour l'ONU, est aussi associé à ceux qui, parce qu'ils ont travaillé ou qui travaillent encore au sein de ces organisations, ont décidé de dénoncer les abus et les incohérences des pratiques de ces grandes organisations (pour plus de détails, voir l'ouvrage de J. Ziegler [2002] *Les nouveaux maîtres du monde et ceux qui leur résistent*).
12. On pourrait même parler ici de 1492, année qui marque le début de la conquête du continent américain par Christophe Colomb et l'Armada espagnole. Le génocide des peuples autochtones sur ce continent, au nord comme au sud, constitue l'une des premières formes organisées de génocide tant physique que culturel au nom du progrès et du développement de l'économie capitaliste à venir (à ce sujet et au sujet du lien entre culture et conquête, voir Todorov, 1982).

CHAPITRE

5

Lucie Morissette | Urwana Coiquaud | Christian Lévesque

Les syndicats dans la nouvelle économie

Introduction

S'il y a un acteur qui fait l'objet de controverse dans nos organisations, et plus largement dans la société, c'est sans nul doute le syndicat. Pour les uns, il est indispensable à l'atteinte de principes d'équité et de justice, car si la seule responsabilité sociale d'une entreprise consiste à faire du profit comme le soulignait l'économiste américain Milton Friedman (1962, p. 133), cet intérêt matériel, juxtaposé à un déséquilibre inhérent du pouvoir entre l'employeur et ses employés, justifie l'intervention d'un acteur collectif. Cet acteur, le syndicat, serait donc essentiel pour assurer une démocratie en entreprise et une répartition plus juste des ressources.

Pour d'autres, les syndicats ont perdu leur légitimité dans la nouvelle économie. Si on leur reconnaît une fonction sociale au début de l'industrialisation pour pallier les excès du capitalisme, il en est tout autrement aujourd'hui. D'une part, l'économie du savoir s'est caractérisée par une reconnaissance des ressources humaines qui, elle, s'est accompagnée de politiques et de pratiques visant à satisfaire leurs besoins et aspirations. D'autre part, les syndicats n'ont pas su s'adapter à cette nouvelle économie. Ils sont restés prisonniers de leurs réflexes du passé qui peinent à se justifier quand ils ne mettent pas carrément la pérennité de l'entreprise en péril.

Entre ces deux positions réside une réalité beaucoup plus nuancée: certaines entreprises adoptent, souvent sous l'impulsion syndicale, des pratiques de responsabilité sociale, des syndicats cherchent à innover pour s'adapter au nouveau contexte (notamment en travaillant de concert avec l'employeur pour préserver la rentabilité de l'entreprise) et de nouvelles catégories de travailleurs vulnérables en quête de meilleures conditions de travail sont apparus. Autrement dit, la nouvelle économie nous amène à nous questionner sur le rôle que les syndicats seront appelés à jouer à l'avenir et sur la façon dont ils pourront relever ces nouveaux défis.

Ce chapitre propose d'explorer ces questions à travers trois thèmes. Tout d'abord, nous évoquerons les origines du syndicalisme et nous discuterons de l'évolution de la présence syndicale dans le temps et dans l'espace. Ce regard nous permettra de comprendre pourquoi les syndicats sont apparus avec l'industrialisation, comment ils sont parvenus à se déployer et quels sont les défis qui se posent à eux dans les dernières années. Dans un deuxième temps, nous nous attarderons à exposer les rôles que sont appelés à jouer les syndicats dans les milieux de travail et dans la société. Nous nous pencherons en particulier sur leur rôle d'agent de régulation des conditions de travail et de transformation sociale. Enfin, nous explorerons quelques pistes de renouveau syndical afin d'illustrer les innovations déployées par l'acteur syndical pour maintenir sa présence et sa légitimité. Nous verrons à ce propos les initiatives de partenariat patronal-syndical, l'organisation des milieux non traditionnels et les expériences syndicales sur le plan international.

Ce parcours permettra de faire ressortir la capacité d'innovation des acteurs, même les plus traditionnels, lorsqu'ils sont soumis à des contextes changeants et contraignants. Les défis qui se posent aux syndicats sont considérables, mais dans la mesure où le besoin de protection sociale des travailleurs reste d'actualité, cet acteur le demeurera tout autant.

5.1 Les étapes de la construction du syndicalisme : histoire et évolution

Dans cette première partie du chapitre seront présentés le contexte d'émergence des syndicats ainsi que les interventions de l'État qui ont conduit à la reconnaissance de la légitimité de cet acteur dans l'économie. Ensuite, nous dresserons un portrait de la présence syndicale au Québec et ailleurs dans le monde en proposant des explications aux tendances observées.

5.1.1 Pourquoi et comment les syndicats sont nés

C'est au cours du passage du capitalisme marchand au capitalisme industriel, au début du XIXe siècle en Angleterre et quelques décennies plus tard au Canada, que sont apparus les syndicats. À cette époque où l'atelier prend les formes de la manufacture grâce à la mécanisation et à la division du travail, les rapports de travail se transforment eux aussi profondément. Le salariat s'impose comme statut d'emploi et se caractérise par un mode de rétribution du travail par le salaire. Ce dernier sera inévitablement perçu comme un coût à réduire pour les employeurs qui cherchent à maximiser les profits. De plus, les conditions de travail dans ces nouvelles usines s'avèreront pénibles en l'absence de lois visant à protéger les salariés. Le travail en manufacture se traduit concrètement par de longues heures de travail (plus de 60 par semaine), de nombreux accidents en l'absence de mesures de santé et de sécurité et, trop souvent, par l'arbitraire patronal. Le salarié, considéré comme un bien de production comme un autre, peut ainsi perdre son emploi selon le bon vouloir du contremaître, roi et maître dans l'usine.

Les conditions sont telles que tous les membres de la famille (hommes, femmes et enfants) doivent travailler à l'usine pour subvenir à leurs besoins dans un contexte de précarité désolante. Les conditions étaient donc réunies pour voir apparaître des élans de solidarité entre les travailleurs, négligés par les entreprises et les gouvernements. Ils ont vu dans la lutte ouvrière et l'organisation en syndicat une façon d'améliorer leur sort en exerçant un contre-pouvoir vis-à-vis de l'employeur.

Toutefois, les organisations collectives ont longtemps été prohibées et les activistes syndicaux pouvaient être accusés de conspiration criminelle dans le but de nuire au commerce (Coutu, Fontaine, Marceau et Coiquaud, 2013, p. 82). L'opposition aux syndicats fut telle que plusieurs années se sont écoulées avant que les gouvernements modifient graduellement les lois du travail pour reconnaître pleinement et entièrement les syndicats comme représentants légitimes des travailleurs.

En Angleterre, au début du XIXe siècle, les associations d'employeurs soutenaient que les syndicats étaient des organismes criminels qui brimaient la liberté de commerce. Très rapidement, le gouvernement anglais adopta deux lois sur les corporations — les *Combination Acts* de 1799-1800 — interdisant les associations ouvrières professionnelles (Coutu *et al.*, 2013, p. 80-85). Ces dispositions ont contribué à freiner l'action collective, mais les ouvriers ont résisté à cette entrave en organisant des grèves spontanées, des marches populaires et des affrontements violents qui ont forcé le gouvernement à intervenir. L'adoption des lois de 1824 et 1825 et l'abolition de celles de 1799 et 1800 marquèrent les débuts du droit syndical. Cette période est caractérisée par la reconnaissance légale de l'action collective, considérée comme le prolongement des droits individuels des travailleurs. Cinquante ans plus tard, en 1871, s'amorce une nouvelle ère pour le syndicalisme britannique. La loi lève les obstacles à l'action collective en la décriminalisant ; son existence propre est reconnue (Deakin et Wilkinson, 2005, p. 204-209).

Au Canada, à peu près à la même époque, un mouvement semblable s'amorce. En 1872, le syndicat des typographes déclenche une grève pour obtenir une réduction de la journée de travail de 10 à 9 heures. Dans la foulée de cette grève, le gouvernement emprisonne les dirigeants syndicaux, mais la mobilisation populaire est si importante que le Parlement fédéral amende le *Code criminel* et adopte la *Loi des syndicats ouvriers* pour lever l'interdiction des activités syndicales. Cette mesure législative reste insuffisante. Il faudra attendre 1892 pour que l'activité syndicale soit décriminalisée (Coutu *et al.*, 2013, p. 83).

Ainsi, dès 1872 au Canada, les syndicats sont tolérés, mais sans plus. À partir de 1907, l'État se limite à encadrer le recours à la grève dans les industries dites stratégiques pour l'économie du pays. Des mécanismes de conciliation et d'arbitrage sont dès lors prévus pour limiter les conflits et préserver la paix industrielle. Certes, les travailleurs peuvent former des syndicats, mais les employeurs peuvent accepter ou refuser de les reconnaître. Par conséquent, cette période est caractérisée par plusieurs conflits dont l'enjeu demeure la reconnaissance syndicale (Gérin-Lajoie, 2004).

Ce n'est qu'en 1944 que les gouvernements canadien et québécois adopteront un modèle de relations de travail offrant une reconnaissance pleine et entière aux syndicats et affirmant le droit à la négociation collective. Dans un contexte économique où la demande en main-d'œuvre est à la hausse, en particulier dans les industries de guerre, les syndicats n'hésitent pas à recourir à la grève pour se faire reconnaître par l'employeur et améliorer les conditions de travail des ouvriers. Le gouvernement québécois, préoccupé par la paix industrielle, adoptera la *Loi sur les relations ouvrières* qui servira d'ossature au système contemporain de relations de travail, lequel s'inspire largement du *Wagner Act* adopté en 1935 aux États-Unis. Ce système se définit par quatre grandes caractéristiques toujours applicables :

1. Le droit d'association reconnu aux salariés (excluant par le fait même les représentants de l'employeur – cadres, gestionnaires, etc.).
2. Le monopole de représentation accordé au syndicat majoritaire dans un milieu de travail (une seule entreprise ou une partie de celle-ci).
3. L'application obligatoire de la convention collective à tous les salariés inclus dans l'unité de négociation, qu'ils soient membres ou non du syndicat accrédité.
4. Une seule convention par groupe de salariés.

Il faut retenir de ce modèle de relations de travail son caractère décentralisé, ancré dans l'entreprise et fondé sur la volonté de la majorité des salariés d'un même milieu de travail d'être représentés par un syndicat. Quant aux conditions de travail négociées entre l'employeur et le syndicat, consignées dans la convention collective, elles répondent à un principe d'équité s'appliquant à tous les salariés syndiqués.

Ce modèle de relations de travail fut par la suite bonifié à l'avantage des salariés et des syndicats. Notamment, en 1964, le gouvernement de Jean Lesage revoit la *Loi sur les relations ouvrières*, qui deviendra le *Code du travail*, et ouvre la porte au droit à la syndicalisation, à la négociation et à la grève aux employés de la fonction publique et du secteur public. Plus tard, en 1977, le *Code du travail* se voit assorti de deux nouveaux articles, soit l'obligation pour tous les salariés représentés par un syndicat, membres ou non de celui-ci, de payer une cotisation syndicale, ainsi que l'interdiction pour les employeurs de recourir à des briseurs de grève en cas d'arrêt de travail.

Depuis ce temps, l'État intervient peu dans les rapports collectifs du travail. Il a plutôt favorisé une bonification des droits individuels s'appuyant sur les normes minimales du travail, les droits et libertés de la personne, l'équité salariale, la formation professionnelle, encouragé notamment par l'entrée en vigueur des chartes des droits et libertés de la personne au Canada et dans les provinces.

Outre cette individualisation du droit, on voit également se dessiner, du côté de l'État, une tentative plus ou moins passive d'affaiblir l'acteur syndical, par l'exclusion ou par l'offensive.

L'exclusion

La première stratégie, l'exclusion, consiste pour l'État à maintenir le *statu quo* vis-à-vis du *Code du travail*. Ce faisant, le cadre juridique tarde à s'adapter à un marché du travail en transformation, caractérisé par une montée des emplois atypiques. Dans un tel contexte, il est apparu rapidement que l'ossature du régime des rapports collectifs laisse orphelins nombre de travailleurs qui peinent à s'associer collectivement quand ils ne sont pas carrément exclus de la Loi. Les atypiques sont confrontés à deux principaux obstacles : le statut de salarié et les modalités d'exécution du travail.

Le *Code* énonce de façon laconique ce qu'il entend par « salarié » et exclut explicitement ou implicitement de ce groupe certains travailleurs. Il exclut ceux qui, bien que salariés, ne le sont pas au sens du *Code* dans la mesure où ils exercent des fonctions de gestion ou de supervision comme les cadres. Le *Code* fixe également des conditions pratiques au statut de salarié qui, lorsque non réunies, empêchent la syndicalisation, excluant par exemple de nombreux travailleurs agricoles migrants.

Sont aussi exclus ceux qui fournissent leur prestation de travail contre une rémunération, mais sans lien de subordination juridique, c'est-à-dire les travailleurs autonomes. Or, plusieurs d'entre eux vivent sous la dépendance d'un donneur d'ouvrage (le client), sans être pour autant considérés comme salariés et, en l'absence de ce statut, ils n'ont pas accès à la syndicalisation de droit commun. À ce jour, les politiques publiques sont restées muettes sur cette situation, laissant aux tribunaux le soin de trancher au cas par cas (Bernier, Vallée et Jobin, 2003, p. 76 ; Bernstein *et al.*, 2009a, p. 177, 2009b, p. 19).

Qui plus est, certains salariés sont exclus en raison de la modalité d'exécution de leur travail. Ainsi, les travailleurs qui sont liés par contrat à durée déterminée, à temps partiel ou sur appel peuvent théoriquement se regrouper pour former un syndicat accrédité et obliger l'employeur à négocier une convention collective. Toutefois, certains secteurs d'activités peu attractifs en raison des conditions de travail difficiles, précaires ou peu valorisées, font face à un fort taux de roulement du personnel et rendent par conséquent incertain l'établissement d'une représentation syndicale stable. Cette situation frappe surtout le secteur des services privés et du commerce de détail où se trouve un nombre important de salariés en situation non traditionnelle (Bernier, Vallée et Jobin, 2003, p. 76).

En somme, force est de constater que le droit à la syndicalisation s'effrite à mesure que le nombre de salariés occupant des emplois à temps plein au sein d'une même entreprise pendant plusieurs années diminue, au profit de salariés dont l'emploi est atypique.

L'offensive

La deuxième stratégie, l'offensive, est initiée par les États qui, à titre d'employeurs, n'hésitent pas à recourir à des politiques et pratiques visant à réduire brutalement ou graduellement les droits syndicaux de ses salariés. Aux États-Unis, nombreux sont les États qui, au nom de la crise économique et du déficit, ont limité, voire anéanti, le droit à la négociation collective et à la syndicalisation, avançant que les salaires et les avantages sociaux des employés du secteur public étaient supérieurs à ceux du secteur privé. Or, les études démontrent l'argument inverse (Cantin, 2012). Alors que les causes du déficit reposent sur des choix fiscaux et budgétaires, certains États américains choisissent de faire reposer le fardeau du déficit sur les employés syndiqués du secteur public, un choix qui relève davantage de l'idéologie que du pragmatisme (Cantin, 2012 ; Sauviat, 2011).

Au Canada, l'État n'a pas eu recours à des attaques aussi féroces. Il n'en demeure pas moins que les syndicats sont fragilisés par une série de mesures saupoudrées dans plusieurs projets de loi qui, au final, visent à limiter les droits des syndicats dans la fonction publique même si, comme nous le verrons dans la section suivante, le taux de syndicalisation dans ce secteur demeure élevé.

5.1.2 Qu'en est-il aujourd'hui de la présence syndicale ?

Ce revirement de l'État à l'égard des syndicats ne serait-il en fait qu'une manifestation d'une tendance sociale plus large ? Ces observations depuis l'Amérique du Nord correspondent-elles à celles qui ont cours ailleurs dans le monde ? Les données officielles montrent une baisse de la présence syndicale. En effet, le tableau 5.1 (*voir la page suivante*) montre que, dans les pays de l'Organisation de coopération de développement économique (OCDE), le taux moyen de syndicalisation est passé de 34 % en 1960 à 18 % en 2010. Cette diminution a été particulièrement importante aux États-Unis (−20 %), en Allemagne (−16 %), au Japon (−14 %), au Royaume-Uni (−13 %) et en France (−12 %), alors qu'au Canada, le taux n'a diminué que de 2 %.

En se penchant plus précisément sur l'Amérique du Nord, nous remarquons d'emblée que le taux de syndicalisation au Québec se maintient autour de 40 %. Cependant, il convient d'apporter certaines précisions afin de mieux cerner la répartition des salariés syndiqués en fonction des secteurs. En effet, la proportion de travailleurs syndiqués est de loin plus élevée dans le secteur public, aussi bien au Québec que dans les autres provinces canadiennes et aux États-Unis (*voir la figure 5.1, à la page suivante*). Plus précisément, notons qu'au Québec, en 2010, ce sont dans les secteurs de l'administration publique (80,8 %), des services publics (75,3 %), de l'enseignement (74,7 %) et de la santé (65,6 %) que se retrouve la plus forte présence syndicale.

Comment expliquer ces tendances à la baisse dans les pays de l'OCDE et les disparités sectorielles observées en Amérique du Nord ? Trois hypothèses peuvent être examinées : le cadre légal, les valeurs et préférences des salariés et le contexte institutionnel et économique.

En ce qui concerne le cadre légal, il convient d'abord de nuancer les données sur les taux de syndicalisation puisqu'elles ne reflètent pas nécessairement le poids réel des syndicats dans chacun des pays. Malgré la tendance à la diminution du nombre de personnes syndiquées ces dernières années, le nombre de personnes bénéficiant des avantages d'une convention collective est resté relativement stable. Cette situation résulte du fait que, dans plusieurs pays européens, les négociations collectives se déroulent sur le plan des branches industrielles et qu'elles peuvent s'étendre à des personnes et à des entreprises non syndiquées. C'est le cas notamment en

TABLEAU 5.1 Le taux de syndicalisation dans quelques pays industrialisés (en pourcentage)

Pays	1960	1970	1980	1990	2000	2010	Tendance (1960-2010)
Allemagne	35	32	35	31	25	19	−16
Belgique	39	40	51	51	49	51	+12
Canada	29	31	34	34	28	27	−2
États-Unis	31	27	22	15	13	11	−20
France	20	22	18	10	8	8	−12
Japon	32	35	31	25	22	18	−14
Mexique	-	-	-	-	16	14	-
Québec	28	36	34	40	40	40	+12
Royaume-Uni	39	43	50	38	30	26	−13
Suède	72	68	78	80	79	68	−4
Moyenne des pays de l'OCDE	34	34	33	26	20	18	−16

Sources: Statistiques pour tous les pays à l'exception du Québec: OCDE (2014). Statistiques pour le Québec: Rouillard (1989); Ministère du Travail du Québec (1999, 2011).

FIGURE 5.1 Le taux de présence syndicale, en 2010, dans les secteurs privé et public (en pourcentage)

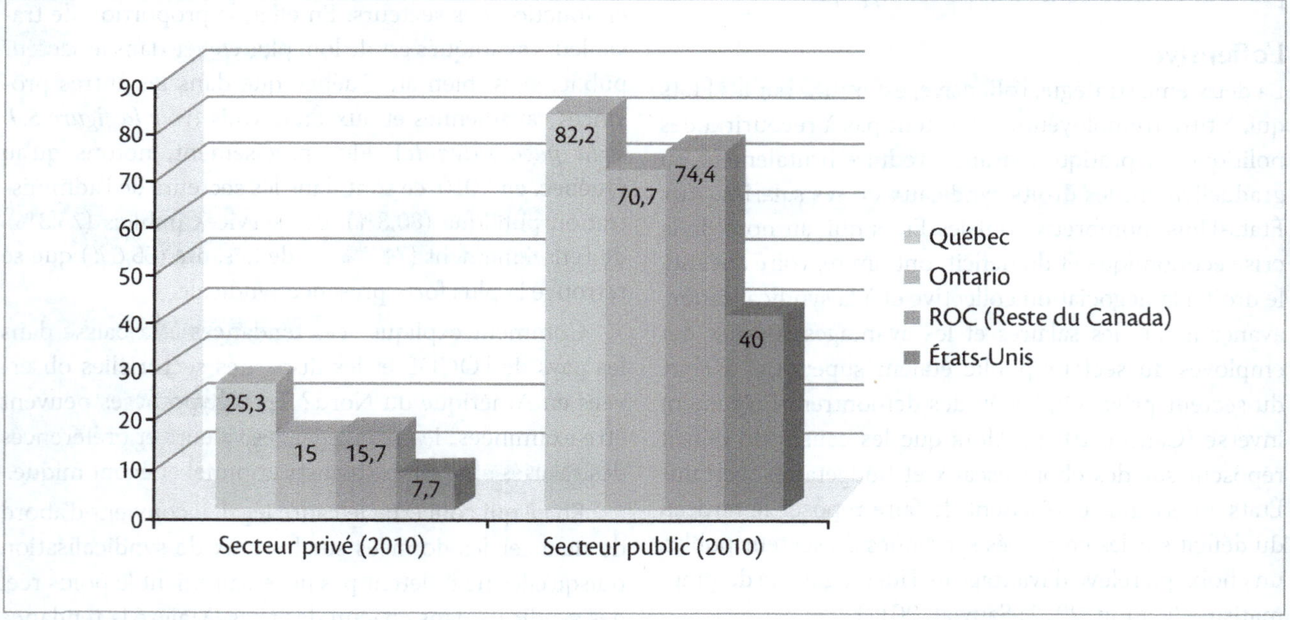

Source: Ministère du Travail du Québec (2011, p. 8).

Allemagne, en Autriche, en Belgique et en France. Le cas de la France est particulièrement significatif. Ce pays industrialisé présente le plus faible taux de syndicalisation, alors que 90 % des salariés bénéficient de conditions de travail négociées par extension. Ce paradoxe apparent s'explique par la singularité du modèle français de relations professionnelles, où les organisations syndicales négocient pour l'ensemble des salariés et non pour leurs seuls adhérents (Amossé, 2004, p. 3). Par exemple, un salarié de Carrefour, une entreprise du secteur de la grande distribution, sera assujetti aux conditions fixées par la Convention nationale du commerce de détail et de gros à prédominance alimentaire. Les salariés des agences de placement bénéficient également d'une telle convention qui les suit dans les différentes entreprises où ils sont appelés à travailler pour des missions plus ou moins longues (Notebaert, 2006). Ainsi, en France, comme dans plusieurs pays européens, les avantages de la convention collective ne se rattachent pas à une entreprise, comme c'est le cas au Québec, mais à un secteur ou à une branche industrielle.

Il est vrai cependant qu'aux États-Unis, en Grande-Bretagne, au Japon et au Canada, le taux de syndicalisation est similaire au taux de couverture des conventions collectives, à quelques différences près[1]. La baisse plus ou moins forte du taux de syndicalisation dans ces pays pourrait-elle alors s'expliquer par une adhésion plus faible aux syndicats ? Les préférences des salariés se détourneraient-elles de la représentation collective et des syndicats au profit d'un individualisme plus marqué ou d'un éclatement des formes de solidarité ?

Largement diffusée dans certains forums publics, cette thèse ne résiste pourtant pas à l'épreuve des faits. En réalité, l'appui aux syndicats est plus présent que ce que les données sur la syndicalisation indiquent (Freeman et Rogers, 1999 ; Lévesque et Murray, 2001). Une étude récente démontre que le tiers des citoyens canadiens et américains expriment leur confiance envers les syndicats et que les jeunes sont plus nombreux que leurs concitoyens plus âgés à l'exprimer (Frangi, Hennebert et Memoli, 2014). Autrement dit, les syndicats ne sont pas perçus comme une institution obsolète. Au contraire, on les voit plutôt comme des organismes exerçant une fonction sociale centrale dans les milieux de travail et, plus largement, dans la société.

En somme, l'idée que se soit installée une forme de désaffection envers les syndicats mérite d'être nuancée. Il y a certes une proportion non négligeable des personnes syndiquées qui préféreraient ne pas l'être, mais la majorité d'entre elles le désirent et en sont fières. De plus, une partie importante des salariés n'a pas accès à la syndicalisation, même si elle le souhaiterait. En réalité, le désir de se syndiquer est en grande partie influencé par le pouvoir individuel dont disposent les travailleurs pour négocier des conditions de travail avantageuses (Haiven, 2006). Ainsi, les salariés qui disposent de peu d'autonomie et de faibles qualifications pourraient percevoir plus d'avantages à la syndicalisation en se dotant d'une force collective pour négocier avec leur employeur. C'est le cas notamment des travailleurs des chaînes de restauration rapide qui vivent dans la précarité (faibles salaires, horaires de travail variables avec peu d'heures garanties, employés facilement substituables, etc.). À l'inverse, des ingénieurs en informatique ou des développeurs web qui sont très en demande seront peu attirés par la syndicalisation, puisqu'ils disposent d'un pouvoir suffisant pour négocier eux-mêmes des conditions de travail avantageuses.

Il serait par contre erroné d'affirmer que seuls les salariés dits « au bas de l'échelle » ont un attrait pour la syndicalisation. Plusieurs professionnels parmi les plus spécialisés sont attirés par la représentation collective, qu'ils perçoivent comme un moyen de contrer une précarisation de plus en plus forte. Pensons par exemple aux artistes, aux pigistes, aux camionneurs, aux responsables en service de garde. Autrement dit, la solidarité apparaît là où les besoins d'une protection sociale se manifestent. Et c'est à ce moment-là que la syndicalisation devient une solution.

Mais alors, comment expliquer l'adhésion syndicale d'un grand nombre de travailleurs sans que cela se reflète sur les taux de syndicalisation, du moins en Amérique du Nord ? Il faut revenir aux contextes institutionnels et économiques pour y trouver des réponses.

Nous l'avons mentionné plus haut, une proportion de plus en plus importante de travailleurs n'ont pas légalement accès à la syndicalisation (les travailleurs autonomes) ou ils y ont difficilement accès (les travailleurs à temps partiel, temporaires, des agences de placement). Le *Code du travail* a été pensé pour faciliter la syndicalisation aux salariés qui travaillent pour une seule entreprise, idéalement à temps plein, pour une durée indéterminée. L'ancrage de la représentation collective étant l'entreprise, l'effritement des liens avec celle-ci aliène le travailleur d'un droit fondamental, celui de se syndiquer pour améliorer ses conditions de travail.

Le contexte économique dominé par la concurrence explique aussi en partie l'écart qui se creuse entre le taux de syndicalisation et le désir de se syndiquer. Les nombreuses restructurations d'entreprises des dernières années ont eu pour effet d'affaiblir la présence syndicale d'une part, et de limiter la volonté de certains travailleurs d'initier des démarches de syndicalisation d'autre part. À ce propos, rappelons les nombreuses fermetures d'entreprises et vagues de licenciements qui ont fait la manchette, touchant particulièrement les entreprises manufacturières syndiquées. Pensons par exemple à Electrolux qui a décidé de fermer son usine de l'Assomption, au Québec, pourtant économiquement viable pour bénéficier des avantages offerts par l'État du Tennessee. Les fermetures et les menaces de fermeture sont une réalité tangible pour bien des salariés et des syndicats dont les usines se délocalisent avec une facilité déconcertante. Ce phénomène explique en bonne partie la décroissance du taux de syndicalisation dans le secteur privé en Amérique du Nord.

À ce phénomène s'ajoute celui des fermetures pour motif antisyndical. La résistance des employeurs à des tentatives de syndicalisation se durcit et les méthodes employées se radicalisent. Rappelons-nous la fermeture du magasin Wal-Mart à Jonquière, celle du restaurant McDonald de la rue Peel à Montréal et, plus récemment, celle de deux dépanneurs Couche-Tard de Montréal: elles se sont toutes produites après une tentative de syndicalisation des employés. Ce phénomène n'est pas étranger au secteur d'activité de ces entreprises, soit celui des services privés, où les coûts de main-d'œuvre représentent une part importante des coûts de production. Or, il est bien connu que la résistance patronale est d'autant plus forte lorsque «l'effet syndical» (*Union Schok Effect*) est présumé appréciable sur les salaires et les avantages sociaux (Verma, 2005; Haiven, 2006).

La tendance actuelle en matière de syndicalisation peut finalement être résumée en trois points. Premièrement, les taux de syndicalisation sont en baisse dans la plupart des pays de l'OCDE; au mieux, ils sont stables, comme c'est le cas au Canada et au Québec. Deuxièmement, cette tendance ne reflète pas nécessairement l'adhésion, la confiance des travailleurs envers les syndicats. Au contraire, les faits tendent plutôt à démontrer qu'une part significative de salariés souhaitent maintenir leur statut de syndiqués ou encore le devenir. Troisièmement, les barrières à la syndicalisation proviennent donc moins des individus eux-mêmes que du cadre légal, qui rend difficile l'accès à la syndicalisation pour les travailleurs atypiques ou qui offre des possibilités de résistance aux employeurs utilisant des stratégies de fuite pour l'éviter. Dans la prochaine section, nous examinerons les deux principaux rôles des syndicats, soit ceux qu'ils jouent à titre d'agents de régulation des conditions de travail et de transformation sociale.

5.2 Le rôle des syndicats

On l'a vu, l'histoire des syndicats suit une trajectoire remplie d'incertitudes et d'embûches. Leur raison d'être est souvent remise en cause, leur rôle contesté et leur pertinence questionnée. Pour le dire autrement, les syndicats dérangent. Ils représentent un contre-pouvoir au sein et au-delà de l'entreprise. Ils mettent en lumière les divergences d'intérêts entre employés et employeurs, et parfois les exacerbent. Ils cherchent à rééquilibrer le rapport de force entre les parties prenantes en renforçant la capacité d'agir des personnes en situation de subordination. Les syndicats ne modifient pas cet état de subordination, mais ils en atténuent les contours par des actions visant la protection des personnes qu'ils représentent et de l'ensemble de la société. On distingue ainsi généralement les actions qui cherchent à protéger les intérêts économiques et professionnels des employés de celles qui visent la défense de leurs intérêts socio-politiques (Gagnon, 1994).

Cette dualité dans les actions des syndicats montre les deux visages du syndicalisme: un agent de régulation des conditions de travail et un agent de transformation sociale. Sachant que selon les époques et les lieux, ces visages peuvent prendre des formes variées, il est possible de distinguer trois types idéaux de syndicalisme, associés à des orientations idéologiques distinctes (Hyman, 1997):

1. Le syndicalisme d'affaires qui accorde la priorité à la négociation collective et dont les fonctions se rapportent pour l'essentiel à la régulation de conditions de travail.
2. Le syndicalisme d'intégration sociale qui priorise l'élévation du statut des travailleurs dans la société et la justice sociale et des actions visant à la fois la défense de leurs intérêts économiques et sociaux-politiques.
3. Le syndicalisme d'opposition radicale qui met l'accent sur le militantisme et la mobilisation sociopolitique pour faire progresser les intérêts de classe des travailleurs.

Dans la réalité, les syndicats combinent généralement différents aspects de ces trois types idéaux et peuvent prioriser, par exemple, à la fois la négociation collective (syndicalisme d'affaires) et la participation aux grandes orientations politiques d'un pays (syndicalisme d'intégration sociale). Néanmoins, les syndicats ont plu tôt tendance à se définir en fonction de l'un ou l'autre de ces pôles. Par exemple, en France, certains syndicats comme la Confédération générale du travail (CGT) et Solidaires Unitaires Démocratiques (SUD) se rapprochent du type de syndicalisme d'opposition radicale, alors que la Confédération française démocratique du travail (CFDT) est plus près du syndicalisme d'intégration sociale. En Allemagne, et dans la plupart des pays nordiques, le syndicalisme d'intégration sociale domine, alors qu'au Royaume-Uni, le syndicalisme d'affaires est le plus courant (Gumbrell-McCormick et Hyman, 2013).

Aux États-Unis et au Canada, diverses formes radicales de syndicalisme ont également émergé, comme les Chevaliers du travail et les Industrial Workers of the World, qui ont connu leur apogée au début du XXe siècle, mais le syndicalisme d'affaires est le type dominant. De la même manière, au Québec, le syndicalisme d'affaires a toujours occupé une place importante, notamment en raison de la forte présence des syndicats américains. La négociation collective et la régulation de conditions de travail représentent le socle sur lequel se définissent les orientations idéologiques des syndicats. Cela dit, dans les années 1970, le discours des trois principales centrales syndicales (CEQ, CSN et FTQ) se radicalise, et on assiste à l'émergence d'un syndicalisme qui met l'accent sur le militantisme et la mobilisation socio-politique pour faire progresser les intérêts de classe des travailleurs. Cependant, au cours des années 1980-1990, les syndicats ont été appelés à participer à divers forums pour discuter des grands enjeux sociaux-politiques, ce qui les a conduits à se rapprocher davantage d'un type de syndicalisme d'intégration sociale.

La mondialisation de l'économie et le démantèlement de l'État-providence placent de nouveau les syndicats devant des choix difficiles. Doivent-ils privilégier essentiellement la défense des intérêts socio-économiques de leurs membres au risque de défendre des intérêts purement corporatistes ? Doivent-ils s'engager sur la voie du dialogue social avec le gouvernement et participer à l'effritement de l'État-providence ? Dans un contexte d'intensification des inégalités sociales, doivent-ils entreprendre des actions plus radicales afin de protéger les intérêts de la majorité ?

5.2.1 Un agent de régulation des conditions de travail

Quelles que soient leurs orientations idéologiques, les syndicats ne peuvent ignorer leur rôle d'agent de régulation du marché du travail et des conditions de travail. La façon dont ils assument cette fonction a largement évolué avec le temps. Au début du XXe siècle, les syndicats cherchaient principalement à contrôler l'offre de travail. Les ouvriers étaient alors regroupés en fonction de leur métier dans une région donnée : les cordonniers de Montréal, les typographes, les ébénistes, etc. Deux éléments caractérisent ce type de marché du travail. D'un côté, les travailleurs sont très mobiles et changent d'employeur en fonction de la demande. De l'autre, les employeurs n'ont pas des structures de gestion très élaborées, notamment en matière de gestion des personnes. Dans un tel contexte, le syndicat agit comme un intermédiaire entre les travailleurs et les employeurs en fixant les salaires et en procédant à l'allocation de la main-d'œuvre. Pour combler leurs besoins de main-d'œuvre, les employeurs doivent communiquer avec le syndicat qui répartit ensuite le travail parmi les ouvriers syndiqués. Ces syndicats de métiers agissent de la même manière que les agences de placement. L'efficacité de ce type de régulation des conditions de travail dépend de la capacité du syndicat à entretenir de bonnes relations avec les travailleurs et les employeurs, mais aussi et peut-être surtout, de sa capacité à contrôler l'accès au métier afin d'assurer les meilleures conditions de travail à ses membres.

L'industrialisation puis le taylorisme ont passablement atténué l'efficacité de ce mode de régulation des conditions de travail. La division du travail et la fragmentation des tâches ont provoqué une décomposition des métiers et, du coup, elles ont amoindri la capacité de négociation des syndicats de métiers. Les ouvriers de métier pouvaient être remplacés par des ouvriers moins qualifiés et interchangeables, réduisant d'autant les ressources de pouvoir des ouvriers de métier.

Le poids des ouvriers de métier diminua considérablement, ce qui provoqua une baisse importante du taux de syndicalisation : de 1921 à 1931, au Québec, le taux de syndicalisation passa de 17,3 % à 9,0 % pour ensuite remonter à 16,8 % en 1941 (Rouillard, 1989, p. 206). Bien sûr, la crise de 1929 explique en partie cette diminution, mais elle résulte aussi de l'incapacité des syndicats de métiers à recruter de nouveaux adhérents dans la grande industrie où les emplois sont en croissance, comme dans les pâtes et papier, le textile et l'industrie du vêtement. Ces années sont marquées par des divisions et des tensions entre les syndicats de métiers et les « nouveaux syndicats » dits industriels, qui cherchent à regrouper tous les travailleurs d'un même établissement eu égard au travail ou à la tâche effectuée, plutôt que les ouvriers pratiquant un même métier.

Au fil des décennies, le poids relatif des ouvriers de métier s'est amenuisé et la régulation par le contrôle de l'offre de travail a cédé le pas à la régulation par le contrôle du marché interne du travail. Par marché interne, il faut comprendre les mécanismes internes d'allocation de la main-d'œuvre qui définissent l'ensemble des postes, des affectations et des modes de rémunération, ainsi que les règles qui régissent la mobilité des travailleurs au sein de cet ensemble. Les conventions collectives assurent la régulation de ce marché interne en introduisant des règles telles que l'ancienneté pour encadrer les divers mouvements de main-d'œuvre au sein d'une entreprise. La régulation se déplace donc du secteur à l'établissement et consiste à encadrer le plus possible les décisions de l'employeur en échange de la paix industrielle pendant la durée de la convention collective.

La régulation par le marché interne du travail a assuré aux travailleurs une augmentation continue de leur pouvoir d'achat pendant près de trente ans (les Trente Glorieuses, 1945-1975) (Krugman, 2007). La mondialisation de l'économie et le désengagement de l'État ont mis à mal ce modèle de régulation. Au tournant des années 1980 et 1990, la flexibilité est devenue un enjeu crucial dans le cadre des négociations collectives, aussi bien dans le secteur privé que public (Bélanger, Giles et Murray, 2004). Pour faire face aux exigences concurrentielles de la nouvelle économie, les employeurs ont exigé des assouplissements importants aux conventions collectives, notamment en termes de durée, de classification et de rémunération. Cette période est ainsi marquée par la flexibilisation de la relation d'emploi sous de multiples formes : flexibilisation des contrats d'emploi, polyvalence, flexibilité des opérations, flexibilité numérique et salariale, etc.). Pour obtenir des concessions sur le plan des salaires ou des conditions de travail, les employeurs ont recours à des stratégies d'investissement qui visent à récompenser ou à punir des établissements et utilisent des pratiques comme les comparaisons coercitives et les menaces de relocalisation. Encore aujourd'hui, l'actualité foisonne d'exemples qui illustrent cette tendance.

Dans un tel contexte, les syndicats arrivent difficilement à protéger les conditions de travail des employés devant les exigences concurrentielles de la nouvelle économie. Néanmoins, les syndicats représentent encore un des seuls moyens pour les travailleurs d'améliorer leurs conditions de travail. En témoignent les données sur la rémunération des travailleurs non syndiqués et syndiqués au Canada. En 2010, le salaire moyen des travailleurs syndiqués à temps plein était de 26,76 $ l'heure, comparativement à 22,71 $ chez les non syndiqués. L'écart est encore plus marqué dans le cas des travailleurs à temps partiel : le salaire moyen des travailleurs syndiqués s'établit à 22,09 $, comparativement à 14,02 $ pour les travailleurs non syndiqués (Statistique Canada, 2011).

Les travailleurs canadiens syndiqués ont également de meilleures chances d'avoir accès à un régime de retraite que leurs collègues non syndiqués. C'est dans le secteur privé que l'écart est le plus important : 71,7 % des employés syndiqués y ont accès par opposition à 24,7 % chez les non syndiqués (Akyeampong, 2002).

La nouvelle économie place les syndicats sur la défensive et les contraint à négocier à la baisse les conditions de travail. Elle oblige également les syndicats à revoir leurs modes de régulation. Si l'industrialisation et le taylorisme ont rendu désuète la régulation par le contrôle du marché externe de travail, il se peut que la mondialisation ébranle les fondements du modèle de régulation de contrôle du marché interne et force les syndicats à construire un nouveau modèle de régulation mieux adapté à la nouvelle économie.

5.2.2 Un agent de transformation sociale

Les syndicats doivent constamment faire l'arbitrage entre les multiples intérêts portés par leurs membres : les intérêts des jeunes salariés et des plus âgés, les intérêts des femmes, des minorités visibles, des salariés plus qualifiés par rapport aux moins qualifiés, etc. Ce défi se pose dans chaque milieu de travail lorsque le syndicat cherche à réguler les conditions de travail des employés, mais il s'amplifie quand son action se transpose au niveau sociétal. Ce n'est pas uniquement une question de changement d'échelle, du local au sociétal ; il s'agit aussi d'un changement plus qualitatif concernant la nature des enjeux. En effet, cette action syndicale ne vise pas uniquement la défense des intérêts particuliers d'un groupe d'employés, mais implique aussi la promotion d'un projet de société. En réalité, les syndicats participent à de nombreux débats touchant à toutes les sphères de la société. Ils ont ainsi développé des positions et des revendications sur des thèmes aussi variés que l'environnement, l'économie, l'équité, la discrimination, le chômage et la culture, pour ne nommer que ceux-là. Pour ce faire, ils ont dû travailler avec de nombreuses associations, dont les groupes de femmes ou les défenseurs des non syndiqués et des immigrants.

Deux autres avenues complémentaires s'offrent aux syndicats pour faire la promotion de leurs revendications: 1) établir des liens plus ou moins formels avec des partis politiques qui mettent de l'avant les aspirations des travailleurs et 2) participer directement aux décisions macro-économiques et politiques. En Europe, plusieurs syndicats ont établi des liens formels avec des partis politiques pour promouvoir les intérêts des travailleurs. On pense notamment, en France, à la CGT qui a des liens étroits avec le Parti communiste ou à la CFDT qui est plus près du Parti socialiste. On retrouve la même tendance dans plusieurs pays européens, mais également en Amérique du Sud. La participation des syndicats dans des structures formelles de décisions gouvernementales, quoique moins répandue, est néanmoins présente. On pense par exemple à l'Autriche et à la Suède où les syndicats sont parties prenantes des grandes décisions gouvernementales touchant l'ensemble de la société. C'est ainsi que les syndicats font valoir les intérêts des travailleurs.

Aux États-Unis et au Canada, les liens entre les partis politiques et les syndicats sont moins formels, plus ponctuels. Si le cas du Nouveau Parti démocratique (NPD) au Canada fait figure d'exception en la matière, de manière générale, les syndicats vont appuyer des partis politiques sans toutefois établir de liens organiques avec eux. De la même manière, la participation des syndicats à la chose publique n'est pas très répandue. Bien sûr, les syndicats expriment leurs besoins et revendications, mais ils prennent rarement part aux décisions.

En cette matière, la situation au Québec apparaît exceptionnelle. Selon la sociologue Mona-Josée Gagnon, dès les années 1960, les syndicats développent de nouveaux rapports avec le gouvernement et le lieu de son action se déplace. Le syndicalisme «n'était plus simplement un "opposant de l'extérieur" mais aussi un "participant de l'intérieur"» (Gagnon, 1994, p. 68). Ce déplacement se concrétise par la participation des syndicats à divers comités consultatifs. Il prend une forme plus achevée au sein du Conseil consultatif de la main-d'œuvre, organisme paritaire patronal-syndical qui conseille le ministre du Travail sur les orientations du gouvernement. Les centrales syndicales sont également appelées à siéger aux conseils d'administration de régies, de commissions ou de sociétés d'État. De plus, les syndicats peuvent faire valoir leur voix à la Caisse de dépôt et placement du Québec, à la Société générale de financement et à la Société québécoise de développement de la main-d'œuvre. Depuis le début des années 1980, la Commission de la santé et sécurité du travail (CSST) est gérée paritairement par les représentants des employeurs et des syndicats. Durant cette période, diverses expériences de concertation sont menées autour de conférences socioéconomiques qui regroupent les acteurs de la société civile, dont les syndicats. On peut penser par exemple à la participation de plusieurs syndicats québécois à l'atteinte du déficit zéro.

L'intensité de la participation des syndicats à la chose politique au Québec varie dans le temps et prend des colorations différentes selon les partis au pouvoir. Cette participation apparaît néanmoins bien enracinée et offre des espaces pertinents d'action pour les syndicats. Il s'agit d'un trait distinctif du syndicalisme au Québec. En revanche, la difficulté des syndicats à développer un projet de société mobilisateur qui répond aux aspirations de la population ne constitue pas un trait distinctif des syndicats québécois en Amérique du Nord. Pour Gumbrell-McCormick et Hyman (2013), la crise de la social-démocratie en Europe place les syndicats et leurs alliés politiques sur la défensive et réduit d'autant leur capacité à proposer une alternative au projet néo-libéral. Ce déficit de projet pousse les syndicats à se replier sur leur rôle d'agent de régulation des conditions de travail.

5.3 Les pistes d'un renouveau syndical

Au cours de son histoire, le syndicalisme a été confronté à de nombreux défis et a dû se réinventer en mettant de l'avant de nouvelles pratiques pour s'adapter aux changements économiques, politiques et sociaux. La nouvelle économie le place devant de nouveaux défis et l'oblige à repenser et à revoir ses répertoires d'action ainsi que son projet de société; ces dernières années, différentes avenues de renouvellement ont été expérimentées. Nous jetterons maintenant un regard plus précis sur trois actions visant à renouveler les pratiques syndicales: les expériences de partenariat patronal-syndical, les expériences de syndicalisation auprès de groupes non traditionnels et les expériences qui s'exercent sur le plan international.

5.3.1 Les expériences de partenariat patronal-syndical

La création de partenariats patronaux-syndicaux suscite de nombreux débats au sein du mouvement syndical en Amérique du Nord. Selon Kumar et Schenk (2005, p. 32), ces débats opposent deux conceptions de l'action syndicale : l'approche à gains mutuels ou à valeur ajoutée et l'approche de mouvement social. La première repose sur l'hypothèse que la survie des syndicats passe inévitablement par le développement de partenariats entre employeurs et syndicats. Dans ces partenariats, le syndicat est appelé à collaborer avec l'employeur pour assurer la compétitivité de l'entreprise. Le syndicat doit démontrer qu'il représente une valeur ajoutée pour l'entreprise. La seconde approche considère que le renforcement du pouvoir du syndicat nécessite un accroissement de sa capacité de mobilisation, le développement d'actions dans les sphères économique, politique et sociale et la promotion d'un projet syndical articulé autour d'enjeux sociaux et communautaires. Dans le premier cas, on met l'accent sur la capacité de dialogue, dans l'autre, sur la capacité de mobilisation.

Ce débat illustre le dilemme dans lequel se trouvent les syndicats : doivent-ils entrer de plain-pied dans la gestion des entreprises ou plutôt développer un rapport de force ? Cette question n'est pas récente : l'opposition et l'intégration sont les facettes indissociables, mais parfois difficilement conciliables de l'action syndicale. Celle-ci se présente différemment selon la forme de capitalisme dans lequel elle s'exerce. Comme nous l'avons fait ressortir dans le chapitre 1, le capitalisme peut prendre plusieurs formes. À une extrémité du continuum, il y a les économies libérales largement déréglementées et très flexibles, comme aux États-Unis et au Canada, et à l'autre, les économies coordonnées fortement réglementées, comme en Allemagne (capitalisme européen continental) et en Suède (capitalisme social-démocrate).

Le rôle joué par les représentants des employés dans la gestion des entreprises constitue un des facteurs clés de distinction des formes de capitalisme. Dans certains pays, comme en Allemagne, les institutions du travail favorisent une forte implication des représentants des employés dans les différents paliers décisionnels. À la base, les conditions de travail sont déterminées à l'échelon des branches après des négociations entre les représentants syndicaux et ceux des associations d'employeurs. Ils négocient des conventions collectives qui couvrent aussi bien les établissements syndiqués que non syndiqués dans une branche donnée. À ce système de négociation sectorielle se juxtapose un système de représentation à l'échelon des entreprises et des établissements. Dans les entreprises de plus de 2000 employés, la moitié des sièges au conseil de surveillance sont réservés aux représentants élus par l'ensemble des employés (Dufour et Hege, 2002, p. 60-61). Dans chaque établissement de plus de 10 employés, la direction doit favoriser la création d'un comité d'établissement dont les représentants sont élus par l'ensemble des employés, syndiqués ou non. Voici les droits reconnus à ce comité : le droit de recevoir l'information financière, le droit d'être consulté sur l'organisation du travail et le droit de veto en ce qui a trait aux diverses pratiques de gestion des ressources humaines (modification aux principes de rémunération, introduction de nouveaux modes de paiement ou de primes, évaluation de la performance des employés, etc.). Ce système repose donc sur deux piliers : les négociations collectives qui sont centralisées dans les branches sectorielles et la participation des représentants des employés qui s'exerce au sein des structures de codétermination établies dans chaque établissement comme dans l'ensemble de l'entreprise. En somme, les représentants des employés peuvent infléchir les décisions de l'employeur sur plusieurs plans. En plus de favoriser la coopération entre les employeurs et les représentants des employés, ce système accentue la coopération entre les employeurs (Thelen, 2009).

On l'aura compris, ce modèle de capitalisme favorise le partenariat patronal-syndical et pousse les syndicats vers un rôle de participation plutôt que d'opposition. La forme de capitalisme de marché libéral, comme elle existe au Canada et aux États-Unis, repose sur une toute autre logique (Godard, 2009). Ce capitalisme ne favorise pas la participation des syndicats au processus de décision. Dans un tel contexte, le syndicat cherche à restreindre la marge de manœuvre de l'employeur en négociant des clauses qui encadrent les décisions et à faire respecter la convention collective. Ainsi, les économies libérales ne favorisent pas explicitement le partenariat patronal-syndical. Néanmoins, au cours des 25 dernières années, les initiatives de partenariat se sont accentuées en Amérique du Nord, notamment au Québec. Ces initiatives se développent aussi bien dans le secteur manufacturier (Bridgestone/Firestone, Barry Callebaut) que dans celui des services privés (Desjardins) et publics (centres hospitaliers) (Ministère du Travail du Québec, 2005).

Contrairement à ce qu'on pourrait croire, les initiatives de partenariat sont plus répandues dans les établissements fortement intégrés à l'économie mondiale, ce qui laisse voir que la mondialisation n'a pas uniquement pour effet d'éloigner les parties, mais qu'elle peut aussi les rapprocher (Harrison et Laplante, 2002; Lévesque et Murray, 2005). Les conditions économiques et, plus particulièrement la survie économique d'un établissement, représentent un facteur déterminant dans l'implantation d'un partenariat patronal-syndical. Autrement dit, en contexte de forte concurrence, les représentants syndicaux et ceux de l'employeur sont en fait condamnés à travailler ensemble pour assurer la survie de l'entreprise et, en corollaire, pour maintenir les emplois.

Néanmoins, de nombreux analystes soulignent la fragilité des expériences de partenariat patronal-syndical (Bourque et Rioux, 2001; Laplante et Harrison, 2008; Kochan *et al.*, 2008; Schuster et Weidman, 2006). Plusieurs facteurs contribuent au caractère à la fois éphémère et contradictoire de ces initiatives partenariales. Nous en retenons trois.

En premier lieu, les acteurs ne s'entendent pas sur la signification et la portée du partenariat. Si, pour les représentants syndicaux, il est associé à une plus grande participation au processus de prise de décision, du côté des représentants des employeurs, il renvoie plutôt au développement d'attitudes de coopération. Ces deux conceptions correspondent en fait à deux formes différentes de partenariat: la régulation conjointe et ce qu'il est convenu d'appeler le microcorporatisme (Lapointe, 2001; Lévesque et Murray, 2005; Wells, 2001). La régulation conjointe se caractérise par un réel partage du pouvoir entre le syndicat et la direction, en ce sens que le syndicat conserve sa pleine autonomie et son indépendance par rapport à la direction. Le microcorporatisme comprend les situations où les représentants syndicaux sont invités à participer au processus de prise de décision, mais aussi à adhérer complètement à la logique de compétition des entreprises. Dans un tel contexte, il est pratiquement impossible de distinguer les représentants syndicaux de ceux de la direction tellement les premiers ont adopté le discours de la direction sur les exigences de compétitivité de l'usine. Il s'ensuit un affaiblissement de l'image du syndicat.

On pourrait penser que la régulation conjointe est associée à des rapports conflictuels alors que le microcorporatisme serait caractérisé par des relations de collaboration. Or, c'est souvent l'inverse et cela peut sembler paradoxal puisque le microcorporatisme repose sur la promotion de la coopération patronale-syndicale et sur une communauté d'intérêts entre les parties. Pourtant, c'est justement cette approche qui exacerbe le plus les tensions et les conflits dans les relations du travail. Le microcorporatisme, en ne reconnaissant pas la diversité des intérêts en jeu et l'indépendance du syndicat, crée les conditions qui minent toute forme de coopération réelle entre la direction et le syndicat. À l'inverse, la régulation conjointe repose sur une approche qui reconnaît la pluralité des intérêts en jeu et l'autonomie du syndicat. Dans ce contexte, la direction admet que ses intérêts et ceux des travailleurs ne coïncident pas toujours et elle ne cherche pas à intégrer le syndicat ni à réduire de manière systématique la portée de ses actions. Ainsi, plutôt que de nier l'existence des conflits, la régulation conjointe favorise la création de mécanismes permettant leur expression et leur résolution, ce qui crée les conditions d'émergence de relations coopératives.

La légitimité de ces expériences, en particulier l'appui obtenu par les mandants des représentants de l'employeur et du syndicat, est un deuxième facteur qui peut miner la réussite des partenariats. Du côté de l'employeur, si les pressions économiques peuvent constituer un facteur favorable à l'instauration d'un partenariat, elles peuvent aussi représenter un frein à son développement. En effet, les exigences liées au rendement à court terme créent énormément de pression sur les gestionnaires et les obligent dans certains cas à mettre de côté ces expériences (Bettache, 2010; Lapointe, Lévesque, Murray et Le Capitaine, 2004). Il est en effet généralement admis que ce type d'expérience ralentit le processus décisionnel, ce qui peut être incompatible avec les attentes à court terme des actionnaires. Du côté syndical, l'apprentissage d'un nouveau rôle pour les représentants ne se fait pas sans heurts; plusieurs l'ont appris à leurs dépens. Il n'est pas rare en effet que les salariés jugent sévèrement leurs représentants lorsqu'ils s'engagent dans des expériences de partenariat. Ils considèrent qu'ils sont trop près de la direction, qu'ils s'éloignent de leur base et qu'ils ne représentent pas les intérêts des salariés. Ces critiques s'expriment avec plus de véhémence dans les contextes de rationalisation des effectifs, d'impartition de la production ou d'intensification du travail. Les représentants sont donc appelés à concilier des exigences qui ne sont pas nécessairement compatibles: d'un côté, ils doivent s'engager dans le processus de prise de décision pour faire valoir les intérêts des salariés, au risque de mettre en péril les expériences de partenariat, ou même la bonne entente avec les représentants de la direction; de l'autre, ils doivent faire preuve d'ouverture à l'égard de ces derniers, au risque de voir les salariés s'éloigner de leur syndicat, remettant ainsi en cause leur légitimité.

En troisième lieu, la réussite des expériences de partenariat exige le déploiement de nouvelles compétences et la recherche de nouvelles sources de pouvoir, en particulier du côté syndical. Plusieurs études montrent que dans les milieux de travail où le syndicat est incapable de développer de nouvelles compétences (en finance, en organisation du travail, en économie, etc.), d'accroître son expertise et de créer de nouveaux réseaux, il est soit exclu du processus de décision, soit engagé dans une forme de microcorporatisme. Dans un cas comme dans l'autre, il exerce peu d'influence sur les décisions de la direction. À l'opposé, dans les milieux où il est capable de faire jaillir ces nouvelles sources de pouvoir, il peut jouer un rôle actif et déterminant dans le processus décisionnel (Lévesque et Murray, 2010).

Si le partenariat patronal-syndical est dépeint dans certains milieux comme une voie d'avenir pour les syndicats, force est de reconnaître que c'est un processus exigeant dont les retombées demeurent incertaines et parfois contradictoires. On comprend dès lors un peu mieux les débats que soulèvent ces expériences dans le monde syndical.

5.3.2 L'organisation des milieux non traditionnels

Jadis, l'acteur syndical représentait les travailleurs à temps plein, de race blanche, de sexe masculin, de religion catholique ou protestante, dans la force de l'âge, généralement mariés, chefs de famille et hétérosexuels, travaillant pour une seule entreprise tout au long de leur vie professionnelle. Aujourd'hui, il fait face à une toute nouvelle réalité, bigarrée, multiforme, ce qui le met face à au moins quatre défis:

1. Organiser de nouveaux milieux de travail.
2. Affronter la complexité d'une organisation contractuelle inédite et précaire.
3. Organiser des milieux de travail en dépit de la précarité des conditions de travail.
4. Représenter un milieu dans toute sa diversité (femmes, immigrants, jeunes).

Face à la montée en puissance de cette précarité contractuelle, des conditions de travail difficiles et de l'iniquité, l'acteur syndical, au regard de sa mission, ne pouvait qu'être interpellé, incité à renouveler ses approches en tentant d'atteindre des zones d'emploi qui jusqu'alors lui étaient inconnues ou inatteignables et à se remettre en question. Aujourd'hui, les syndicats, mais aussi l'ensemble des acteurs du marché du travail, doivent composer avec ces nouvelles réalités.

Comment l'acteur syndical appréhende-t-il la représentation de ces milieux non traditionnels? L'encadré 5.1 illustre deux stratégies utilisées par un syndicat, les Travailleurs unis de l'alimentation et du commerce (TUAC), pour syndiquer des milieux non traditionnels, soit les travailleurs migrants embauchés par les fermes québécoises. Pour y parvenir, les TUAC ont dû recourir à une stratégie à plusieurs niveaux visant d'une part la contestation juridique pour ouvrir le droit à la syndicalisation à ces travailleurs, et d'autre part, la création de coalitions avec les acteurs locaux lui permettant de forger des solidarités malgré la particularité de ces travailleurs étrangers, établis temporairement et dispersés géographiquement. Ce cas illustre les obstacles auxquels l'acteur syndical a été confronté et où son ingéniosité pour épouser les formes et caractéristiques de ces milieux de travail est remarquable.

5.3.3 Les expériences syndicales sur le plan international

L'organisation syndicale à portée internationale n'est pas un phénomène nouveau. La première de ces associations a été créée à Londres en 1864 sous l'impulsion de Karl Marx qui en fut le premier secrétaire général. Connue officiellement sous le nom Association internationale des travailleurs (AIT), elle fut dissoute en 1872, mais fondée à nouveau en 1889. Appelée plus tard Première Internationale, elle était surtout une plateforme pour les partis politiques et les syndicats, qui s'en servaient pour exprimer leur vision de la société à construire. Ce n'est qu'en 1901 qu'on verra la création d'un secrétariat syndical international regroupant les confédérations nationales et axé sur l'action syndicale.

On peut distinguer deux types d'instance syndicale internationale. On trouve d'abord la Confédération syndicale internationale (CSI), qui rassemble les

ENCADRÉ 5.1 Des travailleurs migrants en quête de justice et d'équité : le combat des TUAC

Depuis plusieurs décennies, le secteur agricole s'est radicalement transformé. Les exploitations agricoles se sont agrandies et leur caractère familial s'est estompé. Le travail réputé harassant, dangereux à cause de la machinerie lourde et de l'utilisation fréquente de substances chimiques, mal rémunéré et saisonnier n'attire pas ou peu les nationaux. Dans ces circonstances, les exploitants ont eu recours à une main d'œuvre immigrante, mais surtout migrante, facilement accessible par le biais de programmes fédéraux. Ces ouvriers agricoles sont des travailleurs saisonniers, en provenance de pays comme le Mexique et le Guatemala. Captifs d'un employeur auquel est attaché leur permis de séjour, ils travaillent dans les champs ou les serres pour la saison. Leurs conditions de travail et de vie sont parfois difficiles, dangereuses et discriminatoires, et ils n'obtiennent en retour qu'une faible rémunération et peu de protection sociale. Interpellé par leurs conditions de travail et de vie, le mouvement syndical a tenté de leur venir en aide, mais un obstacle de taille s'est dressé devant lui : le *Code du travail* empêchait nombre de ces travailleurs d'être syndiqués.

En effet, jusqu'en mars 2014, l'article 21 du *Code du travail* prévoyait que : « Les personnes employées à l'exploitation d'une ferme ne sont pas réputées être des salariés aux fins de la présente section, à moins qu'elles n'y soient ordinairement et continuellement employées au nombre minimal de trois ». Initialement, cette exclusion était motivée par la volonté de tenir à l'écart de la syndicalisation les petites exploitations agricoles de type familial. Cependant, la reconfiguration du secteur et les piètres conditions de travail offertes dans de nombreuses fermes au Québec appellent le mouvement syndical à agir, mais cette exclusion le freine dans sa capacité de représentation. Or, de nombreuses exploitations agricoles répondent positivement à l'exclusion, car la plupart d'entre elles ne fonctionnent pas l'hiver et n'emploient pas le minimum de trois travailleurs de façon continue pour pouvoir s'associer, comme l'exige le *Code*.

En dépit de cette disposition, les TUAC déposent en 2010 une requête en accréditation afin de représenter six travailleurs migrants d'une exploitation maraîchère familiale qui les emploie entre les mois d'avril à octobre. Naturellement, l'employeur s'est opposé à la requête, en invoquant l'exception prévue au *Code*.

Les TUAC entendent toutefois mener une bataille judiciaire pour faire invalider l'exclusion prévue au *Code du travail*, s'appuyant sur les droits fondamentaux qui consacrent le droit d'association. En effet, dès 2001, le plus haut tribunal au pays a dû se prononcer à plusieurs reprises sur la teneur et la portée de la liberté syndicale consacrée par notre Constitution et en a livré une interprétation inédite, favorable à une meilleure reconnaissance de la liberté d'association dans le domaine du travail. Le mouvement syndical entend se saisir de cette opportunité pour contester le bien-fondé de cette exclusion et ouvrir à ces travailleurs l'accès à la syndicalisation.

Le 16 avril 2010, la question est tranchée. La Commission des relations du travail (CRT) déclare l'exclusion légale inopérante, car contraire à la liberté constitutionnelle d'association : « En privant ainsi le salarié du régime de négociation et de la reconnaissance syndicale, l'État entrave "substantiellement" la capacité de ces travailleurs à s'associer et à défendre leurs intérêts en matière de relations de travail. » Elle les prive du droit d'accession à un véritable régime de négociation collective de leurs conditions de travail. L'employeur contestera en vain la légalité de cette décision et la Cour supérieure précisera que les effets de la décision de la CRT seront suspendus pendant 12 mois, pour permettre au législateur de revoir la Loi. Mars 2014 marquait l'anniversaire de cette décision historique sans que le gouvernement ait manifesté son intention de modifier la Loi. Par conséquent, le combat judiciaire mené par la centrale syndicale aura eu pour effet de rendre inconstitutionnelle une exclusion légale prévue au *Code* et de permettre à nombre de travailleurs agricoles d'entrevoir un avenir syndiqué sous la protection du *Code du travail*.

À n'en pas douter, il s'agit d'une victoire pour ces milliers de travailleurs migrants agricoles qui viennent, saison après saison, effectuer des travaux dans les fermes canadiennes. L'accès à la syndicalisation permet d'accorder, à un emploi caractérisé par la précarité, la saisonnalité et la non-citoyenneté, un ancrage institutionnel à travers le syndicalisme. En fait, il s'agit d'une double victoire, tant à l'égard des obstacles dressés par la législation – cette décision écarte une disposition jugée dépassée – qu'à l'égard des travailleurs titulaires d'emplois précaires. En réinstaurant la liberté syndicale, un nouvel avenir s'offre à ces travailleurs.

À ce jour, dans certaines fermes, le syndicat a pu négocier par exemple des clauses de convention collective qui permettent aux travailleurs migrants venus pour une saison d'être les premiers à être rappelés la saison suivante. Une substantielle avancée pour ces ouvriers agricoles migrants dont le rappel au travail, d'une saison à l'autre, était jusque-là laissé à l'arbitraire patronal.

Cette victoire juridique n'aurait toutefois pas été possible sans la construction d'alliances, de coalitions et de solidarité entre les TUAC et les groupes communautaires locaux voués à la défense des travailleurs migrants. Ce combat n'aurait pas eu la même résonnance ni le même résultat spectaculaire sans une action menée sur le

▶

ENCADRÉ 5.1 Des travailleurs migrants en quête de justice et d'équité : le combat des TUAC (*suite*)

terrain destinée à se rapprocher de ces communautés de travail et à gagner leur confiance.

Cela faisait plus d'une décennie que les TUAC travaillaient auprès des travailleurs agricoles, surtout migrants, pour avoir le droit de les représenter. Tandis que les employeurs bénéficiaient d'un réseau de représentation puissant, établi depuis de nombreuses années, l'Union des producteurs agricoles (UPA), la Fondation des entreprises en recrutement de main-d'œuvre agricole étrangère (FERME), les travailleurs agricoles de leur côté, pour la plupart immigrés ou migrants, peinaient à se faire représenter. Et, chaque fois qu'une démarche de syndicalisation était entreprise, les fermes pouvaient compter sur l'appui financier du syndicat des employeurs pour contester les demandes d'accréditation.

Quant aux TUAC, ils ont dû surmonter nombre d'obstacles : contourner la barrière de la langue, gagner la confiance de ces travailleurs souvent éprouvés par des conditions de vie difficiles (éloignement de leur famille et de leur communauté ; situation économique précaire ; situation politique de leur pays qui peuvent leur faire craindre sinon redouter la syndicalisation), briser l'isolement des ouvriers dans les fermes, déjouer la confusion entre le lieu de travail, la ferme et le domicile des travailleurs migrants logés sur place, et apaiser leurs craintes à l'endroit d'éventuelles représailles commises par leurs employeurs, car ils dépendent le plus souvent du bon vouloir de ces derniers pour y revenir l'année suivante au moment des récoltes ; voilà l'éventail des défis auxquels s'est attelé le syndicat.

En collaboration avec l'*Alliance des travailleurs agricoles* (ATA), les TUAC Canada ont formé la plus importante association de travailleurs agricoles au Canada. Un réseau de dix centres d'aide dispersés à travers le pays a été sciemment installé à proximité des exploitations, le premier ayant vu le jour en 1992. Au Québec, ils se situent à Saint-Rémi et à Saint-Eustache. Chacun offre de multiples services en lien avec les besoins de la communauté de travailleurs. Leur action ne s'est pas polarisée sur l'atteinte d'un seul objectif, l'accès à la syndicalisation. Au contraire, plusieurs projets ayant pour but de répondre à leurs besoins immédiats ont été mis en place pour qu'ils se sentent davantage respectés dans leur travail, qu'ils soient prémunis contre des conditions de travail dangereuses et pour qu'ils puissent lutter contre l'attribution de logements souvent insalubres : « L'idée est de nous rendre dans ces communautés par le biais de notre personnel et de bénévoles afin d'informer les travailleurs de leurs droits et des services que nous pouvons leur fournir en tant que membres de l'ATA. » Ces interventions ont permis à nombre de travailleurs d'avoir accès à certains traitements médicaux, à une formation en santé et sécurité au travail et à une assistance lors de demandes d'indemnisation. Plus récemment, les TUAC Canada se sont approchés des autorités des pays qui envoient leurs travailleurs vers le Canada dans le but « de promouvoir les droits fondamentaux de ces travailleurs migrants et favoriser une structure coopérative d'échange d'informations pour aider à prévenir l'exploitation et le recrutement frauduleux. » En somme, l'action menée sur ce terrain dépasse le répertoire classique de l'action syndicale en y incorporant de nouvelles fonctions, à savoir : développer des moyens de pression comme l'action politique afin de changer les politiques publiques et les façons de faire des employeurs (*advocacy*) ; offrir des services aux membres pour faciliter leur intégration au pays d'accueil ; donner accès à des services dans leur langue maternelle, mais également à des cours de français ; former et informer ; assister ces travailleurs dans leurs démarches administratives.

Sources : *Travailleuses et travailleurs unis de l'alimentation et du commerce, section locale 501 c. L'Écuyer* (2010) ; *Travailleurs et travailleuses unis de l'alimentation et du commerce, Section locale 501 c. Les Productions Horticoles Demers inc.* (2013) ; *Travailleuses et travailleurs unis de l'alimentation et du commerce* (TUAC) (2010)

confédérations ou centrales syndicales d'un pays telles que la Confédération des syndicats nationaux (CSN), le Congrès du travail du Canada (CTC) ou l'American Federation of Labor aux États-Unis. On trouve ensuite les syndicats mondiaux (Global Unions) qui regroupent, sur une base volontaire, des syndicats nationaux professionnels ou industriels, comme le Syndicat des Machinistes et le Syndicat des Métallos. On compte présentement neuf syndicats mondiaux, les plus actifs étant concentrés dans la métallurgie, le transport, l'énergie, la chimie, les services, les télécommunications et l'alimentation, partout où les multinationales sont largement présentes. Au total, ces fédérations représentent plus de 100 millions de travailleurs répartis dans une centaine de pays.

Depuis la création des premiers programmes de coopération et de développement humanitaire, la participation syndicale à l'échelle internationale a grandement évolué. Un nombre croissant de syndicats étendent d'ailleurs leur action au-delà de leurs frontières dans le but de promouvoir les intérêts des travailleurs. Par exemple, au Québec, des représentants de la CSN, de la CSQ et de la FTQ sont engagés dans des programmes d'éducation syndicale en Haïti, au Mali et au Burkina Faso, pour ne nommer que ces pays. Comme partout ailleurs, les organisations syndicales cherchent aussi de nouvelles voies pour protéger les services publics (eau, électricité, éducation, santé, etc.) qui font face aux tendances lourdes de la privatisation. Elles s'engagent de plus en plus dans des actions concertées avec les ONG et les groupes communautaires pour assurer le maintien et la qualité des services publics.

Les organisations syndicales travaillent également en concertation avec divers acteurs sociaux pour l'adoption de conventions internationales visant le respect et l'amélioration des conditions de travail de milliers de travailleurs dans le monde. C'est ce qui s'est produit lorsque le syndicat, représentant l'une des trois parties[2] à pouvoir siéger lors de la Conférence internationale du travail, a appuyé l'adoption de la *Convention internationale n° 189 concernant le travail décent pour les travailleuses et travailleurs domestiques*. Ce texte historique[3] fixe les premières normes mondiales en matière de travail domestique et constitue une avancée substantielle pour ces travailleurs. Mais le travail syndical ne s'est pas arrêté à faire adopter cette convention. La CSI qui, a-t-on vu, défend les intérêts de travailleuses et de travailleurs du monde entier, encourage la coopération internationale entre syndicats grâce à des campagnes mondiales et à des actions militantes au sein des principales institutions internationales. La CSI a ainsi lancé la campagne « 12 ratifications en 2012 », en collaboration avec l'International Domestic Workers Network (IDWN) et l'Union internationale des travailleurs de l'alimentation, de l'agriculture, de l'hôtellerie-restauration, du tabac et des branches connexes (UITA). L'objectif de cette campagne était « d'attirer les projecteurs sur le mouvement. Notre principale priorité était évidemment d'arriver à ce que 12 pays ratifient la convention n° 189 [et cet objectif est aujourd'hui presque atteint] », explique Marieke Koning, une conseillère politique de la CSI. Le rapport annuel[4] annonce qu'en 2012 « quelques pays ont modifié leur législation nationale afin de couvrir le travail domestique ; c'est le cas du Chili, de l'Espagne, du Brésil, de Singapour, de la Thaïlande, du Vietnam et de Malawi. Une amélioration très nette a été constatée l'année dernière, en partie grâce à la campagne "12 ratifications en 2012" ». Plusieurs avancées ont été enregistrées à sa suite. Le travail de « plaidoyer » a permis l'organisation de manifestations, de réunions, de campagnes relayées par la force des médias sociaux. De ces différentes actions ont découlé le recrutement de nouveaux membres, la formation de nouvelles alliances et l'adoption de nouvelles règles dans plusieurs pays.

Le cas des travailleurs domestiques démontre la puissance de ces mouvements coalisés où l'acteur syndical se lie avec d'autres organisations et utilise des méthodes créatives pour organiser les travailleurs des milieux non traditionnels. Pour soutenir les travailleurs domestiques, les organisations ont par exemple investi les parcs pendant leurs jours de repos, utilisé le bouche-à-oreille pour les amener à devenir membres et ainsi accroître leurs capacités grâce à des séances de formation et d'information. Si les ONG sont souvent à l'avant-poste de ce travail de terrain, notamment pour offrir aux travailleurs le soutien ou la formation dont ils ont besoin (juridique, administratif ou psychologique), l'acteur syndical a su aussi offrir son expertise, par exemple en négociant une convention internationale et en soutenant toutes les actions nationales et locales, en créant des alliances notamment avec des organismes communautaires pour faire du lobbying auprès des responsables gouvernementaux et en sensibilisant le public au sort réservé à ces travailleurs. En dépit de ces avancées, il reste encore beaucoup de travail à faire pour les organiser et améliorer leurs conditions, y compris au Canada. Toutefois, l'envergure des résultats obtenus en quelques années pour ces travailleurs peu puissants, souvent « invisibles », majoritairement de sexe féminin et où l'acteur syndical n'était pas traditionnellement présent, montre la capacité remarquable des organisations syndicales à se réinventer avec de nouveaux acteurs, à partir d'actions inédites au moyen d'interventions multiniveaux.

La diversité des solutions proposées par les syndicats ne s'arrête pourtant pas là. Ils peuvent participer aux orientations du développement régional, lancer des discussions avec une entreprise sur la question de la responsabilité sociale ou encadrer les activités des firmes multinationales et de leurs complexes réseaux de production. À cette fin, on assiste désormais à une multiplication des coalitions et des alliances impliquant des syndicats locaux, nationaux et internationaux dans le but de renforcer leur poids vis-à-vis des gouvernements ou des multinationales, et d'assurer plus d'équité et une meilleure redistribution de la richesse à l'intérieur des frontières et entre les pays. On peut regrouper les activités syndicales orientées vers les firmes multinationales en quatre grandes catégories :

1. Les activités touchant la mise en commun d'expériences et l'échange d'information entre syndicats d'une même entreprise.
2. Les campagnes de solidarité ou d'organisation syndicale.
3. Les processus de consultation auprès de la direction des entreprises.
4. La négociation de nouvelles règles ou conventions avec les firmes multinationales (Ramsay, 1997).

Voyons en quoi elles consistent.

La mise en commun d'expériences et l'échange d'information

Cette mise en commun et ces échanges entre les syndicats d'une même entreprise établis dans différents pays peuvent se réaliser à divers paliers (local, sectoriel, national, international) et peuvent s'avérer plus ou moins formels. Dufour-Poirier (2011) a étudié ce processus d'échange entre des syndicats locaux provenant du Canada, du Chili et du Pérou. Cette étude montre bien les avantages que peuvent en tirer les représentants syndicaux, notamment ceux du Sud, mais témoigne également de la difficulté à maintenir ces processus d'échange lorsqu'ils ne sont pas enchâssés dans des structures syndicales transnationales. Ces dernières années, les syndicats mondiaux ont d'ailleurs tenté de mieux structurer les actions de ce type en créant des conseils mondiaux d'entreprise. Ces conseils permettent aux syndicats d'une même multinationale d'échanger entre eux des informations sur leurs conditions de travail et, le cas échéant, d'établir des priorités de négociation. La fréquence des réunions et les modalités de fonctionnement de ces conseils varient d'une multinationale à l'autre, mais ils regroupent généralement des représentants syndicaux de chacun des sites de la multinationale. Ainsi, les réunions tenues à Montréal au milieu des années 2000 pour créer des conseils mondiaux d'entreprise chez Alcan, Alcoa et Arcelor Mittal rassemblaient des représentants syndicaux des Amériques, d'Europe et d'Afrique qui ont échangé sur leurs conditions de travail, sur les stratégies d'investissement des firmes, sur les enjeux des négociations et sur les priorités syndicales. Ces réunions servent généralement de levier pour instaurer un réseau d'échange continu entre les syndicats.

Les campagnes de solidarité ou d'organisation syndicale

Au cours des récentes années, ces campagnes de mobilisation se sont également multipliées (Anner, 2011; Armbruster, 2005). Elles cherchent à dénoncer des pratiques de gestion douteuses ou antisyndicales et à forcer les multinationales à respecter les droits et libertés des salariés. Elles sont souvent menées conjointement avec les ONG et impliquent l'engagement de la société civile. Le succès de ces campagnes, ou coalitions, est variable. Toutefois, l'une des plus réussies demeure sans contredit celle qui fut menée contre les ateliers de misère par les étudiants des universités américaines et canadiennes, les ONG et les syndicats états-uniens, sud-américains et internationaux (Anner, 2013). Cette campagne contre la fabrication d'articles de promotion pour les universités (casquettes, chandails, etc.) dans les ateliers de misère ciblait les grandes marques, comme Russel et Nike, qui sous-traitent leur production dans des pays à bas salaires. La coalition a mobilisé différents répertoires d'actions (pétitions, manifestations, blocages internet, lettres d'appui, etc.) et s'est déployée à de multiples niveaux (grandes marques, sous-traitants, universités, gouvernement, etc.). En particulier, elle a maintenu des pressions sur les universités pour qu'elles résilient les contrats avec les marques ou leurs sous-traitants qui ne respectaient pas les lois du travail. Plus de 100 universités américaines ont signé cette entente, ce qui a forcé les grandes firmes, comme Russel, à revoir et améliorer leurs pratiques de gestion et, de ce fait, les conditions de travail de leurs employés.

Les processus de consultation auprès de la direction des entreprises

Ces processus peuvent quant à eux prendre différentes formes. Au sein de la communauté européenne, par exemple, les firmes multinationales doivent se doter d'une instance de consultation communément appelée comité européen d'entreprise (CEE). La responsabilité de mettre en place un CEE incombe aux firmes qui emploient au moins 1000 salariés sur le territoire européen et au moins 150 dans au moins deux États membres de l'Union européenne (UE). Composé de représentants des employés de chaque établissement de la firme, ce comité est informé et consulté par la direction quant à l'évolution de l'activité et de toute décision significative à l'échelle européenne susceptible d'affecter les conditions de travail ou d'emploi. Même si, formellement, les directives ne prévoient pas la présence des syndicats, dans les faits, les représentants des employés au sein des CEE sont souvent des représentants syndicaux (Marginson, Hall, Hoffmann et Müller, 2004). Ces comités peuvent ainsi devenir un lieu d'échange et de réseautage, sinon un milieu fertile au développement d'actions coordonnées à un niveau transnational (Moreau, 2002). Un CEE peut également servir de support à la mise en place d'un comité mondial d'entreprise (da Costa et Rehfeldt, 2006) composé des membres de la direction et des représentants des employés de presque toutes les constituantes, peu importe leur emplacement. Par exemple, le comité mondial de Volkswagen comprend les représentants des employés européens et ceux des établissements du Brésil, du Mexique, de l'Argentine et d'Afrique du Sud. De la même manière, le comité mondial de Bombardier Aéronautique regroupe les représentants syndicaux de tous les sites de la firme en Amérique du Nord et en Europe.

La négociation de nouvelles règles ou conventions avec les firmes multinationales

De façon tout à fait complémentaire, les processus de consultation peuvent se concrétiser par la négociation de normes ou de règles transnationales. Deux avenues sont alors privilégiées: la négociation de codes de conduite ou d'accords-cadres internationaux.

Selon Fairbrother et Hammer (2005), les codes de conduite représentent une première génération de règles encadrant les activités d'une multinationale, alors que les accords-cadres relèveraient plutôt d'une seconde génération de règles. L'impact limité des codes, de même que la difficulté d'assurer et de vérifier leur application, a amené les syndicats mondiaux à s'engager dans la négociation d'accords-cadres internationaux avec les multinationales. À ce jour, les syndicats mondiaux ont réussi à négocier plus de soixante-dix ententes, presque exclusivement avec des firmes d'origine européenne (Bourque, 2005). Hammer (2005) distingue deux types d'accords-cadres: dans un cas, la firme s'engage à respecter les conventions fondamentales de l'Organisation internationale du travail (OIT), notamment celles sur la liberté syndicale et la négociation collective, et à établir des conditions permettant le dialogue social; dans l'autre, en plus d'appliquer les conventions fondamentales de l'OIT, la firme aborde des thèmes liés à la négociation des conditions de travail (salaires, heures de travail, etc.), elle établit un calendrier de rencontres avec les représentants syndicaux et, dans certains cas, elle prévoit des mécanismes d'arbitrage des plaintes, de vérification et d'application de l'entente.

Même si le contenu de ces nouvelles règles issues des codes de conduite et des accords-cadres est variable et que les mécanismes de surveillance en vigueur peuvent être inadéquats, ces outils de régulation sont utiles pour alerter les directions des multinationales sur les comportements des gestionnaires locaux qui iraient à l'encontre de ces règles. Ces outils peuvent également servir de tremplin pour la construction d'une alliance syndicale plus soutenue, comme le démontrent les travaux de Hennebert (2010) sur Quebecor World.

La nouvelle économie pousse donc les syndicats à élargir leurs champs d'action et à s'investir davantage au niveau international pour contrer l'influence grandissante des firmes multinationales. Par le développement de réseaux intégrés de production, les multinationales peuvent transférer la production d'une unité à une autre, d'une région à une autre et même d'un pays à un autre, réduisant ainsi la capacité d'influence des syndicats. Pareillement, les grandes entreprises de vente au détail sont en mesure de segmenter la chaîne de production et d'imposer aux fournisseurs leurs exigences de production, ce qui diminue d'autant le pouvoir de négociation d'un syndicat. L'échange d'information entre les syndicats de différents pays et la mise en place d'actions coordonnées représentent dès lors une ressource importante de pouvoir pour les syndicats.

Si la nouvelle économie favorise l'action syndicale au niveau international, elle contient également des ingrédients qui limitent son essor. La mondialisation place les syndicats en concurrence les uns avec les autres, faisant ressortir les différences à la fois dans les intérêts poursuivis par les syndicats et dans les pratiques syndicales. L'étude de Greven et Russo (2003) a mis en évidence les difficultés rencontrées par les syndicats américains et allemands lors d'une campagne touchant la firme allemande Continentale. D'un côté, les syndicats allemands avaient de la difficulté à comprendre la logique d'action des syndicats américains et à accepter l'utilisation de méthodes coercitives; de l'autre, les syndicats américains comprenaient mal l'hésitation des syndicats allemands et leur ouverture à l'égard de l'employeur. De la même manière, dans une étude sur l'Accord de libre-échange nord-américain (ALÉNA), Kay (2011) illustre les difficultés à réconcilier les intérêts des syndicats canadiens, mexicains et états-uniens. Ces difficultés ont fait ressortir les différences entre les syndicats tant sur le plan idéologique qu'au niveau des stratégies d'action. En fin de compte, ces différences ont atténué la capacité d'action collective des syndicats et miné leurs efforts de coopération.

En somme, l'action syndicale au niveau international peut représenter une piste de renouveau, mais elle apparaît comme un phénomène évolutif complexe, dont l'orientation demeure incertaine. Pour composer avec la nouvelle économie, les syndicats doivent occuper de nouveaux espaces à l'international sans pour autant négliger les actions au niveau local. La capacité des syndicats de bien articuler leurs actions à l'échelle locale, régionale et internationale constitue un défi stratégique important pour renforcer le pouvoir de négociation des syndicats face aux multinationales.

Conclusion

Au terme de ce chapitre, il convient de rappeler les questions qui ont initié notre réflexion: Quel avenir les syndicats peuvent-ils avoir dans la nouvelle économie? Dans un contexte d'intensification de la concurrence internationale, peuvent-ils représenter des acteurs pertinents? Le cas échéant, quels rôles sont-ils appelés à jouer? Deux scénarios opposés ressortent des analyses de ce chapitre.

Le premier repose sur un déclin lent et graduel du rôle des syndicats dans nos sociétés. Les changements dans les entreprises et sur le marché du travail, tout comme l'insatisfaction d'une partie importante des salariés à l'égard de leurs conditions de travail, placent les syndicats dans une position difficile. Face à ces nouveaux défis, le syndicalisme peut poursuivre les mêmes stratégies qui lui ont été favorables dans le passé. Il peut ainsi continuer à mettre l'accent sur son rôle d'agent de régulation des conditions de travail par une stratégie de contrôle du marché interne de travail. Une telle stratégie l'amènerait à consolider ses positions dans les secteurs traditionnels de l'économie sans investir trop de ressources dans les nouveaux secteurs qui sont pourtant en croissance. Les syndicats seraient ainsi en mesure de bien représenter une portion des salariés, mais laisseraient sans protection une partie grandissante de la main-d'œuvre. Un tel scénario conduirait à un affaiblissement inévitable de la capacité du syndicat à réguler les conditions de travail et à agir comme transformateur social. Se poserait alors toute la question de la capacité de l'État et des entreprises d'assurer la représentation collective des salariés au sein et au-delà des milieux de travail. On l'a vu, en cette matière, les politiques étatiques visent davantage à limiter cette représentation qu'à la promouvoir. Le déclin du syndicalisme pourrait se traduire par une individualisation plus poussée de la relation d'emploi et par une marchandisation accentuée du travail.

Le second scénario, moins pessimiste que le précédent, est toutefois plus exigeant pour les syndicats. Il laisse entrevoir un renforcement du syndicalisme et un accroissement de sa capacité d'action. Sans nier que la nouvelle économie place les syndicats devant des défis d'une complexité grandissante, ce scénario permet de relativiser son impact et d'insister sur le caractère incertain de l'action sociale. Il accorde beaucoup d'importance à la dynamique sociale et à la capacité des acteurs de s'adapter et de façonner leur environnement. Celui-ci n'est pas défini comme une entité ou une structure abstraite et indépendante des acteurs, mais comme une construction sociale sur laquelle ils ont prise. Dans cette perspective, on assisterait à une redéfinition ou à un renouvellement de l'action syndicale qui arriverait à mieux composer avec les pressions et les changements provoqués par la nouvelle économie. Le défi consisterait alors pour le syndicalisme à revoir ses pratiques et peut-être même à redéfinir son rôle.

L'industrialisation et le taylorisme ont forcé les syndicats à repenser leurs modes d'organisation et à redéfinir leurs répertoires d'action. Les exigences de la nouvelle économie les condamnent en effet à réfléchir aux stratégies qui leurs ont assuré un certain succès dans le passé, mais qui semblent aujourd'hui dépassées. Ils doivent se rapprocher et inclure une main-d'œuvre aux profils variés, qu'il s'agisse des femmes, des jeunes, des personnes immigrantes et migrantes, des minorités visibles et ethniques ou des personnes handicapées. Les aspirations et les besoins de ces travailleurs obligent les syndicats à être attentifs à cette diversité et à imaginer des mesures qui s'appuient sur l'équité et leur donne une voix au sein de l'entreprise, de leur syndicat et de la société en général. De plus, cette diversité s'étend à la configuration même des emplois (le travail à temps partiel ou sur appel, l'introduction d'un intermédiaire comme les agences de placement), qui rend beaucoup plus complexe la mission de représentation des syndicats. Ils doivent non seulement imaginer de nouveaux modes de régulation des conditions de travail, mais aussi réfléchir à leur projet de société. La chute du mur de Berlin et, plus récemment, la crise du modèle de la social-démocratie, a brouillé les repères idéologiques des syndicats. Pour se poser comme agent de transformation sociale, le syndicalisme doit entreprendre une réflexion sur les valeurs et les objectifs qui orientent ses actions au sein et au-delà de l'entreprise.

Dans le chapitre qui s'achève, nous avons insisté sur quelques stratégies de renouvellement du syndicalisme, mais nous sommes conscients qu'il en existe d'autres, tout aussi importantes. Cela dit, en cette matière, il n'y a pas d'automatisme ou de recette magique: la construction du pouvoir des acteurs reste une question ouverte et pleine de zones grises, l'efficacité des avenues de renouvellement étant contingente et variable selon le contexte dans lequel s'inscrit l'action syndicale. Toutes ces avenues comportent des risques, car elles remettent en cause les modes de fonctionnement traditionnels des syndicats qui semblent constamment appelés à faire la part entre deux objectifs à la fois complémentaires et contradictoires: d'un côté, ils doivent protéger les intérêts des travailleurs et contribuer à l'amélioration de leurs conditions de vie et de travail, tout en assurant la pérennité et la croissance des entreprises; de l'autre, ils doivent mettre de l'avant un projet qui suscite l'espoir de créer une plus grande justice sociale.

Au cours de l'histoire, les syndicats ont constamment tenté de concilier ces deux objectifs. Dans l'hypothèse du déclin du syndicalisme, il faudra nécessairement inventer d'autres formes institutionnelles, d'autres mécanismes, pour assurer une certaine forme de citoyenneté au travail. Bref, il faudra imaginer de nouveaux moyens qui permettent aux acteurs individuels et collectifs d'exprimer leurs attentes, leurs besoins et leurs désirs. Ces moyens pourraient être institués par l'État, par les entreprises ou par la société civile. Quant au renouvellement du syndicalisme, il passe nécessairement par une redéfinition des modes de régulation et du projet syndical. Si l'on accepte l'idée que le marché, en tant que mécanisme de coordination, ne peut à lui seul assurer la régulation des transactions économiques (Hollingsworth et Boyer, 1997), le défi consistera de toute manière à concevoir des modèles institutionnels qui permettent de concilier la diversité des intérêts en jeu.

NOTES

1. Par exemple, aux États-Unis en 2012, le taux de syndicalisation est de 11,3 % et le taux de couverture des conventions collectives, de 13,1 %. Au Canada, pour la même année, le taux de syndicalisation est de 28,8 % et le taux de couverture des conventions collectives, de 31,6 % (Lauzon, Rogenmoser et Lauzon, 2013).
2. Les deux autres parties étant les représentants des employeurs et ceux de l'État.
3. Ce texte est entré en vigueur le 5 septembre 2013.
4. On peut consulter le rapport annuel 2012-2013 à www.ituccsi.org/IMG/pdf/globaldw1013fr_brochure_lowres_spreads.pdf

CHAPITRE 6

Diane-Gabrielle Tremblay | Juan-Luis Klein

La ville : le défi de l'inclusion, de la créativité et du développement économique

Introduction

Avec les restructurations économiques des dernières décennies, la crise de l'économie industrielle dans les sociétés occidentales, la remise en question de pans importants de l'État-providence et le développement de l'économie dite du savoir, de nouveaux acteurs sont appelés à jouer un rôle plus important qu'auparavant dans le développement économique. Les villes sont au rang de ces nouveaux acteurs majeurs. Elles n'interviennent toutefois pas seules et leur intervention se concrétise à divers niveaux, soit à l'échelle des quartiers, arrondissements ou régions métropolitaines. Au cours des dernières décennies, l'économie du savoir a grandement transformé les approches traditionnelles du développement économique, ce qui a conduit les villes, les régions et les nations à remettre en question leurs modèles de développement, de même que les sources présumées du développement économique et social. Les thèses sur l'économie ou la société du savoir nous permettent de constater que le « savoir » a remplacé les ressources naturelles et le travail physique comme outils de développement économique. Dans cette perspective, certains auteurs, dont Richard Florida (2002a, 2005), soutiennent que les villes doivent se concurrencer pour attirer les talents, et que seules les villes créatives ont de l'avenir. Le contexte de l'économie du savoir a en effet obligé les villes qui veulent demeurer compétitives à repenser leurs façons de faire, en allant dès les années 1990 vers les hautes technologies comme l'aéronautique, les biotechnologies et les TIC, mais aussi, de plus en plus aujourd'hui, vers les secteurs créatifs (Tremblay et Pilati, 2008 ; Pilati et Tremblay, 2008 ; Tremblay et Tremblay, 2006, 2010).

Dans l'économie traditionnelle, la clé du succès reposait sur la réduction des coûts de la matière première, de la main-d'œuvre et du transport. Pour être concurrentielles, les villes devaient fournir aux entreprises des infrastructures de transport et des terrains à bas prix, donner accès à une main-d'œuvre abordable et hautement productive, et être attrayantes sur le plan fiscal. Dans l'économie du savoir, les villes les plus compétitives à l'échelle internationale seraient celles qui peuvent rapidement transformer une idée, une invention, en un produit commercial. De plus, les villes du savoir devraient être en mesure de produire, de garder et d'attirer les cerveaux et les créatifs chez elles ; c'est d'ailleurs pourquoi, au cours des dernières années, on s'est de plus en plus intéressé aux qualités des villes permettant d'attirer les travailleurs créatifs, ou les « talents », comme on les appelle parfois (Tremblay et Pilati, 2008 ; Tremblay et Tremblay, 2010). Plusieurs villes revendiquent aujourd'hui le titre de « ville créative », dont New York, Londres, Paris, mais aussi des villes plus petites comme Barcelone ou Amsterdam.

Partant de ces constats, nous allons, dans le présent chapitre, essayer de mieux comprendre la place de la ville dans le développement économique. Pour ce faire, nous concentrerons notre analyse autour de certaines thématiques clés, que nous considérons déterminantes pour les sociétés capitalistes d'aujourd'hui et tout particulièrement pour les grandes métropoles mondiales, soit la recherche de cohésion sociale, le besoin de gouvernance inclusive et la nécessité de mettre en œuvre de nouvelles approches, basées sur la gestion participative, la collaboration, le développement des capacités et le soutien aux secteurs créatifs. Parmi les solutions avancées pour répondre aux enjeux actuels qui touchent la majorité des grandes villes occidentales, nous nous pencherons plus particulièrement sur une nouvelle approche qui considère la créativité comme un moteur essentiel de développement pour les villes. Notre analyse se poursuivra à travers l'étude de cas consacrée à Montréal, une ville qui pourrait servir d'exemple en Amérique du Nord en matière de gouvernance. Nous montrerons qu'il est possible de mettre en œuvre un modèle de gouvernance inclusif, orienté vers la création et la créativité, mais que cela ne va pas de soi, car cela exige une vision globale du développement économique si l'on veut éviter la gentrification et l'exclusion de certains.

6.1 Le besoin de gouvernance inclusive et de créativité au sein des villes

6.1.1 La reconstruction de la cohésion sociale : une réponse à l'atomisation de la société

Le déploiement de la « nouvelle économie », ou de l'économie du savoir, ainsi que de la globalisation, a engendré des problèmes importants tout en ouvrant de nouveaux champs pour des innovations sociales (Klein, Laville et Moulaert, 2014). Cette nouvelle économie du savoir a trois caractéristiques principales : elle est globale, informationnelle et réticulaire. Elle met en œuvre un nouveau modèle de capitalisme, le capitalisme informationnel, où les technologies de l'information jouent un rôle capital (Huang, 2013). Ces technologies sont à la base des transformations dans les modes de production, elles renforcent le rôle des méga-groupes financiers et permettent l'introduction de changements importants dans l'organisation du travail (Scott, 2006). La nouvelle économie est ainsi perçue comme une menace pour ceux qui sont incapables d'en tirer profit. Sur le plan territorial, cela se traduit par de nouvelles fractures qui nuisent à la cohésion sociale, des fractures entre des régions qui gagnent et des régions qui perdent (Benko et Lipietz, 1992 ; Côté, Klein et Proulx, 1995 ; Laville, 2008 ; Veltz, 1996).

Or, la cohésion sociale est cruciale pour la prospérité économique et pour le développement des sociétés. Elle est le résultat de plusieurs facteurs dont le partage de valeurs communes entre les membres d'une collectivité, la qualité des interactions et des liens prenant place entre ses divers niveaux de régulation et le niveau de confiance que les citoyens ont dans leurs institutions. Ce dernier facteur constitue une condition pour l'engagement individuel avec le collectif, ainsi que pour l'engagement mutuel entre les communautés formant une société (Forrest et Kearns, 2001 ; Jenson, 2002).

La problématique de la cohésion sociale est un thème ancien en sciences sociales. Durkheim (1967 [1893]) a été le premier à l'aborder en se référant aux diverses formes de solidarité pouvant exister dans une société moderne divisée sur le plan du travail. Les transformations inhérentes à la mise en place d'un modèle économique qui repose sur les réseaux globaux, sur les individus et sur la concentration des fonctions de commandement dans les principales villes devenues globales (Sassen, 2002) rendent inopérantes les institutions telles les écoles, les religions et les partis politiques, qui assuraient jadis la cohésion sociale. Tout cela interpelle les acteurs locaux, qui, par des initiatives, des alliances et des stratégies basées sur le développement local, peuvent ressouder les fractures que la globalisation a provoquées dans certains milieux, à l'échelle locale (Tremblay, Klein et Fontan, 2009). Pour favoriser l'inclusion, les acteurs nationaux et locaux se confrontent au besoin de revoir les modalités de gouvernance des collectivités locales.

Ainsi, le sentiment d'appartenance à une communauté et l'identité territoriale sont des facteurs déterminants pour la cohésion d'une collectivité. Or, le processus de polarisation accéléré que traversent nos sociétés fragilise les appartenances communes et atomise les territoires. Les villes contemporaines sont traversées par des fractures profondes sur le plan des revenus, de l'accès aux services et de la qualité de vie. Des groupes importants de la société se voient limités dans l'exercice de leurs droits de citoyenneté et les dispositifs assurant leur protection (sécurité du revenu, assurance-emploi) deviennent inopérants ou plus limités. C'est d'autant plus problématique que les institutions et mécanismes qui assuraient l'intégration sociale et les valeurs qui soudaient la société sont en crise. Par ailleurs, le modèle économique qui soutient cette nouvelle société fait la promotion de l'individu et du court terme, et non pas du collectif et de la solidarité sociale, ce qui se traduit par des sociétés fragmentées, atomisées, avec forte ségrégation. Les politiques inspirées par ce modèle génèrent l'injustice et la rupture des liens sociaux. Se référant aux violentes manifestations qui ont eu lieu à Londres en août 2011, Sennet et Sassen rapportent ces paroles d'un jeune de 16 ans du district de Hackney au journal *The Gardian*, convaincu que les autorités ne se préoccupaient pas de sa communauté ou ne savaient que faire pour régler les problèmes: «En tentant de réaliser des réformes, le gouvernement semble incompétent; il a perdu de sa légitimité. [...] Nous devons faire les choses par nous-mêmes» (Sennet et Sassen, 2011; traduction libre). Ces événements ne font qu'illustrer l'intensification d'une désaffiliation de plusieurs couches sociales qui se fait sentir dans les sociétés occidentales depuis les années 1980. En même temps, de nouvelles identités et de nouvelles appartenances émergent, en lien avec des réseaux qui se structurent à diverses échelles (Castells, 1997). Cela soulève de nouveaux enjeux, notamment en termes de gouvernance comme nous le verrons à la section suivante.

6.1.2 La gouvernance inclusive: une approche politique

Le mot gouvernance s'est beaucoup répandu dans les discours sociologiques, politiques et économiques au cours des deux dernières décennies. En principe, il renvoie à «l'art ou la manière de gouverner» et l'utilisation de cette notion cherche à la distinguer de celle de gouvernement, et à promouvoir un nouveau mode de gestion des affaires publiques fondé sur la participation de la société civile à tous les niveaux (national, local, régional et international). (Barrère-Maurisson et Tremblay, 2008, 2009) La notion de société civile renvoie à l'ensemble des interactions individuelles et collectives propres à une société donnée et qui se déroule en dehors de l'intervention directe de l'État. Au Québec, elle réfère souvent aux organismes à but non lucratif qui regroupent des citoyens afin d'assurer leur association et leur représentation. Plusieurs de ces organismes assurent des services aux citoyens qu'ils regroupent.

La gouvernance s'inscrit ainsi dans une approche qui vise un nouveau mode de gestion publique, le «nouveau management public» (Osborne et Gaebler, 1993). Elle renvoie à une régulation sociale devenue plus complexe dans nombre de domaines auparavant censés relever du gouvernement national. Cela résulte en partie du recul de la prise en charge nationale (et provinciale pour le Québec) de certaines fonctions majeures en matière de développement, désormais assurées en partenariat ou transférées à la société civile, mais aussi de la demande de plus en plus forte de nombreux acteurs sociaux de participer à la prise de décisions en ce qui concerne leur territoire de vie, de travail ou d'action, ce qui en fait des parties prenantes de la gouvernance.

L'approche théorique la plus appropriée pour analyser le rôle des divers acteurs qui participent à la gouvernance dans les villes est celle des régimes urbains[1]. Ce courant est né aux États-Unis dans les années 1980 avec l'objectif de comprendre les restructurations des grandes villes, notamment celles du Nord-Est des États-Unis, en réponse aux crises industrielles qui ont frappé cette région lors de la crise de l'industrie manufacturière. Plus concrètement, cette approche a été inspirée par l'analyse de l'alliance qui s'est faite entre les gens d'affaires de race blanche et la collectivité noire de la ville d'Atlanta, fortement représentée dans les instances municipales, en réponse à la crise économique que subissait cette ville[2]. Cette alliance, qui pouvait sembler contre nature, s'expliquait par l'objectif commun des deux groupes de faire une plus forte pression sur les instances gouvernementales et d'attirer des investisseurs privés. C'est ainsi qu'a émergé un modèle explicatif des coalitions sociales qui président à la concertation des acteurs au niveau local (Stone, Henig, Jones et Pierannunzi, 2001). Selon ce modèle, l'orientation du développement économique que suivent les collectivités territoriales (régions métropolitaines, municipalités, arrondissements) dépend des coalitions que les acteurs privés et publics parviennent à constituer (Kantor, Savitch et Haddock, 1997; Stone, 1989).

Or, on constate souvent que les coalitions de croissance prennent une forme corporatiste et élitiste qui exclut, dès le départ ou en cours de route, les représentants des groupes sociaux les plus démunis et favorise l'installation d'équipements de prestige, par exemple des musées ou des salles de concert (Markusen et Schrock, 2006), aux dépens d'infrastructures peut-être plus profitables à l'ensemble de la population. Cependant, si elle est plutôt rare, la participation à ces coalitions d'acteurs sociaux représentant la société civile, voire les secteurs communautaires, est possible, et même, nécessaire (Hula, Jackson et Orr, 1997; Stone, 2005), afin de construire des coalitions plus inclusives et plus efficaces. Dans cette perspective l'exemple du Québec et plus particulièrement de Montréal est des plus intéressants, comme nous le verrons dans le seconde partie de ce chapitre.

6.1.3 Vers une nouvelle approche de développement : le défi de la créativité

Comment réagir à la fragmentation sociale provoquée par la mondialisation, la nouvelle économie du savoir et la société en réseau ? On pourrait vouloir reconstruire la cohésion sociale brisée, basée sur l'homogénéité et la solidarité centrées sur l'État. Or, cela n'est ni possible ni souhaitable. La solution aux fractures sociales provoquées par la mondialisation ne peut se trouver uniquement au sein des institutions étatiques. Ce sont des stratégies novatrices et socialement créatives qu'il faut élaborer et mettre en place. L'une des options qui s'offrent aux acteurs est la créativité, voire la « ville créative » (Florida, 2002a, 2002b ; Tremblay et Tremblay, 2010).

La thèse de la classe créative mise de l'avant par Florida sur la scène internationale a eu une influence majeure sur l'analyse de la compétitivité des villes et de leur capacité à renouveler leur modèle de développement. Selon Florida, une ville créative repose sur le talent, la technologie et la tolérance. Par contre, dans ses écrits, le talent semble associé à une élite :

> Le noyau super créatif de cette nouvelle classe inclut des scientifiques, des ingénieurs, des professeurs d'université, mais aussi des poètes, des auteurs, des artistes et d'autres personnes qui façonnent l'opinion publique. Au-delà de ce noyau, la classe créative inclut aussi des « professionnels créatifs » qui travaillent dans toute une gamme d'industries intensives en connaissances… Cela exige habituellement un niveau élevé de scolarité et donc un important capital humain (Florida, 2002a, p. 68-69 ; traduction libre).

La diffusion de cette thèse a eu une grande influence sur la planification de nombreuses villes au cours des dernières années. Cependant, certains chercheurs spécialisés en économie urbaine ont mis en doute sa pertinence (Glaeser, 2005), soulignant qu'elle n'était qu'une spécification de la théorie plus générale du capital humain. Même si ses critiques sont justifiées, la thèse de la cité et de la classe créative a tout de même permis de mettre de l'avant la place importante de la culture dans le développement des villes, dans une perspective où il y a des créateurs dans tous les domaines et où la créativité déborde la création artistique. L'approche de Florida est basée sur le capital humain, mais elle s'en distingue un peu en mettant l'accent sur le rôle important des équipements urbains dans l'attraction des talents et le développement des villes. L'auteure Jane Jacobs avait déjà montré le lien entre l'attrait d'un quartier ou d'une ville et l'attraction de gens talentueux et créatifs. En effet, Jacobs (1984) soulignait que c'est dans les villes particulièrement diversifiées que les échanges d'idées et l'improvisation peuvent conduire à une forte vitalité. Pour elle, la reconnaissance de la valeur de la diversité est essentielle à la créativité et à l'innovation. Il semble que les villes ont besoin d'une telle diversité culturelle et industrielle pour bien fonctionner. Ainsi, la diversité de secteurs d'activité dans une ville favorise les transferts de connaissances et, de ce fait, l'innovation et le développement économique. (Darchen et Tremblay, 2010a, 2010b, 2010c).

Il faut reconnaître qu'il n'y a pas encore de consensus clair en ce qui a trait au lien entre le développement économique local/régional et la qualité ou les caractéristiques d'un lieu donné. La diversité des compétences ou du capital humain (par exemple, les travailleurs du savoir s'associant avec des professionnels du secteur culturel) constitue selon certains un des meilleurs indicateurs pour prédire le développement d'une ville. Il semble qu'il existe un lien entre la taille de la ville et la proportion de personnes employées dans les domaines scientifiques et technologiques (Beckstead et Brown, 2006). De fait, les grandes villes ont un plus grand nombre d'entreprises qui exigent du capital humain plus spécialisé tel que les scientifiques et les ingénieurs.

Même si un lien de causalité existe entre le fait qu'une ville offre un climat de tolérance et d'ouverture et sa croissance économique, les politiques publiques nécessaires à la création d'un tel climat exigent la mise en œuvre de nouveaux modes de gouvernance afin de s'assurer que la croissance créée soit durable et, surtout, qu'elle profite au plus grand nombre (Peck, 2005).

Plusieurs expériences illustrent le potentiel particulier de la création pour favoriser le développement économique, mais aussi la cohésion sociale et le changement de l'image d'une collectivité dans une perspective cohésive (Scott, 2001 ; Walshok *et al.*, 2002). Par exemple, dans ses études sur les friches industrielles réorganisées en sites culturels, Greffe (2003) montre que le développement d'activités artistiques et culturelles peut jouer un rôle d'inclusion et de requalification et permettre d'accroître les capacités de réflexion et d'entrepreneuriat des acteurs locaux. L'exemple des centres d'artistes de Minneapolis-St. Paul étudié par Markusen (2006a, 2006b) montre que la création artistique peut devenir un facteur de créativité économique et, en même temps, de promotion sociale des quartiers. Selon cette chercheure, les regroupements d'artistes établis dans divers quartiers encouragent les résidents à traverser les frontières internes de la ville, brisant ainsi la ghettoïsation, ce qui favorise la mixité et crée des liens socio-territoriaux. De plus, le caractère autogéré de ces regroupements favorise l'apprentissage collectif et leur interrelation avec le milieu. Ces regroupements peuvent aussi devenir des attractions touristiques et des piliers commerciaux dans les petites villes, comme dans le cas de Montemor-o-Novo, au Portugal, (André et Abreu, 2009) et, en même temps, des leviers pour le développement communautaire et l'intégration sociale, comme dans le cas de l'École des arts du cirque (TOHU) dans le quartier Saint-Michel à Montréal, ou des regroupements autogérés d'artistes au Québec (Tremblay et Pilati, 2013).

Prenons le cas de Montemor-o-Novo, cité comme un exemple d'innovation sociale en lien avec la cohésion sociale (André, Abreu et Carmo, 2013). Cette petite ville de près de 12 000 habitants est située dans la région de l'Alentejo, à 103 km à l'est de Lisbonne. Il y a quelques années, cette ville montrait toutes les tendances de la dévitalisation, soit une décroissance démographique, une population vieillissante, une faible scolarité, une perte de services et une perte d'emplois. Or, la communauté locale a été créative et elle a réorienté le développement de la ville en mettant de l'avant des stratégies qui combinent les activités culturelles, le développement économique et la cohésion sociale, ce qui lui a permis d'infléchir ces tendances. La clé de la revitalisation de la ville a été l'attraction d'artistes qui en ont fait leur centre de production et de diffusion, ce qui s'est traduit par la reconnaissance de la ville comme un lieu créatif axé sur la sculpture, la chorégraphie et la danse. L'implantation d'artistes de prestige et leur connexion avec des réseaux nationaux et internationaux ont amené une vitalité économique et sociale dans la ville. De plus, l'insertion de ces artistes dans les structures sociales locales a favorisé la diffusion des effets de la croissance à l'ensemble de la population.

La création constitue donc un puissant moyen d'intégration sociale. Il faut cependant la voir comme un jalon d'un processus plus global, un processus qui nécessite une large participation des acteurs et des citoyens, comme le cas de Montréal en témoigne. En effet, l'analyse qui suit, consacrée à cette ville, permet d'illustrer les principales thématiques abordées dans ce chapitre et de mettre en lumière les conditions nécessaires, les obstacles et les bénéfices d'une approche globale basée sur des principes de gouvernance inclusive, de cohésion sociale et de créativité.

6.2 Étude de cas : Montréal

6.2.1 Le modèle québécois, un contexte favorable à la gouvernance inclusive

Au Québec, la participation des acteurs de la société civile à des coalitions inclusives et efficaces a été facilitée par la particularité culturelle de cette société. Le Québec n'est pas seul cependant dans ce cas car on retrouve également ce genre de coalition élargie ailleurs, en Écosse, en Catalogne et au Pays basque, par exemple. Il semble que la volonté des acteurs sociaux et économiques d'exprimer et de protéger leur identité nationale prime souvent sur les différences de classe et favorise la concertation entre des acteurs en principe opposés (Tremblay, 1994). Cette particularité a encouragé le rapprochement et l'interaction entre les organismes publics, les syndicats, les organisations communautaires et des représentants d'entreprises influents, et ce, à travers des trajectoires différentes selon les villes et les quartiers (Tremblay, Klein et Fontan, 2009 ; Fontan, Klein et Tremblay, 2005). En effet, ces acteurs se sont concertés pour résoudre les problèmes économiques causés par la crise de l'économie industrielle en adoptant des mesures innovatrices et collégiales telles que la création du Fonds de solidarité FTQ en 1983 ou de Fondaction CSN en 1996, deux fonds de capital de risque créés par des organisations syndicales afin de soutenir l'économie et les entreprises québécoises. On peut aussi citer la création des Corporations de développement économique communautaire (CDÉC) dans les années 1980 pour favoriser l'implication des organisations communautaires dans la revitalisation économique des quartiers appauvris par la crise industrielle, ou encore la création du Chantier de l'économie sociale, en 1999, qui institue l'économie sociale et solidaire comme un jalon important du développement économique du Québec.

Une telle vision de la gouvernance nous amène à soutenir que la présence déterminante des acteurs sociaux dans la gouvernance métropolitaine à Montréal est liée aux compromis institutionnels qui se sont établis au Québec depuis la Révolution tranquille. Ces compromis ont contribué à structurer ce qu'il est convenu d'appeler le « modèle québécois », dont les composantes les plus importantes sont : 1) la concertation entre l'acteur public, l'acteur syndical et les organisations d'économie sociale, 2) la co-construction des politiques publiques et 3) la combinaison de plusieurs logiques économiques (marché, redistribution, solidarité) comme conséquence de la présence importante des acteurs de l'économie sociale (Klein et Tremblay, 2010 ; Klein, Tremblay et Fontan, 2014). La particularité de l'approche québécoise de la gouvernance du développement économique et social repose sur des arrangements institutionnalisés qui rassemblent les entreprises privées, les grandes entreprises publiques et coopératives et les entreprises d'économie sociale (Lévesque, 2007a, 2007b). Un tel régime socio-économique fondé sur le partenariat est la principale spécificité du « modèle québécois », caractérisé par la participation d'une pluralité d'acteurs et de multiples et diverses formes hybrides de gouvernance ou de gouvernance multipartite. Selon nous, ce modèle prend des formes particulières à Montréal et dans ses quartiers, où il est renouvelé d'une façon ascendante par de nouvelles expérimentations en cours visant un développement inclusif.

6.2.2 Les organisations engagées dans le développement économique de Montréal

Au cours des dernières décennies, le gouvernement québécois a décentralisé ou déconcentré un certain nombre de structures et adopté de nouvelles politiques. De ce fait, la région de Montréal, peut-être davantage encore que les autres régions québécoises en raison de sa taille et de ses composantes multiples, est caractérisée par ce que nous qualifions de gouvernance « multipartite » ou conjointe (avec nombre d'acteurs en position de décision), ainsi que par un véritable archipel administratif. En effet, Montréal est une ville du Québec, mais c'est aussi une île qui réunit quelques autres villes ayant refusé de s'intégrer à la Ville de Montréal ; c'est un conseil d'agglomération réunissant d'autres villes, ainsi que des arrondissements qui ont leurs propres maire et conseillers ; c'est également une région métropolitaine.

Divers organismes sont actifs dans la promotion du développement économique de Montréal : la Communauté métropolitaine de Montréal (CMM), la Conférence régionale des élus (CRÉ) et la Ville de Montréal assurent des actions globales à leur échelle, la région métropolitaine dans le premier cas, la région administrative dans le deuxième, et la municipalité dans le troisième. Des ministères y interviennent aussi : à l'échelle provinciale, le ministère des Finances et de l'Économie (MFÉQ), autrefois appelé ministère du Développement économique, de l'Innovation et de l'Exportation, et, à l'échelle nationale, Développement économique Canada, les deux étant très actifs à Montréal. Par ailleurs, les organismes de la société civile, c'est-à-dire les associations et les organismes sans but lucratif, sont particulièrement actifs sur le plan du développement économique et territorial depuis quelques années, en particulier la Chambre de commerce du Montréal métropolitain, Culture Montréal (organisme représentatif des milieux culturels), les Corporations de développement économique communautaire (CDÉC) présentes dans chacun des 19 arrondissements de la Ville, ainsi que des organismes d'économie sociale regroupés sous le Chantier de l'économie sociale. Bref, une multitude d'acteurs et de décideurs[3].

Cependant, en dépit de la multiplicité des lieux de gouvernance et des acteurs en présence, et peut-être à cause de celle-ci, Montréal est la scène d'une gouvernance plus inclusive que celle qui règne dans la majorité des villes nord-américaines (Klein et Tremblay, 2010; Klein et Morrissette, 2013). En fait, le défi de l'inclusion et de la créativité en matière de développement économique et social mobilise aujourd'hui nombre de villes partout dans le monde, mais celles-ci ne parviennent pas toujours à le relever. Bien que nos propos s'appuient sur les travaux que nous avons consacrés au cas de Montréal, notre étude nous permet de dire qu'une bonne partie des problèmes évoqués dans ce texte vaut pour la plupart des principales villes du Canada et du monde. En effet, en tant qu'acteurs de la société globalisée d'aujourd'hui, les villes se confrontent au défi de la gouvernance inclusive, de la cohésion sociale, de même qu'au soutien à la créativité et à l'innovation, cela étant fondamental pour leur développement en tant que collectivités spécifiques, ainsi que pour le développement de l'ensemble de la société (Miciukiewicz, Moulaert, Novy, Musterd et Hillier, 2012). L'expérience de Montréal peut donc être inspirante pour les acteurs d'autres villes qui cherchent des modèles.

Sur le plan du développement économique, dans les domaines où les entreprises montréalaises sont les plus performantes (aéronautique, biopharmaceutique, information, cinéma, etc.), des grappes industrielles (*clusters*) se multiplient sous l'impulsion de la CMM et de l'entreprise privée, avec la participation des gouvernements fédéral et provincial. Le choix stratégique de la culture comme orientation importante dans le développement métropolitain s'impose aussi sous l'impulsion tantôt de la Ville de Montréal, tantôt de Culture Montréal, et tantôt d'entrepreneurs culturels locaux. C'est ainsi que se sont concrétisés des projets de prestige, tels le Quartier des spectacles et la désignation de Montréal comme ville de design de l'UNESCO, mais aussi des initiatives localisées de nature culturelle, telles celle de la Tohu au quartier Saint-Michel sous l'impulsion du Cirque du Soleil (Tavano Blessi, Tremblay, Sandri et Pilati, 2012) ou celle du Cinéma Beaubien dans le quartier Rosemont. Parallèlement, des organisations communautaires essaient d'apporter des réponses aux défis posés par la crise de l'industrie manufacturière dans les principaux quartiers industriels, soit la zone du Canal de Lachine, avec la présence du Regroupement économique et social du Sud-Ouest, et le corridor industriel de la compagnie Canadian Pacific Rail, avec la Société de développement Angus.

En apparence divergentes, la stratégie des grappes industrielles et celle des actions locales de revitalisation convergent vers un processus de reconversion complexe où participent plusieurs acteurs, mais où l'acteur privé, l'instance publique et les acteurs sociaux sont toujours présents, à des degrés divers et avec des rôles différents (Klein et Tremblay, 2010). Ce qui nous paraît particulièrement important, c'est la présence d'organismes de la société civile qui donnent des orientations stratégiques favorisant une gouvernance inclusive basée sur la concertation entre les acteurs, y compris ceux qui représentent l'entreprise privée et les instances gouvernementales et municipales.

À Montréal, les organismes œuvrent à plusieurs échelles (métropole, villes, arrondissements). Parmi eux, plusieurs ont une mission qui touche l'ensemble des acteurs de la métropole et d'autres représentent soit des unités territoriales infra-métropolitaines précises ou des projets de développement spécifiques, soit des secteurs précis dont le développement est important pour la Ville (aéronautique, technologies de l'information et vêtement-mode). Le tableau 6.1 donne une idée de la diversité des organisations qui interviennent en faveur du développement à Montréal.

Les organisations évoquées dans le tableau 6.1 interviennent à l'échelle globale de la ville, voire de la province,

TABLEAU 6.1 Les organisations globales associées à la gouvernance de la métropole de Montréal

Organisation	Type	Mission
Développement économique Canada	Ministère fédéral	Développement des collectivités, des entreprises et des régions
Industrie Canada	Ministère fédéral	Favoriser la concurrence des entreprises
Économie, Innovation et Exportations	Ministère provincial	Développement économique
Investissement Québec	Paragouvernemental provincial	Favoriser l'investissement et la création d'emplois
Communauté métropolitaine de Montréal	Supramunicipale	Gouvernance métropolitaine et planification stratégique
Montréal International	Supramunicipale	Développement économique et promotion internationale de Montréal
Culture Montréal	Société civile	Affirmer le rôle de la culture et des milieux culturels
Chambre de Commerce du Montréal métropolitain	Société civile	Constituer la voix du milieu des affaires
Chantier de l'économie sociale	Société civile	Promotion et développement de l'économie sociale
Fondation CSN	Société civile	Création d'entreprise et d'emplois
Fonds de Solidarité FTQ	Société civile	Création d'entreprise et d'emplois (surtout en économie sociale)

alors que d'autres organismes, comme les Corporations de développement économique communautaires (CDÉC) interviennent à l'échelle des quartiers (*voir l'encadré 6.1 à la page suivante*).

Les CDÉC interviennent depuis quelques décennies à Montréal, et plusieurs d'entre elles s'orientent vers le développement d'activités culturelles ou créatives pour relancer l'activité économique et sociale dans leur quartier.

6.2.3 Le développement créatif à Montréal

Dans les années 1960, d'importants investissements ont été faits dans l'éducation et la santé publique au Québec, dans le cadre institutionnel forgé par la Révolution tranquille. On parle ici de cet ensemble de réformes qui ont modernisé la société québécoise et qui ont donné lieu à une gouvernance inspirée essentiellement des principes du keynésianisme, donc centrée sur l'État. Ces réformes ont mené à une série d'expériences conduites dans les quartiers, afin de trouver des réponses à des problèmes que le gouvernement central n'arrivait pas à résoudre. Ces expériences se sont révélées inspirantes et, avec le temps, elles ont mené à des transformations dans les politiques publiques. Les cliniques de santé communautaire, les cliniques juridiques, les garderies populaires, les expériences de développement économique communautaire sont des exemples de ces expérimentations réalisées dans les quartiers les plus défavorisés. Après avoir été rendues publiques, elles ont été adoptées par les acteurs d'autres quartiers. Ces initiatives ont prouvé leur efficacité et ont donné lieu à des politiques publiques appliquées à l'ensemble du Québec, suivant ainsi le sentier classique de la transformation sociale par l'innovation sociale (Klein et Harrisson, 2007).

Ce cycle d'innovations sociales amorcé dans les années 1980 a transformé le modèle québécois dans sa dimension locale. Le modèle québécois ainsi régénéré laisse de plus en plus de place aux acteurs associatifs et communautaires dans le développement de l'économie et de la cohésion sociale. Nous l'avons vu plus haut, Montréal se caractérise d'une part par la présence d'une multitude d'acteurs et de décideurs aux missions et territoires d'action différents et, d'autre part, par l'absence d'une gouvernance unifiée. Pourtant, des orientations stratégiques convergentes se mettent en place, comme l'illustre le cas du Mile End (*voir l'encadré 6.2 à la page 129*).

ENCADRÉ 6.1 Le cas des Corporations de développement économique communautaires (CDÉC)

Les Corporations de développement économique communautaire (CDÉC) sont un bon exemple de l'effet des actions locales qui transforment le cadre institutionnel. Issue d'expériences qui ont eu lieu dans les années 1980 dans trois quartiers de Montréal (Pointe-Saint-Charles, Centre-Sud et Hochelaga-Maisonneuve), l'intervention communautaire en matière de développement économique s'est concrétisée sous une forme qui s'est diffusée à l'ensemble de la Ville de Montréal, soit la Corporation de développement économique communautaire (CDÉC). Une condition importante pour l'exercice de cette fonction réside donc dans la participation citoyenne et dans la mise en œuvre d'un leadership construit collectivement (Klein et Morissette, 2013; Klein et Tremblay, 2010). Par ailleurs, parce qu'elles agissent comme porte-paroles de la collectivité locale et parce qu'elles gèrent des ressources octroyées par les gouvernements, elles agissent comme des intermédiaires. Cette fonction assure une circulation d'information entre le gouvernement et les acteurs locaux, une circulation dans les deux sens, faut-il le souligner. Ce faisant, les CDÉC se placent dans une zone intermédiaire qui rapproche la sphère gouvernementale de celle de la société civile, ce qui est fondamental pour une société cohésive.

En 1998, le succès de cette instance dans le cadre montréalais a inspiré une réforme de la gestion du développement des territoires à l'échelle du Québec, ce qui s'est traduit par la création, dans tout le territoire québécois, des centres locaux de développement (CLD), lesquels réunissent des acteurs de la société civile et du secteur politique. Les CDÉC s'inscrivent dans un processus conflictuel qui les transforme en porte-paroles de la collectivité locale auprès des instances gouvernementales, des employeurs, des promoteurs, des investisseurs, soient-ils privés, publics ou appartenant à l'économie sociale. Leur ancrage local et leur capacité de réunir les acteurs leur permettent de mobiliser des ressources locales en appui à leurs actions, revendicatives ou proactives. Elles participent à des réseaux d'échelles métropolitaine et nationale, tels l'Inter-CDÉC, le Regroupement des CDÉC du Québec et le Chantier de l'économie sociale, ce qui leur permet d'inscrire leurs actions dans un contexte plus large et d'obtenir des appuis. L'exemple de la relance d'un cinéma de quartier à Rosemont témoigne des caractéristiques de ce processus. La CDÉC de Rosemont–Petite-Patrie a coordonné la mobilisation des acteurs locaux en réponse à la fermeture du cinéma Dauphin par la chaîne qui en était propriétaire. Cette mobilisation locale a suscité l'appui d'acteurs de niveaux local, municipal, métropolitain et national. Ce faisant, les acteurs locaux ont mis en exergue les déficits et les besoins en termes de services culturels. La lutte pour la réouverture du cinéma est devenue un emblème de la mobilisation locale qui a finalement réussi et relancé le cinéma sous un autre nom, le Cinéma Beaubien, affichant ainsi ses attaches locales. La réussite de ce projet a suscité la fierté des acteurs, a valorisé l'identité locale et renforcé le sentiment d'appartenance. Ce cinéma se distingue des autres par une programmation différente, un répertoire multiculturel, qui trouve sa clientèle partout à Montréal. D'autre part, le cinéma est devenu un lieu d'animation culturelle important dont l'effet multiplicateur sur le plan de la revitalisation commerciale et résidentielle est évident et reconnu par la collectivité.

ENCADRÉ 6.2 **L'action collective et l'économie sociale dans la reconversion du Mile End**

Le Mile End est un exemple intéressant de quartier favorisant le déploiement de la créativité. Depuis les années 1980, les espaces disponibles et le faible taux des taxes foncières ont favorisé la venue de travailleurs autonomes du milieu culturel et artistique, ainsi que de petites entreprises du secteur créatif. Néanmoins, ce n'est qu'avec l'implantation d'Ubisoft en 1997, et de manière encore plus prononcée dans les années 2000, que s'est affirmé le renouveau économique de ce quartier par le développement du secteur créatif. Constitué d'une des dernières grandes zones industrielles de Montréal, le Mile End présente la densité d'artistes la plus élevée au Canada. Le quartier constitue par ailleurs un milieu de vie dynamique. L'existence et le maintien d'une coexistence des fonctions résidentielles, commerciales, industrielles, créatives et de loisir confèrent au Mile End la particularité d'être un milieu de vie multifonctionnel. La persistance de ces caractéristiques sur le long terme a largement contribué au renforcement du lien entre les habitants et leur territoire. Ce renouveau ancré dans le secteur créatif est de plus alimenté et renforcé par la présence d'une économie sociale et solidaire (ESS) forte et diversifiée. Le Plateau-Mont-Royal, soit l'arrondissement dans lequel s'inscrit le quartier, compte en effet 17 % des emplois en ESS de la région de Montréal. L'économie sociale dans ce quartier est très diversifiée et elle est très présente dans le milieu culturel et créatif.

La présence d'un tel milieu peut souvent conduire à l'accélération du processus de gentrification, ce qui constitue un enjeu social important. Les petits propriétaires à revenus stagnants ou modestes comme les artistes et les créateurs, sont les premiers touchés. L'équilibre entre la requalification-redynamisation du quartier et sa gentrification est fragile. Selon les citoyens et résidents du quartier, les enjeux économiques et fonciers et les projets urbains portés par les acteurs exogènes (mairie, investisseurs immobiliers, etc.) peuvent constituer des occasions, mais ils sont plus souvent perçus comme des menaces à leur qualité de vie et au caractère intégrateur de leur quartier.

D'autres éléments ont contribué à la capitalisation d'expériences dans le domaine de la mobilisation et de l'organisation sociale dans le Mile End, en particulier au sein du milieu culturel et de l'action citoyenne. Au début des années 2000, plusieurs artistes avaient été contraints de quitter leurs locaux en raison des évictions de plusieurs bâtiments, parfois suite à des situations de conflit. Ils ont dû se mobiliser et s'organiser pour trouver et occuper de nouveaux locaux (comme ce fut le cas de la Galerie Clark), générant un effet d'entraînement. Leur présence a en effet attiré un nombre croissant de représentants du secteur créatif (tels les centres Articule et Dare-dare) et a favorisé un engagement plus fort de leur part dans les actions de développement urbain. De plus, la mobilisation collective a favorisé le développement de leur capacité d'organisation et d'action. Leur engagement a été largement favorisé par l'intervention d'acteurs de l'ESS.

Source : Rantisi et Leslie (2010) ; Klein, Tremblay et Rochman (2014).

Conclusion

Dans les années à venir, la plupart des sociétés capitalistes et des grandes villes occidentales seront confrontées à peu près aux mêmes défis. Comment développer une activité économique sans nuire à la cohésion sociale ? Comment évoluer vers des activités et des secteurs innovants sans créer du chômage et de l'exclusion ? Comment devenir une « ville créative » sans oublier les autres secteurs d'activité ?

Ici se pose la question majeure du « comment faire ». Comme nous l'avons évoqué précédemment, il existe une diversité de modes de gouvernance permettant aux villes de prendre des décisions et de se transformer, des formes allant de la décision par le haut (*top down*) jusqu'à la participation démocratique du maximum de personnes touchées par ces développements.

Alors que nombre de territoires continuent d'être marqués par une coordination des actions par le haut, par l'État central ou par une approche de gouvernance urbaine très centralisée, il nous semble que le modèle qui se met en place à Montréal illustre une voie différente. Plutôt qu'un modèle où divers partenaires sont appelés à travailler ensemble, tout en étant coordonnés par le haut, le modèle québécois ou montréalais semble se présenter comme une gouvernance plus ouverte à la participation de divers acteurs, notamment d'acteurs non traditionnels issus de divers milieux sociaux et communautaires.

D'autres villes évoluent vers ce genre de modèle. C'est notamment le cas de Barcelone qui, après avoir constaté que son modèle était plutôt caractérisé par des décisions venues d'en haut, a cherché à développer un modèle plus participatif, où l'on consulte davantage la population, y compris les groupes auparavant exclus des processus de décision. Comme Montréal, Barcelone a développé un quartier innovant (22@), qui s'apparente à la Cité du Multimédia (Tremblay et Rousseau, 2006), mais avec une plus grande diversité de secteurs, ou encore proche du Quartier de l'innovation qui se développe autour de l'École de technologie supérieure, en collaboration avec le RÉSO (la CDÉC du Sud-ouest de Montréal) (Battaglia et Tremblay, 2012). Aussi, à l'instar de Montréal, Barcelone cherche à se définir comme une ville créative. Les travaux réalisés dans les dernières années pour reconvertir le quartier de El Raval et pour moderniser le bord de mer (avec plage urbaine, restaurants, rénovation des immeubles, etc.) et y établir des activités créatives, se rapprochent de ce que l'on a observé à Montréal avec le Mile End (Tremblay et Battaglia, 2012). On pourrait dire la même chose de Toronto, qui a beaucoup investi dans les équipements culturels dans les dernières années, notamment dans son Entertainment District, équivalent du Quartier des spectacles à Montréal. Par contre, il semble que, comparativement à Montréal, les décisions y sont plutôt venues d'en haut (Darchen et Tremblay, 2013) ; bien que les effets sur la ville soient intéressants, il y a eu à Toronto une moins grande préoccupation pour la cohésion sociale.

La créativité et la création peuvent avoir un effet cohésif sur les collectivités, mais cela ne va pas de soi, comme le montrent aussi bien l'exemple de Barcelone que celui de Montréal ou d'autres villes (Amsterdam et Paris, entre autres). Lorsqu'elle s'exprime uniquement en produits artistiques ou culturels créés individuellement, la localisation de la créativité dans des lieux spécifiques n'engendre pas nécessairement de la cohésion sociale (Gertler, 2004) et ce n'est généralement pas son objectif. Plusieurs quartiers dans le monde ont connu ce genre de transformation. Par contre, des processus créatifs peuvent donner lieu à des partages, à des initiatives collectives, et alors ils peuvent avoir un effet cohésif. Pour que ce soit le cas, la création doit s'intégrer dans une vision globale de la gouvernance de la ville ; elle doit inclure les dimensions sociales, économiques et politiques, et affirmer une volonté d'équité sociale et territoriale.

La mise en œuvre d'actions créatives et innovantes exige de nouvelles formes de gouvernance favorisant à la fois la confrontation et la concertation entre les acteurs sociaux, tant à l'échelle locale (Stoker, 2002) qu'entre les échelles qui permettent d'intégrer le développement (Moulaert et Nussbaumer, 2008). Le défi réside dans la mise en œuvre de modalités de gouvernance ancrées dans les contextes locaux, répondant aux problèmes locaux et pouvant être réappropriées par les acteurs locaux. Il s'agit d'un défi de démocratisation de la gouvernance. Il faut reconnaître que les activités culturelles et la créativité culturelle ne peuvent générer cette démocratisation à elles seules. Cependant, lorsque ce sont les citoyens qui sont à la base de réponses créatives à des problèmes qui les concernent, ils augmentent leur capacité d'agir, ils construisent des liens sociaux et ils reconstruisent leur identité, établissant ainsi les bases d'une gouvernance inclusive et cohésive. C'est ce que nous montre le cas du Québec et, en particulier, celui de Montréal, et c'est aussi ce que cherchent à réaliser d'autres grandes villes du monde, dont Barcelone.

Ce sont donc bien des « acteurs » du développement, des organismes jouant un rôle actif dans le développement du territoire qui interviennent, échangent et imposent parfois leurs vues à l'État, modelant de ce fait le contexte du développement des entreprises. Celles-ci doivent de plus en plus tenir compte de ces réalités, car elles sont souvent davantage ancrées dans la réalité des territoires où elles s'établissent pour leurs activités, bien que certaines demeurent toujours aussi mobiles. Toutefois, nombre d'entreprises dont le marché, la clientèle et les travailleurs sont bien ancrés dans une échelle locale ou métropolitaine doivent davantage tenir compte de leur lieu d'ancrage territorial et, de ce fait, elles ne peuvent que bénéficier d'une gouvernance inclusive favorisant la créativité, mais aussi la cohésion sociale.

NOTES

1. Voir le texte fondateur de Logan et Molotch (1987) au sujet des régimes urbains.
2. Pour un récit de cette alliance entre les gens d'affaires de race blanche et la collectivité noire de la ville d'Atlanta, voir le roman *A man in full*, de Tom Wolfe.
3. Sur les organismes présents en développement économique à Montréal, voir Tremblay et Rousseau (2006) ; Tremblay et Klein (2014) ; Klein, Tremblay et Fontan (2014).

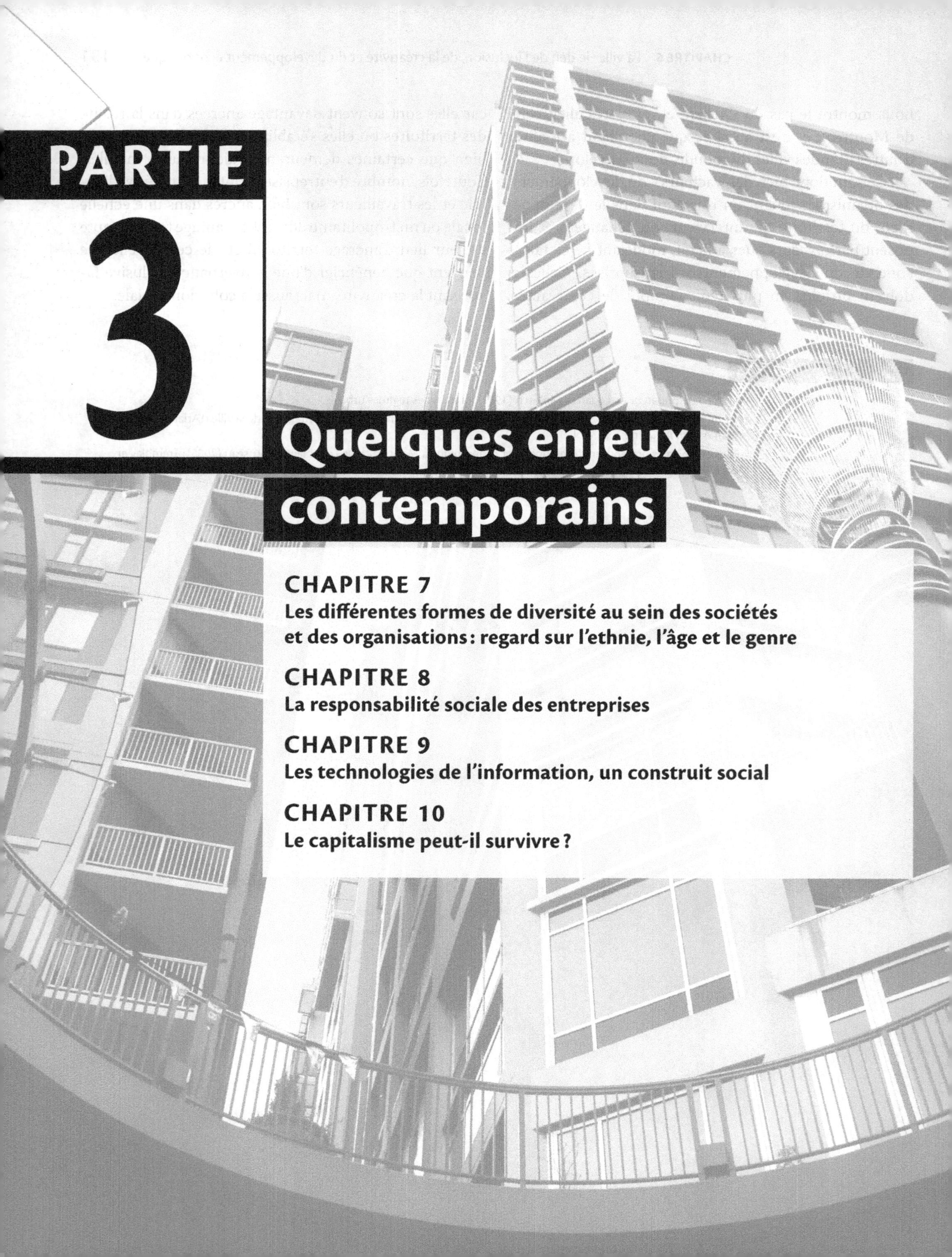

PARTIE 3

Quelques enjeux contemporains

CHAPITRE 7

Sébastien Arcand | Tania Saba | Jamel Stambouli

Les différentes formes de diversité au sein des sociétés et des organisations : regard sur l'ethnie, l'âge et le genre

Introduction

Au cours des dernières décennies, de nombreuses revendications citoyennes fondées sur des appartenances spécifiques sont apparues au sein des sociétés modernes. Bien que ces revendications soient l'expression d'appartenances réelles et vécues, la présence d'acteurs revendiquant une reconnaissance et, dans certains cas, des droits spécifiques au nom de ces appartenances, est un phénomène directement lié aux systèmes politiques, juridiques et économiques en vigueur. Ainsi, la prolifération d'identités, et surtout de revendications de ces identités, est au cœur des destinées des sociétés modernes et, par le fait même, des organisations qui les composent[1]. L'accroissement des possibles identités collectives et individuelles engendrées par la modernité, avec au premier chef les systèmes démocratiques, contribue ainsi à complexifier les relations entre les groupes et entre les individus (Morin, 1999 ; Nifle, 2014). À leur tour, ces relations influencent les organisations en modifiant leurs pratiques managériales et leurs stratégies de développement. En effet, qu'il s'agisse d'identités basées sur la croyance commune en un passé historique collectivement partagé (un groupe ethnique, une nation, par exemple) ou d'identités structurées par l'âge (jeunes, vieux, *baby boomers*, génération X, Y, C…) ou le genre (hommes/femmes), pour ne nommer que celles-là, on constate que ces identités qui se forment au sein de la société se retrouvent également dans les milieux de travail et influencent le cadre organisationnel dans lequel elles prennent place (Cornet et Warland, 2008).

On l'aura compris, les identités sont mouvantes et elles sont sujettes à des interprétations diverses. Par exemple, un seul et même individu peut, à un moment précis de sa vie, valoriser sa jeunesse en ne faisant pas ou peu de distinction entre les hommes et les femmes : « Nous sommes tous des êtres humains » serait ici le leitmotiv de cet individu. À un autre moment de sa vie, cette même personne pourra ressentir le besoin de se rapprocher de sa culture d'origine, celle de ses parents, de ses ancêtres. Et il en va de même pour l'ensemble des expériences, heureuses comme malheureuses, que vit un individu à travers ces « identités intégratives », pour reprendre les termes de François Dubet (2009).

Qui plus est, les sociétés démocratiques se sont dotées de balises et de mesures juridiques qui visent à faire respecter ces identités à l'aide d'un cadre légal recherchant le fragile équilibre entre les idéaux de liberté et d'égalité. Cherchant elles aussi à trouver un équilibre entre les exigences de ce cadre légal et les impératifs de croissance, de rendement et de cohésion inhérents à leur raison d'être, les organisations sont amenées à favoriser une meilleure gestion de cette diversité (Cornet et Warland, 2008 ; Davel *et al.*, 2008 ; Arcand, 2013). Les pratiques de gestion de la diversité prennent alors des formes variées, allant de politiques internes de recrutement à l'organisation d'activités de type « rencontres interculturelles » ou encore de pratiques de mentorat pour permettre, par exemple, à de jeunes employés de mieux s'intégrer à la vie de l'entreprise. Compte tenu de la diversité des capitalismes observable de nos jours, les identités fondées sur le genre, la culture nationale ou encore l'âge sont perçues et gérées différemment selon le contexte dans lequel elles s'énoncent. Ainsi, les différences entre générations prendront une signification particulière dans une société où la majorité de la population est relativement âgée, comme c'est le cas de la plupart des sociétés occidentales. De même, les relations entre les hommes et les femmes, ou entre les divers groupes ethnoculturels, seront gérées d'une certaine manière dans une société pluraliste qui fait de l'égalité hommes-femmes le cœur de ses politiques publiques (Manço et Barras, 2013; Taylor, 1993). Ici, et pour faire le lien avec le chapitre 1 du présent ouvrage, on pourrait même avancer que les appartenances identitaires comme celles qui sont basées sur le genre et l'orientation sexuelle (homme, femme, hétérosexuel, homosexuel, etc.) ou encore sur l'appartenance ethnoculturelle (latino-américaine, italo-canadienne, canadienne-française, etc.), contribuent à modifier les pratiques du capitalisme en amenant les principaux acteurs de ce système économique (entreprises, syndicats, entrepreneurs, employeurs, etc.) à ajuster leurs pratiques internes et leurs stratégies d'affaires. Ainsi, ces multiples identités qui se forment, se reforment, se confrontent et collaborent au sein de la société et des organisations sont devenues des enjeux contemporains avec lesquels tout gestionnaire doit composer.

Complexes, diversifiées et difficilement saisissables sans une bonne dose de généralisation, les identités personnelles n'ont de signification que si elles sont réinscrites dans un collectif (société, organisation, association, etc.) structuré. Il n'est pas question ici de nier les individualités qui sont à l'origine de ces appartenances. Après tout, chacun de nous ne vit-il pas son identité à sa manière ? De fait, c'est là un paradoxe de la société moderne que de valoriser l'individualité et favoriser l'expression d'appartenances vécues de manière très personnelle, tout en encourageant en même temps les individus à se regrouper, malgré leur singularité, derrière une identité collective afin d'obtenir reconnaissance et légitimité. À ce titre, l'idéologie du multiculturalisme, dont le Canada est un des plus dignes représentants, fait ouvertement la promotion de l'expression des diverses identités dans toutes les sphères d'activité (Kymlicka, 2001).

Ce rapport ambigu entre individualité et collectivité contribue à la création d'un « marché des identités » dans lequel les revendications des uns et des autres deviennent des enjeux politiques et économiques importants. Il ne faut pas réduire ces revendications à un simple jeu de l'offre et de la demande, où des groupes revendiqueraient des droits, des privilèges et une reconnaissance, dans un système politico-économique permettant de s'allier à certains groupes par voix de cooptation et de clientélisme. Toutefois, il n'en demeure pas moins que l'accroissement des identités possibles au sein de la sphère publique contribue largement à forcer les acteurs institutionnels et organisationnels à prendre acte de ces revendications, car elles constituent un capital politique (des votes, par exemple) et économiques (des clients, par exemple) incontournable de nos jours.

Cela étant dit, et comme mentionné précédemment, bien que les identités spécifiques permettent à des individus et à des groupes d'individus d'obtenir reconnaissance et légitimité et, par le fait même, de devenir des interlocuteurs importants pour les organisations et les institutions, certaines catégories d'individus et de groupes sont placées dans des situations de précarité et de fragilité. Ayant accès à de moindres pouvoirs politiques et économiques, ces acteurs font partie des « minoritaires » par opposition aux « majoritaires » (Juteau, 1999). Alors que les premiers se situent en périphérie des lieux décisionnels, les majoritaires sont au cœur même des lieux de pouvoir et sont donc mieux en mesure d'imposer leurs vues sur le devenir des sociétés.

Si plusieurs voix s'élèvent depuis quelques décennies pour dénoncer les traitements de faveur dont jouiraient les minoritaires, comme les programmes d'accès à l'égalité pour les membres des minorités visibles, l'équité salariale ou encore l'aménagement du temps de travail pour accommoder les pratiques religieuses, il est certain que les minoritaires font souvent l'expérience de pratiques qui ont plutôt tendance à les défavoriser, en ce qui concerne notamment l'embauche, les promotions et les salaires (Chicha, 2009; Chicha et Charest, 2009). Des notions comme la discrimination systémique à l'égard des personnes issues de minorités ethnoculturelles, le « plafond de verre » pour les femmes au sein des organisations et le difficile accès à des protections et à la permanence pour les jeunes en milieux de travail ne sont que quelques-uns des défis auxquels les groupes minoritaires que nous étudierons dans ce chapitre sont confrontés.

L'analyse des appartenances identitaires est complexe. Elle nécessite une bonne connaissance des assises sur lesquelles reposent ces appartenances tout autant que la compréhension des actions qui cherchent soit à mettre en valeur ces identités, soit à les dévaloriser. De plus, les effets de ces actions au sein de la société et des organisations sont d'autant plus difficiles à analyser que de multiples stratégies sont mises en œuvre pour les structurer. Lorsqu'il est question d'étudier les appartenances identitaires, l'un des moyens de surmonter les obstacles qui se dressent devant l'analyste et le gestionnaire est d'approfondir notre connaissance de certaines de ces appartenances. C'est précisément ce que nous tâcherons de faire ici en nous penchant plus en détail sur les identités ethnoculturelles, puis sur les identités générationnelles et, enfin, sur les identités de genre. Dans le but d'identifier les dynamiques qui sont à l'origine des appartenances identitaires retenues pour notre étude, nous insisterons plus spécifiquement sur les interactions entre individus et groupes, plutôt que sur une approche descriptive et figée de ces appartenances. Pour ce faire, nous ferons appel à quelques données statistiques, mais uniquement à titre illustratif plutôt qu'analytique.

7.1 La diversité ethnoculturelle au sein de la société et des organisations

La question du pluralisme ethnoculturel représente l'un des enjeux importants des sociétés et organisations contemporaines. Des éléments tels que la cohésion, le vivre-ensemble, la collaboration et les diverses formes de solidarité sont constamment questionnés et soumis à des changements, sous l'impulsion des transformations démographiques liées à la présence de personnes issues de multiples origines ethnoculturelles. De manière générale, on considère que ce type de diversité se construit avant tout dans la rencontre entre groupes issus de cultures nationales distinctes. Les raisons qui entraînent cette rencontre relèvent principalement, mais pas exclusivement, de mouvements migratoires se déroulant aux échelons nationaux et internationaux. Ainsi, lorsqu'il est question de diversité ethnoculturelle, plusieurs niveaux d'analyse sont à considérer. Dans un premier temps, il y a ce que nous appellons le niveau macro, qui correspond aux conjonctures internationales (guerres, difficultés économiques d'un pays ou d'une région, respect des accords internationaux quant à l'accueil des réfugiés, etc.) et aux besoins de certains pays en matière de main-d'œuvre (politiques migratoires). Ainsi, le niveau macro de la diversité ethnoculturelle met en relief des enjeux liés aux politiques économiques internes des pays qui reçoivent l'immigration, et la pression que subissent ces mêmes pays pour qu'ils accueillent les flux de migrants fuyant les conflits en tous genres et la misère économique. Ensuite, le niveau méso de la diversité ethnoculturelle correspond à la présence de cette même diversité au sein des organisations et est directement lié aux pratiques managériales. Le troisième et dernier niveau sur lequel repose notre propos pour cette première section du chapitre est le niveau micro. Il est lié aux interactions entre individus et groupes issus d'origines ethnoculturelles différentes. Nous le verrons, ces interactions peuvent se dérouler au sein même des organisations, ou de la société, et sont à l'origine de trois mécanismes identitaires spécifiques et constamment négociés soit :

1. le mécanisme de collaboration/confrontation ;
2. le mécanisme de dialogue/malentendu ;
3. le mécanisme d'inclusion/exclusion.

Dans les pages qui suivent, nous examinerons ces niveaux l'un à la suite de l'autre en mettant l'accent sur les enjeux et les défis propres à chacun. En fin de section, nous montrerons que ces niveaux doivent être abordés dans leur ensemble plutôt qu'isolément. La figure 7.1 (*voir la page suivante*) présente les trois niveaux de la diversité ethnoculturelle, ainsi que les enjeux qui y sont associés. Elle est suivie de leur présentation en détail.

7.1.1 Le niveau macro de l'analyse de la diversité ethnoculturelle

Pour étudier le niveau macro de la diversité ethnoculturelle, il faut avant tout penser à la thématique de l'immigration, laquelle a des effets à long terme sur le vivre-ensemble qui vont bien au-delà de la « simple » installation de personnes en provenance d'autres pays. Ainsi, pour pallier aux besoins en main-d'œuvre des entreprises, les gouvernements des États occidentaux ont, depuis la naissance de l'État moderne, eu largement recours à l'immigration. Alors qu'historiquement ces besoins étaient liés à une main-d'œuvre ouvrière de type manuel, les spécificités de l'économie du savoir actuelles exigent une sélection davantage ciblée vers des compétences et un savoir-faire spécialisés. Qui plus est, la baisse des taux de natalité qui caractérise l'ensemble des pays occidentaux, couplée aux phénomènes internationaux tels que les crises économiques et les zones de conflits, mettent une pression importante sur les

FIGURE 7.1 **Les trois niveaux de la diversité ethnoculturelle**

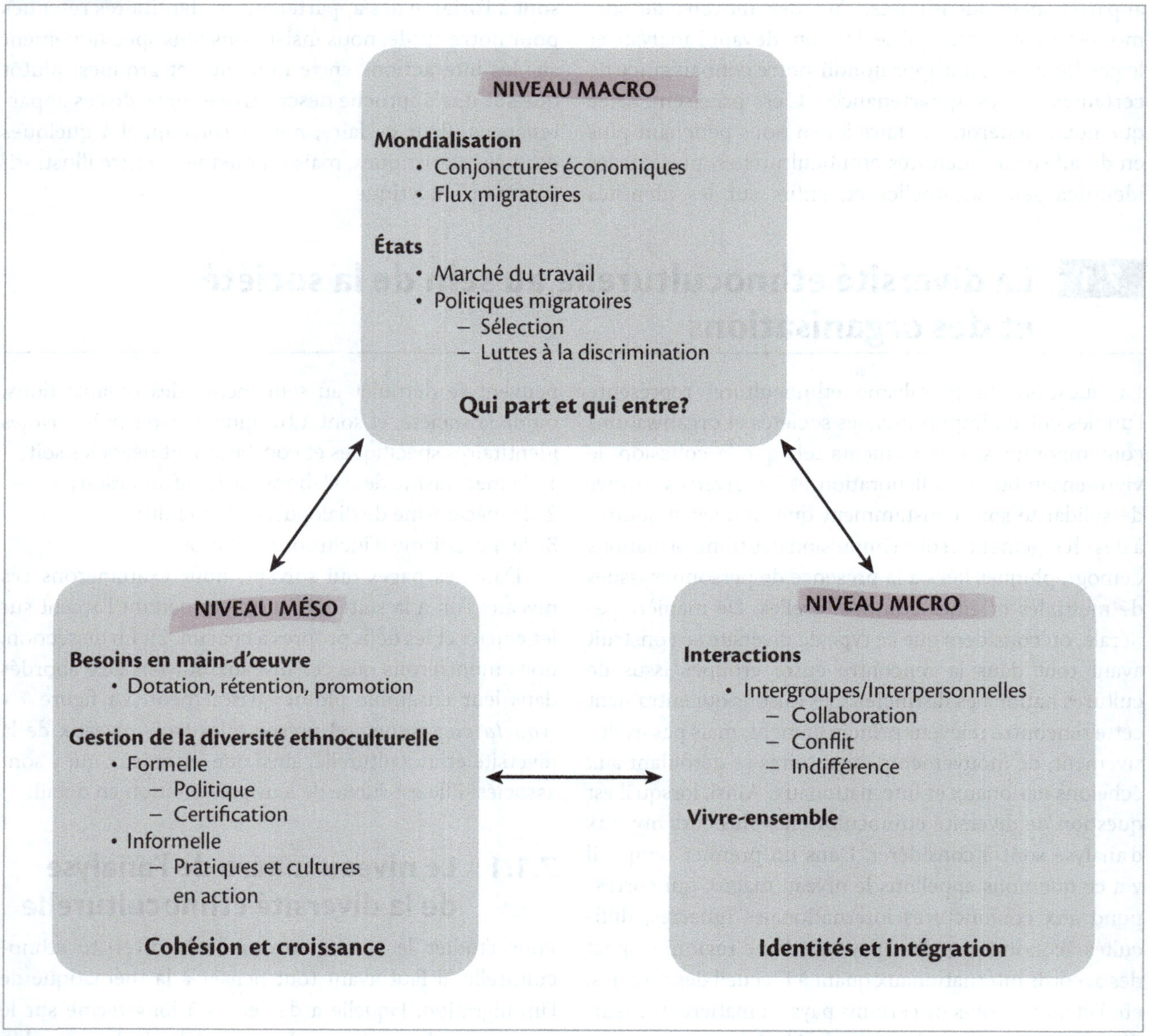

États. En effet, en plus de chercher à combler leurs besoins en travailleurs, ils doivent remplir leurs obligations envers des institutions et traités, par exemple vis-à-vis de la Convention de Genève en ce qui concerne le statut des réfugiés. De fait, qui n'a jamais vu aux informations ces bateaux surchargés de migrants en provenance d'Afrique se diriger, au prix de multiples périls, vers les côtes européennes, principalement italiennes[2] ? De même, qui n'a pas entendu parler de ces milliers de migrants du Mexique et d'Amérique centrale qui, bon an mal an, défient la mort pour espérer vivre une vie meilleure aux États-Unis[3] ? Il ne fait aucun doute qu'entre ces migrants désespérés et les immigrants investisseurs disposés à investir 800 000$ pour s'établir au Québec, il existe une grande diversité de profils et de trajectoires.

Dans ce contexte où les immigrants ne se distinguent plus seulement sur la base de leurs origines mais également de leur statut, il se crée un écart de plus en plus grand entre ce que nous pourrions appeler les « bons immigrants » et les « moins bons immigrants ». Entre ceux sur qui l'on compte pour contribuer rapidement à l'économie et ceux qui, parce qu'on les aura laissés entrer pour des raisons humanitaires et non instrumentales, sont majoritairement moins outillés pour s'intégrer rapidement à ce même marché du travail. Cette disparité de statuts entre les immigrants, bien qu'elle ait sa propre logique fondée sur des critères d'employabilité et d'utilité, n'est pas sans créer une certaine hiérarchie entre les immigrants que l'on désire et ceux dont on se passerait bien. Ce phénomène n'est pas exclusif à un pays en particulier et, qu'il s'agisse du Royaume-Uni, de la France, de l'Allemagne ou encore des États-Unis et du Canada, nulle société contemporaine n'échappe à cette stratification des personnes immigrantes en fonction de leur contribution au marché du travail.

Cherchant continuellement à s'adapter aux dynamiques internationales et aux besoins en main-d'œuvre de leur économie, les États innovent constamment pour rendre leur politique de sélection plus performante et ainsi mieux arrimer la sélection des individus aux besoins réels du marché du travail et des entreprises. Tâche complexe s'il en est une, l'arrimage entre la sélection et les besoins des entreprises est un travail qui nécessite une constante adaptation aux conjonctures du marché du travail qui, par définition, sont elles aussi dynamiques et changeantes. Les gouvernements doivent également composer avec un ensemble d'acteurs institutionnels et collectifs aux intérêts divergents qui cherchent à orienter les politiques de sélection des immigrants en fonction de leur propre agenda politico-économique. Pensons ici aux chambres de commerce et autres regroupements d'entrepreneurs qui prônent généralement un accroissement des taux d'immigration au nom d'une pénurie de main-d'œuvre, ou encore aux organismes communautaires qui cherchent à obtenir davantage d'aide financière pour effectuer ce pourquoi ils ont été créés, soit l'intégration socio-économique des immigrants. Sans parler ici de « marché de l'immigration », force est de constater que la question migratoire est devenue un enjeu de société incontournable mettant en relation un ensemble important d'acteurs institutionnels et organisationnels. Comme nous le verrons maintenant, le Canada et le Québec n'échappent pas à ce phénomène.

7.1.2 La diversité ethnoculturelle au Canada : l'apport de l'immigration

Au Canada, l'immigration a toujours été importante pour le développement démographique et économique du pays. Considéré comme un « pays d'immigration », le Canada partage cette caractéristique qui remonte au début de sa colonisation avec des pays comme l'Australie, la Nouvelle-Zélande et les États-Unis. Bien que les choses aient considérablement évolué depuis les débuts de la colonisation au XVIe siècle, le Canada continue de recevoir, bon an mal an, bon nombre d'immigrants, en moyenne 250 000 par an au cours des dernières années (Institut de la statistique du Québec [ISQ], 2013), ce qui modifie sur une base annuelle le tissu social canadien. Pour illustrer cette diversité canadienne issue de nombreuses années de politique d'ouverture à l'égard de l'immigration internationale, on notera qu'en 2011, le Canada comptait 6 775 800 personnes nées à l'étranger, ce qui représentait 20,6 % de la population totale, soit la plus forte proportion des pays du G8 (Statistique Canada, 2014). Alors que l'immigration au Québec est largement concentrée dans la région de Montréal comme nous le verrons plus loin, au Canada, elle se concentre en grande majorité dans quatre provinces soit l'Alberta, la Colombie-Britannique, l'Ontario et le Québec ; l'Asie et le Moyen Orient fournissent la majorité des immigrants récents (Statistique Canada, 2014). Malgré les variations dans les catégories d'immigrants qui, au fil du temps, viennent s'installer au Canada – réfugiés, temporaires, qualifiés, saisonniers –, le gouvernement canadien est continuellement en recherche d'individus provenant de l'étranger pour venir peupler son immense territoire et contribuer activement à son économie, ce qui est aussi, mais avec des spécificités qui lui sont propres, le cas du Québec.

La diversité ethnoculturelle au Québec : quand les facteurs identitaires se joignent aux facteurs démographiques et économiques

Conséquence de l'encadrement institutionnel et de l'attraction « naturelle » que représentent le Canada et le Québec sur la scène internationale, cette province est aussi l'une des régions du monde qui reçoit le plus de personnes immigrantes au prorata de sa population totale, soit plus que les États-Unis d'Amérique mais moins que le Canada (ISQ, 2013). Entre 2000 et 2014, le Québec a accueilli en moyenne un peu plus de 45 000 immigrants par année, dont 55 044 en 2012. Parmi ces immigrants, environ 70 % sont issus de l'immigration dite sélectionnée en fonction des divers programmes québécois (ISQ, 2013 ; ministère de l'Immigration, de la Diversité et de l'Inclusion [MIDI], 2014). Les principaux pays d'origine des immigrants ont considérablement changé au fil des décennies. L'une des raisons de ces transformations dans les flux migratoires est certes l'augmentation graduelle accordée au gouvernement du Québec, de ses pouvoirs en matière de sélection de l'immigration internationale[4]. L'acquisition de ces prérogatives en matière de sélection remonte au début des années 1980 et a eu un effet direct sur les pays de provenance des immigrants puisque la connaissance de la langue française est devenue un critère important de sélection en contexte québécois. C'est ainsi que l'importance graduelle mise sur la langue d'usage des candidats à l'immigration contribue au fil du temps à modifier les principales aires géographiques de provenance des immigrants.

Alors qu'au cours des années qui ont précédé (1945-1960) et suivi (1960-1980) la Révolution tranquille, la majorité des pays de provenance étaient européens (Portugal, Grèce, Italie), un changement a commencé à s'opérer à partir du milieu des années 1970 avec notamment les *boat people*, ces réfugiés vietnamiens qui fuyaient la victoire éminente des communistes du Viêt Nam du Nord. Cette diversification s'est poursuivie et c'est ainsi que de nos jours, mis à part peut-être les Haïtiens et les Chinois dont les premières vagues migratoires remontent à plusieurs décennies, la population immigrante récente au Québec provient majoritairement du Moyen-Orient et d'Amérique latine. À titre illustratif, en examinant les pays de provenance des immigrants pour la période 2003-2012, on constate que des dix pays d'origine de ces immigrants soit, dans l'ordre, l'Algérie, le Maroc, la France, Haïti, la Chine, la Colombie, la Roumanie, le Liban, les Philippines et le Mexique, cinq d'entre eux font usage du français d'une manière ou d'une autre (Algérie, Maroc, France, Haïti, Liban) et trois autres sont ce qu'on appelle des « francotropes », soit des locuteurs de langues linguistiquement proches du français (Colombie, Roumanie, Mexique) (MIDI, 2014)[5]. Outre les effets sur les pays de provenance et sur l'importance accordée à la connaissance du français, l'acquisition de responsabilités de plus en plus importantes pour le Québec a également contribué à créer diverses catégories d'immigrants, parmi lesquelles on trouve les Travailleurs qualifiés permanents, les Travailleurs temporaires, les Étudiants étrangers ou les Immigrants investisseurs (MIDI, 2014). La catégorie « Immigrant » est en fait une dénomination générique regroupant des profils et des trajectoires d'individus variés. Qui plus est, cette dénomination s'inscrit dans une logique d'accroissement des programmes gouvernementaux et, plus important encore, elle camoufle les raisons et les processus sous-jacents à la catégorisation des personnes issues de l'immigration. Comme nous le verrons dans la section 7.1.4, qui se penche sur le niveau micro de la diversité ethnoculturelle, cette catégorisation des nouveaux arrivants contribue aussi à créer des relations asymétriques entre les diverses catégories d'immigrants et la société d'accueil.

Montréal : pôle d'attraction de l'immigration au Québec

Rappelons qu'en matière de flux migratoires et de diversité ethnoculturelle, le Québec des 40 dernières années a vécu de nombreux changements. Bien qu'elles touchent l'ensemble de la société québécoise, c'est majoritairement dans la région de Montréal que ces transformations ont eu lieu. Principal pilier économique du Québec, la métropole québécoise, à l'instar des autres grandes villes dans le monde, est le premier pôle d'attraction des immigrants, alors que près de 9 immigrants sur 10 s'installent dans la grande région de Montréal (Statistique Canada, 2014). Par conséquent, c'est également à Montréal que les enjeux en matière d'intégration et de relations interculturelles ont toujours été les plus importants. On n'a qu'à penser à la question de l'intégration au marché de l'emploi, aux relations intergroupes ou encore aux usages linguistiques et aux relations qu'ils induisent entre les anglophones, les francophones et les allophones, pour réaliser que les défis du vivre-ensemble, mais également les aspects positifs et dynamisants de cette grande diversité montréalaise, sont au cœur des débats de société, des débats qui touchent aux aspects sociaux, culturels, politiques et économiques du multiculturalisme de Montréal et de sa région immédiate (Dupuis, 2013). Compte tenu que la population née à l'étranger se concentre dans la région montréalaise, les organisations qui y sont présentes font davantage l'expérience quotidienne de la diversité ethnoculturelle. Cette réalité régionale montréalaise offre tout un contraste avec celle des autres régions du Québec, ce qui n'est pas sans conséquences négatives pour les entreprises installées dans ces autres régions.

En effet, les difficultés qu'ont de nombreuses régions du Québec à attirer des personnes aux compétences variées et qui pourraient venir combler des besoins en matière de main-d'œuvre sont au cœur de problématiques démographiques auxquels fait face le Québec en cette première moitié de XXIe siècle. Puisque le renouvellement de la population repose en majeure partie sur l'attraction de talents et de compétences formés à l'étranger, il n'est pas étonnant que plusieurs régions du Québec, avec l'appui du gouvernement, tentent justement d'attirer les nouveaux arrivants. Malgré les efforts faits en ce sens, peu de résultats ont été concluants jusqu'à ce jour et les organisations installées en dehors de la région métropolitaine peinent à attirer et à retenir la main-d'œuvre issue de l'immigration. La section 7.1.3 qui suit est d'ailleurs consacrée aux organisations et à la gestion de la diversité ethnoculturelle.

7.1.3 Le niveau méso de la gestion de la diversité ethnoculturelle

La diversité ethnoculturelle n'est ni une difficulté, ni un avantage en soi en ce qui concerne la gestion des organisations. S'il arrive que la présence de personnes issues de diverses cultures entraîne des défis de cohésion et de collaboration au sein des sociétés et des organisations (Putnam, 2007), cette même présence peut aussi, comme l'ont noté plusieurs auteurs, favoriser l'innovation, la créativité, la résolution de problèmes ou encore le transfert de connaissances (Arcand, Dupuis et Langis, 2012 ; De Dreu, 2010 ; Kochan *et al.*, 2010 ; Ely et Thomas, 2001 ; Cox et Blake, 1991). De même, lorsque son personnel est culturellement diversifié, une organisation peut plus aisément attirer et retenir une clientèle elle-même diversifiée, développer de nouveaux marchés et conclure des partenariats d'affaires avec des entreprises d'autres régions, provinces ou pays (Gomez-Mejia et Palich, 1997). Même s'ils sont liés à une vision de la diversité ethnoculturelle que certains considèrent utilitariste, ces avantages n'en demeurent pas moins porteurs d'une meilleure intégration des personnes issues des minorités ethnoculturelles au marché du travail.

De l'importance de la gestion pour faire ressortir les avantages de la diversité ethnoculturelle en organisation

Considérant l'importance des enjeux liés à la gestion de la diversité ethnoculturelle en organisation, plusieurs auteurs ont peu à peu construit le champ du management interculturel comme il est d'usage de le nommer. Les recherches menées par Geert Hofstede sur les filiales de la compagnie IBM de par le monde (Hofstede 1980 ; Hofstede G., Hofstede J. et Minkov 2010) sont celles qui, encore aujourd'hui, suscitent le plus d'intérêt, même lorsqu'elles sont contestées. À ce titre, les travaux d'Hofstede font figure de pionniers dans le champ du management interculturel car ils permettent d'aborder rapidement les différences culturelles nationales à l'œuvre en milieu de travail à l'aide de notions simples telles que la distance hiérarchique, les rapports hommes/femmes, le niveau de tolérance face à l'incertitude ou encore le rapport au temps (court ou long terme). Pour sa part, Philippe D'Iribarne (1989, 1998, 2008), en faisant usage de l'approche comparative et qualitative, nous a entre autres permis de mieux connaître la culture de gestion qui prévaut en France et aux États-Unis. Alors qu'en France, elle est fortement teintée par la logique de l'honneur qui induit à son tour des comportements et un certain respect de la hiérarchie en entreprise, aux États-Unis, elle se caractérise plutôt par l'importance du contrat « passé entre des hommes libres ». Dans le contexte québécois, Jean-Pierre Dupuis (2002, 2008) est l'un des premiers, sinon le premier, à avoir identifié les fils conducteurs de la gestion « à la québécoise », en faisant notamment ressortir les différents moments de rupture historique qui ont façonné le rapport des Québécois à leur histoire et structuré une pensée spécifique quant au développement économique et au monde du travail. Nous pourrions faire le tour du monde en donnant des exemples d'études, d'approches théoriques et de données empiriques toutes plus pertinentes et intéressantes les unes que les autres. Mais ce qu'il faut retenir ici, c'est que, depuis au moins une trentaine d'années, la diversité ethnoculturelle intéresse non seulement les anthropologues, les politologues, les sociologues, les psychologues et autres économistes, mais elle suscite également beaucoup d'intérêt chez les penseurs du management et chez les gestionnaires eux-mêmes.

Ainsi, les enjeux contemporains de la rencontre des cultures auxquels sont confrontés les gestionnaires québécois tournent majoritairement autour de deux axes principaux, soit les accommodements religieux et les enjeux liés aux pratiques langagières. Outre l'importance évidente de ces deux enjeux pour la bonne conduite d'une organisation, nous retiendrons également que, dans le contexte québécois, tant les questions liées aux demandes d'accommodement raisonnable que celles liées à la connaissance du français ou encore à l'usage, nécessaire dans certains cas, de l'anglais en milieu de travail, suscitent leur lot d'âpres débats et d'émotivité. Voyons plus en détail ce qu'il en est.

Les accommodements raisonnables et la question linguistique en contexte québécois

Sans entrer dans des détails techniques et juridiques, mentionnons que ces accommodements ne s'appliquent pas qu'aux questions religieuses, mais couvrent un ensemble varié d'aspects liés à diverses formes de discriminations tels que le handicap, l'âge et le genre, et qu'ils consistent en une « … mesure corrective qui vise à assurer qu'une personne puisse avoir accès aux mêmes emplois, établissements ou services que les autres, peu importe ses caractéristiques personnelles : âge, handicap, religion, langue, etc. » (Éducaloi, 2014). Bien que fortement balisés par le système juridique, les accommodements raisonnables pour des motifs religieux sont probablement ce qui alimente le plus les craintes des gestionnaires québécois en contexte de diversité ethnoculturelle. Bien que ces craintes soient plus souvent qu'autrement non fondées, entre autres parce que sur ce plan, il s'agit de droits individuels et donc de traitement des demandes au cas par cas, bien des gestionnaires craignent que ce genre de demandes créent des précédents et que ce soit eux qui, tout compte fait, se retrouvent avec des problèmes de gestion (conflits, remplacements, horaires modifiés, etc.).

En ce qui concerne les enjeux liés aux pratiques langagières au Québec, la question linguistique, et plus spécifiquement la relation entre le français et l'anglais, soulève les passions et contribue à complexifier la tâche des gestionnaires en exercice (Arcand, 2011). En effet, pour les organisations, et tout particulièrement pour les gestionnaires, l'usage de l'anglais vient souvent interférer avec le français dont l'usage en milieu de travail est, rappelons-le, régi par la Charte de la langue française ou Loi 101. En ce qui concerne les usages linguistiques, les organisations font face à trois défis principaux. Tout d'abord, elles doivent se plier aux prérogatives de la Loi 101 en matière de langue d'usage en milieu de travail. Ensuite, compte tenu que l'usage d'une langue commune, le français en l'occurrence, facilite l'échange d'informations et la collaboration, les organisations doivent pouvoir compter sur du personnel qui maîtrise suffisamment cette langue. Or, malgré l'accent qui est mis sur la connaissance du français dans la sélection des immigrants par le gouvernement du Québec, une connaissance asymétrique du français prévaut au sein de la population immigrante de première génération. Cela peut donc entraîner des malentendus et des dissonances communicationnelles au sein des organisations qui emploient du personnel issu de l'immigration récente (Irrmann, 2008). Le troisième défi, également d'ordre linguistique, est lié à la nécessité, pour les organisations, de faire usage de la langue anglaise dans l'exercice de certaines de leurs activités. Qu'il s'agisse de relations d'affaires avec des fournisseurs ou des clients situés à l'extérieur du Québec ou de développement de marchés à l'étranger, la langue anglaise est la *lingua franca* du monde des affaires en ce sens qu'il est indispensable que les membres d'une organisation la connaissent et l'utilisent.

Le niveau méso de la diversité ethnoculturelle est directement lié à la capacité des organisations à mettre en place des pratiques et processus susceptibles de leur faire prendre le « virage interculturel », qui implique une prise en compte de la diversité et de ses avantages, tant pour l'organisation que pour les individus visés par ces pratiques et processus. Cet équilibre entre la valorisation de la diversité et la reconnaissance des compétences propres à un individu nonobstant sa culture d'origine, exige une vision stratégique de la part des organisations, une vision qui non seulement prend acte de la diversité, mais qui alloue des ressources en vue de bien la gérer. La cohésion des organisations, l'inclusion de tous les employés de même que la capacité des individus à collaborer est au cœur de cet équilibre, qui nécessite une certaine flexibilité et une vision dynamique du changement de la part des gestionnaires.

7.1.4 Le niveau micro de la diversité ethnoculturelle

Il n'est jamais facile de saisir toute la complexité des interactions entre individus et entre groupes. Les sciences humaines s'efforcent depuis longtemps d'apporter leur contribution à cet effort de compréhension. Lorsqu'il s'agit d'interactions se déroulant dans un contexte de diversité ethnoculturelle, elles sont dominées par une série de petites différences qui, mises bout à bout, favorisent une pluralité d'interprétations et de façons de faire. Qui n'a pas entendu parler de cette entreprise qui, n'ayant pas suffisamment pris en considération la culture d'affaires d'un pays où elle veut s'installer, a du refaire ses devoirs pour mieux s'y implanter ? Ou de ces gestionnaires qui, négociant un contrat avec une firme étrangère, n'ont pas pris soin de s'informer sur la manière de négocier en vigueur dans ce pays ? Regarder dans les yeux ou non lors d'interactions hiérarchiques, valoriser davantage les compétences techniques de certains interlocuteurs plutôt que respecter les niveaux d'ancienneté, insister sur la signature du contrat le plus tôt possible ou, au contraire, développer davantage les aspects relationnels avant d'aborder la question du contrat, tutoyer ou vouvoyer son interlocuteur, conserver une proximité ou une distance physique avec les autres: voilà quelques exemples d'interactions fortement imprégnées des dimensions culturelles et qui peuvent mener à l'échec de stratégies de développement, par exemple lors d'une fusion, d'une acquisition ou d'une implantation directe dans un pays. À ce titre, les ratés initiaux de l'américaine Walt Disney Company avec Euro Disney en France ou la fusion mort-née entre Daimler et Chrysler pour des raisons similaires, cette fois entre Allemands et Américains, ne sont que deux exemples connus parmi d'autres de problèmes engendrés par une mauvaise prise en compte des cultures nationales en milieu de travail[6]. Malheureusement, les exemples de mauvaises pratiques en matière de transactions et de collaborations de ce type à l'échelle internationale sont légion. Et heureusement, il y a aussi des entreprises qui savent s'adapter à l'environnement social et culturel dans lequel elles cherchent à s'implanter. L'un des meilleurs exemples est certainement la compagnie McDonald Corporation qui, par sa grande capacité d'adaptation culturelle, favorise ce que certains appellent la « McDonalisation du monde », décriée par les uns mais consommée par les autres. Les institutions financières, les banques au premier chef, font aussi partie des institutions qui, de par le monde, ont fait preuve d'adaptation et de sensibilité sur le plan culturel. Malgré la persistance de mauvaises pratiques, les entreprises sont de plus en plus sensibilisées à l'importance des différences culturelles dans un monde de plus en plus globalisé. Et il en va de même pour la gestion du personnel au sein des organisations.

En effet, lorsqu'il est question d'interaction entre des personnes de cultures différentes au sein du monde des affaires, on ne peut se limiter à analyser uniquement des interactions se déroulant entre les gestionnaires d'un pays et ceux d'un autre pays. Il faut également et nécessairement s'intéresser aux interactions qui se déroulent au quotidien à l'intérieur d'une même organisation. Outre les auteurs déjà mentionnés au sujet du niveau méso de la gestion interculturelle (Hofstede et D'Iribarne principalement), d'autres se sont intéressés aux types de relations qui se développent lorsque des individus et des groupes d'appartenances ethnoculturelles distinctes se rencontrent. C'est le cas notamment de Sachdev et Bourhis (1987) dont les travaux en psychologie sociale ont fait ressortir les jeux de pouvoir et de distribution inégale des ressources qui marquent ces relations intergroupes. Pour ces auteurs, cela est particulièrement vrai lorsque ces rencontres intergroupes sont marquées par des rapports majoritaires/minoritaires: le ou les groupes majoritaires ayant tendance à favoriser plus nettement leur groupe d'appartenance – le *in-group* – plutôt que le *out-group*. Ici, c'est la question du pouvoir qui déterminera la discrimination sous-jacente à la relation asymétrique entre groupe majoritaire et groupe minoritaire (Sachdev et Bourhis, 1991).

Cette question des relations interculturelles, sur une base individuelle et groupale, soulève des questions fondamentales quant à l'intégration des personnes issues des groupes minoritaires en milieu de travail et à la gestion de la diversité ethnoculturelle dans ces milieux. Nous l'avons vu précédemment, la diversité ethnoculturelle peut représenter une valeur ajoutée de grande importance pour une organisation et pour une société. Cependant, des processus d'exclusion et d'inclusion subtils, mais non moins réels, font partie intégrante de ces interactions entre personnes issues de cultures distinctes. Et lorsqu'il est question de milieu de travail, ce sont plus souvent les gestionnaires en exercice qui doivent prendre acte de l'existence de ces processus et développer leurs compétences interculturelles à travers la formation et l'apprentissage expérientiels. À défaut de pouvoir consacrer plus de temps à cette question, nous invitons les lecteurs à se tourner vers la littérature scientifique et pratique, les nombreux sites Web et formations en gestion interculturelle. Le gestionnaire, actuel ou en devenir, aurait tout intérêt à s'intéresser à cette question des relations ethnoculturelles, car tout indique qu'elle n'est pas près de disparaître!

Appartenances ethnoculturelles, groupes et barrières à l'emploi

La tendance à se regrouper en fonction de son appartenance ethnoculturelle constitue, d'une certaine manière, un réflexe bien naturel à l'être humain. Ce regroupement apporte une sécurité émotionnelle dont plusieurs ont besoin et qui permet de partager en permanence des pratiques spécifiques (langue, religion, achat de produits culinaires et autres, etc.), de démarrer des entreprises et de mobiliser certaines ressources en vue de l'atteinte d'objectifs politiques, économiques et sociaux. Cela étant dit, les regroupements de ce type génèrent aussi des effets pervers pour certains groupes.

C'est le cas notamment d'individus d'une même culture dont les réseaux sociaux sont majoritairement composés d'autres individus issus de la même culture. Or, si ces réseaux sont peu constitués de ce que le sociologue économique Mark Granovetter (1973) appelle les «liens faibles», soit des liens autres que familiaux, d'amitié et culturels, il y a de fortes chances que ces individus n'aient qu'un accès partiel, voire très partiel, à l'information quant aux opportunités offertes sur le marché du travail. Bien évidemment, certains réseaux de «liens forts» (famille, amis, groupe d'appartenance) peuvent être suffisamment développés pour que les individus aient accès à l'information nécessaire. Mais rappelons que, de manière générale, les personnes issues des minorités ethnoculturelles se retrouvent en situation de moindre pouvoir, notamment parce que leur capital social est moins important, ce qui affecte négativement leur intégration au marché du travail et l'accès à des emplois correspondant à leurs qualifications (Arcand *et al.*, 2009; Lenoir *et al.*, 2009; Portes, 1998). Cela dit, la question de l'existence ou de l'absence de ces liens faibles n'explique pas à elle seule les difficultés d'intégration socio-économique des minorités ethnoculturelles.

Dans une étude utilisant la méthode dite du *testing*, Paul Eid (2012) a cherché à vérifier si l'origine du nom apparaissant sur un curriculum vitae envoyé pour postuler un emploi pouvait avoir une incidence sur les chances qu'a cette personne d'être embauchée. Les résultats montrent que sur 581 paires de CV identiques, répondant à différentes offres emplois, mais avec des prénoms et noms «étrangers» dans un cas et «franco-québécois» dans l'autre, les personnes ayant des noms à consonance «locale» étaient convoquées en entrevue 60% plus souvent que celles dont les noms avaient une consonance étrangère. Cette recherche, dont la méthodologie a été souvent éprouvée ailleurs qu'au Québec, montre que l'accès à un emploi n'est pas uniquement lié à des compétences dites objectives, mais que plusieurs facteurs plus subjectifs entrent également en considération. Cela renforce aussi l'idée selon laquelle les mesures d'intégration en emploi pour ces individus issus des minorités ethnoculturelles demeurent nécessaires et que l'État a un rôle important à jouer comme facilitateur de leur intégration.

Les divers aspects de la diversité ethnoculturelle et leurs liens avec le monde du travail et de la gestion qui ont été abordés au cours de cette section sur la dimension micro de notre graphique s'appliquent parfaitement au contexte québécois. Qu'il s'agisse de l'internationalisation d'entreprises québécoises, de questions linguistiques, d'accommodements raisonnables ou encore de management interculturel à proprement parler, les éléments soulevés dans cette section sont intimement liés au contexte dans lequel ils prennent place. C'est ainsi que, dans le contexte québécois, le phénomène de la forte concentration des populations issues de groupes ethnoculturels minoritaires dans la région de Montréal n'a pas seulement des incidences sur les dimensions macro et méso présentées à la figure 7.1 (*voir la page 136*), mais également sur les aspects micro. Le petit nombre de personnes issues des minorités ethnoculturelles vivant en région au Québec accentue la différence entre la région montréalaise et les autres régions. Le fait de vivre dans un environnement multiculturel, ou encore très homogène sur le plan culturel, façonne nos manières de concevoir le monde et la place du Québec dans ce dernier. Cette distinction, pour ne pas dire «cette division», culturelle entre Montréal et le reste du Québec comporte donc des enjeux économiques, de gestion, de politiques publiques, sociaux ainsi que démographiques. Quoiqu'il en soit, cet écart entre la région montréalaise et le reste du Québec nous rappelle que c'est dans la métropole que les immigrants récents et les personnes issues des divers groupes ethnoculturels travaillent, démarrent des entreprises et contribuent à faire de Montréal une ville multiculturelle. Par le fait même, c'est également dans les organisations montréalaises que les trois mécanismes collaboration/confrontation, dialogue/malentendu et inclusion/exclusion sont le plus à l'œuvre.

Les principaux éléments soulevés dans la section 7.1 s'inscrivent dans un ensemble de défis et de possibilités liés à l'évolution des sociétés modernes au cours des années venir. De plus, bien que nous ayons inscrit ces défis et possibilités dans le contexte canadien, mais surtout québécois puisque notre lectorat est majoritairement composé d'individus installés au Québec, la réflexion sous-jacente à notre propos tend à faire ressortir le caractère universel de ces défis et possibilités pour étendre la réflexion à l'ensemble des sociétés qui font appel à l'immigration pour palier leurs besoins démographiques et économiques. L'interdépendance des trois niveaux de la figure 7.1 fait également ressortir l'idée, fondamentale à notre avis, que l'analyse et la compréhension des phénomènes liés à la diversité ethnoculturelle dépassent les seules dimensions économiques pour s'inscrire dans une complexité de rapports sociaux aux multiples implications. Maintenant que nous avons vu cette première forme de diversité, voyons celle qui est fondée sur l'âge et les générations.

7.2 La diversité selon l'âge et selon les générations

Les deux dernières décennies ont été marquées par des changements démographiques importants, étroitement liés à l'arrivée de la génération des *baby-boomers*, génération qui continuera d'occuper une place importante sur le marché du travail dans les 15 prochaines années. La composition de la population active influence grandement la gestion des organisations et soulève de nombreuses questions: Est-il nécessaire de repenser l'organisation des milieux de travail en fonction des caractéristiques démographiques des employés? Si oui, comment s'y prendre? Comment intégrer les plus jeunes? Comment gérer les départs, les remplacements et cette présence accrue de travailleurs plus âgés? Dans cette section du chapitre, nous traiterons du contexte, des enjeux de la diversité selon l'âge et de ses incidences sur les organisations. Nous dégagerons les moyens susceptibles de contribuer à une saine gestion de cette forme de diversité et de promouvoir une cohabitation harmonieuse de plusieurs générations en milieu de travail.

7.2.1 Le contexte démographique et social

La diversité selon l'âge a été longuement étudiée, de façon empirique aussi bien que théorique, alors que la diversité selon les générations est une question récente largement présente dans les médias et dans le discours public, mais qui demeure relativement peu documentée (Saba, 2014b). Cette forme de diversité gagne en intérêt puisqu'on remarque une présence accrue de personnes plus âgées sur le marché du travail et, par le fait même, une cohabitation plus longue avec les plus jeunes. L'importante transformation des parcours de vie des trois dernières décennies nous incite à vouloir mieux comprendre les réalités telles qu'elles se présentent aujourd'hui afin d'examiner comment les individus et les organisations peuvent s'y ajuster.

Des réalités démographiques inédites

L'Institut de la statistique du Québec confirme que les générations du *baby-boom* aborderont l'une après l'autre le dernier tiers de leur vie; ce qui se traduira par une représentation croissante dans la société des personnes âgées de plus de 65 ans (ISQ, 2013). En 2006, pour la première fois au Québec, les personnes âgées de 45 à 69 ans sont devenues la catégorie de la population active la plus nombreuse sur le marché du travail alors que la jeune génération était la moins présente. Comme l'illustre la figure 7.2, cet inversement de la pyramide d'âge risque de se prolonger jusqu'en 2021 car on prévoit que le nombre de personnes âgées de 65 ans ou plus dépassera celui

FIGURE 7.2 **La proportion des grands groupes d'âge, Québec, 1956-2056**

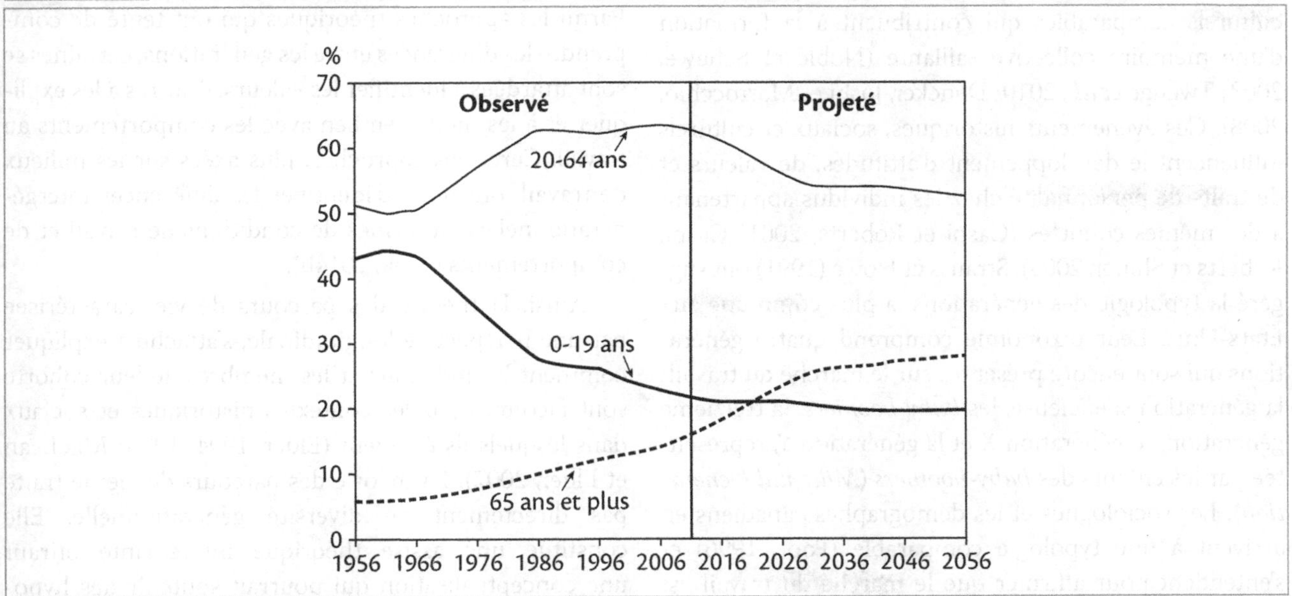

Source: Institut de la statistique du Québec (ISQ) (2013).

des moins de 20 ans. En même temps, la croissance de la population du Québec est de plus en plus lente, un rythme qui devrait durer jusqu'en 2056. Comme conséquence de l'effet combiné du vieillissement de la population et du ralentissement de sa croissance, on constate une diminution de l'offre de travail des jeunes travailleurs qui est constante depuis 1996 et qui se poursuivra jusqu'en 2051.

Le vieillissement de la population résultera également en une augmentation importante du fardeau démographique d'ici 2026 (ISQ, 2013) et affectera le rapport de dépendance : en 1971, on comptait six jeunes pour un aîné ; en 2056, la population comptera plus de deux aînés pour un jeune.

Ce portrait démographique constitue un préalable déroutant et étranger au monde des organisations. Les défis sont de taille. La complexité s'illustre par une modification profonde des valeurs des générations à laquelle on prétend, par l'imprévisibilité de la sortie des personnes plus âgées du marché du travail et par l'instabilité des conditions économiques qui font appel à des actions organisationnelles parfois contradictoires. À cela s'ajoute le fait que le débalancement des catégories d'âge sur le marché du travail empêche les organisations d'anticiper et de planifier leurs actions en termes de main-d'œuvre de manière éclairée, voire réaliste (Saba, 2010).

Les générations en présence dans les milieux de travail

Les personnes d'une même génération ont été marquées par des événements historiques et des phénomènes culturels comparables qui contribuent à la formation d'une mémoire collective saillante (Noble et Schewe, 2003 ; Twenge *et al.*, 2010 ; Dencker, Joshi et Martocchio, 2008). Ces événements historiques, sociaux et culturels influencent le développement d'attitudes, de valeurs et de traits de personnalité chez les individus appartenant à des mêmes cohortes (Caspi et Roberts, 2001 ; Caspi, Roberts et Shiner, 2005). Strauss et Howe (1991) ont suggéré la typologie des générations la plus commune aux États-Unis. Leur taxonomie comprend quatre générations qui sont encore présentes sur le marché du travail : la génération silencieuse, les *baby-boomers*, la treizième génération ou génération X et la génération Y, représentée par les enfants des *baby-boomers* (*Millenial Generation*). Les sociologues et les démographes canadiens en arrivent à une typologie comparable (Foot, 1996) et s'entendent pour affirmer que le marché du travail est constitué de personnes issues de quatre générations : les vétérans, les *baby-boomers*, les X[7] et les Y (Adams, 1998 ; Zemke, Raines et Filipczak, 2000 ; Verplanken et Holland, 2002).

Les enjeux liés à la présence d'une plus importante diversité selon l'âge

Alors que des travailleurs issus de plusieurs générations ont toujours cohabité sur les lieux de travail, comment se fait-il qu'une telle cohabitation semble soulever de nos jours tant de questionnements ? Trois principales raisons sont avancées. La première est que l'on considère que les valeurs et les attentes au travail divergent d'une génération à l'autre (Mir, Mir et Mosca, 2002 ; Smola et Sutton, 2002 ; Wong *et al.*, 2008). La deuxième est que l'on constate que le cycle de carrière des individus n'est plus linéaire et que la séquence études-travail-retraite est remise en cause (Guillemard, 2007). La cohabitation a tendance à se prolonger puisque les générations plus âgées tardent à quitter le marché du travail ou y reviennent pour occuper des emplois de transition. La troisième raison est une incohérence des modes de gestion des entreprises elles-mêmes qui exacerbe les différences entre les générations. Dans certains secteurs, les emplois stables et de qualité deviennent une denrée rare et sont plus difficilement accessibles aux plus jeunes (Saba, 2014a).

7.2.2 Comprendre la diversité générationnelle à partir de cadres théoriques appropriés

Parmi les approches théoriques qui ont tenté de comprendre les différences entre les générations, certaines se sont attardées à identifier les valeurs, d'autres à les expliquer et à les mettre en lien avec les comportements au travail. Certaines approches, plus axées sur les milieux de travail, ont tenté d'identifier les différences intergénérationnelles en termes de conditions de travail et de comportements (Saba, 2014b).

Ainsi, la théorie des parcours de vie, caractérisée par une perspective longitudinale, s'attache à expliquer comment les individus et les membres de leur cohorte sont façonnés par les contextes historiques et sociaux dans lesquels ils évoluent (Elder, 1994, 1998 ; MacLean et Elder, 2007). La théorie des parcours de vie ne traite pas directement de diversité générationnelle. Elle constitue une assise théorique intéressante offrant une conceptualisation qui pourrait soutenir des hypothèses spécifiques quant aux motifs et aux types de valeurs et de comportements adoptés par les groupes d'individus (Costanza *et al.*, 2010).

Proposée par Inglehart en 1971, la « théorie des cohortes » est basée sur deux hypothèses : celle de la rareté et celle de la socialisation. En période de rareté ou de difficulté, contrairement aux périodes d'abondance, les individus priorisent les valeurs matérialistes. En période de prospérité, ils favoriseront leur bien-être et des valeurs post-matérialistes, telles que l'autonomie ou la protection de l'environnement. L'hypothèse de socialisation, quant à elle, stipule que les valeurs de chaque génération se forgent en fonction des conditions qui ont prévalu durant les années antérieures à la période adulte et varient considérablement selon le lieu et l'expérience (Inglehart, 2008 ; Wils *et al.*, 2011). Ainsi, la capacité de généraliser les attributs de certaines générations est loin d'être acquise géographiquement et à travers des cultures différentes (Parry et Urwin, 2010 ; Saba, 2014b).

La théorie du contrat psychologique explique essentiellement les transformations importantes de la relation d'emploi. La théorie de l'échange social et la norme de réciprocité, qui constituent les prémisses de la théorie du contrat psychologique, proposent que les individus réagissent positivement aux traitements favorables qu'ils reçoivent en adoptant, notamment, des comportements positifs qui contribuent à l'essor des organisations (Rousseau, 1995 ; Rousseau et Tijoriwala, 1998). La théorie du contrat psychologique explique la relation d'emploi dans laquelle l'employé échange sa contribution contre des récompenses organisationnelles (Robinson et Rousseau, 1994). Elle viserait ainsi à expliquer la perception de la relation d'emploi et les différences de comportements et leurs variances en fonction de l'âge et des cohortes.

Mesurer les valeurs, déterminer comment elles varient en fonction des générations et comment elles affectent les comportements constituent une voie fondamentale à la compréhension des différences de générations et leurs incidences sur les comportements au travail. Wils, Luncasu et Waxin (2007) ont proposé une conceptualisation des valeurs au travail qui s'appuie sur les travaux de Schwartz (1992, 1999) et qui a été validée empiriquement (Waxin, Wils et Labelle, 2009). Ils présentent les valeurs au travail en les articulant autour d'un *circumplex* qui se compose de deux axes opposant chacun deux pôles différents : l'affirmation de soi s'oppose au dépassement de soi et la continuité s'oppose à l'ouverture au changement. L'affirmation de soi se rapporte aux valeurs ayant trait au pouvoir et à l'accomplissement ; le dépassement de soi regroupe des valeurs relatives à la bienveillance et à l'universalisme ; la continuité se compose de valeurs associées à la tradition/conservatisme et à la sécurité tandis que l'ouverture au changement est constituée de valeurs reliées à l'autoréalisation, à la stimulation et à l'hédonisme. Cette approche théorique permet d'associer les valeurs aux comportements au travail. Bardi et Schwartz (2003) constatent que la probabilité que les valeurs influencent les décisions est assez forte, notamment dans certaines situations où des choix conscients s'imposent. Les valeurs affectent les choix des individus en déterminant l'importance des objectifs qui sont cohérents avec ces valeurs (Feather, 1990 ; Verplanken et Holland, 2002).

7.2.3 Les stratégies visant l'encadrement de la diversité intergénérationnelle dans les organisations

Certaines stratégies permettent d'anticiper, de comprendre et de planifier des actions concrètes en vue d'une meilleure cohabitation entre les générations. Nous les passerons en revue et, dans cette sous-section, nous ferons également état de certaines actions qui exacerbent les différences dans le but de suggérer aux individus et aux organisations de mettre en place des mesures pour réduire leurs effets.

Anticiper le comportement des plus âgés et préparer les organisations à les maintenir en emploi ou à les accueillir

La tendance à des retraites plus tardives se confirme depuis quelques années déjà. À cette nouvelle tendance s'ajoute deux phénomènes récents, celui du retour au travail après la retraite et celui de la multiplication des emplois de transition (*bridge employment*) (Adams et Rau, 2004). Un emploi de transition est d'une durée de deux à trois ans. Les personnes qui ont pris leur retraite après un emploi de carrière ont occupé un emploi de transition dans une proportion de 61 % après un an et de 47 % après quatre ans (Hébert et Luong, 2008). On constate que le fait d'accéder à un emploi de transition correspond à un choix individuel et qu'un nombre équivalent d'hommes et de femmes font ce choix. Il est l'apanage des personnes détenant une formation universitaire et même de ceux qui, financièrement, n'auraient pas besoin de travailler.

De leur côté, les entreprises multiplient les efforts de maintien en emploi des travailleurs plus âgés. Conscientes du déclin démographique, des organisations ont mis en application certaines prérogatives. Les pratiques de maintien en emploi sont omniprésentes et la peur de perdre des compétences irremplaçables force les entreprises à abandonner les pressions pour inciter les départs hâtifs à la retraite. La figure 7.3 présente certaines actions entreprises afin de conserver plus longtemps une main-d'œuvre plus âgée.

Les initiatives gouvernementales vont dans le même sens et prônent, dans l'ensemble des pays de l'OCDE, des mesures visant un vieillissement actif (OCDE, 2006; Saba et Guérin, 2004, 2005). Rappelons que les dispositions des chartes canadienne et québécoise des droits de la personne interdisent toute discrimination en fonction de l'âge.

Les jeunes sont-ils à ce point différents de leurs aînés?

Les écrits qui examinent les différences entre les générations foisonnent et manquent de cohérence. L'identification des différences de valeurs, des besoins et des attitudes qui appartiennent à l'une et l'autre des générations sont souvent entremêlées et proviennent d'opinions et de constats spéculatifs (Wils *et al.*, 2011). Plusieurs chercheurs (Macky, Gardner et Forsyth, 2008; Rhodes, 1983; Trzesniewski et Donnellan, 2010) ont vu cette préoccupation comme étant le principal défi méthodologique dans l'étude des différences générationnelles (Wils *et al.*, 2011; Costanza *et al.*, 2012).

Les résultats d'études ayant eu recours à des cadres théoriques appropriés ne supportent pas l'idée qu'il existe des différences systématiques, de fond, entre les générations, des différences qui sont liées aux valeurs, aux conditions de travail et aux attitudes et comportements au travail (Saba, 2009, 2014b). Les quelques différences qui ont émergé sont de faible ampleur, ne distinguent pas nécessairement une seule génération et sont parfois même contradictoires. Ces résultats nous permettent de constater que les écarts entre les répondants s'expliquent nécessairement par autre chose que des différences générationnelles.

Sur quelles différences convient-il de se pencher?

Certaines différences entre les générations ont été constatées sur le plan des conditions de travail. Les plus jeunes peuvent manifester des attentes plus élevées en termes d'avancement de carrière, d'employabilité et de recherche d'un équilibre travail-famille que les gens plus âgés. Les attentes en termes de stabilité d'emploi, d'autonomie et de reconnaissance sont toutefois équivalentes (Saba, 2009). Les générations plus âgées semblent légèrement plus satisfaites de leur emploi que les jeunes (Hunt et Saul, 1975; Kacmar et Ferris, 1989; Ng et Feldman, 2010). D'autres disparités ont été détectées entre les générations quant à leur niveau d'engagement envers l'employeur. Enfin, les générations plus âgées seraient un peu moins susceptibles de quitter leur emploi que les plus jeunes (Saba *et al.*, 2006).

FIGURE 7.3 Quelques exemples d'actions organisationnelles en vue de la gestion des employés plus âgés

Développement de carrière
- Développement et amélioration des compétences; mouvements de carrière, recrutement, mutation, rappel de retraités, etc.

Organisation du temps de travail
- Mesures incitatives pour le maintien des employés; télétravail, horaire flexible, nouveaux rôles, etc.

Retraite
- Planification de la retraite, retraite progressive, retraite anticipée, etc.

Source: Adapté de Saba et Dolan (2013).

Plusieurs de ces dissemblances s'expliquent par le cycle de carrière, les réalités économiques qui prévalent, le secteur d'activité et le type d'emploi occupé. De nombreuses études, notamment sur les cheminements de carrière des individus, ont montré qu'il y a une différence importante, selon les générations, dans la manière de gérer certains aspects de l'emploi. Les études sur les cycles de carrière montrent que les besoins des employés en début de carrière, en mi-carrière et en fin de carrière divergent et qu'il convient d'y appliquer des pratiques de gestion adaptées (Finegold, Mohrman et Spreitzer, 2002; Saba et Dolan, 2013). Les études sur les besoins de socialisation des plus jeunes abondent dans le même sens et soulignent l'attention qui doit être accordée à l'intégration en emploi de toute personne nouvellement arrivée dans un milieu de travail.

On constate également des différences entre les jeunes et les plus âgés en ce qui concerne certains comportements ou attitudes au travail, bien qu'elles ne soient pas nécessairement attribuables à un effet de génération. Sur le plan de l'engagement organisationnel, par exemple, Ng et Feldman (2010), dans une méta-analyse, confirment l'absence de tendance clairement identifiable traçant des différences nettes attribuables aux plus jeunes générations et constatent que les antécédents plus robustes de l'engagement organisationnel sont les différences individuelles (la compétence personnelle perçue, par exemple), les caractéristiques de l'emploi (les défis et le poste occupé, par exemple), les variables liées au leadership (la communication et le style de gestion participatif, par exemple), le soutien organisationnel, la justice organisationnelle et la clarté du rôle. Les recherches antérieures sur l'intention de quitter un emploi ont montré que bien que l'âge chronologique tend à être négativement lié aux intentions de quitter, il ajoute peu de valeur explicative au-delà de l'engagement professionnel, du niveau de scolarité et de l'ancienneté (Parasuraman, 1982).

Les entreprises devront-elles accommoder leurs employés en fonction de leur génération?

À partir des travaux de Schwartz (1992), Wils *et al.* (2011) ont vérifié et validé la structuration des valeurs en élaborant un inventaire des valeurs au travail. Ils constatent «que chaque génération (des *baby-boomers* aux Y en passant par les X) a, somme toute, des valeurs au travail assez semblables». Le «choc des générations» anticipé dans les écrits spéculatifs n'est pas fondé. Il est donc prématuré de modifier les actions organisationnelles en fonction des spécificités de chaque génération.

Cela dit, des nuances s'imposent. On peut affirmer aujourd'hui que le fait de s'attendre à ce que les employés affichent certaines attentes au travail uniquement parce qu'ils appartiennent à une cohorte donnée semble recevoir peu d'appui dans les études. Vouloir admettre que toute une génération affiche les mêmes attentes et serait susceptible d'adopter les mêmes comportements et attitudes ne tient aucunement compte des différences entre les individus appartenant à une même génération. Cette affirmation ne tient pas compte non plus des similarités entre individus d'une même génération ou de celles qui découlent des particularités de chaque milieu de travail et des cultures organisationnelles qui y prévalent (Saba, 2009; Wils *et al.*, 2011).

L'importance d'individualiser la relation d'emploi prônée en gestion depuis quelques années met en exergue celle de comprendre les différences entre les individus. L'instabilité du marché du travail affecte toute la population active, indépendamment de l'âge, et accroît la vulnérabilité de certaines catégories d'employés. Les aléas économiques et les réactions des entreprises ont rendu les employés sceptiques. Ils ont accentué la vulnérabilité des employés moins scolarisés dont les qualifications sont moins pertinentes sur le marché du travail.

Il revient aux employeurs et aux employés de s'entendre dès l'embauche sur les conditions de travail et, de part et d'autre, de respecter ses obligations et ses promesses, indépendamment des préférences parfois superficielles qui peuvent être liées à l'appartenance générationnelle (Rousseau, 1995; Rousseau et Tijoriwala, 1998; Saba, Blouin et Lemire, 2006). Il revient aux employeurs d'accorder équitablement une certaine flexibilité dans les horaires de travail, une pratique qui est susceptible d'accommoder un grand nombre d'employés. Des programmes de formation et de développement de carrière gagneraient également à être étendus à tous les employés, tout autant que les marques de reconnaissance, les formes d'organisation de travail qui laissent une certaine place à l'autonomie et à l'initiative individuelle. Des actions organisationnelles qui répondent aux attentes des employés doivent être étendues à l'ensemble du personnel pour éviter de briser l'équité dans le traitement des individus et dans le but de niveler les différences attribuables à la diversité d'âge des employés.

Maintenant qu'ont été abordées les deux premières formes de diversité auxquelles nous voulions nous attarder, voyons la troisième forme, celle qui est fondée sur le genre.

7.3 La diversité liée au genre et la place des femmes sur le marché du travail

Dans cette section du chapitre, il sera question de l'évolution et des changements qui sont en lien avec la situation de la femme sur le marché du travail et dans les organisations. De prime abord, il y a un constat intéressant à faire : malgré le fait que les femmes représentent un peu plus de la moitié de la population mondiale, leur participation à l'activité économique et à la croissance mondiale reste en deçà de leurs capacités (FMI, 2013). À titre d'exemple, en 2010 au Canada, les femmes représentent 50,4 % de la population totale (Statistique Canada, 2011 ; Chevrier et Tremblay, 2003), alors que leur taux de participation à la population active n'est que de 62 %. Globalement, le taux de participation des femmes à la population active dans différents pays n'est pas encore optimal, comme l'illustre le tableau 7.1.

TABLEAU 7.1 Le taux de participation des femmes à la population active

Pays	Pourcentage (2012)[a]
Allemagne	54
Canada	62
Finlande	56
Espagne	53
États-Unis	57
France	51
Inde	29
Italie	39
Japon	48
Liban	23

a. Pourcentage de la population féminine âgée de 15 ans et plus.
Source : Banque mondiale (2014).

Afin d'essayer de comprendre cet enjeu majeur pour les sociétés contemporaines, il est important de commencer par faire un bilan global de la condition féminine dans ces sociétés. Pour atteindre cet objectif de compréhension, nous nous attarderons en premier lieu aux étapes et événements qui ont fait en sorte que la femme est de plus en plus considérée comme un acteur important du développement économique des sociétés. Nous effectuerons un état des lieux général sur les avancées connues pour les femmes en lien avec le marché du travail. Un autre constat sur les inégalités, ainsi que sur les obstacles rencontrés sur le marché du travail, sera établi. Nous nous questionnerons enfin sur la possibilité et l'avenir d'un management au féminin.

Cet état des lieux vise à répondre au défi auquel sont confrontées les organisations en matière de relations de genre en milieu de travail. Pour ce faire, nous chercherons à atteindre deux objectifs spécifiques. Le premier est de sensibiliser les gestionnaires aux effets des rapports de genre sur le marché du travail et particulièrement au sein des organisations. Le deuxième objectif vise à aider les gestionnaires dans leurs prises de décision lorsque des enjeux managériaux, stratégiques et politiques liés au genre se manifestent dans l'exercice de leur profession. On peut penser ici à des enjeux liés à la conciliation travail-famille, au plan de carrière et à la gestion des équipes mixtes, pour n'en nommer que quelques-uns.

7.3.1 Les femmes dans la société et au travail : transformations et évolution

L'entrée des femmes sur le marché du travail s'est faite de manière accidentelle, plus par obligation que suite à un vrai choix de société. Il est d'usage de faire remonter ce changement aux deux guerres mondiales du XXe siècle, alors que les femmes servaient de main-d'œuvre de réserve en remplacement des hommes partis à la guerre. Après la fin de la Deuxième Guerre mondiale, d'autres événements historiques ont favorisé l'arrivée massive et le maintien des femmes en emploi. Mentionnons entre autres les mouvements de libération des peuples, le déclin de l'hégémonie de l'institution religieuse dans plusieurs sociétés occidentales et l'émergence de mouvements féministes plus revendicateurs au cours des années 1970. C'est ainsi que, graduellement, les femmes ont été de plus en plus considérées comme des acteurs à part entière du développement socio-économique des sociétés. Cela dit, il reste encore beaucoup à faire et force est de constater, comme nous le verrons plus loin, que la voie vers l'égalité et l'équité en emploi entre les hommes et les femmes est parsemée d'embûches. Pour l'instant, voyons plus en détail les transformations majeures qui ont contribué à l'insertion des femmes parmi les structures formelles de l'économie capitaliste contemporaine. Pour les besoins de ce chapitre, nous classerons ces facteurs en deux groupes soit : 1) institutionnel et structurel et 2) culturel et social. Nous verrons notamment que ce dernier groupe est la résultante de l'évolution des mentalités et de l'ouverture face à la présence de la femme comme acteur important dans les sociétés.

Les facteurs institutionnels et structurels

La scolarisation des femmes La présence féminine sur les bancs des écoles et universités connaît une croissance phénoménale depuis plusieurs années. Au Canada, en 20 ans, nous sommes passés d'une situation d'infériorité dans la proportion des femmes de 25 à 54 ans ayant fait des études postsecondaires par rapport à celle des hommes (Statistique Canada, 2011), à la situation actuelle où, selon les indicateurs liés à l'éducation, les femmes réussissent mieux que les hommes dans la très grande majorité des domaines d'études universitaires. De plus, on constate moins de décrochage scolaire et plus de réussite dans l'obtention des diplômes chez les filles. Selon Sylvie Michaud, de Statistique Canada, « l'écart qui se creuse entre les femmes et les hommes sur le plan de la scolarité est significatif » (Olivier, 2013). Et c'est cette scolarisation des femmes qui a permis d'augmenter les possibilités et opportunités pour ces dernières sur le marché du travail.

Par contre, cette scolarisation accrue des femmes est à nuancer, car la présence féminine demeure faible dans les programmes d'enseignement des sciences dures (architecture, génie, mathématiques, etc.). *A contrario*, on remarque une présence plus importante des femmes dans des formations spécifiques en lien avec les domaines traditionnellement féminins comme les formations dans le domaine du *care* (travail social, soins infirmiers, etc.), ou encore en éducation, comme les données du tableau 7.2 l'indiquent.

Entre 1992 et 2008, on constate qu'il y a un certain maintien de la tendance entre formations « féminines » et « masculines » et que les formations féminines sont moins payantes après l'obtention des diplômes. Cette séparation entre « formations féminines » et « formations masculines » est représentative de la segmentation horizontale que l'on retrouve sur le marché du travail entre les « métiers d'hommes » et les « métiers de femmes ». Il est important à ce stade de mentionner que cette réalité représente un enjeu et un défi majeurs pour les gouvernements qui tentent, à travers l'instauration de règles et de nouvelles lois, d'atténuer les tendances

TABLEAU 7.2 **Le pourcentage de femmes parmi les diplômés universitaires, selon le domaine d'études, Canada, 1992 et 2008**

Domaine d'études	1992	2008
Total — Programmes d'enseignement	**56,4**	**60,0**
Architecture, génie et services connexes	17,5	22,2
Mathématiques, informatique et sciences de l'information	35,2	30,4
Services personnels, de protection et de transport	18,2	44,9
Commerce, gestion et administration publique	51,4	53,0
Agriculture, ressources naturelles et conservation	36,7	55,9
Sciences physiques et de la vie et technologies	45,6	57,3
Sciences humaines	63,7	64,3
Arts visuels et d'interprétation et technologie des communications	65,9	66,5
Sciences sociales et de comportements et droit	59,3	67,0
Autres programmes d'enseignement	73,6	69,4
Éducation	72,6	76,1
Santé, parcs, récréation et conditionnement physique	68,0	77,0

Source : Statistique Canada (2013).

statistiques et de répondre aux nouvelles réalités du marché du travail et de la société dans son ensemble (présence accrue des femmes dans les universités, mondialisation, tertiarisation, nouvelles technologies de l'information, etc.).

La tertiarisation et la flexibilité du marché du travail La place de plus en plus grande du marché des services et la montée du travail à temps partiel sont considérées comme d'autres transformations majeures qui façonnent le marché du travail. On retrouve même une corrélation entre la structure des ménages, l'activité professionnelle des femmes dans la société et l'importance du secteur des services (Bosh et Wagner, 2004). Ainsi, ces changements survenus dans la structure du marché du travail sont tous des facteurs qui favorisent une meilleure insertion professionnelle des femmes.

À titre d'exemple, au Québec et au Canada, le secteur tertiaire constitue la part la plus importante de l'économie. Déjà en 1995, le secteur tertiaire détenait 90 % de la totalité des emplois à temps partiel disponibles au Canada et, en 2006, 87,6 % des femmes actives travaillaient dans le secteur tertiaire (Industrie Canada, 1996; FTQ, 2009). En 2011, dans les professions les plus courantes chez les femmes[8], la proportion de femmes atteignait les trois quarts de l'ensemble des employés (Statistique Canada, 2013). Au Québec, en 2006, la proportion était de 81,3 % (Conseil du statut de la femme, 2013). Donc, en quelque sorte, c'est grâce au temps partiel et au secteur tertiaire que les femmes font une percée importante sur le marché du travail. Toutefois, c'est aussi dans ce secteur de l'économie que se retrouvent les conditions de travail les plus précaires, le secteur des services offrant moins de sécurité d'emploi et des salaires plus faibles (Revel, 2001; Béji, 2003; Lestrade, 2011).

Les facteurs culturels et sociaux

Les deux transformations présentées plus haut ont été accompagnées, voire précédées, d'une révolution sociale et culturelle au sein de la société. C'est en partie grâce aux mouvements d'émancipation et de libération des femmes, à partir de la fin du XIXe siècle, que les femmes ont acquis de nouveaux droits, dont le droit de vote (1917 au Canada et 1940 au Québec). Cet acquis est considéré comme une avancée majeure qui a permis aux femmes d'accéder à un nouveau statut social et d'être considérées comme des acteurs sociaux économiques à part entière. De plus, la baisse du taux de natalité, accompagnée d'un cumul (et non d'une alternance) entre maternité et travail, a confirmé la présence des femmes au sein des organisations.

Ces avancées sur le plan social ont aussi été renforcées dans plusieurs pays par la mise en place de règles et de lois favorables à l'insertion professionnelle des femmes. À titre d'exemple, citons « … le soutien de l'État aux familles, les services de garde offerts et subventionnés, les subsides versés aux parents, les lois régissant les congés parentaux, les conditions spéciales proposées par les entreprises à l'égard de la conciliation vie privée-vie professionnelle, etc. » (Dupuis, 2007, p. 209).

Il faut également souligner que tous les pays n'ont pas connu les mêmes transformations et avancées en ce qui a trait à la place des femmes sur le marché du travail. Il serait long et fastidieux de présenter les principales caractéristiques par pays, mais mentionnons néanmoins que dans nombre de pays, le droit de demander le divorce et celui de jouir d'une reconnaissance pleine et entière dans la société civile sont encore de nos jours des droits en voie d'obtention, ou carrément inexistants pour les femmes (Angeloff, 2010).

7.3.2 Les femmes sur le marché du travail : état des lieux et inégalités

On vient de voir que la présence féminine sur le marché du travail a été tributaire de plusieurs événements et circonstances historiques et sociales. Les transformations présentées plus haut l'illustrent bien. Toutefois, cette présence est à nuancer. Dans la réalité du marché du travail, une segmentation par secteurs ou domaines d'activité est toujours présente. Ainsi, la présence féminine est plus importante dans le secteur des services alors que l'on constate une faible présence féminine dans les postes de responsabilités, comme dans les conseils d'administration des organisations où, selon une étude publiée par l'organisme Catalyst en 2013, dans les 500 entreprises classées par le magazine Fortune, les femmes n'occupent que 16,9 % des sièges au conseil d'entreprise. Dans la même année, 10 % de ces 500 entreprises ne comptaient aucune femme sur leur conseil et les femmes afro-américaines n'occupaient que 3,2 % des sièges disponibles. Plus encore, entre 2007 et 2014, le nombre des femmes occupant des postes de responsabilité et de management stagne à 24 % (Scott, 2014).

D'où viennent ces inégalités ?

Malgré l'évolution et les changements favorables à l'intégration professionnelle des femmes, des inégalités persistent. Le poids des normes sociales continue à jouer un rôle important dans la détermination des responsabilités sociales et familiales entre les hommes et les femmes. Il faut dire que les attentes sont beaucoup plus grandes du côté des femmes en ce qui concerne leur engagement vis-à-vis leur famille et la société (Badgett et Folbre, 1999). Le tableau 7.3 montre les effets différenciés en ce qui a trait notamment au mariage et aux enfants sur la vie professionnelle des cadres femmes et hommes.

TABLEAU 7.3 La vie familiale des cadres femmes et hommes

Situation	Femmes	Hommes
Mariage différé	18 %	9 %
Actuellement marié	79 %	94 %
Partenaire avec un emploi à temps plein	74 %	25 %
Décision d'avoir des enfants différée	35 %	12 %
Ont décidé de ne pas avoir d'enfants	12 %	1 %
Ont des enfants	65 %	90 %

Source : Institut de la famille et du travail, Catalyst et Centre du travail et de la famille du collège de Boston, 2003.
Note : L'enquête a été menée auprès de 1192 cadres : 52 % de femmes et 48 % d'hommes. Ils habitaient en Amérique du Nord (62 %), en Asie-Pacifique (Australie et Nouvelle-Zélande exceptées) (11 %), en Amérique latine (7 %) et dans d'autres régions (4 %).

Les obligations familiales des femmes influencent leur capacité à s'engager dans le marché du travail. Même si la participation des hommes aux tâches domestiques est en hausse, le déséquilibre dans la répartition demeure et oblige de nombreuses femmes à vivre une double journée de travail durant laquelle elles doivent partager leur temps entre leurs engagements professionnels et familiaux. Cette volonté, pour ne pas dire cette obligation, d'équilibrer leurs responsabilités familiales et leur vie professionnelle favorise leur présence massive dans le secteur tertiaire et les emplois à temps partiel. Or, et la documentation à ce sujet est abondante, le secteur tertiaire offre plus de flexibilité que les autres secteurs, mais également des conditions de travail parmi les moins enviables (Revel, 2001 ; Béji, 2003 ; Lestrade, 2011). Ce qui est mentionné plus haut par rapport aux choix des formations universitaires a aussi des répercussions sur l'insertion dans le marché du travail. Plusieurs auteurs avancent que les inégalités salariales sont tributaires non seulement de la discrimination, mais aussi des choix de carrière des femmes, ainsi que de leurs décisions en matière de conciliation travail-famille (Boulet, 2014 ; OCDE, 2012 ; Dejouany, 2012). D'autres soutiennent que si les emplois dits « féminins » sont moins payés que les « masculins », cela est dû à la ségrégation sexuelle dans le marché du travail. Nous reviendrons un peu plus loin sur les types de ségrégation auxquels les femmes font face, mais voyons tout d'abord la question des inégalités salariales.

Les inégalités salariales

Rappelons que c'est sur le plan des salaires qu'on observe des inégalités frappantes entre les hommes et les femmes. Au Québec, la parité salariale avec les hommes n'est toujours pas atteinte (Boulet, 2014) et la rémunération horaire des femmes est toujours inférieure à celle des hommes ; en 2013, la différence atteignait 2,91 $, son maximum en dix ans (ISQ, 2014) et la situation est relativement comparable en Europe tel que démontré par Foubert (2010). Une autre source d'inégalité, toutes raisons confondues, est que le taux de présence féminine est presque le double de celle des hommes dans le travail à temps partiel (femmes 64,9 %, hommes 35,1 %) (ISQ, 2014). Le tableau 7.4 (*voir la page suivante*) montre l'écart de salaire par tranches d'âge entre les femmes et les hommes.

Outre les inégalités salariales, d'autres barrières empêchent les femmes, collectivement, d'être les égales des hommes en matière d'équité en emploi. De toutes les barrières existantes, les diverses formes de ségrégation sont certes parmi les plus importantes.

7.3.3 Les difficultés et les avancées vers l'égalité

Les inégalités persistantes dans la société et dans les organisations sont majoritairement tributaires des divers types de discrimination et de ségrégation. Dans ce qui suit, nous présenterons les formes de discrimination et de ségrégation sexuelle qui contribuent à la création d'obstacles à l'entrée et à l'évolution des femmes sur le marché du travail. Il sera également question de quelques stratégies (institutionnelles et sociales) qui pourraient permettre de contourner ou faire disparaître ces obstacles.

TABLEAU 7.4 Le revenu d'emploi en 2005, selon le groupe d'âge et le plus haut niveau de scolarité atteint, Canada

Niveau de scolarité atteint	Revenu des 25 à 29 ans (en dollars)		Revenu des 30 à 34 ans (en dollars)		Revenu des 35 à 39 ans (en dollars)	
	Femmes	Hommes	Femmes	Hommes	Femmes	Hommes
Inférieur au baccalauréat	31 251	39 199	34 957	48 000	38 121	52 936
Baccalauréat ou supérieur au baccalauréat	40 441	45 291	47 573	58 140	52 941	65 166
Maîtrise ou doctorat acquis	43 086	44 850	53 064	61 816	60 342	72 201

Source: Adapté de Statistique Canada (2011).

La discrimination selon le principe hiérarchique: ségrégation verticale et horizontale

La ségrégation verticale est synonyme de ce que l'on appelle communément le «plafond de verre» (Laufer, 2004; Buscatto et Marry, 2009). Les femmes rencontrent, avant d'atteindre les hautes sphères de la direction, une limite invisible à l'ascension vers les postes de grande responsabilité. Malgré les années d'expérience cumulées, elles ont de la difficulté à faire partie de ce club de grands décideurs. C'est ainsi qu'à travers le monde, on constate une quasi-absence des femmes dans les conseils d'administration des entreprises (Milewski, 2011). Pour expliquer ce phénomène du «plafond de verre», où les femmes réussissent à gravir certains échelons mais voient leur ascension freinée une fois parvenues dans les hautes sphères de l'organisation, on peut se baser sur plusieurs approches (Weyer, 2007; Davidson et Burke, 2004). Malgré la diversité de ces approches, les chercheurs s'entendent généralement sur cinq critères pour expliquer la présence de ce plafond de verre:

1. Les politiques de gestion de carrière pour les cadres supérieurs et les gestionnaires de haut niveau peu formalisées.
2. Les stéréotypes sexués liés aux compétences.
3. L'intérêt différent des femmes face au titre et au pouvoir.
4. La conciliation travail-famille.
5. L'absence des femmes au sein des conseils d'administration.

Outre la ségrégation verticale, il existe une autre forme de ségrégation que l'on qualifie «d'horizontale», communément appelée «mur de verre». Ce type de ségrégation consiste en une séparation entre les domaines d'emploi et les métiers en fonction de caractéristiques biologiques et de traits de personnalité attribués généralement aux hommes ou aux femmes, les femmes étant souvent considérées comme meilleures pour effectuer des tâches dites relationnelles (ressources humaines, par exemple) alors que les hommes sont associés aux travaux plus physiques ou aux prises de décisions et au monde de la finance[9].

Surmonter les difficultés: le rôle de l'État, des institutions et de la société

Nous avons vu dans les premiers chapitres de cet ouvrage que l'entreprise n'agit pas en vase clos et qu'elle interagit de manière continue avec son environnement. Le chapitre 3, par exemple, met de avant le rôle important que joue cet acteur dans la régulation de la vie économique. À travers diverses actions (lois, politiques publiques, etc.), l'État influence les stratégies et les politiques des entreprises et il en va de même lorsqu'il s'agit de l'intégration des femmes au marché du travail. La loi sur l'équité salariale au Québec est un excellent exemple permettant d'illustrer cette influence de l'État. La Loi a pour objet «de corriger les écarts salariaux dus à la discrimination systémique fondée sur le sexe à l'égard des personnes qui occupent des emplois dans des catégories d'emplois à prédominance féminine» (Bouamama, Fotia et Cormont, 2010)[10]. D'autres institutions influencent également les entreprises: les syndicats au niveau local et les organisations supraétatiques au niveau international, par exemple. L'Organisation Internationale du Travail (OIT) est un bon exemple d'organisation internationale qui réussit parfois à influer sur les pratiques d'entreprises en matière de travail des femmes.

En ce qui concerne l'insertion professionnelle des femmes, l'État possède les ressources nécessaires (MESS, 2009), à travers le cadre réglementaire et législatif, pour inciter les organisations à favoriser les femmes par l'entremise de pratiques de discrimination positive qui peuvent se définir «comme toute action volontariste cherchant à corriger de façon concrète une situation d'inégalité des chances avérée et persistante frappant une minorité raciale, ethnique ou en fonction du sexe dans l'emploi, l'éducation ou le logement» (Maguain, 2006, p. 150). L'État peut aussi imposer des quotas aux entreprises, entre autres par rapport au nombre de femmes siégeant aux conseils d'administration (Jérôme-Forget, 2012). À titre d'exemple, en novembre 2011, le gouvernement québécois a atteint la parité entre les femmes et les hommes au sein des conseils d'administration des 22 sociétés d'État (Site du premier ministre du Québec, 2011). C'est également le cas en Finlande, en Norvège et en Islande où les gouvernements en place imposent aux entreprises étatiques d'atteindre au moins 40 % de femmes au sein de leur conseil d'administration (Jérôme-Forget, 2012). La France, quant à elle, a mis en place un ministère des droits des femmes. D'un autre côté, en ce qui concerne les organisations supraétatiques internationales, il faut noter les avancées en matière de normes, conventions et recommandations de l'OIT (2012) et de l'UNESCO (2007) sur les questions d'égalité entre hommes et femmes, de luttes à la discrimination et à l'exploitation des femmes[11]. Également, la création en 2010 de l'Indice d'inégalités de genre (IIG) par l'Organisation des Nations Unies (ONU) permet de mesurer les différences dans la distribution des avancées entre hommes et femmes dans les pays et d'améliorer la situation des femmes dans certains pays en fonction des bonnes pratiques en vigueur ailleurs[12].

7.3.4 Gérer au féminin

De façon générale, les études ayant traité de l'influence de la diversité (générationnelle, ethnique, sociale, religieuse, de genre, etc.) sur la performance des entreprises montrent un effet positif (Ferrary, 2010). La présence de la diversité favorise l'amélioration dans la prise de décision, dans l'exploitation de nouvelles opportunités, ainsi que dans l'amélioration de l'efficience au sein des groupes de travail.

Concernant la diversité de genre, tel que présenté dans les sections précédentes, la réalité montre une grande présence des hommes dans les plus hautes sphères de décision des grandes organisations et les grands leaders du monde des affaires demeurent majoritairement des hommes. En ce qui a trait au monde de la gestion, alors que les premières femmes gestionnaires ont plus adapté leurs comportements au modèle masculin de gestion (Grant, 1988), depuis quelques années, on avance que «la profession de gestionnaire est engagée dans un processus de féminisation» (Symons, 2007). On parle même d'une féminisation de l'encadrement (Fortier et Harel-Giasson, 2007; Davidson et Burke, 2004). Mais cela reste relatif d'un pays à un autre et d'un secteur d'activité à un autre. Les femmes gestionnaires sont principalement présentes dans les secteurs qui, traditionnellement, emploient des femmes, le secteur des services, par exemple (Davidson et Burke, 2004). Dans ce qui suit, on essaiera de voir ce qu'implique la féminisation de la profession de gestionnaire. Par conséquent, on tentera de comprendre le rapport des femmes avec la gestion des organisations et, ainsi, de déterminer s'il y a lieu de parler d'un «style de management au féminin».

Les perceptions sociales des femmes et leurs rôles dans l'organisation

La figure du leader est associée à l'image d'un homme rationnel, qui a un fort désir de prendre des responsabilités, qui possède de la vigueur et une grande capacité à prendre des risques et, donc, une aptitude à gérer le stress. Dans les années 1980, l'archétype du manager était associé à l'égocentricité, à la compétition et à l'agressivité, des caractéristiques associées à la masculinité. Durant cette période, pour réussir et progresser dans l'organisation, les femmes gestionnaires étaient obligées de suivre le modèle de gestion masculin et d'opprimer tous comportements organisationnels et toutes autres caractéristiques personnelles dans leur manière de gérer (Grant, 1988). Plus tard, dans les années 1990, le bon manager était celui qui détenait des caractéristiques en lien avec l'esprit de coopération et d'entraide et qui entretenait un esprit de famille avec ses pairs en milieu de travail (Smith et Smits, 1994). C'est justement à partir de ces années qu'on commence à remarquer la présence de caractéristiques plutôt féminines dans la gestion des organisations, de même que dans les théories en gestion. Ainsi, dans les années 1990, les femmes se trouvaient à gérer leur féminité dans un cadre de postes traditionnellement masculins (Symons, 2007).

Aujourd'hui, on peut dire que les caractéristiques généralement associées à la féminité en gestion sont toujours considérées comme étrangères au métier de gestionnaire. Les composantes affectives du travail de gestion sont adoptées par les hommes ainsi que par les femmes. Les organisations sont de plus en plus ouvertes à des pratiques managériales qui incluent la bienveillance, la compassion, la disposition et la valorisation des relations affectives au travail et le « leadership est passé d'un génie plutôt masculin à un génie plus féminin » (Lapierre, 2007 ; Symons, 2007). « Selon Gladys Symons, les codes féminisés sont la bienveillance, l'empathie, le réconfort, la compassion et l'interdépendance humaine, alors que les codes masculinisés sont l'efficience, la performativité, la rationalité instrumentale, l'objectivité et le contrôle » (Lapierre, 2007).

À ce stade, on peut se demander s'il y a, ou non, une différence dans les styles de gestion en fonction du genre. Ainsi, les recherches récentes en sciences sociales montrent des différences significatives entre les attitudes des hommes et des femmes en lien avec la gestion des organisations. Les différences se retrouvent notamment dans les attitudes face au risque, dans les pratiques de management, l'attrait pour la compétition, le processus de décision ainsi que les motivations (Ferrary, 2010). Selon Monique Jérôme-Forget (2012, p. 87), les femmes apporteraient de la minutie dans la qualité des activités de vérification et de contrôle. Elle confirme également, à travers son expérience personnelle, mais également à travers les différents témoignages récoltés auprès de femmes professionnelles au sein de l'économie québécoise, qu'il existe un style de leadership féminin.

Vers une mixité dans les organisations

Plusieurs recherches récentes avancent que la crise des subprimes provoquée en 2007 aux États-Unis, aurait été probablement évitée s'il y avait plus de mixité sexuelle dans le monde des affaires (Laufer et Paoletti, 2010 ; Spell et Bezrukova, 2010). Ces deux derniers auteurs ont aussi montré que « le genre joue un rôle déterminant dans la volonté de prendre des risques ». La présence d'une diversité de genre dans les groupes de travail est souvent significative de pluralité dans les idées, une source de créativité et d'innovation et des éléments qui sont garants de résultats économiques positifs pour les entreprises (Angelini et Pignatel, 2010). Plus encore, « la présence des femmes au sein des conseils d'administration est notamment associée à des pratiques de gouvernance plus rigoureuses et à une plus grande unité de vision » (Jérôme-Forget, 2012, p. 82). Le tableau 7.5 présente quelques différences entre les conseils d'administration comptant trois femmes ou plus et ceux où ne siègent que des hommes.

TABLEAU 7.5 Le CA masculin et le CA mixte (en pourcentage)

Caractéristiques	CA avec 3 femmes ou plus	CA 100 % masculin
Le CA s'est doté de critères pour mesurer la stratégie	74	45
Le CA suit la mise en œuvre de la stratégie de l'entreprise	94	66
Le CA s'est doté d'un guide de bonne conduite	86	66
Le CA assure des lignes directrices en cas de conflits d'intérêt	94	68

Source : Jérôme-Forget (2012), p. 83.

Conclusion

Tout au long de ce chapitre, nous avons voulu faire ressortir l'importance d'identités autres que les cultures professionnelles (ingénieur, médecin, infirmière, comptable, etc.), que les cultures de métier (policier, mécanicien, opérateur, etc.) et que les cultures organisationnelles, pour mieux comprendre les dynamiques qui sont à l'œuvre lorsqu'il est question d'analyser les liens entre les organisations, les sociétés et les interactions se déroulant au sein de ces organisations. Pour ce faire, nous avons mis l'accent sur trois des identités les plus saillantes et qui suscitent le plus d'enjeux, soit les identités ethnoculturelles, les identités générationnelles et les identités de genre. Nous avons vu que chacune d'elles s'inscrit dans des interactions au sein de la société et donne lieu à des processus d'inclusion ou d'exclusion au sein du marché du travail. Les besoins de reconnaissance inhérents à la société contemporaine s'entrecoupent de processus de catégorisation qui figent l'Autre, celui qui est différent, dans une identité fixe. De ce processus récurrent mais changeant émanent des pratiques d'intégration ou encore d'exclusion. Nous avons vu, par exemple, qu'il peut être utile pour les minorités ethnoculturelles de réaffirmer leurs distinctions culturelles. Cela participe à l'intégration individuelle des membres d'un groupe donné. Par contre, ce rassemblement autour de valeurs communes peut également engendrer des processus de rejet de l'Autre, de celui qui n'est pas comme nous, tout autant que l'Autre peut, à son tour, nous rejeter. Ici, la question du pouvoir et de l'accès asymétriques à des ressources économiques, politiques et symboliques permet à un groupe plutôt qu'à un autre d'asseoir ses prérogatives et, au final, d'orienter les actions jugées légitimes et de rejeter celles qui seront considérées comme illégitimes.

De ce processus s'ensuit une série de pratiques directement ou indirectement discriminantes qui peuvent prendre des formes variées. De telles pratiques sont nombreuses et il n'est pas utile d'en faire une liste exhaustive. Néanmoins, rappelons que les barrières à l'embauche et aux promotions les plus connues et les mieux documentées sont celles qui se dressent devant les femmes, les minorités ethnoculturelles et, dans une moindre mesure, les jeunes. Ce qu'il faut également retenir, c'est que les arguments le plus souvent évoqués pour ne pas embaucher un individu appartenant à l'une ou l'autre de ces catégories, ou à plusieurs d'entre elles comme nous le rappellent si bien les études sur « l'intersectionnalité » (Crenshaw, 1991), relèvent de l'ordre de la rationalité et des critères dits objectifs[13]. Un comité de sélection qui considère qu'il y a de fortes chances qu'une jeune candidate à un poste de responsabilité puisse demander, une fois l'emploi obtenu, un congé de maternité, n'évoquera jamais cette crainte pour ne pas sélectionner la candidate. On fera plutôt allusion à des arguments basés sur le manque d'expérience ou de compétence. Or, bien qu'il puisse être vrai que l'argument du manque d'expérience ou de compétence ait une certaine validité, il arrive fréquemment que ce soit un homme plus âgé qui soit embauché. Une fois embauché, ce dernier aura plus de facilité à gravir les échelons de l'organisation. Des exemples de ce type sont nombreux et, bien que la prudence soit toujours de mise quant à l'usage de termes comme racisme, sexisme, discrimination et misogynie, il n'en demeure pas moins que ces comportements, pratiques et attitudes sont encore très présents.

Pour terminer ce chapitre, nous voudrions insister de nouveau sur l'importance de prendre acte du contexte sociétal dans lequel une organisation est partie prenante. Cette prise en compte du contexte est un passage obligé pour bien comprendre les enjeux qui affectent l'organisation et la manière dont elle contribue à modifier et orienter ces enjeux. Cet exercice, lorsqu'il est effectué à l'aide d'une grille d'analyse stratégique, comme nous le suggérons dans cet ouvrage, permet aux individus et aux organisations d'améliorer leurs pratiques en étant notamment plus inclusifs à l'égard des personnes dont les appartenances identitaires se situent en périphérie des valeurs dominantes. La prise en compte de la diversité en organisation permet non seulement de mieux intégrer l'ensemble des individus et des groupes diversifiés qui composent une société, mais favorise également le développement d'organisations créatives et innovantes, comme nous l'avons mentionné à quelques reprises tout au long de ce chapitre.

NOTES

1. Pour les besoins de ce chapitre, nous ne faisons pas de distinction claire et précise entre la notion d'organisation et celle d'entreprise.
2. En juin 2014, le Haut-commissariat aux réfugiés (HCR) de l'ONU estimait qu'il y avait plus de 50 millions de réfugiés et de déplacés dans le monde, soit le nombre le plus élevé depuis la Deuxième Guerre mondiale. Voir le site www.unhcr.fr/cgi-bin/texis/vtx/home.
3. À l'été 2014, une crise a eu lieu aux États-Unis quant à la gestion de l'arrivée massive de jeunes réfugiés mineurs en provenance d'Amérique centrale, principalement du Honduras. Cette crise donna lieu à de nombreux conflits au sein de la classe politique et de la société états-unienne dans leur ensemble.
4. Rappelons que dans la Constitution canadienne, l'immigration relève du gouvernement central et non des provinces.
5. Selon l'Office québécois de la langue française, est francotrope toute personne « dont la langue maternelle est une des langues parlées dans l'ancien empire français (arabe, créole, vietnamien...) ou une langue proche du français (italien, espagnol, portugais, catalan, roumain...) ainsi [que les] allophones [...] nés dans un des pays membres de l'Organisation internationale de la francophonie » (OQLF, 2011).

6. Pour des informations supplémentaires sur ces deux sujets, le lecteur peut accéder à une pléiade d'informations disponibles sur Internet. Voir entre autres : www.emilangues.education.fr/ressources-pedagogiques/sequences/disciplines-non-linguistiques/de-eurodisney-disneyland-paris et http://cotetraduction.blogspot.com/2013/04/comment-la-culture-t-elle-mis-fin-la.html
7. Dans les écrits, on note une certaine disparité dans l'identification des années de naissance de la génération X. Alors que Foot (1996) établit que les représentants de la génération X sont nés entre 1960 et 1966, plusieurs auteurs les identifient comme étant nés entre 1965 et 1980.
8. Par ordre de présence féminine dans le secteur tertiaire : vendeuses (commerce de détail), adjointes administratives, infirmières, caissières, enseignantes, etc. (Statistique Canada, 2013).
9. À titre d'exemple, dans l'industrie de la construction seulement, les femmes représentent 1,2 % de l'effectif et, dans le secteur minier, moins de 14 % de la main d'œuvre (Commission de la construction, 2012). Pour plus de détails sur la place des femmes dans les métiers de la construction, voir notamment G. Dugré, *Travailleuses de la construction*, Montréal, Éditions du remue-ménage, 2006.
10. Pour consulter la *Loi sur l'équité salariale*, voir le www2.publicationsduquebec.gouv.qc.ca/dynamicSearch/telecharge.php?type=2&file=/E_12_001/E12_001.html
11. Le site de L'OIT offre un large éventail d'informations sur l'égalité des genres dans le monde du travail. Pour en savoir davantage, consulter le www.ilo.org/public/french/support/lib/resource/subject/gender.htm
12. Pour plus d'information sur l'Indice d'inégalité des genres (IIG), consulter le http://hdr.undp.org/fr/content/lindice-din%C3%A9galit%C3%A9s-de-genre-iig
13. L'intersectionnalité fait référence à des situations où des individus font face simultanément à diverses formes de discrimination telles que le racisme, le sexisme et l'homophobie.

CHAPITRE

8

Luciano Barin Cruz | Nolywé Delannon

La responsabilité sociale des entreprises

Introduction

La responsabilité sociale des entreprises (RSE) est une notion qui semble aujourd'hui minimalement familière à tout gestionnaire au fait des évolutions récentes dans son secteur d'activité. Pourtant, contrairement à ce qui prévaut pour des notions plus classiques de management telles que l'avantage concurrentiel, il est difficile de trouver deux gestionnaires ayant la même définition de la RSE. Si, en outre, on se hasarde à comparer différentes industries, situées dans des pays différents et soumises à des niveaux de réglementation hétérogènes, on se rend compte de l'importance des divergences de conceptions de la RSE.

Dans ce chapitre, nous verrons que la RSE est un concept qui fait débat depuis ses débuts. Bien que souvent perçue comme une mode, comme le furent le management de la qualité totale ou la réingénierie des processus, et donc destinée à perdre rapidement de son attrait, la RSE est pourtant, à bien y regarder, bien plus qu'une tendance. En effet, cette visibilité récente de la RSE dans la pratique des entreprises ne reflète que partiellement l'évolution du débat autour de cet enjeu. Car en réalité, depuis les années 1950, des débats récurrents ont cours autour de la définition de la RSE. Aujourd'hui, le champ de la RSE est l'un des plus dynamiques du management et présente un grand potentiel d'interdisciplinarité et de transversalité (Garriga et Melé, 2004) par l'intérêt qu'il suscite dans les autres sous-champs des sciences de gestion, mais également dans les sciences sociales (science politique, sociologie, etc.). La RSE est donc encore en construction et en croissance. Mais surtout, loin d'être une préoccupation éphémère, la RSE pose des questions fondamentales en interrogeant les liens que l'entreprise devrait ou pourrait entretenir avec le reste de la société.

Afin de comprendre quels sont les questions et les enjeux sous-jacents à la RSE, nous ferons d'abord un rappel historique de l'émergence de la conception moderne de cette idée, à partir des années 1950 jusqu'à sa conception la plus contemporaine telle que nous la connaissons aujourd'hui. Cela nous permettra alors de nous pencher sur deux perspectives dominantes qui correspondent à des façons bien distinctes de concevoir la RSE, selon que l'on adopte une perspective stratégique orientée vers la performance ou une perspective politique axée sur le pouvoir et la légitimité. Nous verrons aussi que dans certains contextes de pauvreté, une approche stratégique alternative appelée « base de la pyramide » (BoP pour *Bottom of the Pyramid*) se développe en mettant l'accent sur l'inclusion sociale. Nous nous interrogerons ensuite sur les acteurs qui gravitent autour de la construction et de la reconstruction de la RSE : qui sont-ils, quels rôles jouent-ils, quelles ressources mobilisent-ils et pour quels résultats ? Enfin, nous brosserons un portrait des tendances actuelles qui indiquent quel pourrait être l'avenir de la RSE.

8.1 Le contexte de la responsabilité sociale des entreprises : une préoccupation à la fois moderne et ancienne

Les années 2000 correspondent à une période de bouillonnement du point de vue des discours et des pratiques en RSE. Dans le monde des affaires, on observe un double mouvement, l'un favorable à la diffusion de la RSE et l'autre tendant à remettre en question l'idée même de responsabilité sociale. En effet, on assiste d'une part à une multiplication des standards, indices et normes liés à la RSE et, d'autre part, à une médiatisation sans précédent de scandales corporatifs qui mettent au jour des pratiques irresponsables suscitant l'indignation dans l'opinion publique.

Pour ce qui est du mouvement favorable à la RSE, les années 2000 voient l'émergence de pratiques de RSE de plus en plus structurées qui reposent sur des outils sophistiqués développés principalement par des organisations internationales et des firmes de consultation. En ce qui a trait aux standards, on peut penser à l'organisation *Global Reporting Initiative* (GRI) (www.globalreporting.org/Pages/default.aspx), particulièrement influente aujourd'hui dans la détermination d'indicateurs de performance sociale et environnementale auxquels les entreprises ont recours dans leurs efforts de reddition des comptes en matière de responsabilité sociale. D'autres standards, comme ceux développés par l'Organisation des Nations Unies (ONU) à travers le *Global Compact* (www.unglobalcompact.org) (responsabilité des entreprises multinationales en matière de droits humains et du travail, d'environnement et de lutte contre la corruption) ou encore les Objectifs du Millénaire pour le développement (www.un.org/fr/millenniumgoals) (lutte contre les enjeux touchant les populations les plus pauvres du monde) sont des exemples de cette tendance au développement de standards adoptés par un grand nombre d'entreprises. Dans une logique similaire aux standards, les firmes produisant les principaux indices boursiers ont également mis en place des indices spécifiques liés aux enjeux de RSE. C'est le cas du *Dow Jones Sustainability Index* (DJSI) (www.sustainability-indices.com) à la bourse de New York ou encore du *FTSE4Good, à* celle de Londres. Enfin, pour ce qui est des normes, l'Organisation internationale de normalisation (ISO), qui a notamment donné naissance aux familles de normes de qualité ISO 9000 et de normes de système de gestion environnementale ISO 14 000, a produit en 2010 la norme ISO 26 000 (www.iso.org/iso/fr/home/standards/iso26000.htm?=), dédiée à la responsabilité sociale des organisations.

À contre-courant de cette diffusion de pratiques qui atteste de la vigueur de la RSE, on observe des remises en cause périodiques de l'utilité de la RSE pour conduire les entreprises à adopter des pratiques plus responsables. Dans les années 2000, des scandales corporatifs fortement médiatisés, tels que ceux d'Enron, de WorldCom, de Tyco, d'Arthur et Andersen, de Lehman Brothers, d'AIG et de Bernie Madoff, ont contribué à mettre en doute les effets régulateurs de la RSE sur les pratiques des grandes entreprises. Cependant, en s'attardant sur l'histoire de la RSE, on s'aperçoit qu'elle a invariablement été marquée par des tensions similaires entre des tentatives d'affirmation et de contestation. Au cœur de ces tensions réside un enjeu de légitimité des entreprises, et la RSE apparaît alors comme une possible réponse aux critiques exprimées par les pourfendeurs de la grande entreprise et du modèle capitaliste. Il s'agit notamment de démontrer qu'il est possible de réconcilier capitalisme et préoccupations sociales et environnementales.

La responsabilité sociale de l'entreprise est donc incontestablement un enjeu d'actualité. Le nombre d'entreprises prenant des engagements publics en matière de RSE ne cesse de croître, comme en atteste une étude que réalise régulièrement la firme de consultation KPMG. Ainsi, en 2011, 95 % des 250 plus grandes entreprises au monde publiaient un rapport de RSE, alors qu'elles ne représentaient que 35 % du même échantillon en 1999 (KPMG, 2011). La figure 8.1 décrit cette évolution fulgurante sur la décennie écoulée, ce qui illustre l'importance croissante de la RSE dans les discours et les pratiques des entreprises à l'échelle internationale. Dans le contexte canadien, ce sont plus de 80 % des 100 plus grandes entreprises qui publient un rapport de RSE (KPMG, 2013).

Mais s'il est vrai que la RSE est très actuelle et en constante expansion, on ne peut pas dire pour autant qu'elle soit récente. En effet, si l'on se penche sur les pratiques mises en place par des dirigeants de grandes entreprises dès le 19e siècle, ou sur les réflexions menées par

FIGURE 8.1 L'évolution du nombre d'entreprises parmi les 250 plus grosses au monde publiant un rapport de RSE (1999-2011)

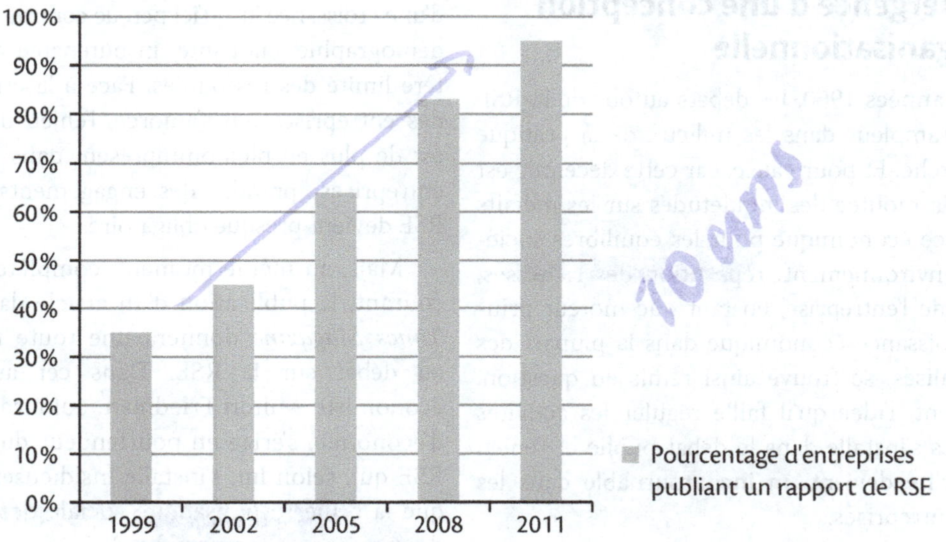

Source: KPMG International Survey of Corporate Responsibility Reporting (2011).

des penseurs classiques du management au début du 20e siècle, on s'aperçoit que les racines de la RSE sont plus profondes et anciennes qu'on ne tend à le croire. Dans la prochaine section, nous verrons comment la RSE a évolué depuis 1950, au moment où elle commence à prendre sa forme dite moderne, jusqu'à aujourd'hui.

8.2 L'historique du concept de RSE de 1950 à aujourd'hui: un contexte dynamique

8.2.1 Les années 1950 – Réflexions sur l'éthique des dirigeants

Le concept de RSE a pris naissance aux États-Unis (Pasquero, 2005), dans le prolongement des pratiques paternalistes de dirigeants de grandes entreprises du 19e siècle. Qualifiés de «barons voleurs», ces dirigeants accumulaient leur fortune dans des conditions moralement discutables mais, en retour, ils se faisaient un devoir de «redonner à la société», par exemple en construisant des écoles et des hôpitaux ou encore en finançant des projets résidentiels (Scherer, Palazzo et Matten, 2009). À partir de la deuxième moitié du 20e siècle, le débat autour du principe de «redonner à la société» gagne en importance à travers l'idée de RSE. Durant les années 1950, ce sont avant tout des dirigeants d'entreprises qui s'engagent dans ce débat en s'interrogeant sur le rôle de l'entreprise en dehors et au-delà de la simple maximisation du profit. Dans un ouvrage publié en 1953 et considéré aujourd'hui encore comme fondateur de la RSE, Howard R. Bowen (1953) propose l'une des premières définitions des «Responsabilités sociales des hommes d'affaires». Selon lui, la RSE «fait référence à ces obligations pour les hommes d'affaires de suivre les politiques, de prendre les décisions, ou de suivre les lignes d'action jugées désirables du point de vue des objectifs et valeurs de notre société». À l'instar de ses contemporains, Bowen concentre son attention sur l'individu et son éthique personnelle dans sa conceptualisation de la RSE. Ainsi, le *businessman* est la figure centrale et c'est à lui qu'incombe la responsabilité de diriger l'organisation, en accord avec les attentes de la société.

8.2.2 Les années 1960 – Formalisation des obligations individuelles et émergence d'une conception organisationnelle

Au cours des années 1960, les débats autour de la RSE prennent de l'ampleur dans les milieux de la pratique et de la recherche. Et pour cause, car cette décennie est marquée par la montée des inquiétudes sur les méfaits de la croissance économique pour les équilibres sociétaux (santé, environnement, répartition des richesses, etc.). Le rôle de l'entreprise, en tant que moteur principal de la croissance économique dans la plupart des pays industrialisés, se trouve ainsi remis en question. Progressivement, l'idée qu'il faille réguler les activités des entreprises s'installe dans le débat public et l'enjeu de responsabilité devient un incontournable dans les discours des entreprises.

L'éthique des dirigeants demeure au cœur des réflexions en cours et fait l'objet d'efforts de formalisation. Néanmoins, vers la fin de la décennie, certains travaux contribueront à faire émerger une conception de la RSE qui ne se limite plus au seul niveau individuel, mais qui inclut l'entreprise, qui se retrouve au centre des débats sur les méfaits de la croissance, jusqu'à s'étendre au « système social total ». En effet, à partir de cette période l'entreprise et la société sont conçues comme des entités dont les relations sont difficiles à démêler. Elles font ainsi partie d'un ensemble social complexe au sein duquel les interdépendances sont importantes, mais où les mécanismes d'interconnexion sont difficiles à établir (Pasquero, 2013). De ce point de vue, l'évolution du concept de RSE est fortement influencée par la théorie des systèmes qui connaît durant cette période des développements importants dans la sociologie.

8.2.3 Les années 1970 – Critique des fondements de la RSE

Cette période s'ouvre sur une intensification des pressions sur les entreprises pour qu'elles adoptent des pratiques jugées plus responsables. Aux États-Unis, en 1970, l'*Environmental Protection Agency,* agence fédérale de surveillance et de régulation autour des enjeux environnementaux et sanitaires, est créée pour répondre aux inquiétudes exprimées au sein de la société. À l'échelle internationale, le rapport *Halte à la croissance!*, publié en 1972 par le Club de Rome, produit un électrochoc en mettant en garde contre les méfaits d'une croissance jusqu'ici perçue comme illimitée et d'une démographie galopante, insoutenable au vu du caractère limité des ressources. Face à la crise de légitimité des entreprises qui s'amorce, l'enjeu de responsabilité est de plus en plus omniprésent dans les discours des entreprises; prendre des engagements en matière de RSE devient presque obligatoire.

Mais, au même moment, complètement à contre-courant, la publication d'un article dans le *New York Times Magazine* donnera une toute nouvelle portée au débat sur la RSE. Dans cet article, l'influent économiste Milton Friedman, aujourd'hui prix Nobel d'économie, s'érige en pourfendeur du discours sur la RSE qui, selon lui, s'installe insidieusement et affirme que la seule responsabilité sociale des entreprises est de maximiser leurs profits. La firme est alors conçue comme un nœud de contrats entre les figures du propriétaire (les actionnaires) et du gestionnaire. Dans ces contrats, les gestionnaires acceptent de se mettre au service de la seule responsabilité qui leur soit formellement confiée, à savoir celle de travailler dans l'intérêt des propriétaires de l'entreprise en faisant augmenter le capital. Friedman (1970) associe donc toute initiative liée à la RSE et qui n'augmente pas les profits à un dévoiement du rôle des gestionnaires, qui serait en plus illégale du fait de leurs obligations envers les propriétaires de l'entreprise. Il ira jusqu'à qualifier la RSE de « doctrine subversive » assimilable au communisme. Dans le contexte de Guerre froide qui caractérise cette époque, une telle accusation est particulièrement forte et empreinte d'un jugement moral des plus sévères.

Cette critique radicale de Friedman résulte de l'importance grandissante, et qu'il juge dommageable, de la RSE dans les pratiques et discours des entreprises. De vigoureux débats s'ensuivront et auront tendance à polariser les perceptions sur la légitimité de la RSE. Mais la conséquence la plus significative de cette critique est que durant les 40 années qui suivront, la majorité des débats en RSE tourneront autour de la démonstration que le fait d'investir dans la réalisation de projets sociaux et environnementaux entraînerait un retour financier pour l'entreprise, ou, en d'autres termes, qu'il y aurait un lien positif entre performance sociétale et performance financière.

8.2.4 Les années 1980 – Réconciliation de la RSE et de la stratégie

Avec les années 1980, on assiste à la consécration des principes du libéralisme économique. Les efforts de régulation de la décennie précédente sont mis à mal par les difficultés persistantes que traversent les économies industrialisées, avec un chômage et une inflation qui se conjuguent ensemble et qui produisent des situations de profonde crise sociale. La solution privilégiée et présentée comme la panacée est la dérégulation, soit le rejet de l'interventionnisme d'État qui avait prévalu durant les trente années d'après-guerre et la confiance en l'initiative privée et les mécanismes de marché pour répondre aux besoins de la société. Dans un tel contexte, l'entreprise connaît un regain de légitimité, ce qui facilite la réconciliation qui s'ensuit entre la RSE et la stratégie.

Durant cette période, il est désormais question de trouver des moyens de réconcilier la RSE avec les orientations stratégiques des entreprises. Dans cet effort de réconciliation, qui fait directement écho aux critiques émises par Friedman durant la période précédente, la théorie des parties prenantes de Freeman (1984) occupera une place de premier plan. Le fait de concevoir l'entreprise comme étant composée et entourée d'une diversité d'acteurs constituant des parties prenantes est une rupture par rapport aux schémas qui dominaient jusqu'ici. Cette nouvelle conceptualisation n'émerge pas à ce moment-là incidemment. Au contraire, elle se développe dans le sillage des travaux de sociologie qui dépeignent l'entreprise, à l'instar des autres organisations sociales, comme un espace où se tissent des relations entre des acteurs aux intérêts divergents et aux positions de pouvoir différentes. Ainsi, les parties prenantes de la firme sont constituées d'acteurs et de groupes d'acteurs pouvant influencer ou être affectés par les activités de l'entreprise, et, à ce titre, elles doivent être écoutées et prises en considération au moment de la formulation de la stratégie de l'entreprise. Avec cette nouvelle conceptualisation, l'entreprise est définie non plus comme un ensemble de contrats entre propriétaires et gestionnaires, mais plutôt comme un ensemble de relations entre la firme et les différents acteurs qui peuvent l'affecter ou être affectés par elle. Désormais, la RSE est perçue comme la capacité de l'entreprise à gérer les attentes de ses différentes parties prenantes. Cette nouvelle vision de l'entreprise aura des impacts importants dans le domaine de la RSE, mais aussi en stratégie et en management général. Durant les 30 années qui suivront, de nombreuses réflexions seront menées afin de proposer des stratégies de gestion des parties prenantes.

8.2.5 Les années 1990 – Rapprochement avec le développement durable et élaboration des premiers outils

Les années 1990 voient les réflexions autour de la RSE converger vers celles qui portent sur le développement durable. En effet, depuis la fin des années 1990, parallèlement à l'institutionnalisation du concept de développement durable initialement défini par le rapport Brundtland (1987), on observe que la RSE y est de plus en plus étroitement associée dans les représentations des gestionnaires. Ainsi, dans son Livre vert sur la responsabilité sociale des entreprises, la Commission européenne (2001) la définit comme « l'intégration volontaire des préoccupations sociales et écologiques des entreprises à leurs activités commerciales et leurs relations avec leurs parties prenantes ». Une telle définition, largement reprise dans les milieux d'affaires, fait clairement écho à la définition classique du développement durable autour des piliers économique, environnemental et social. La RSE est alors présentée comme la contribution des entreprises à l'atteinte des objectifs du développement durable (*voir la figure 8.2, à la page suivante*). Cette référence aux trois piliers s'est également traduite par la célèbre formule d'Elkington (1998) autour du triple bilan des entreprises: personnes (social), planète (environnemental), profit (économique). L'idée étant, comme pour le développement durable, de rechercher un équilibre entre l'atteinte d'objectifs que l'on estime de plus en plus indissociables au regard des normes qui prévalent dans la société.

Outre le rapprochement avec le développement durable, la RSE se trouve renforcée par l'élaboration d'outils destinés aux gestionnaires. Ces outils visent à fournir des guides pour l'action, dans le prolongement de la réconciliation initiée avec la stratégie dans les années 1990. D'autres outils proposant un arrimage entre la RSE et la stratégie de l'entreprise seront développés, principalement autour de la théorie des parties prenantes, mais ils susciteront de nouveaux débats sur les fondements de la RSE. On distinguera désormais les approches descriptive

FIGURE 8.2 **La RSE basée sur les 3 piliers du développement durable**

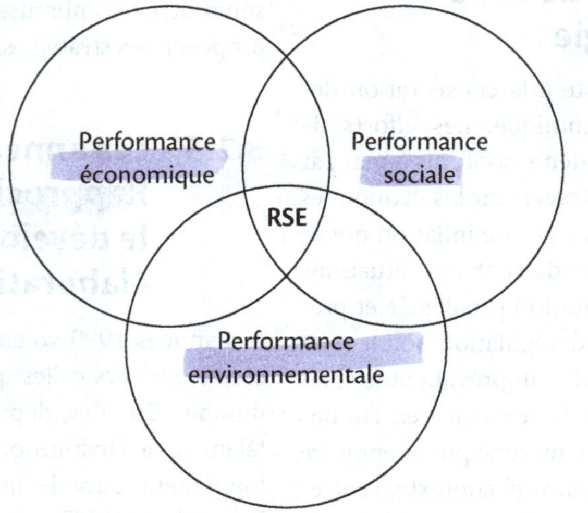

(que font les entreprises?), instrumentale (qu'est-ce qui serait profitable aux entreprises?) et normative (que devraient faire les entreprises?).

8.2.6 Les années 2000 – Prédominance des perspectives stratégique et politique et multiplication des outils

Les années 2000 permettent de consolider le mouvement de diffusion de la RSE qui sera influencé par deux courants principaux: l'un stratégique et l'autre politique. Du point de vue du courant stratégique, le regard demeure centré sur l'entreprise puisqu'il est question de réfléchir à la façon dont la RSE peut être analysée et intégrée au sein de la chaîne de valeur de l'entreprise de telle sorte qu'elle génère un retour financier. L'idée de devoir rechercher tant bien que mal un équilibre entre les enjeux économiques, environnementaux et sociaux est revisitée à l'aune d'un nouveau paradigme, avec la notion de *shared value* (valeur partagée) introduite par Porter et Kramer (2011), gourous de la stratégie, qui connaît une popularité sans précédent dans les discours et pratiques des entreprises. Ce qui caractérise cette notion de *shared value* c'est qu'il soit possible de faire pleinement converger les objectifs de profitabilité des entreprises avec la préservation de l'environnement et la promotion de l'équité sociale. Désormais, la RSE ne doit plus être envisagée comme une contrainte, mais plutôt comme une opportunité de premier ordre pour les entreprises les plus innovantes.

À l'inverse de cette approche, le courant politique élargit le débat autour de la RSE en se penchant sur l'évolution des relations entre les entreprises, les gouvernements et la société civile. Il est notamment question de souligner l'influence des entreprises, et plus particulièrement des multinationales, sur les différentes communautés locales dans lesquelles elles opèrent. Ce qui est au cœur de la réflexion, c'est la relation que ces entreprises développent avec ces communautés et les gouvernements locaux. Ainsi, la notion de «citoyenneté corporative», qui traduit la pénétration de l'entreprise dans l'espace politique jadis réservé aux gouvernements et aux individus, est explorée afin de questionner l'élargissement des frontières de la responsabilité sociale des grandes entreprises, et donc, l'accroissement de leur pouvoir, à l'échelle mondiale.

Aujourd'hui, ces deux approches de la RSE qui relèvent de logiques très contrastées occupent une place de premier plan. Sans grande surprise, c'est l'approche stratégique qui bénéficie de la plus grande réceptivité dans les milieux d'affaires car elle s'est entièrement construite sur la base d'une logique managériale. En revanche, le regard politique obtient davantage d'échos dans les cercles plus critiques où l'on se préoccupe des enjeux de pouvoir et de domination, et où l'on conteste la légitimité même du discours centré sur l'entreprise. Il convient cependant de noter qu'en parallèle, un autre regard émerge sur la RSE et gagne en vigueur. Reposant sur la notion de « base de la pyramide » (BoP), cette nouvelle perspective vise à faire fructifier la RSE en dehors du contexte des pays industrialisés dans lequel elle a initialement pris naissance. La BoP relève d'une approche stratégique dédiée à la frange la plus pauvre de la population mondiale, qui est généralement mise de côté par les grandes entreprises multinationales parce que dépourvue des ressources nécessaires pour être considérée comme un segment de consommateurs. Le point de départ de la BoP est que les gouvernements et les instances intergouvernementales internationales n'étant pas parvenus à éradiquer la pauvreté et à réduire les inégalités, il revient désormais aux entreprises, perçues comme des acteurs plus dynamiques et innovants, de s'investir dans la résolution de ces problèmes. Or, pour trouver un écho auprès des entreprises, c'est l'approche stratégique qui est la plus porteuse. L'ambition derrière la BoP est donc de susciter l'intérêt des entreprises pour ces questions sociétales majeures. Depuis les années 2010, on observe un certain engouement de quelques entreprises multinationales, telles que Danone, Nestlé ou Coca-Cola, pour des projets de type BoP, avec en toile de fond un discours de RSE qui s'affirme. La figure 8.3 illustre cette évolution du champ de la RSE depuis les années 1950.

FIGURE 8.3 L'évolution du débat dans le champ de la RSE

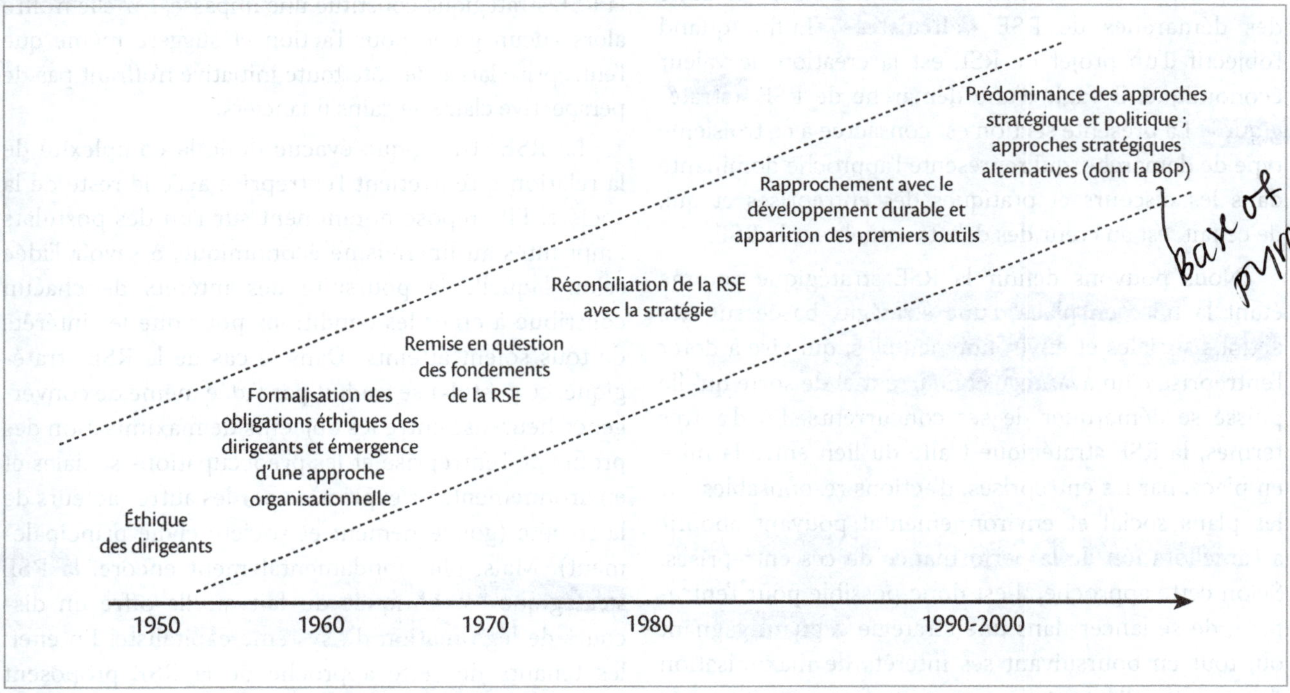

8.3 Les perspectives dominantes sur la RSE contemporaine

La RSE est aujourd'hui omniprésente dans les discours et dans les pratiques des entreprises. Ce qui prédomine désormais, c'est une conception organisationnelle et non plus individuelle de la responsabilité. Parmi les approches dominantes, se trouvent donc d'une part la perspective stratégique centrée sur l'entreprise, qui porte sur les liens entre la RSE et la performance financière à travers la création d'un avantage concurrentiel, et d'autre part la perspective politique qui offre un regard plus large sur les relations entre l'entreprise et le reste de la société, et traite des enjeux de pouvoir et de légitimité. En outre, une approche alternative se développe depuis peu autour de la notion de base de la pyramide. Dans une certaine mesure, cette approche cherche à réconcilier les courants stratégique et politique en encourageant les entreprises à s'engager sur des enjeux sociétaux qui, d'un point de vue politique, sont de première importance (lutte contre la pauvreté, réduction des inégalités, etc.).

8.3.1 La RSE stratégique : enjeux de performance et de l'avantage concurrentiel

Afin de comprendre en quoi consiste la RSE stratégique et de pouvoir la comparer à d'autres approches, il est utile de faire la distinction entre trois catégories de RSE (Husted et Salazar, 2006). Quand un projet social ou environnemental n'est réalisé que pour se conformer à une loi spécifique, il s'agit d'une démarche de RSE « coercitive ». Les projets philanthropiques visant à améliorer les conditions de vie de populations marginalisées ou à protéger l'environnement entrent dans la catégorie des démarches de RSE « altruistes ». Enfin, quand l'objectif d'un projet de RSE est la création de valeur économique, il s'agit d'une démarche de RSE « stratégique ». La présente section est consacrée à ce troisième type de démarche, qui représente l'approche dominante dans les discours et pratiques des entreprises et qui, de ce fait, est au cœur des débats actuels sur la RSE.

Nous pouvons définir la RSE stratégique comme étant la mise en place d'une stratégie, basée sur des actions sociales et environnementales, qui vise à doter l'entreprise d'un avantage concurrentiel de sorte qu'elle puisse se démarquer de ses concurrents. En d'autres termes, la RSE stratégique traite du lien entre la mise en place, par les entreprises, d'actions responsables sur les plans social et environnemental pouvant aboutir à l'amélioration de la performance de ces entreprises. Selon cette approche, il est donc possible pour l'entreprise de se lancer dans une stratégie gagnant-gagnant où, tout en poursuivant ses intérêts de maximisation des profits, elle contribue aussi de façon positive à la société. Cette logique qui, nous l'avons dit, a fait son apparition dès les années 1980, est très fortement installée dans les débats contemporains autour de la RSE et suscite de plus en plus d'interrogations, voire de critiques, à mesure qu'elle se diffuse dans les discours des entreprises.

En effet, l'idée même que les objectifs de l'entreprise et ceux de la société puissent être parfaitement convergents pose problème dans la mesure où une telle approche suppose de mettre de côté toutes les situations dans lesquelles les intérêts de l'entreprise et ceux de la société ne peuvent être réconciliés. Ainsi, l'entreprise est encouragée à ne s'intéresser qu'aux enjeux sociaux et environnementaux qui lui permettent de tirer un avantage financier. À titre d'exemple, une entreprise sera invitée à s'attaquer au gaspillage des ressources dont elle a besoin pour la fabrication de ses produits, dans la mesure où non seulement cela lui permettra de réduire ses coûts, mais qu'en plus l'ensemble de la société bénéficiera de cette meilleure utilisation des ressources. L'encadré 8.1 sur Bombardier propose une illustration plus détaillée de cette approche convergente. En revanche, que devrait faire une entreprise quand la mise en place de pratiques plus responsables, donc bénéfiques pour l'ensemble de la société, aurait un coût à court et à long termes pour elle ? C'est justement dans ce type de situations, beaucoup plus courantes que les configurations gagnant-gagnant, que la RSE stratégique constitue une impasse, car elle n'offre alors aucun guide pour l'action et suggère même que l'entreprise laisse de côté toute initiative n'offrant pas de perspective claire de gains financiers.

La RSE stratégique évacue donc la complexité de la relation qu'entretient l'entreprise avec le reste de la société. Elle repose notamment sur l'un des postulats empruntés au libéralisme économique, à savoir l'idée selon laquelle la poursuite des intérêts de chacun contribue à créer les conditions pour que les intérêts de tous soient atteints. Dans le cas de la RSE stratégique, ce postulat se traduit par l'idée même de convergence heureuse entre les objectifs de maximisation des profits de l'entreprise et les préoccupations sociales et environnementales exprimées par les autres acteurs de la société (gouvernement et société civile principalement). Mais, plus fondamentalement encore, la RSE stratégique est critiquée du fait qu'elle offre un discours de légitimation du système capitaliste. En effet, les tenants de cette approche de la RSE proposent un accommodement du capitalisme plutôt qu'une rupture : il s'agit pour eux de corriger *a minima* les défaillances du système et non pas de le repenser en profondeur. La RSE stratégique ne remet donc aucunement en question le principe de maximisation du profit ni n'interroge les rapports de pouvoir entre l'entreprise et le reste des acteurs de la société. Loin de s'apparenter à un projet de transformation de la société, la RSE stratégique s'inscrit dans une logique de *statu quo*. C'est justement sur la base de ces limites de l'approche stratégique qu'une approche politique s'est développée depuis le milieu des années 2000.

ENCADRÉ 8.1 Le cas Bombardier

La multinationale canadienne Bombardier est une bonne illustration de mise en place d'une RSE stratégique[a]. L'entreprise développe depuis plusieurs années des actions de RSE intégrées à sa chaîne de valeur. Ainsi, tel que mentionné dans son rapport annuel de RSE, les projets se divisent selon 6 domaines particuliers:

- Produits et services
- Gouvernance
- Employés
- Opérations
- Chaîne d'approvisionnement
- Citoyenneté responsable

Un projet particulièrement éclairant mis en œuvre par l'entreprise a été le développement des avions CSeries. En 2008, la compagnie a initié ce projet pour la fabrication d'un avion ayant des caractéristiques plus «responsables» d'un point de vue environnemental. L'idée était de réduire les émissions de gaz à effet de serre et de pouvoir se positionner sur l'enjeu du changement climatique. La compagnie a investi dans ce projet durant 5 ans et différents départements à l'interne ont été impliqués. Il a notamment fallu revoir les éléments techniques pouvant être modifiés à l'interne, mais aussi à l'externe. Il a également été nécessaire de travailler avec les centaines de fournisseurs internationaux pour trouver les solutions nécessaires. La chaîne de valeur a été largement mobilisée avec l'ambition de créer un avion plus performant d'un point de vue environnemental.

En septembre 2013, le premier CSeries a pu s'envoler et Bombardier a annoncé fièrement la réussite de ce projet stratégique écoresponsable. L'avion est planifié pour une entrée en service en 2014. Comme le déclare la compagnie, «les avions CSeries offriront un avantage de 15 % sur le plan des décaissements d'exploitation avec une réduction de 20 % de la consommation de carburant. [...] La conception entièrement nouvelle des avions CSeries permettra de réduire grandement leurs niveaux de bruit et d'émissions, tout en offrant une souplesse opérationnelle supérieure, des performances exceptionnelles sur piste et une autonomie de 2950 milles marins (5463 km)» (Aéro Montréal, 2014). Ce cas illustre bien qu'il est possible de réaliser des projets de type gagnant-gagnant pour l'entreprise et la société, car alors que la compagnie a pu réduire l'impact environnemental de ses avions, elle a dans le même temps développé un avantage concurrentiel vis-à-vis de ses compétiteurs. En outre, cela lui a permis de développer un savoir-faire spécifique pour ce type de projet, qui pourra être mobilisé sur d'autres projets futurs.

a. Consulter le rapport RSE de la compagnie pour plus d'informations sur les actions de Bombardier en matière de RSE: http://csr.bombardier.com/pdf/en/EDL_Bombardier_ENGLISH-mapL.pdf.

8.3.2 La RSE politique: enjeux de pouvoir et de légitimité

La perspective politique s'intéresse aux relations de pouvoir entre différents acteurs autour d'enjeux économiques, sociaux et environnementaux. Plus précisément, cette perspective décortique et analyse les relations entre les entreprises, les États-nations et les organisations de la société civile (Scherer et Palazzo, 2011). Elle permet notamment de traiter des situations dans lesquelles des entreprises se substituent au gouvernement à travers leurs initiatives de RSE (Gond, Kang et Moon, 2011) afin d'être perçues comme de bons citoyens corporatifs, de construire leur légitimité et de renforcer leur licence sociale d'opérer (Scherer, Palazzo et Seidl, 2013).

Cette perspective nous invite à considérer l'interface entre l'économique et le politique en accordant une importance particulière au brouillage des frontières entre ces deux sphères, lorsque nous analysons la façon dont les organisations pratiquent la responsabilité sociale. On peut recenser cinq nouveaux défis (*voir la figure 8.4, à la page suivante*) qu'identifie l'approche politique en ce qui a trait à la mise en œuvre de la RSE.

Les défis soulevés par la perspective politique

Le premier défi a trait à l'émergence d'un contexte institutionnel mondial pour la RSE du fait que l'on soit passé d'un mode de gouvernance national vers un mode mondial. Les gouvernements nationaux perdent ainsi graduellement leur pouvoir d'influence sur les grandes multinationales, qui doivent désormais se conformer à des règles ou des normes internationales formelles et informelles. Les organisations opèrent donc toujours dans différents contextes nationaux, mais répondent à des attentes mondiales.

Le deuxième défi se réfère à la RSE comme mode d'autorégulation. C'est le passage d'une logique de *hard law* vers une logique de *soft law*. Les corporations acquièrent un pouvoir de régulation dans certaines régions, en ce qui concerne le développement

FIGURE 8.4 **Les défis soulevés par la RSE politique**

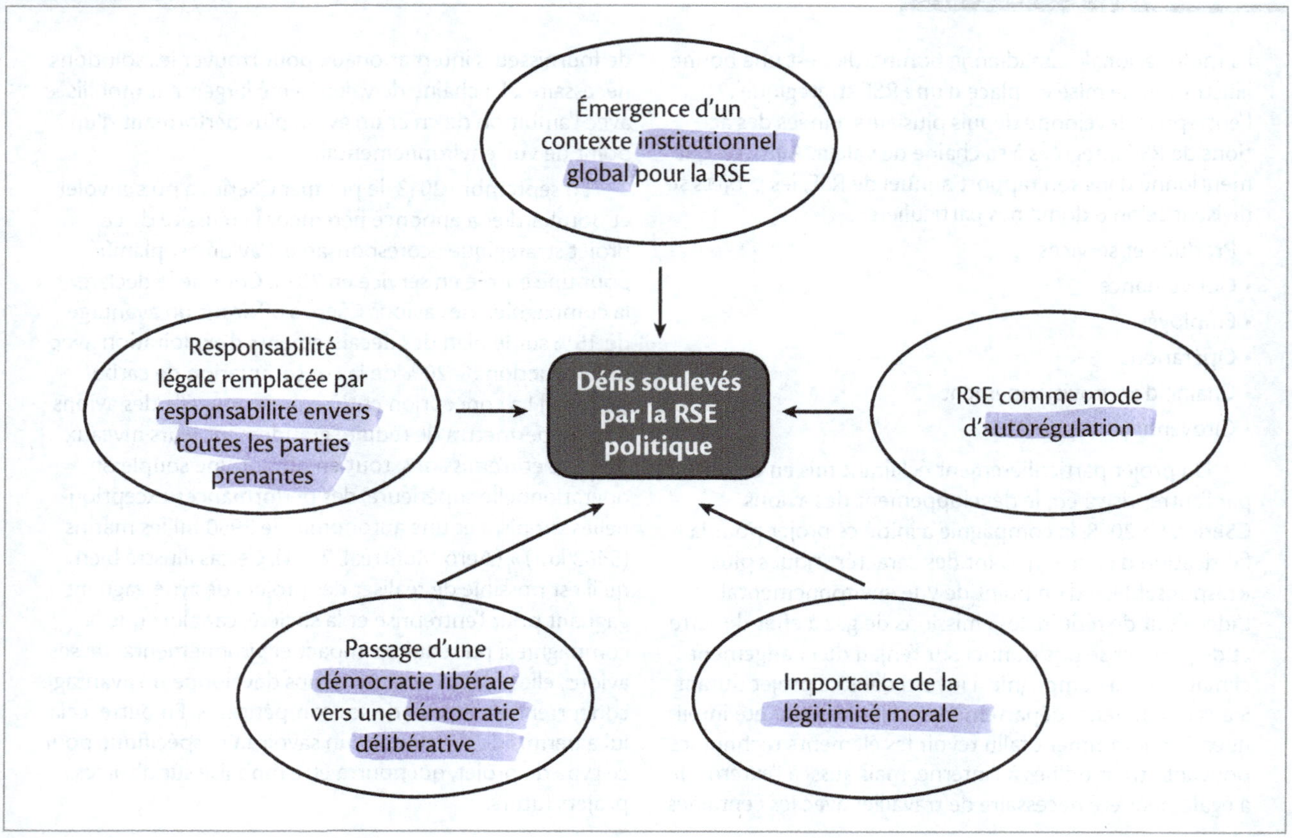

Source : Adapté de Scherer et Palazzo (2011).

de projets sociaux et environnementaux. Cela s'observe principalement là où les gouvernements sont faibles ou absents, les grandes multinationales devenant alors les entités les plus puissantes de leur territoire d'implantation.

Le troisième défi est lié à l'extension des limites de la RSE. Ainsi, alors que la régulation au niveau national s'affaiblit, les multinationales sont de plus en plus appelées à assumer la responsabilité de leurs externalités. Leur impact environnemental et leurs relations sociales avec les employés et la chaîne d'approvisionnement font l'objet d'une surveillance accrue. Par conséquent, la responsabilité strictement légale est peu à peu remplacée par une responsabilité envers toutes les parties prenantes liées à l'organisation.

Le quatrième défi est le gain en importance de la légitimité morale par rapport à la légitimité cognitive ou pragmatique. Historiquement, les entreprises construisaient leur légitimité sur la base des règles et des normes du contexte national dans lequel elles opéraient. Mais du fait qu'elles doivent dorénavant répondre à des attentes à l'échelle internationale, elles doivent également construire une légitimité morale qui dépasse les frontières nationales des pays dans lesquels elles opèrent. La construction de la « licence sociale d'opérer » devient plus complexe et plus globale.

Enfin, le cinquième défi résulte de la transition d'une démocratie libérale vers une démocratie délibérative. Nous venons de le voir, les organisations multinationales étant de moins en moins encadrées par les législations nationales et de plus en plus enclines à s'autoréguler pour répondre aux demandes de la société civile, le pouvoir de décision sur certaines questions d'ordre local se trouve transféré des gestionnaires publics, bénéficiant de la légitimité démocratique, vers les gestionnaires des entreprises. Un tel constat invite à une réflexion sur l'affaiblissement des institutions démocratiques et ses implications pour appréhender l'évolution de la RSE.

La typologie de la RSE selon les relations entreprise-gouvernement

Les défis soulevés par l'approche politique permettent de voir émerger de nouveaux types de relation entre les entreprises et les gouvernements. Gond et ses collaborateurs (2011) estiment que la RSE peut prendre cinq formes différentes en fonction de la relation entreprise-gouvernement (*voir le tableau 8.1*). Ces cinq formes doivent être vues comme des idéaux types, au sens wébérien, c'est-à-dire qu'elles correspondent à des modèles types que l'on ne retrouve pas tels quels dans la réalité. Il faut donc nuancer cette typologie, car dans la pratique, on retrouve plutôt des exemples qui relèvent de situations hybrides entre un type et un autre.

La RSE comme autogouvernement Dans ce type de RSE, les organisations développent des projets sociaux et environnementaux qui vont au-delà de ce que le gouvernement national détermine. Dans cette configuration, les actions engagées visent à combler des lacunes institutionnelles et à répondre aux attentes exprimées par la société civile et qui n'ont pas encore fait l'objet d'un encadrement législatif ou réglementaire.

La RSE facilitée par le gouvernement Dans ce cas de figure, le gouvernement agit comme un facilitateur pour la diffusion de certaines pratiques de RSE. L'établissement de prix nationaux ou de prix par industrie pour reconnaître les organisations les plus responsables serait un exemple d'encouragement *ex post*. Par ailleurs, le développement de lignes de financement spécifiques pour certains types de projets sociaux et environnementaux peut se concevoir comme une tentative *ex ante* pour stimuler certaines pratiques, en particulier dans certaines industries.

La RSE comme partenariat avec le gouvernement Ici, les organisations et les gouvernements développent ensemble le design de projets qui portent sur des enjeux locaux, nationaux ou même globaux. Typiquement, les entreprises apportent des ressources, de la main d'œuvre et de la technologie tandis que le gouvernement se charge de créer le cadre légal et d'offrir certains avantages de type fiscal, par exemple. La société civile peut également être sollicitée, à travers la participation des organisations de représentation des communautés locales aux différentes phases des projets.

La RSE mandatée par le gouvernement Sous cette forme, le gouvernement peut imposer certaines exigences générales aux entreprises avec l'objectif de pouvoir, à long terme, développer des règles et des normes spécifiques. La demande de publication de bilans sociaux et environnementaux par les entreprises peut s'avérer un outil pour surveiller ce que les organisations font, et, éventuellement, transformer en imposition légale des actions initialement volontaires. Le gouvernement dépasserait la tendance à l'autorégulation au profit du développement de législation dans certaines industries.

La RSE comme forme de gouvernement Ici, les entreprises se substituent au gouvernement à travers leur RSE. On observe souvent ce type de situation dans les régions

TABLEAU 8.1 **La RSE selon les types de relation entreprise-gouvernement**

Relation entreprise-gouvernement	Caractéristique
RSE comme autogouvernement	Les actions visent à remplir des lacunes institutionnelles et à répondre aux attentes exprimées par la société civile et qui n'ont pas encore fait l'objet de législation.
RSE facilitée par le gouvernement	Le gouvernement agit comme un facilitateur de la diffusion de certaines pratiques de RSE.
RSE comme partenariat avec le gouvernement	Les organisations et les gouvernements développent ensemble le design de projets qui s'adressent à des enjeux locaux, nationaux ou même globaux.
RSE mandatée par le gouvernement	Le gouvernement peut imposer certaines exigences générales aux entreprises avec l'objectif de pouvoir développer des règles et des normes spécifiques à long terme.
RSE comme forme de gouvernement	Les corporations utilisent la RSE pour se substituer au gouvernement.

Source : Adapté de Gond *et al.* (2011).

où le gouvernement n'est pas en mesure d'être présent et de répondre aux besoins de la population locale. Certaines entreprises deviennent alors l'entité la plus puissante et la plus présente et, se substituant au gouvernement, prennent elles-mêmes des décisions sur le développement local. La construction d'écoles, de routes, de parcs et d'autres infrastructures peut servir d'exemple de RSE comme forme de gouvernement, lorsque les actions de l'entreprise sont menées sans la participation et le contrôle des autorités publiques.

Cette typologie des relations entreprise-gouvernement montre bien que le degré de pouvoir des gouvernements, couplé à leur capacité à contraindre les entreprises, a une grande incidence sur la nature même des initiatives de RSE qui seront développées. Les deux cas illustrés dans les encadrés 8.2 et 8.3 mettent en lumière les enjeux de pouvoir et de légitimité que soulèvent les pratiques de RSE dans deux contextes différents. Le premier traite des initiatives en RSE de la multinationale Rio Tinto dans un contexte où les besoins en infrastructures sont criants, et le second met en évidence l'évolution dans le temps des pratiques d'une entreprise du secteur spatial dont le rôle ne cesse d'osciller entre les sphères économique et politique.

8.3.3 Une perspective alternative : approche par la « base de la pyramide » (BoP)

La BoP : Une approche en tension entre les perspectives stratégique et politique

Comme nous l'avons souligné dans la présentation de l'historique de la RSE, c'est aux États-Unis que le concept est né et qu'il a connu ses principaux développements. Mais force est de constater que la diffusion des discours et pratiques de RSE s'est étendue non seulement dans le reste de l'Amérique du Nord et en Europe, mais également dans les pays en développement. C'est ainsi qu'a émergé l'approche par la « base de la pyramide » (BoP), qui propose de mettre en relation les entreprises

ENCADRÉ 8.2 Le cas Rio Tinto en Guinée

Au niveau international, l'industrie minière est parmi les plus controversées en ce qui a trait à ses impacts sociaux, environnementaux et économiques. De plus en plus d'entreprises minières sont ainsi conduites à adopter des pratiques responsables, qui vont parfois bien au-delà des régulations et normes en vigueur sur les territoires où elles opèrent. Cela offre des contextes particulièrement riches pour appliquer la perspective politique.

Prenons l'exemple du géant de l'exploration et de l'exploitation minière, Rio Tinto[a]. Cette entreprise opère dans de nombreux pays du monde, développés et en développement. Son chiffre d'affaires représente plus que le PIB de certains pays où elle est installée et, parfois, ses opérations représentent la principale source d'emplois et de revenus d'impôt de la région. Comme cela est souligné dans le rapport RSE de 2012 de la compagnie, dans certaines régions, l'entreprise s'implique très activement dans la vie de la communauté. Elle investit dans la construction de routes, de centres de loisirs et de sport. Ces activités sont parfois « facilitées » ou « mandatées » par le gouvernement local, qui n'aurait pas les moyens de les mettre en place seul. Nous avons retenu un exemple intéressant tiré du contexte de la Guinée, où la compagnie a mis en place un partenariat avec le gouvernement local et d'autres organisations pour le développement du projet Simandou iron ore. Ce projet prévoit la construction d'un port, de plus de 670 km de ligne ferroviaire, d'une mine et de plusieurs champs logistiques d'approvisionnement.

Conformément à ce que la RSE politique suggère, Rio Tinto étant une entreprise multinationale, elle fait l'objet d'une attention particulière de la part d'une diversité d'acteurs à l'échelle mondiale. Elle doit ainsi répondre aux attentes des communautés locales parmi lesquelles elle est installée, mais aussi à celles des actionnaires et des groupes de pression internationaux. Et tandis que la communauté bénéficie des projets mis en place, la compagnie devient un acteur incontournable pour son territoire d'accueil et prend une place telle, qu'un départ du pays est susceptible d'avoir des impacts majeurs sur la population. Un regard porté avec la perspective politique attire notre attention sur les enjeux associés à la présence d'une telle entreprise dans une région. Plus précisément, elle nous permet de voir les implications politiques de certaines actions qui pourraient être vues comme responsables (construction des infrastructures), mais qui soulèvent des interrogations du point de vue du jeu démocratique.

a. Consulter le rapport RSE de la compagnie pour plus d'informations sur les actions de Rio Tinto en matière de RSE : www.riotinto.com/reportingcentre2012/pdfs/rio_tinto_2012_sustainable_development_report.pdf.

ENCADRÉ 8.3 Le cas du Centre spatial guyanais : brouillage des frontières entre l'économique et le politique

Le Centre spatial guyanais (CSG) est un exemple d'organisation dont les activités brouillent les frontières entre les sphères économique et politique. Installé en 1964 en Guyane, département français d'Outre-mer situé en Amérique du Sud, le CSG compte des entités publiques et privées en son sein. Initialement doté d'une mission politique, à savoir assurer à la France puis à l'Europe un accès indépendant à l'espace, le CSG a très vite joué un rôle économique majeur sur son territoire d'accueil, en raison de sa taille, des emplois créés et des investissements en infrastructures qu'il a fallu créer. Aujourd'hui, le CSG représente 15 % du produit intérieur brut de la Guyane (CNES, 2012), emploie 1500 personnes (INSEE, 2010) et génère 9000 emplois directs et indirects, soit environ 10 % de l'ensemble des emplois sur le territoire.

En termes de responsabilité sociale, les activités du CSG sont nombreuses et n'ont cessé de croître durant les 50 années de son existence. Passé d'une impossibilité de dialogue, du fait de son implantation imposée aux communautés locales, à une relation de plus en plus partenariale avec les acteurs locaux, le CSG oscille constamment entre un rôle économique (création de richesses) et politique (financement de projets sociaux et éducatifs, de santé publique ou de recherche, investissement en infrastructures, etc.). Perçu par certaines parties prenantes comme une extension de l'État français, et donc tenu de corriger les défaillances de ce dernier, le CSG revendique de plus en plus la légitimité de ses objectifs strictement économiques de renforcement de sa compétitivité. Cependant, il parvient difficilement à échapper à son passé que certains assimilent à une période où il représentait « un État dans l'État » en raison de son pouvoir vis-à-vis des parties prenantes locales.

Ainsi, si l'on prend pour référence la typologie des relations entreprise-gouvernement, depuis sa création, le CSG est passé par presque toutes les formes de relation :

- 1964-1985 : La RSE comme forme de gouvernement, alors que le CSG aménage lui-même la ville de Kourou dans laquelle il vient d'être installé, au prix d'expropriations, sans concertation avec les populations locales. L'organisation physique de la ville, la construction d'un centre hospitalier, le financement de la construction de résidences sont autant de dossiers pris en charge par le CSG.
- 1985-1996 : La RSE comme partenariat avec le gouvernement, à un tournant des relations du CSG avec ses parties prenantes locales. Le gouvernement intervient alors directement pour ouvrir le dialogue et créer les conditions d'un partenariat avec pour mot d'ordre que le spatial bénéficie économiquement à la Guyane.
- 1996-1999 : La RSE mandatée par le gouvernement, à la suite d'une période de crise sur les plans technique et économique. Des élus locaux dénoncent les risques que fait peser l'activité spatiale sur la santé publique et l'environnement et obtiennent l'intervention de l'État qui ordonne notamment la création d'une instance de concertation où le CSG doit désormais rendre compte de sa gestion des risques.
- Depuis 2000 : La RSE comme autogouvernement, alors que le CSG multiplie les initiatives visant à pallier les insuffisances de l'État, à la demande d'acteurs de la société civile ou d'élus locaux. Le CSG intervient dans les domaines de la santé, de l'éducation, de la culture, de la recherche, etc.

multinationales et les individus les plus pauvres des pays en développement, à travers des initiatives normalement liées à la RSE stratégique.

Introduite par Hart et Prahalad (2002), la BoP représente une tendance qui trouve un écho grandissant dans les réflexions autour des initiatives sociales et environnementales destinées aux pays en développement (Barin Cruz, 2013).

À l'origine du concept de BoP, il y a un constat d'échec des politiques d'éradication de la pauvreté menées par les gouvernements et les organisations intergouvernementales. En effet, pour les tenants de la BoP, l'urgence d'agir efficacement pour trouver des solutions à ces enjeux sociétaux requiert une nouvelle façon de concevoir les rapports entre la grande entreprise, la frange la plus pauvre de la population mondiale et les gouvernements. Pour atteindre les « Objectifs du millénaire pour le développement » promus par l'ONU, au premier rang desquels figure l'éradication de la pauvreté, l'entreprise est présentée comme un acteur incontournable. Avec une stratégie de type BoP, elle s'engage dans des actions de RSE visant à développer des produits et services de manière innovante afin que, d'une part, ils soient accessibles aux plus pauvres, et que, d'autre part, cela soit économiquement viable pour l'entreprise.

De la BoP 1.0 à la BoP 2.0

Telle qu'elle a été initialement conçue, la BoP a fait l'objet de nombreuses critiques du fait qu'elle reposait sur une approche très orientée vers la consommation, se résumant à « vendre aux pauvres ». En guise de réponse à ces critiques, une conception renouvelée de la BoP vise à rééquilibrer les rapports entre les entreprises et leurs consommateurs les plus pauvres, en promouvant le principe de « cocréation de marchés ». On passe ainsi de la BoP 1.0 à la BoP 2.0, qui traduit une vision moins centrée sur l'entreprise et plus conforme à une réflexion sur le rôle de l'entreprise dans la résolution de problèmes sociétaux. La figure 8.5 met en lumière les différences majeures entre ces deux conceptions de la BoP. Par ailleurs, l'encadré 8.4 montre, à travers le cas d'une initiative BoP de Coca-Cola, à quel point les tenants de la perspective stratégique et ceux de la perspective politique peuvent avoir une interprétation différente d'une même situation.

FIGURE 8.5 **Les stratégies BoP 1.0 et 2.0**

Stratégie BoP de deuxième génération	
BoP 1.0	**BoP 2.0**
• Population BoP constituée de consommateurs • Écoute approfondie • Réduction du niveau des prix • Adaptation du packaging et extension du mode de distribution • Relations de proximité avec la population par l'intermédiaire des ONG	• Population BoP constituée de partenaires commerciaux • Dialogue approfondi • Développement de la créativité • Combinaison des compétences et construction d'un engagement commun • Relations directes et interpersonnelles, facilitées par les ONG
« Vendre aux pauvres »	**« Co-créer un marché »**

Source : Adapté de Simanis, Hart et Duke (2008) ; Cesselin, Riom, Sibieude et Vidal (2008), p. 3.

8.4 Les principaux acteurs de la RSE aujourd'hui

Alors que la RSE occupe une place de plus en plus centrale dans les discours et pratiques des entreprises, un nombre croissant d'acteurs s'y intéresse et contribue à façonner ses contours changeants. On retrouve ainsi les entreprises qui **font** la RSE, les gouvernements qui la **régulent** et la société civile qui **conteste** quand elle estime que les entreprises n'en font pas assez, mais qui peut aussi **collaborer** avec les entreprises et les gouvernements. Cette diversité d'acteurs défend des intérêts et une conception de la RSE différents et parfois difficilement conciliables.

8.4.1 Les entreprises : faire et divulguer

Les entreprises sont les premières concernées par la RSE qui, comme nous l'avons vu, peut être conçue comme leur contribution à l'atteinte des objectifs de développement durable. La grande diversité d'entreprises en termes de taille, de chiffre d'affaires, de secteur d'activité, de lieu d'opération, etc. génère d'importantes disparités dans la façon même dont elles envisagent leur responsabilité sociale. Il ne serait donc pas réaliste de proposer un portrait unique de la façon dont les entreprises mettent en place des pratiques de RSE, toutefois, il est néanmoins possible d'identifier certains éléments récurrents.

Les entreprises peuvent concevoir et mettre en œuvre des pratiques de RSE en vue de répondre aux attentes de leurs différentes parties prenantes que sont les actionnaires, les fournisseurs, les consommateurs, les gouvernements, les communautés locales, etc. En fonction des ressources dont elles disposent, mais également du niveau d'importance stratégique qu'elles y accordent, les entreprises peuvent choisir de confier la gestion de leurs initiatives de RSE à une ressource interne dédiée (vice-président RSE) ou non dédiée (vice-président relations publiques ou communications), ou encore à une ressource externe (consultant). Selon une perspective stratégique, s'engager dans des initiatives de RSE permet

ENCADRÉ 8.4 **Le cas Coca-Cola : une initiative BoP mettant en lumière les tensions entre la perspective stratégique et la perspective politique**

Le débat autour des stratégies à la base de la pyramide représente un terrain fertile pour la confrontation entre la perspective stratégique et la perspective politique. À titre d'exemple, Coca-Cola[a] est une entreprise qui a commencé à développer une stratégie de type BoP dans certains pays en développement. Pour ce faire, l'entreprise a réduit la taille des bouteilles et commencé à offrir des produits à un prix plus accessible aux consommateurs les plus pauvres. Par ailleurs, la compagnie s'est engagée dans des projets avec certaines communautés locales afin de faciliter l'accès à ses produits dans les régions les plus reculées. Un exemple est le projet Manual Distribution Centers (MDCs)[b] présent dans plus de 25 pays. Les MDCs distribuent les produits à l'aide de véhicules spécialement conçus pour atteindre les lieux particulièrement inaccessibles, où les camions traditionnels de l'entreprise ne pouvaient pas se rendre. Soulignons de surcroît que ces centres appartiennent à des entrepreneurs locaux.

Dans cette situation, nous sommes en pleine approche BoP. Cependant, si l'on étudie ce cas avec une approche stratégique ou politique, les conclusions à en tirer seront très contrastées. En effet, en analysant tout d'abord cette initiative selon la perspective de RSE stratégique, on peut considérer que Coca-Cola offre un accès à la consommation à une frange de la population jusqu'ici exclue. Cela implique notamment de considérer que même les plus pauvres ont le droit de choisir librement ce qu'ils souhaitent consommer. Le résultat de cette initiative est que la compagnie réduit ses coûts de distribution, en plus d'encourager l'entrepreneuriat local et la création d'emplois. Pour les partisans de cette approche, Coca-Cola parvient non seulement à assurer l'accès à ses produits aux plus pauvres, mais, en prime, elle accroît ses profits sur un nouveau marché. Le résultat atteint ici respecte parfaitement la logique gagnant-gagnant qui est au cœur de l'approche stratégique. Par contre, si l'on analyse ensuite ce même cas selon la perspective de RSE politique, le raisonnement est tout autre : on pourrait au contraire estimer que l'entreprise Coca-Cola est tellement puissante qu'elle se donne les moyens d'éliminer toute possibilité pour les populations pauvres de s'approvisionner en produits autres que les siens. En effet, grâce à une structure plus performante et des prix plus compétitifs, le géant éliminera probablement la capacité de maintien d'autres produits locaux et s'imposera comme le seul choix. Or, en s'imposant comme l'acteur économique de premier plan dans ce contexte, l'entreprise sera très certainement amenée à investir dans un nombre croissant de projets sociaux (financement d'activités sportives et de loisir dans la communauté locale, construction d'écoles, d'hôpitaux, etc.) et pourra à terme s'imposer comme l'un des acteurs les plus influents de la région. Face à cela, quelle est la marge de manœuvre laissée à un petit gouvernement local disposant de peu de ressources pour faire contrepoids à ce type d'entreprise ? L'intérêt de cet exemple est qu'il permet de mettre en évidence les conclusions très différentes qu'il est possible de tirer d'un même phénomène de RSE. Il va sans dire qu'en fonction du positionnement des différents groupes d'acteurs de la société, une perspective ou l'autre sera privilégiée.

a. Consulter le rapport RSE de la compagnie pour plus d'informations sur ses actions RSE : http://assets.coca-colacompany.com/44/d4/e4eb8b6f4682804bdf6ba2ca89b8/2012-2013-gri-report.pdf.

b. Voir : www.coca-cola.co.uk/community/micro-distribution-centres.html

de minimiser les risques associés à ses activités (comme la perte d'un contrat avec des agences gouvernementales de plus en plus exigeantes sur ces questions ou, plus largement, la perte de sa licence sociale d'opérer) et saisir des opportunités d'affaires (par exemple conquérir une niche de marché sensible à ces questions et prête à payer un prix plus élevé).

Un enjeu important pour les entreprises est de définir où commence et où s'arrête leur responsabilité sociale. Il existe un consensus assez fort sur le fait que « la RSE commence là où s'arrête la loi » (Davis, 1973), ce qui signifie qu'une entreprise ne peut se revendiquer socialement responsable si elle se contente de respecter la réglementation. Au contraire, pour être qualifiée de responsable, elle doit prendre des mesures volontaires qui vont au-delà de ses obligations légales. Et pour ce qui est de savoir où s'arrête la RSE, il est difficile de trouver une réponse consensuelle. Mais surtout, les limites de la RSE se trouvent régulièrement repoussées. Ainsi, quand Nike s'est retrouvée au cœur d'un vaste scandale sur les ateliers de misère à la fin des années 1990, ses dirigeants ont d'abord nié toute responsabilité envers les employés de leurs sous-traitants. Mais face à la pression croissante d'organisations de la société civile, elle a fini par céder et a même par la suite fait preuve de leadership en jouant un rôle majeur dans le lancement d'une initiative de la *Fair Labor Association* visant à promouvoir la RSE à l'échelle de l'industrie du textile (Zadek, 2004). Un autre exemple, plus récent, concerne le géant Apple et le scandale relayé par les médias en 2012 autour des usines chinoises de son sous-traitant Foxconn. Alors qu'au début les dirigeants d'Apple ont adopté un discours de déni, ils ont progressivement pris des dispositions pour convaincre de leur bonne foi (audit des conditions de travail, diversification des sous-traitants). Ces deux exemples, qui sont survenus à près de quinze années d'intervalle, illustrent bien la difficulté, pour les entreprises, de déterminer seules les limites de leur responsabilité sociale.

8.4.2 Le gouvernement : réguler et encadrer

En matière de RSE, comme nous l'avons montré en analysant la perspective politique, le gouvernement entretient des relations plus ou moins étroites avec les entreprises. Ainsi, plus un gouvernement sera activement engagé dans le champ de la RSE, plus il aura tendance à légiférer pour encadrer les actions des entreprises. On retrouve ce cas de figure dans de nombreux pays d'Europe occidentale, où les plus grandes entreprises sont assujetties à des obligations de divulgation d'informations sur leur performance environnementale et sociale. À l'inverse, moins un gouvernement sera engagé sur les enjeux de RSE, que ce soit par manque de ressources ou de volonté, plus les entreprises disposeront d'une marge de manœuvre importante pour adopter des mesures en fonction de leurs intérêts et des demandes de leurs parties prenantes.

Ce qu'il convient de retenir, c'est qu'en dehors des contextes dictatoriaux, un gouvernement dispose de la légitimité démocratique pour produire et faire appliquer des dispositifs réglementaires encadrant la loi. Aux États-Unis, et plus largement en Amérique du Nord, le gouvernement tend à limiter son intervention dans l'activité économique et, par conséquent, dans le champ de la RSE. Néanmoins, il existe un cadre législatif minimal, notamment pour certaines industries telles que le secteur minier, ayant de lourds impacts sociaux et environnementaux. Au Québec et dans d'autres provinces canadiennes comme l'Ontario, les entreprises des secteurs minier ou hydroélectrique, par exemple, doivent se soumettre à certaines obligations en matière de consultation des communautés locales, notamment autochtones. Il existe également des obligations en matière de réhabilitation des sites contaminés pour certaines industries polluantes. En outre, de plus en plus de gouvernements établissent des contraintes en ce qui a trait aux rejets d'effluents pour certaines industries et s'attachent à en surveiller le respect sous peine d'imposition d'amendes.

8.4.3 La société civile : contester, surveiller et conseiller

La société civile (organisations non gouvernementales [ONG], associations et regroupements divers) joue un rôle important en matière de RSE. Par les demandes qu'elle formule, la société civile peut en effet soumettre les entreprises à de fortes pressions qui les conduisent à modifier leurs pratiques. De plus, certaines organisations ont développé une véritable expertise sur des enjeux précis, ce qui leur permet non seulement de porter un regard critique sur les pratiques des entreprises, mais également de contribuer au façonnement de solutions globales et concertées sur ces enjeux. Par exemple, l'ONG Greenpeace établit un classement régulièrement mis à jour des multinationales du secteur électronique en fonction de leur degré de verdissement, afin d'influencer le comportement des consommateurs et d'inciter les entreprises à modifier leurs pratiques.

Il existe également la voie du partenariat ou de la collaboration, qui s'est grandement développée au cours des dernières années. Les partenariats dits multisectoriels, du fait de la présence d'acteurs des secteurs privé et public et de la société civile, permettent alors de traiter d'enjeux complexes et impliquant une multitude d'acteurs qui gravitent autour des enjeux de RSE. La société civile contribue souvent à ces partenariats par son expertise, ses réseaux parfois très étendus, ou encore par la caution morale qu'elle apporte souvent et qui peut être rassurante pour les populations. En s'impliquant dans de telles initiatives partenariales, la société civile adopte une approche souvent incrémentale visant un changement de l'intérieur. Cependant, il peut s'avérer préjudiciable pour la crédibilité d'une ONG d'être associée à certaines entreprises jouissant d'une mauvaise réputation en termes de RSE et il en découle que la collaboration est plus ou moins difficile à organiser en fonction des enjeux et des risques qui y sont associés.

Enfin, les entreprises et la société civile peuvent se retrouver en situation de confrontation. Certaines industries, comme celles du secteur minier, sont exposées à des risques de forte opposition de la part d'acteurs de la société civile. Au Québec, par exemple, depuis quelques années, un nombre croissant de projets d'envergure ont été annulés ou retardés en raison d'oppositions majeures de la société civile (Batellier et Sauvé, 2011). On peut ainsi penser à l'industrie des gaz de schiste qui a suscité une mobilisation telle que le gouvernement du Québec a organisé des consultations publiques puis prononcé un moratoire *de facto* sur l'exploitation en 2012. L'encadré 8.5 relate les grandes lignes de cet épisode de confrontation.

ENCADRÉ 8.5 La mobilisation de la société civile québécoise autour du gaz de schiste

En février 2010, alors que différentes entreprises de l'industrie des gaz de schiste sont engagées dans des projets d'exploration, un premier collectif de citoyens se mobilise pour dénoncer une absence d'information et de concertation. Quelques mois plus tard, le regroupement citoyen, soutenu par l'Association québécoise de lutte contre la pollution atmosphérique (AQLPA), s'attelle à la rédaction d'un dossier à charge imposant, soulignant les enjeux environnementaux, sociaux et économiques que soulève cette industrie en émergence au Québec. Abondamment relayé par les médias, ce dossier amorce un bras de fer entre la société civile, l'industrie des gaz de schiste ainsi que l'État, jugé partial dans cette affaire.

S'ensuivra une intensification de la mobilisation de la société civile, qui s'organisera de manière à permettre une collaboration étendue entre différents comités locaux à travers le Québec. Cette mobilisation s'est structurée au point de constituer une réelle force et de susciter un débat à l'échelle nationale. Face à l'ampleur de la contestation, le gouvernement provincial a d'abord sollicité l'organisation d'audiences publiques à travers le Bureau des audiences publiques en environnement (BAPE), qui ont fait l'objet d'une importante participation de la société civile. À la suite des recommandations du BAPE, puis du rapport accablant du vérificateur général, le gouvernement s'est ensuite dit prêt à revoir sa méthode et à repenser les contours du cadre législatif.

La décision gouvernementale de sortie de crise a été l'annonce d'un moratoire qui, bien que jugé insuffisant par nombre de groupes de la société civile, a mis un point d'arrêt à une activité industrielle qui, avant la mobilisation citoyenne, semblait pouvoir se développer sans encombre.

Source: Adapté de Batellier et Sauvé (2011).

Conclusion

Le regard historique que nous avons proposé sur la RSE permet de souligner le caractère à la fois moderne et ancien des débats sur la place et le rôle de l'entreprise dans la société. On a pu observer que ces débats ont impliqué des acteurs différents en fonction des époques et que les contours de la RSE évoluent non seulement dans le temps, mais aussi dans l'espace, à mesure que les réflexions s'étendent aux pays en développement. En outre, si la RSE était à ses débuts considérée comme relevant d'une obligation morale des dirigeants d'entreprises prospères, elle dépasse aujourd'hui la seule figure des dirigeants et implique une grande diversité d'acteurs, ou parties prenantes, à l'intérieur comme à l'extérieur de l'entreprise.

Quel sera l'avenir de la RSE? Pour répondre à cette question, il importe de reconnaître d'emblée que la trajectoire de ce concept n'est pas isolée et qu'elle doit se comprendre comme étant le reflet de questionnements plus larges sur la place de l'entreprise dans la société, sur la hiérarchie des enjeux sociétaux prioritaires et sur le rôle que doit jouer l'entreprise face à ces enjeux. Cela signifie que l'avenir de la RSE se jouera dans les différents choix de société qui seront faits aujourd'hui et demain. Cela signifie également que la RSE, en tant qu'enjeu de société, continuera certainement à faire débat et à déboucher sur des pratiques et des discours divergents.

C'est ce que ce chapitre a permis de mettre en lumière, en s'attardant sur les perspectives stratégique et politique qui aujourd'hui constituent les principales approches pour traiter de la façon dont l'entreprise peut ou devrait contribuer à la résolution des problèmes sociétaux jugés légitimes, tels que la lutte contre le chômage, la réduction des inégalités, la lutte contre le réchauffement climatique, l'éradication de la pauvreté, mais aussi la relance de la croissance économique. Or, selon que l'on adopte une approche stratégique davantage axée sur les résultats (efficacité, performance) ou politique plutôt axée sur les processus (dynamiques de pouvoir entre les acteurs), les enjeux considérés comme légitimes ne seront pas les mêmes. Par conséquent, les diagnostics à poser, les acteurs à engager, les ressources à mobiliser, les solutions à proposer et les moyens d'y parvenir seront différents.

Il convient de noter que la RSE sera très certainement amenée à évoluer à mesure qu'elle se diffusera en dehors des frontières nord-américaines dans lesquelles elle s'est initialement développée, car les défis de responsabilité sociale posés aux entreprises dans les pays en développement ne sont pas identiques à ceux qui ont cours dans des contextes industrialisés, où l'État dispose de ressources importantes pour asseoir sa légitimité de régulateur et où la société civile est suffisamment organisée pour exercer une vigilance soutenue. Dans les pays en développement, et particulièrement dans les contextes de grande pauvreté, les enjeux sociétaux prioritaires appellent à d'autres formes de réponses en matière de RSE. C'est dans un tel contexte qu'a émergé l'approche BoP, qui a déjà beaucoup évolué pour tenir compte des critiques faites à ses initiateurs, et qui continuera probablement à se transformer, tout comme les approches stratégique et politique dominantes. En somme, la RSE est un concept en constante évolution. On peut s'attendre à ce qu'elle continue d'occuper une place importante dans les débats de société tant que l'entreprise demeurera une institution sociale légitime et au pouvoir significatif.

Or, dans ces débats de société, les écoles de gestion constituent un acteur que l'on omet souvent lorsqu'on s'interroge sur les pratiques de RSE. Pourtant, leur rôle est déterminant pour deux raisons : parce qu'elles forment les gestionnaires et parce qu'à travers la recherche académique, elles produisent des théories qui inspirent les praticiens. En premier lieu, ce sont les écoles de gestion qui accueillent et forment les gestionnaires actuels et futurs. Aussi, le niveau de sensibilisation de leurs diplômés sera tributaire de la place qu'elles accordent aux questions liées à la RSE dans les enseignements qu'elles dispensent. On observe qu'un nombre croissant mais encore minoritaire d'écoles de gestion délivrent des enseignements obligatoires en éthique des affaires, RSE ou développement durable. En second lieu, par les théories plus ou moins influentes qui y sont produites sur la relation entre l'entreprise et la société, les écoles de gestion contribuent à inspirer les pratiques des gestionnaires. Ainsi, par exemple, la théorie de l'agence, qui dépeint les gestionnaires comme des individus devant être contrôlés parce qu'enclins à bien des compromissions pour défendre leurs intérêts égoïstes, contribue à façonner des personnes cyniques (Ghoshal, 2005). Pour le sujet qui nous concerne, parce que la plupart des théories influentes (stratégiques) reposent sur le postulat que la seule justification acceptable de la RSE est sa contribution à l'atteinte de l'objectif de maximisation des profits, il n'est pas surprenant que les entreprises ne se laissent convaincre que quand ce lien leur semble plausible. Transformer la RSE requerrait donc également de repenser le rôle et la place des écoles de gestion.

CHAPITRE 9

Patrick Pelletier

Les technologies de l'information, un construit social

Introduction

Les technologies de l'information (TI)[1] ont participé depuis les vingt dernières années à redéfinir notre rapport au temps et à l'espace, brouillant les frontières entre les sphères domestique, professionnelle et personnelle. Par extratemporalité et déspatialisation, elles ont pris une place des plus significatives dans différentes sphères d'activité humaine. Qui plus est, elles ont mené à considérer la gestion des organisations au regard de leur capacité à repérer, collecter, traiter et diffuser des informations, si ce n'est à filtrer une surabondance informationnelle. Alors que les organisations sont le produit des interactions sociales construites par les acteurs et que le partage d'informations par l'utilisation des TI est plus que jamais au cœur de ces interactions, la sociologie fournit des outils conceptuels pour comprendre ces réalités. Mais encore faut-il que le gestionnaire appelé à créer les conditions favorisant l'exploitation des TI sache reconnaître qu'elles sont un construit social qui ne peut se résumer à des dimensions techniques (rapidité de traitement et de diffusion des informations) ou économiques (gains de productivité). Le fait de nier ou d'ignorer cette réalité est certainement l'une des raisons pour lesquelles les TI ne semblent pas toujours répondre aux objectifs prescrits par leurs concepteurs ou défendeurs, qui y voient une panacée à de nombreux problèmes organisationnels.

Divers objectifs ont orienté la rédaction de ce chapitre. Après avoir défini le concept des TI, nous verrons comment la sociologie a contribué à leur compréhension. Cela nous amènera à considérer les TI comme une rupture technologique, mais également comme un construit social. Notre démarche s'attardera à décrire les manières d'agir et de penser qui, au cours de l'Histoire, ont façonné l'imaginaire technique menant aux usages sociaux des TI dans la société et, par conséquent, au sein des organisations. Nous terminerons en relevant les formes d'« organisations virtuelles » découlant de cet imaginaire.

9.1 Les TI : un concept

Les TI relèvent du domaine de la technique ; le domaine de la technique est, comme le précise le Petit Robert 2008, un « ensemble de procédés ordonnés, scientifiquement mis au point, qui sont employés à l'investigation et à la transformation de la nature ». Ce domaine, qui relève de l'activité humaine, est en progrès constant, contrairement au monde animal où il est invariable. Le progrès, qui est le fait de l'humain, est par sa nature même le produit des changements qu'il introduit, changements qui ont pour objectif de modifier l'environnement dans lequel évolue l'homme. À cet égard, diverses sphères d'activité humaine sont touchées par des changements amenés par les TI. Le monde des organisations ne fait pas exception.

Les TI relèvent des techniques permettant d'accéder à l'information, de la stocker, de la manipuler, de la produire et de la transmettre. Plus précisément, il est possible de distinguer trois techniques en convergence :

1. la microélectronique, qui permet la miniaturisation des circuits intégrés numériques;
2. l'informatique, qui dépend de la numérisation des données et de la réalisation des interfaces entre les supports techniques et les utilisateurs;
3. les télécommunications, qui rendent possible le transport de données multimédias grâce à des techniques de communications et des équipements à haut débit (Faucheux, Hue et Nicolaï, 2010).

9.2 Les TI : une rupture technologique

Les TI représentent une rupture technologique, soit le fruit de la mise en commun de compétences individuelles dans des communautés, puis dans des sociétés (Tönnies, 2010). Elles s'avèrent une solution à des problèmes techniques ou scientifiques. Il y a rupture technologique dans la mesure où les TI ont un impact majeur sur la création d'une abondance d'informations. En ce sens, elles offrent des possibilités de traitement de bases de données gigantesques et permettent de développer des systèmes décentralisés et à grande échelle (David et Foray, 2002), ce qui favorise, notamment en contexte organisationnel, des interactions créatrices entre les concepteurs de produits modifiables à l'infini, les fournisseurs et les clients. Comme le mentionne Manuel Castells (2000), les changements que les TI entraînent sont fondamentaux puisque l'information fait partie des besoins de l'humain. Les TI occasionnent ainsi une rupture, au même titre que plusieurs autres évolutions technologiques majeures ayant transformé le rapport de l'homme à son environnement (*voir l'encadré 9.1*).

ENCADRÉ 9.1 Quelques ruptures technologiques

L'Histoire, c'est aussi celle des techniques que l'homme a développées et des ruptures technologiques qui en ont découlé. Elle débute avec le développement d'une technique pour tailler la pierre, il y a 40 000 ans. Depuis, le rythme de l'innovation et de la sophistication des techniques n'a cessé de s'accélérer. Pensons par exemple à l'invention de l'agriculture qui a favorisé la domestication et la sédentarisation il y a 12 000 ans; à la transformation de l'eau et du vent en énergie il y a 5000 ans; à l'invention de la poudre à canon autour du 7e siècle et à celle de l'imprimerie au 15e siècle; aux origines de l'astronomie qui remontent au 17e siècle; à l'apparition, au 18e siècle, de la thermodynamique qui permet, par combustion, la transformation de l'énergie thermique en énergie mécanique, favorisant ainsi l'essor de la société industrielle; à l'électromagnétisme qui a conduit au développement des applications de l'électricité. Ces innovations ont grandement participé au développement des sociétés, développement qui s'est accéléré après la Seconde Guerre mondiale.

L'invention du transistor semi-conducteur en 1947 et la miniaturisation des composants et des systèmes, font indéniablement partie des évolutions technologiques majeures du 20e siècle. Elles ont mené à la création des microprocessus sur lesquels s'appuie le développement des TI. Le sociologue André Mondoux (2011) traduit les ruptures technologiques qui en résultent en cinq étapes: l'ère des supercalculateurs (1945-1960), l'émergence des réseaux (1960-1975), la marche vers l'ordinateur personnel (1975-1990), l'accès aux réseaux (1990-2000) et la transition vers le web social (depuis 1995).

9.3 Les TI : un construit social

Comment aborder l'apport de la sociologie à la compréhension des TI ? Il faut d'abord savoir dans quelles sphères d'activité cette rupture technologique amène des changements. La contribution de Serge Proulx, sociologue et enseignant (2005), nous sert ici d'appui. Selon lui, les TI entraînent une transformation des modalités d'expression, de communication et de diffusion de l'information, la création d'espaces publics de discussion et de débats, l'élargissement des possibilités de contact, l'émergence de nouveaux modes de construction de soi et de nouvelles représentations de la société, l'expérimentation de nouvelles pratiques en éducation et en création artistique, la reconfiguration spatiale et temporelle des lieux de travail ainsi que l'apparition de nouvelles organisations de travail et modalités de distribution et de mises en marché.

Comprendre les TI dans une perspective sociologique, c'est s'attarder à leurs usages sociaux dans toutes les sphères d'activité. Ces usages renvoient aux modes d'utilisation qui se manifestent avec suffisamment de récurrence, sous la forme d'habitudes, relativement intégrées dans la réalité de la quotidienneté pour être capables de se reproduire, voire de s'imposer aux pratiques culturelles en présence (Lacroix, Mœglin et Tremblay, 1992). Breton et Proulx (2002) affirment qu'une technologie est acquise et considérée comme normale puisque jugée légitime en termes de pratiques culturelles lorsqu'elle respecte ces quatre conditions :

1. L'acteur doit maîtriser techniquement et cognitivement l'artefact.
2. L'artefact doit être significativement intégré dans les pratiques quotidiennes.
3. La répétition de l'usage de l'artefact doit conduire à différentes possibilités de création.
4. Les usages doivent être reconnus dans les politiques publiques et les processus d'innovation pris en compte dans la production industrielle et la distribution commerciale.

S'attarder aux TI sur le plan sociologique, c'est identifier les raisons pour lesquelles leurs usages sociaux ne reposent pas sur un schéma de causalité linéaire : parce que certains artefacts qui en exploitent les potentialités ne trouvent en fait jamais preneurs et parce que d'autres artefacts sont utilisés, mais à d'autres fins que celles qui avaient été préconisées. En cela, les usages sociaux des TI sont des processus différenciés, ce qui explique pourquoi et comment il y a le plus souvent une distance entre les usages prescrits et les usages effectifs. En fait, aucune technologie ne saurait mécaniquement bouleverser les habitudes, les règles, les systèmes de valeurs et de pouvoir, c'est-à-dire tous les principaux traits de la reproduction sociale (Jauréguiberry et Proulx, 2011). À cet égard, les TI ne relèvent pas d'un déterminisme technique, ni d'une quelconque forme de réductionnisme. En d'autres termes, leurs caractéristiques propres ne permettent pas de prévoir les manières dont les acteurs en feront usage.

Puisque les usages des TI ne suivent pas une trajectoire linéaire, ils ne conduisent pas automatiquement à une redéfinition des organisations. La professeure Wanda J. Orlikowski (1992), qui s'est attardée à l'utilisation du logiciel collaboratif de gestion de projet *Lotus Notes* dans une société de conseil, nous apprend que cet outil, choisi pour améliorer le partage de connaissances, n'a pas trouvé preneur. Pourquoi ? Parce que la forte culture individualiste de l'entreprise en question l'a empêché d'atteindre l'objectif de collaboration. Charki et Charki (2008), qui se sont attardés à l'usage du courriel, montrent que ce mode de communication peut aussi bien être associé au renforcement du pouvoir hiérarchique qu'à la responsabilisation et à l'autonomisation des subordonnés. À cet égard, les formes d'appropriation des TI dépendent toujours des stratégies d'implantation, des objectifs poursuivis par les directions et des rapports sociaux qui y règnent (Metzger et Labs, 2011 ; Hamon-Cholet, Greenan et Moatty, 2012).

En fait, ces études empiriques ne valident pas les théories du changement organisationnel induit ou favorisé par les TI et il en est de même de leur potentiel, en termes d'innovation[2]. En fait, ces études nous permettent de reconnaître toute la pertinence du modèle d'analyse stratégique adopté par les auteurs de l'ouvrage que vous lisez présentement. Analyser les TI sous cet angle, c'est admettre que leur conception, leur implantation, leur utilisation et leur diffusion dans les organisations ne peuvent se résumer aux dimensions techniques ou économiques. En cela, elles sont le produit :

- des intérêts, des buts (politiques, économiques et symboliques) et des stratégies (collaboration, affrontement et négociation) que poursuivent les acteurs ;
- des enjeux (économiques, politiques et symboliques) auxquels ils font face ;
- des ressources (matérielles et symboliques) dont ils disposent ;
- des régulations (de contrôle, conjointes et autonomes) auxquels ils sont soumis.

Les TI sont de ce fait un construit social. Elles sont une réponse à un problème d'action collective et relèvent du jeu des acteurs qui, comme nous le savons, disposent d'une marge de manœuvre grâce à laquelle ils sont en mesure de négocier leur engagement envers leur organisation. Cette marge de manœuvre, qui leur permet d'accroître leur capacité à maîtriser l'incertitude, fait qu'ils peuvent interagir de façon inattendue avec les TI. Y réside toute la complexité des organisations qui sont le lieu de multiples rationalités. Voyons de plus près la pertinence de cette posture théorique. Deux études nous servent de guide.

La première (Miladi, 2006) décrit les processus de changement qu'ont connus des universités françaises appelées à devenir des campus numériques offrant l'enseignement en ligne et à distance. L'auteur se demande comment ces universités se sont organisées pour répondre aux ambitions qui leur étaient proposées. L'étude montre que le changement souhaité par le ministère de l'Éducation nationale impliquait une redéfinition des façons de faire traditionnelles, ce qui ne va pas de soi pour les universités, qui ont la réputation d'être réfractaires au changement. La logique du partenariat avec le monde de l'entreprise et d'autres universités sur laquelle repose ce changement remet en cause l'autonomie qui caractérise traditionnellement ces universités, particulièrement la façon dont les professeurs conçoivent leurs cours, en mode collaboratif entre les divers métiers. Ainsi, la construction des campus ne s'est pas faite sans heurts, en raison des intérêts divergents des acteurs. Les premiers, les chargés de projets, avaient des intérêts politiques: «souvent en poste pour une durée limitée, ils occupent cette fonction dans la perspective d'évolution future» (p. 51). Les deuxièmes, les directeurs des centres de production multimédias, également partenaires issus de l'entreprise privée, ont des intérêts économiques: «ils cherchent à vendre leurs produits et à les fabriquer à moindres coûts. Ils n'accordent pas la même importance à l'enseignement et à la pédagogie que les enseignants-chercheurs et n'ont pas les mêmes contraintes» (p. 52). Quant aux troisièmes, les enseignants-chercheurs, d'autres valeurs les animent. Les maîtres de conférence qui veulent devenir professeurs ne sont pas intéressés par l'idée de campus numérique puisque leur carrière dépend de leurs publications scientifiques. Par ailleurs, les maîtres de conférence jugés innovateurs s'investissent beaucoup alors que d'autres s'intéressent davantage à l'aspect financier (la rémunération) qu'à l'aspect pédagogique (l'innovation). Quant aux professeurs, ils prennent peu de risques. L'enseignement à distance en ligne les intéresse peu. Nous sommes donc en présence d'acteurs aux rationalités variées et parfois opposées. Cela soulève de multiples problèmes en termes de coordination car de nombreux enseignants-chercheurs adoptent l'absence ou le refus de communication comme stratégie pour résister aux buts des administrations qui voient dans les campus numériques un moyen de positionnement stratégique pour leurs universités. Miladi précise que les changements qui se sont produits ont eu pour conséquence de rationaliser le travail des enseignants-chercheurs et de bureaucratiser davantage les universités, ce qui allait à l'encontre des objectifs de départ. À cet égard, «… plus il y a d'incertitudes, plus il y a des jeux d'acteurs pour limiter ces incertitudes. Dans ce contexte, la rationalisation serait le résultat de stratégies d'acteurs en vue de réduire les incertitudes» (p. 57).

La seconde étude (Elie-Dit-Cosaque, 2010) s'attarde aux stratégies exercées par des cadres intermédiaires d'unités locales d'une administration publique, en contexte d'implantation d'un système d'information sur la gestion financière. L'objectif était d'améliorer la rigueur et l'efficacité des processus de gestion et la qualité des services offerts. Il était également question de mettre en place de nouveaux services pour les parties prenantes et de fournir aux responsables des unités locales des outils d'aide à la décision. L'auteur de l'étude se pose deux questions: 1. Pourquoi les acteurs sociaux acceptent-ils les contraintes liées à l'implantation des TI? 2. Comment élaborent-ils et mettent-ils en œuvre des réponses pratiques aux problèmes et dilemmes entourant cette implantation?

L'étude montre que le système d'information a conduit les cadres intermédiaires à adopter des stratégies d'appropriation et qu'il a eu des effets différents selon les unités locales, leurs pratiques antérieures établies, leurs relations historiques avec les tierces parties et la qualité comptable qui y prévalait. L'implantation du système d'information a été, pour certains cadres, une occasion de conforter leur légitimité en tant que responsables d'unité. Puisque le système permet d'identifier le rythme de travail des employés, certains l'ont utilisé comme mécanisme de contrôle. Les cadres intermédiaires y ont plutôt vu une façon de faire ressortir l'insuffisance de ressources humaines au sein des unités locales et en ont fait un enjeu de négociation auprès de la partie patronale. Ainsi, ce qui semblait a priori un désavantage en termes de mécanismes de régulation de contrôle s'est traduit en avantage politique.

Comprendre les TI sous l'angle des rationalités et des marges de manœuvre, comme nous venons de le faire, c'est statuer également que celui qui en est l'usager n'est pas un simple consommateur, un simple récepteur. La sociologue et ingénieure Madeleine Akrich (1998) montre les types d'intervention qu'il peut réaliser. Au nombre de quatre, ces interventions nous permettent de mieux comprendre les processus de changement et d'innovation liés à l'utilisation des TI.

1. Le «déplacement» fait que l'acteur modifie les usages prescrits de la technologie sans pour autant y faire de modifications majeures. En ce sens, le scénario inscrit par le concepteur dans l'artefact est incomplet.
2. L'«adaptation» incite l'acteur à modifier la technologie afin de l'ajuster à ses façons de faire. En ce sens, la technologie ne correspond pas aux besoins de l'environnement réel.

3. L'« extension » fait que l'acteur ajoute des éléments à la technologie afin d'en enrichir les fonctions. En ce sens, l'acteur modifie ses fonctions globales, ce qui le transforme et peut contribuer à redéfinir le fonctionnement d'une organisation.
4. Le « détournement » signifie que l'acteur se sert de la technologie à d'autres fins que celles qui étaient prévues.

Cette typologie démontre bien que tous les acteurs n'ont pas accès aux TI et qu'ils ne les utilisent pas de la même manière, ce qui n'est pas sans soulever la question des intérêts, des valeurs, des compétences, mais également de la créativité individuelle, source d'innovation, qui peuvent être différents d'un contexte organisationnel à l'autre et d'un acteur à l'autre.

Analyser les usages des TI, c'est réaliser qu'ils sont aussi le prolongement de pratiques sociales déjà en place. Il y a affiliation, c'est-à-dire hybridation, entre les usages du passé et ceux du présent. Tout usage se heurte en fait au poids des habitudes et de la tradition, aux résistances des acteurs et aux significations symboliques instituées. En ce sens, comme toute technologie, les TI ne sont jamais radicales. Le courriel est en l'illustration, en ce qu'il conjugue l'écrit de la correspondance postale à la rapidité et à la forme du langage parlé associé au téléphone. Précisons que les particularités d'un artefact peuvent perdurer, bien qu'elles ne soient pas optimales, et que les changer serait beaucoup trop coûteux. Les touches des claviers informatiques ont souvent servi d'exemple, car d'abord développées pour les machines à écrire, elles ne sont plus très efficaces. Cette histoire mérite une fois de plus notre attention. Reprenons pour ce faire les mots d'André Kuzminski qui, en 1997, cosignait la première édition de l'ouvrage que vous avez sous les yeux :

> Et pourtant, comme le démontre entre autres l'histoire de l'invention de la machine à écrire (Huff et Finholt, 1994, p. 2), celle-ci n'a trouvé preneur que lorsque l'on a réussi à concevoir un clavier suffisamment lent pour éviter que les fontes ne se coincent et surtout pour permettre le recours à une main-d'œuvre peu qualifiée, les femmes, qu'on jugeait peu habiles en matière de technologie. C'est ainsi que le modèle QWERTY (nom formé des six premières lettres de la ligne du haut du clavier), qui nécessite l'utilisation de tous les doigts de la main incluant l'auriculaire, a vu le jour. N'est-il pas paradoxal que les claviers des micro-ordinateurs reposent encore aujourd'hui sur une conception organique dont la caractéristique est la lenteur ? (Kuzminski, 1997, p.108).

Admettre que les TI et leurs usages sociaux sont le prolongement de pratiques existantes, c'est notamment rejeter les prophéties à propos de la disparition des médias qui, sous l'impulsion de changements technologiques, deviendraient obsolètes. Rappelons que l'apparition du photocopieur devait signer la mort du livre et que l'angoisse provoquée par l'apparition du magnétoscope a presque ramené le cinéma à une aventure du passé. Comme nous le savons, l'Histoire en a décidé autrement. Les propos d'Alain Chaptal (2007, p. 83) s'avèrent éclairants à ce sujet.

> On pourrait aussi relever cette forme particulière d'illusion technologique qui fait croire que le nouvel outil ou dispositif miracle va rapidement remplacer l'existant quand en réalité il vient d'abord le compléter. Ces croyances, qui paradoxalement privilégient un mode de diffusion progressif et continu de type « tache d'huile » fondé sur la force de conviction de bonnes pratiques, s'appuient sur des discours mettant en exergue les vertus intrinsèques du changement censées s'imposer au nom d'une vision qui voudrait que le système exige son renouvellement.

Rejeter toute illusion technologique, c'est remettre en question par le fait même les thèses déterministes des technophiles, mais également celles des technophobes. C'est reconnaître par une approche sociocritique les illusions technologiques et la facilité avec laquelle les TI sont associées à des bienfaits ou à des méfaits. Empruntant le plus souvent la forme lyrique, les technophiles voient les TI comme un paradis, une humanité retrouvée, un lieu d'émancipation, si ce n'est de création, d'une nouvelle société sans contraintes ou d'un nouveau capitalisme sans frictions. De leur côté, les technophobes y voient une menace pour le lien social, un vecteur de reproduction des inégalités sociales, un lieu de dépendance, d'isolement, voire d'anomie[3]. Il y a perte de pouvoir, si ce n'est d'humanité au profit de la raison instrumentale et des logiques techniques. Cette technophobie que l'on retrouve sous d'autres formes dans les organisations n'est pas en soi nouvelle. En 1958, le philosophe Gilbert Simondon y allait d'une comparaison entre xénophobie et hostilité de la technique. La journaliste Catherine Halpern a repris ses mots en 2008 dans un article de la revue *Sciences Humaines* (p. 33) :

> La machine est l'étrangère ; c'est l'étrangère en laquelle est enfermé l'humain, méconnu, matérialisé, asservi, mais restant pourtant de l'humain. La plus forte cause d'aliénation dans le monde contemporain réside dans cette méconnaissance de la machine, qui n'est pas une

aliénation causée par la machine, mais par la non-connaissance de sa nature et de son essence, par son absence du monde des significations, et par son omission dans la table des valeurs et des concepts faisant partie de la culture.

Tel que souhaité par Simondon, mieux comprendre la nature et l'essence des TI, c'est montrer comment elles sont structurées par les usages sociaux et comment elles sont structurantes de ces usages. En ce sens, elles ne sont jamais pleinement neutres. Elles révèlent une matérialité de laquelle l'humain ne peut jamais pleinement s'affranchir. Elles sont un révélateur puisqu'elles rendent visibles et fixent les transformations des relations sociales qui s'effectuent grâce à elles (Chambat, 1994). Précisons que les usages impliquent une médiation entre le social et la technique et que des ajustements doivent être faits de part et d'autre. La technologie est structurante parce qu'elle met en place des règles, des ressources et des fonctions qui influencent les usages qui, à leur tour, transforment l'artefact. À ce propos, l'interface d'un logiciel a des incidences cognitives sur les façons de chercher et de classer l'information. Ainsi, l'interactivité, l'hypertextualité et la connectivité (Lévy et Lasserre, 2011) qui caractérisent Internet ont une influence sur les usages qu'en font les acteurs.

Pour comprendre les TI dans une perspective sociologique, encore faut-il considérer le facteur temporel participant à la construction des usages sociaux qui en sont faits. Alors que le temps des TI est rythmé par des impératifs de performance portés par les milieux industriels, le temps des usages est celui de la société. Il est long. Qui plus est, les usages qui en résultent se modifient avec le temps puisque l'acteur développe des connaissances expérientielles. Rappelons qu'Internet et le courrier électronique ont mis plus de trente ans à s'institutionnaliser.

9.4 Les TI : une réalité historique

Nous avons vu que les TI représentent une rupture technologique et un construit social. Elles relèvent du jeu des acteurs qui disposent d'une marge de manœuvre puisque tout contexte est marqué de zones d'incertitude. Nous verrons maintenant que les usages sociaux qu'en font les acteurs portent l'empreinte des manières d'agir et de penser de leur époque. Ainsi, on ne peut comprendre les TI indépendamment de l'épistème et des figures qui, par leurs stratégies, ont participé à la construction de la société. Le philosophe pour l'Antiquité, le clerc pour le Moyen-Âge, le lettré pour la Renaissance et le savant-ingénieur pour la modernité ont marqué chacun à leur manière l'évolution des façon d'agir et de penser de notre société. Aujourd'hui, on ne peut comprendre celle-ci sans reconnaître la place occupée par l'informaticien, ainsi que par le gestionnaire, lequel explore chacune des facettes du monde des organisations et imprime sa rationalisation (Déry, 2002). Les TI représentent un vecteur de la rationalisation portée par le monde de la gestion qui a trouvé une vitrine au sein des discours légitimant la société de l'information. À cet égard, nous décrirons les tenants et aboutissants de cette société qui, à tort, a été associée à un mythe, celui de la redéfinition du capitalisme à l'échelle internationale. Nous verrons que ce mythe s'accompagne d'idéologies et d'utopies qui teintent les usages sociaux des TI.

Puisque toute époque est ponctuée de mythes permettant de construire le présent et d'anticiper le futur, les modernes que nous sommes n'y échappent pas. Les TI relèvent du mythe et révèlent le tissu culturel qui oriente les manières de penser et d'agir d'une « classe sociale » devenue influente : les *geeks* (*voir l'encadré 9.2*). L'imaginaire est la première réponse à des questions pratiques que se pose cette classe qui a participé à légitimer le devenir de la société de l'information (Michaud, 2014).

De nombreux discours institutionnels ont accompagné le mythe de la société de l'information au cours des années 1990. Associée à une mutation de la société capitaliste moderne, elle s'inscrit dans une utopie de la communication et des réseaux. Il est entendu ici que les TI représentent une fin en soi, ce qui est déterministe, et par le fait même, idéologique. Les discours ont entretenu la croyance qu'Internet représentait au début des années 1990 un bouleversement du marché et que la restructuration du capitalisme était le symbole d'une nouvelle société. Pour ses promoteurs et défenseurs, les TI permettent de résoudre les problèmes de productivité dans les services. Cette vision s'avère simpliste puisque les transformations auxquelles les TI sont associées proviennent plutôt des valeurs de ses promoteurs que d'elles-mêmes. Enrique Bustamente (1997,

ENCADRÉ 9.2 Apple, entreprise mythologique

Selon Pascal Lardellier, la mystique des *geeks* a trouvé preneur chez Steve Jobs dont la marque *Apple* – la « pomme », ce fruit défendu de la Genèse – s'est construite sur un mélange de capitalisme et de religiosité, de tribalisme ostentatoire. Les étalages des magasins Apple s'avèrent des lieux manifestes du symbolisme évoqué. Ils représentent des dispositifs sacralisants qui reposent sur un évangélisme technophile très affirmé qui a servi d'assise à la société de l'information. Lardellier (2013), qui a posé son regard d'anthropologue sur des magasins *Apple* en France, nous livre ici quelques impressions sur le marketing expérientiel pratiqué par l'entreprise.

> Par sa configuration spatiale, le magasin de Lyon Part-Dieu est révélateur de la forte inspiration des lieux de culte. Installé dans un espace commercial tout en longueur, il épouse naturellement la forme d'une église et en détourne les codes architecturaux comme la logique spatiale, presque par la force des choses. On y entre par une large baie vitrée ouverte, surmontée d'une grande pomme croquée, en lieu et en place de la rosace d'une cathédrale. En tout cas, l'icône (biblique, rappelons-le) est là, qui accueille le visiteur (pèlerin ?) et marque l'entrée dans un espace moins profane, étymologiquement (non « devant le temple », donc « dedans »). Le lieu s'ouvre par un court espace vide, reprenant la fonction d'un narthex. On est accueilli de manière extrêmement chaleureuse par des vendeurs. Ils sont nombreux, plutôt jeunes, tous en uniforme, tee-shirt bleu pétrole, jean noir, badge patronymique autour du cou et oreillettes de rigueur. Seul le manager du magasin est vêtu différemment, d'un noir que le tropisme avec lequel je visitais les lieux a fait spontanément ressembler à un clergymen ou un pasteur. Il est à noter qu'une hiérarchie range les vendeurs en trois catégories, au sein d'une « trinité » (dixit l'un d'entre eux) : il y a les spécialistes (en bas de l'échelle), puis les *genius*, et enfin les créatifs (« eux, ce sont des dieux, ils savent tout » [sic]). Omniscients, ils peuvent répondre à toutes les questions, constituant les grands prêtres, les initiés, dans la bien nommée hiérarchie. (Lardellier, 2013, p. 126)

p. 24) décrit la manière dont cette construction sociale a pris forme à travers de nombreux discours s'abreuvant de mythologie :

> La plupart des textes mettent en évidence leur tentative de réponse à la crise (économique, politique, communicative), dans un souci de recherche d'une nouvelle voie d'optimisme et d'espoir pour la croissance capitaliste. Mythologies partielles pour la plupart, leur tâche est de réélaborer et de moderniser la pensée déterministe (l'innovation technique comme salut, le progrès linéaire de l'histoire) avec de nouvelles métaphores chargées de non-dits supposés, de visions implicites et idéologiques de la société.

La sociologie démontre bien les limites des discours déterministes qui ont vu dans les TI une réponse à la crise des années 1990 à laquelle se réfère Bustamente. Tout d'abord, il importe de comprendre le contexte dans lequel ces discours prennent forme et cela ne peut se faire sans reconnaître les spécificités de notre modernité, qui a consacré l'autonomisation progressive de l'économique, la prégnance de la pensée technique, et, pour reprendre Ellul (1954), le mythe du progrès. Pour ce sociologue et théologien, la technique portée par la loi de l'efficacité intègre la machine à la société en la rendant sociale et sociable, en plus de construire le monde qui lui est indispensable. Ainsi, « la technique en se développant pose des problèmes tout d'abord techniques, qui, par conséquent, ne peuvent être résolus que par le technique. Le niveau actuel appelle un nouveau progrès et ce nouveau progrès va en même temps accroître les inconvénients et les problèmes techniques, puis exiger d'autres progrès encore » (p. 86). Il va sans dire que notre devenir en tant que société est lié de manière significative à la résolution de ce type de problèmes qui, doit-on le rappeler, n'est pas uniquement technique puisqu'il est le produit d'une dynamique sociale.

La société de l'information est porteuse du mythe du progrès, tel que l'entend Ellul (1954). Ce concept de société qui a été élaboré depuis les machines intelligentes de la Seconde Guerre mondiale, a consacré la pensée de Norbert Wiener (le père de la cybernétique) et celle de Marshall McLuhan (philosophe, sociologue et penseur du « village global »). L'autorégulation et la neutralité des TI constituent les fondements de leurs pensées qui ont fait naître l'idéologie de la communication et la science de l'information. Ce développement s'inscrit dans un espace réflexif à propos de l'art de rendre l'action efficace et d'améliorer rationnellement le travail par la science des machines qui interprètent et transmettent des ordres par calcul mathématique et algorithme (David, 1965). L'amélioration des capacités de calcul est au cœur du projet de développement de machines intelligentes et de ce que deviendra la société de l'information.

Force est de reconnaitre que les hypothèses communicationnelles de Wiener auront un impact considérable sur la conception de l'Homme, des organisations et de la société, sur les sciences en général et sur le développement des recherches menées sur l'intelligence artificielle. Rappelons que la cybernétique est née à la fin des années 1940, une époque qui a été marquée par un profond désenchantement quant à l'humanisme. La bombe atomique et les camps de concentration sont autant de souvenirs légués par l'Histoire qui ont participé à la construction de la légitimité des TI, lesquelles ont été appelées à créer un monde meilleur. Elles incarnent le devenir d'une nation virtuelle où liberté et épanouissement individuel vont de pair (Flichy, 1995; Castells, 2000). Plus que toute autre réalité, Internet incarne ce projet (*voir l'encadré 9.3*).

ENCADRÉ 9.3 La création d'Internet, la rationalité militaire et l'idéologie *hacker*

Internet, ou encore le réseau des réseaux, est le résultat de l'accélération de la relation étroite entretenue entre des acteurs du domaine de la science et des techniques de production. L'adoption de protocoles techniques a permis de généraliser son utilisation à l'échelle internationale. L'apparition des standards de communication *HypertText Transfert Protocol* (http) et *HyperText Markup Language* (HTML) en 1992 et la naissance du *World Wide Web* (WWW) et du fureteur *Netscape* en 1995, ont accéléré l'institutionnalisation d'Internet, mais ses premiers pas remontent à la fin des années 1960.

Internet, c'est au départ la rencontre entre deux histoires – celle des télécommunications et celle de l'informatique – mais aussi le croisement de deux mondes sociaux – militaire et universitaire. Le monde militaire, incarné par le Département de la défense des États-Unis (le DOD), craint la menace nucléaire provenant de l'URSS. Le DOD cherche à relier un réseau interconnecté d'ordinateurs afin de protéger les informations militaires. Quant au monde universitaire, il se réclame des valeurs fondamentales de liberté de pensée et de libre accès à la connaissance. Ces valeurs de la contre-culture sont celles des *geeks*, les *hackers hippies* de l'Université Stanford et de la Silicon Valley. Les travaux de Norbert Wiener et de Marshall McLuhan ont été déterminants pour cette génération interpellée par l'utopie de la communication.

« Pour l'homme, être vivant équivaut à participer à un large système mondial de communication. » (Wiener, 1962)

« … une arme absolue contre le retour de la barbarie car la communication effacerait le secret, qui seul rendit possible le génocide nazi, Hiroshima et le Goulag. » (Wiener, 1962, *Cybernétique et société*)

« Le message, c'est le medium. » (McLuhan, 1964, *Understanding Media : The extensions of man*)

Alors que Wiener statue sur la nature humaine, McLuhan détermine que ce n'est pas le contenu qui affecte la société mais plutôt le canal de transmission lui-même.

Comme le souligne Kuzminski (1997) qui reprend la thèse de Castells (1997), les TI ont :

> […] constitué un exutoire pour de jeunes marginaux qui voulaient réinventer le monde. Mais la Silicon Valley était déjà un milieu d'innovation dans les années 1950 grâce aux initiatives de l'Université Stanford, qui avait recruté William Shockley, l'inventeur du transistor. C'est sous l'impulsion de ce dernier que cette région a connu son véritable essor, même si ce fut de façon détournée. En effet, de l'équipe de jeunes et brillants ingénieurs qu'il avait constituée, issus d'entreprises comme Bell, aucun n'est resté à Stanford plus d'un an, chacun préférant travailler sur ce qui lui semblait plus prometteur que les projets de Shockley. Chacun des huit membres de l'équipe originale a fondé sa propre entreprise. Elles se sont toutes installées dans la Silicon Valley, de sorte que, d'après Castells (1997), environ la moitié des 85 plus grandes entreprises de microconducteurs sont des « produits » de Stanford (Kuzminski, 1997, p. 112).

Influencé par le contexte sociologique de l'époque, Internet a pris forme à la fin des années 1960, mais c'est au cours de la décennie qui a suivi que son développement s'est concrétisé, une décennie consacrée à la recherche de protocoles. C'est aussi au cours de cette période, plus précisément en 1971, qu'est apparu le premier courriel, dont Ray Tomlinson, diplômé du Massachusetts Institute of Technology (MIT), est l'auteur. En 1982, la famille de protocoles TCP/IP est retenue pour l'exploitation d'Internet. Elle le soutient encore.

Au Canada, en 2012, 83 % des ménages avaient accès à Internet de la maison[a], soit 98 % des ménages du quartile supérieur de revenu (revenu total de 94 000 $ ou plus) et 58 % des ménages du quartile au revenu le plus faible (revenu total de 30 000 $ ou moins). Quant aux organisations québécoises, l'Institut de la statistique du Québec révèle qu'en 2012, 91,5 % des entreprises de cinq employés et plus possédaient une connexion Internet dont 95,3 % avaient une connexion à haut débit. Plus de la moitié avaient une connexion mobile.

a. Pour plus d'information, visitez le www.statcan.gc.ca/daily-quotidien/131126/dq131126d-fra.htm

Ainsi, on ne peut comprendre l'essor de la société de l'information sans s'attarder au tissu social ayant favorisé le développement des TI. Ce tissu est constitué d'acteurs individuels et collectifs qui, à travers leurs interactions, construisent des façons d'agir et de penser qui s'institutionnalisent à travers le temps dans des mécanismes de régulation. Au-delà de l'influence des *geeks*, l'État est un acteur influent. Il a été porteur de la société de l'information et a appuyé de vastes programmes de recherche en matière de développement des TI. Plus que tout autre, l'État américain s'est imposé à l'échelle internationale.

Porté au départ par les États-Unis et le Japon de l'après-guerre, puis formalisé par l'Organisation de coopération et de développement économiques (OCDE) en 1975, et repris ensuite par le Conseil des ministres de la Coopération européenne quatre ans plus tard, le concept de société de l'information a été fortement soutenu au cours des années 1990. En 1991, le gouvernement des États-Unis a créé la « National Information Infrastructure » (GII), devenue en 1994 la « Global Information Infrastructure ». L'Union européenne (1993), les agences des Nations Unies (1995) et l'Union internationale des télécommunications (1998) lui ont emboîté le pas. Il en résulte des effets d'entraînement qui, progressivement, mèneront à la construction de mécanismes de régulation au sein desquels interviennent différents acteurs. Comme le décrivaient Metzger et Labs en 2011 :

> Le mouvement, présenté comme auto-entretenu, débouche sur une interdépendance croissante des économies, des sociétés, des laboratoires de recherche, ce qui facilite aussi bien l'utilisation des innovations technologiques dans les pratiques de gestion, que l'application de méthodes de gestion à la recherche technologique, le tout appelant à l'identification incessante de nouveaux services, de moyens de les faire acheter et de les faire financer. En réalité, l'emploi croissant des TI ne résulte pas d'un mécanisme automatique. Il provient de nombreux choix d'investissement, tant publics que privés, ainsi que de l'engagement de spécialistes en sciences de l'ingénieur, mais aussi en sciences sociales. Dès lors, il devient de plus en plus nécessaire de raisonner, non en termes d'effet ou d'impact, mais en termes d'articulation entre les dimensions sociales du travail (les mondes sociaux) et le changement à visée gestionnaire (technique, organisationnel ou règlementaire) (Metzger et Labs, 2011, p. 94).

À travers les paroles d'Al Gore, alors vice-président des États-Unis sous l'administration Clinton, le discours du 21 mars 1994 à Buenos Aires s'avère des plus intéressants à notre compréhension de la mythologie participant à la construction de la société à visée gestionnaire qu'est la société de l'information. Ce discours révèle un certain évangélisme technophile.

> Nous avons aujourd'hui à portée de main les moyens techniques et économiques de rassembler toutes les communautés du monde, nous pouvons enfin créer un réseau d'information planétaire qui transmet messages et images à la vitesse de la lumière depuis les grandes villes jusqu'aux plus petits villages de tous les continents [...] des réseaux d'intelligence distribuée qui encercle le globe grâce à la coopération de tous les gouvernements et de tous les peuples [...]. Chaque lien que nous créons renforce ceux de la liberté et de la démocratie dans le monde entier ; en ouvrant les marchés nous ouvrons des voies de communication ; en ouvrant des voies de communication nous ouvrons les esprits [...] (Cité dans Kiyindou, 2009, p. 80)

Précisons que la construction de la société de l'information s'est accélérée dans le cadre de la mondialisation. Alors que les marchés des pays du Nord ont commencé à être économiquement saturés au début des années 1990, des pressions se sont exercées sur les pays du Sud afin qu'ils fassent place aux investissements des entreprises de télécommunication. Les TI ont représenté une solution à la crise économique, c'est-à-dire au problème de la productivité des sociétés occidentales. Le projet « utopique » de la société de l'information semblait pouvoir être à la portée de tous, mais à condition que la fracture numérique soit réduite (Mattelart, 2001). L'encadré 9.4 (*voir la page suivante*) aborde la question de la fracture numérique et des enjeux liés à l'accès aux TI.

Au nom de l'agencement rationnel des moyens et de l'interdépendance économique, qui sont à la fois le moteur et la conséquence de la multiplication des réseaux, les TI ont ainsi représenté un lieu de production à valeur ajoutée. Rappelons que ce contexte s'est produit dans la transformation des modalités de concurrence déjà enclenchée par la vague des mégafusions et des ententes de coopération entre les entreprises déjà multinationales. Du champ des télécommunications, des industries culturelles puis des secteurs de la production informatique et de tous les autres secteurs industriels et de service, les TI ont gagné progressivement d'autres sphères d'activité. Les entreprises y ont vu une « occasion d'affaires ». Cet opportunisme économique, qui n'est pas sans remettre en question les idéaux de

ENCADRÉ 9.4 La fracture numérique, une idéologie économique

L'expression « fracture numérique », qui a accompagné le développement de la société de l'information, a été largement reprise depuis les années 1990. Mobilisée dans de nombreux discours publics, elle postule la présence d'un écart entre les « inforiches », ceux qui bénéficient des TI, et les « infopauvres ». Le taux d'équipement en matériel informatique, l'accès à Internet et la présence de réseaux à haut débit sont les facteurs qui marquent cet écart en matière « d'accès universel aux TI », ce qui est idéologique et non sans critiques, sans controverses. Comme le remarquent Rallet et Rochelandet (2004):

> Plaçant l'équipement technologique au centre de l'analyse, cette perspective techniciste présuppose l'accès aux technologies de l'information et de la communication (TIC) comme une condition nécessaire à la richesse. Ces technologies sont supposées générer des gains de productivité, quel que soit le milieu économique, institutionnel et culturel où elles se diffusent. Une autre perspective, plus élaborée, se fonde sur les usages effectifs des TIC. L'hypothèse est celle de la neutralité technologique. Ce qui importe n'est pas d'augmenter les stocks d'équipements informatiques et les connexions internet, mais l'usage qui en est fait. Ainsi, les TIC peuvent bien conforter les formes d'organisation traditionnelles et renforcer les inégalités déjà existantes. (p.25)

À cela s'ajoute une autre critique soulevée par les mêmes auteurs, ici liée à des facteurs davantage structurels:

> L'importance des barrières à l'entrée (coûts fixes importants, notamment de R&D), l'existence de rendements croissants et le contrôle institutionnel qu'ont les États-Unis du réseau-support (l'internet) de l'innovation dans ce secteur font qu'il est assez illusoire de penser pouvoir combler l'avance prise par certains pays (régions) développés, en particulier, les États-Unis (Silicon Valley), même s'il existe des stratégies de niche (le téléphone mobile en Europe et au Japon, les jeux vidéos pour la France) ou de complémentarité possibles (la coproduction de logiciels en Inde et, de manière plus générale, la nécessité devant laquelle se trouve l'industrie de ce secteur de délocaliser sa production pour diminuer les coûts et suivre une stratégie de baisse des prix lui permettant de conserver un taux de croissance élevé de ses marchés. (p.36)

communautarisme virtuel portés par la communauté de Stanford, s'est traduit en « bulle technologique », qui a éclaté en 2000-2001. Reprenons les propos de Michaud (2014) pour qui l'imaginaire technophile est responsable de cette déroute.

> Il est probable que les investisseurs aient trop cru dans l'avènement de technologies utopiques qui n'en étaient alors qu'à un état embryonnaire et qui demandaient à devenir matures sous l'impulsion d'un processus d'innovation encore long et dont les perspectives ultimes demeuraient largement méconnues. La planification des grandes entreprises n'avait que très rarement anticipé l'avènement d'internet et des téléphones portables, et on assista en quelques années à un foisonnement d'imaginaires qui ne furent pas immédiatement canalisés en raison de l'incertitude des investisseurs qui ne maîtrisaient que partiellement les technologies émergentes. Les principaux acteurs des télécommunications crurent tellement à leurs rêves qu'ils n'évaluèrent pas correctement leur valeur réelle. (Michaud, 2014, p. 226)

Ainsi, le développement des TI, supporté par les discours sur la société de l'information, a occupé une place des plus significatives dans l'évolution de notre société, mais les TI ne sont pas la cause de cette évolution, elles n'ont fait que l'accélérer. Les interactions entretenues entre divers acteurs individuels et collectifs ont été déterminantes dans la construction de cette évolution marquée principalement par deux idéologies. La première prend sa source dans la naissance d'Internet: elle défend le communautarisme virtuel; la seconde se réclame des bienfaits du marché: elle repose sur la propriété privée. Bien que cette dernière ait su s'imposer, il serait faux de croire que les idéaux portés par la communauté de Stanford soient une histoire du passé. La vivacité qui caractérise à l'heure actuelle le mouvement du logiciel libre l'incarne bien (*voir l'encadré 9.5*).

9.5 Les TI: une réalité organisationnelle

Nous avons vu que les TI ne peuvent être soumises à une lecture déterministe, bien que c'est ainsi qu'elles ont été légitimées par les pouvoirs publics et par le monde de la gestion qui a vu dans la société de l'information l'avènement d'une nouvelle société caractérisée par un renouveau du capitalisme. Nous verrons maintenant

ENCADRÉ 9.5 **Le logiciel libre, la vivacité du communautarisme virtuel**

Nul doute que le logiciel libre, cette création de Richard Stellman, incarne aujourd'hui la vivacité du communautarisme virtuel. Issu des milieux hackers des années 1980, le logiciel libre a connu une forte croissance. Quatre conditions doivent être réunies pour qu'un logiciel soit qualifié de « libre » : la liberté d'exécution pour tous les usages, la liberté d'étudier le fonctionnement du programme et de l'adapter en ayant accès au code source, la liberté de redistribuer des copies et la liberté de l'améliorer et de diffuser ces améliorations. Cela révèle un engagement politique, une économie du don, une réponse aux excès des licences propriétaires. Ils sont nourris principalement des objectifs de valorisation économique des connaissances, d'utilisation de licences comme moyen de positionnement stratégique, et de contrôle des possibilités de clonage et de l'évolution de la technologie (Muselli, 2004). En ce sens, le logiciel libre est synonyme de citoyenneté, d'entraide, de solidarité et de coopération (Benkler et Nissembaum, 2006). Comme le souligne Geraud (2001, p. 157), cela « reflète avant tout l'attitude de communautés d'internautes, spontanément réunis autour d'un intérêt commun, se traduisant par un échange de savoir, privilégiant un travail de collaboration. Les règles de ces communautés relèvent de la liberté d'échange et du don de sa propre contribution au bénéfice de l'ensemble des membres du groupe ».

que, depuis l'après-guerre, le monde des organisations a été le théâtre de multiples potentialités conférées aux TI.

L'histoire des organisations depuis la révolution industrielle s'est construite autour de diverses préoccupations en matière de productivité. Riche héritière d'Adam Smith et Charles Babbage pour la mécanisation et la division du travail, et de Frédéric W. Taylor et Henri Fayol pour une rationalisation de l'entreprise, la gestion cherche à réduire les coûts et les délais de production. Par leurs potentialités, les TI représentent un moyen par lequel l'organisation automatise ses tâches administratives. Bien qu'ils soit convenu de dire que les TI peuvent assurer une meilleure logistique du point de vue des coûts et de la qualité et qu'elles permettent de créer de nouveaux services, les usages qui en sont faits ne répondent pas toujours, comme nous le savons, aux prescriptions.

Au cours des années 1960 et 1970, de nombreuses potentialités informatiques ont vu le jour. Vouées à rendre les organisations plus productives grâce à l'augmentation des capacités de stockage qu'elles permettaient, les expériences ont été, pour la plupart, des échecs. Les budgets et échéanciers étaient difficilement respectés. « Le nombre inquiétant d'échecs provenait surtout du fait que les informaticiens et les chercheurs ne se souciaient pas assez des besoins et des préoccupations des gestionnaires et des personnes à qui ces applications étaient destinées » (Service de l'enseignement des technologies de l'information de HEC Montréal [SETI], 2007, p. 111). Ces constats amèneront à saisir toute l'importance de faire participer les utilisateurs aux projets d'implantation des TI.

Dans les années 1980, les TI se résument le plus souvent à des opérations de saisie et de traitement (la paye et la facturation, principalement). Ainsi, les potentialités en termes de productivité n'étaient pas au rendez-vous, du moins pour les entreprises qui ne voyaient en les TI qu'un élément permettant de réduire les coûts.

Les années 1990 ont vu apparaître de nouveaux discours clamant la nécessité de décentraliser les organisations. Les TI supporteraient la réingénierie des processus traditionnels de production et s'accompagneraient ce faisant de nouvelles pratiques managériales. Au nom des bienfaits de la décentralisation susceptible de favoriser l'essor de l'innovation, le management par projet s'imposerait. Il conduirait à l'émergence de nouvelles compétences dans le cadre d'activités davantage axées sur la collaboration entre acteurs et, ce faisant, les salariés accéderaient à une nouvelle autonomie dans des organisations jugées flexibles. À l'aune de ces discours, les organisations se sont attardées à construire des systèmes en réseau (architecture réseau, client/serveur, banques de données, outils de communication et accès à Internet) permettant de relier toutes les fonctions de l'entreprise. Les progiciels de gestion intégrés sont alors apparus et l'impartition, qui consiste à céder une partie ou la totalité des activités à un sous-traitant, s'est retrouvée à l'agenda des organisations. Les services informatiques confiés à des firmes extérieures ont fait l'objet de ces stratégies d'impartition. Bien qu'il y ait eu volonté de transformer les processus de gestion selon une logique horizontale, le management est demeuré le plus souvent centralisé au cours de cette décennie.

C'est à partir des années 2000 que des transformations organisationnelles liées à l'usage des TI se sont mises en place. Des pratiques managériales davantage axées sur la collaboration, la dématérialisation des postes de travail et la gestion des connaissances se sont développées, ce qui a conduit le gestionnaire de projet TI à gérer plus que jamais un certain degré de complexité (*voir l'encadré 9.6*). Comme le mentionnait le SETI en 2007 : « En plus des problématiques habituelles, le gestionnaire de projet doit composer avec l'envergure de ces projets et la multiplication de parties prenantes, l'inadéquation entre les processus d'affaires existants et les processus d'affaires inscrits dans le progiciel, la qualité du soutien fourni par l'éditeur ainsi qu'avec l'expérience de l'intégrateur » (p. 114).

On ne peut dire que les TI ont conduit à des changements radicaux dans le monde des organisations. Néanmoins, de nouvelles formes de coordination intra et interorganisationnelle y ont pris forme. Le courriel représente l'outil le plus utilisé en ce sens. On peut même dire que, plus que tout autre, il s'est imposé dans les organisations. L'encadré 9.7 présente les principaux avantages et risques liés à cet outil de communication devenu presque incontournable dans les entreprises. Support des pratiques langagières professionnelles, et ce, au même titre que tout autre moyen de communication, le courriel est une extension de l'écrit, un basculement de l'oral vers l'écrit, même dans des situations de quasi coprésence (Bailly, Blanc, Dezalay et Peyrard, 2002).

9.6 Les TI : diverses virtualités

C'est à partir des années 2000 que les potentialités des TI ont pris leur envol au sein des organisations. Diverses formes de coordination intra et interorganisationnelles tirant profit des TI ont vu le jour depuis. Quels sont les défis que pose leur présence en termes de gestion ? Que peut être la contribution de la sociologie à la

ENCADRÉ 9.6 Les TI, quelques statistiques en contexte organisationnel

En 2012, le CEFRIO présentait les résultats d'une enquête menée auprès d'entreprises canadiennes. Cette enquête s'attardait à l'intensité d'utilisation des TI. On y montre que la majorité des organisations sondées utilisent de façon assez ou très intensive le courriel (83 %), les suites bureautiques (76 %), les sites Internet (60 %), les outils de gestion de tâches ou agendas électroniques (61 %), les intranets ou plateformes internes de partage d'informations de type Internet supportant le travail quotidien des employés (43 %) et la gestion électronique de documents (37 %). Les technologies les moins utilisées sont : les plateformes de collaboration en ligne de type SharePoint (9 %), les systèmes de vidéoconférence à plusieurs participants (8 %), les forums de discussion (6 %), les applications d'analyse web (7 %) et l'analyse de réseaux sociaux, de contenu vidéo ou l'analyse prédictive (3 %). Les organisations du secteur public seraient celles qui utilisent le plus intensément les TI pour leur usage interne (outils de communication et de collaboration, logiciels de gestion, outils de stockage et de gestion des données) alors que les organisations du secteur manufacturier feraient une utilisation maximale des progiciels de gestion. Le secteur des services, enfin, aurait plus fréquemment recours aux outils de communication et de collaboration, à l'informatique en nuage, aux sites Internet, aux extranets, aux réseaux sociaux et aux applications mobiles.

En 2014, le CEFRIO diffusait d'autres statistiques concernant l'utilisation des intranets par les entreprises québécoises. L'enquête montre que 66 % des entreprises de 20 employés et plus n'ont pas d'intranet et que 70 % d'entre elles affirment ne pas en avoir besoin. Par contre, ces entreprises utilisent d'autres outils : le courriel (90 %), des outils de gestion de tâches ou agendas électroniques (66 %), les messageries instantanées (36 %), des services de stockage et de partage en ligne (30 %), les réunions web (22 %), les partages d'applications (18 %) et les wikis, blogues ou forums (10 %). La même étude nous apprend que 57 % des entreprises disposant d'un intranet proposent un accès personnalisé à leurs employés, que 45 % donnent accès à tous leurs employés sur les lieux de travail et que 13 % permettent l'accès à distance à l'ensemble de leurs employés. Les entreprises de 500 employés et plus seraient plus enclines à autoriser les employés à utiliser leur intranet. Il est à noter également qu'une augmentation de l'accès s'accompagne de coûts de licence et de matériel. L'étude précise également que 54 % des entreprises déploient peu ou pas d'espaces collaboratifs. Ainsi « si beaucoup d'organisations parlent de stimuler la collaboration sur l'intranet, peu y consacrent des efforts et celles qui le font en sont rarement satisfaites » (p. 21).

ENCADRÉ 9.7 Le courriel, ses avantages et ses risques

Parce qu'il est une source d'information qui limite les rencontres sans les supprimer et qu'il a un caractère ubiquiste par l'utilisation de la téléphonie mobile et des ordinateurs portables, le courriel participe à une redéfinition des liens sociaux dans les organisations. Parce qu'il permet de grandes capacités de stockage et qu'il est accessible en des points multiples, il est de plus en plus utilisé en termes de coordination (Tran, 2010). Il se substitue en ce sens aux outils collaboratifs. Et parce qu'il permet de sauvegarder et codifier les informations, il participe à la création de la mémoire organisationnelle : il peut devenir une pièce à conviction, un moyen de représenter les étapes successives du travail et la progression du déroulement d'une activité.

Mais parce qu'il peut susciter une surcharge informationnelle et cognitive par la multiplication des sources et la faible structuration des informations, par l'intrusion dans la vie privée, par un sentiment d'urgence permanente et la décharge de responsabilités, le courriel peut conduire à des dysfonctionnements organisationnels multiples : intensification du travail, nouvelles formes de contrôle par le renforcement de la hiérarchie et dégradation de la qualité des processus décisionnels. Cela a notamment pour conséquence la baisse de productivité, le stress et l'épuisement professionnel. Mais il en dépend, doit-on le rappeler, des usages sociaux qu'en font les acteurs dans un contexte donné. Et parce qu'il peut être utilisé à des fins personnelles (ce qui coûte cher à l'entreprise), qu'il peut être diffusé par envois multiples, comporter des fautes d'orthographe ou de grammaire ou présenter des propos de mauvais goût et susciter de l'incompréhension – malgré l'utilisation d'idéogrammes, il ne peut transmettre l'expression du regard, la voix, le débit, le rythme et l'intonation – le courriel peut ruiner la crédibilité d'un individu ou la réputation d'une organisation. En font foi les stratégies mises de l'avant ces dernières années qui montrent bien la volonté de contrôler les fuites de renseignements confidentiels (les contrats de vente et les secrets commerciaux, par exemple) ainsi que les fraudes.

Lefebvre et Desgagnés (2010) nous apprennent qu'au Québec, aucune législation n'encadre le droit de l'employeur de fixer les conditions d'usage du courriel à des fins personnelles. Les conséquences négatives seraient nombreuses : perte de temps, atteinte à l'image de l'entreprise, réduction de la performance du réseau, risque de contamination du système informatique. Par ailleurs, l'employeur, s'il a de bonnes raisons de le faire, peut recueillir des données pour surveiller et contrôler.

compréhension de ces défis ? C'est à ces questions que nous tenterons de répondre dans la dernière partie de ce chapitre qui s'attarde à la question du « virtuel ».

D'entrée de jeu, précisons que sous le terme « virtuel » se cachent bien des incompréhensions. Il faut reconnaître que les formes organisationnelles tirant profit de la déspatialisation et de l'extratemporalité ne sont pas une réalité monolithique. Taskin (2010) présente à cet égard quatre principales dimensions :

1. Le degré de déterritorialisation qui intègre les éléments de fréquence et d'isolement.
2. Le degré de dispersion qui fait référence au lieu de travail.
3. Le degré d'autonomie du travailleur.
4. Le degré d'usage des TI.

Bien qu'elles aient en commun d'être décentralisées, d'offrir une « flexibilité structurée » (Dubé, 2009), de vouloir faire disparaître la réalité physique au profit de la coordination, les formes d'organisations virtuelles sont multiples. Comme le précise Éric Brunelle (2003, p. 43) : « [...] ces technologies accentuent la dimension virtuelle des entreprises, mais ne les rendent pas pour autant virtuelles. La mauvaise compréhension du terme "virtuel" a conduit à cette impasse conceptuelle décrite par Lemke (1998), c'est-à-dire qu'aucune définition du concept d'entreprise virtuelle ne peut faire l'unanimité ».

Une certaine prudence s'impose donc quant à l'utilisation de ce terme. Néanmoins, diverses formes organisationnelles, au nombre de cinq selon Becheikh et Su (2005), en tirent profit.

1. La « techno-entreprise », qui consiste en une organisation intégrant et rentabilisant les TI dans ses activités principales. L'entreprise Wal-Mart en est représentative. Son système logistique lui permet d'étiqueter et d'acheminer sa marchandise sans aucun séjour en entrepôt.
2. Dans la « télé-entreprise », les employés travaillent à distance, en-dehors des lieux physiques de l'entreprise, même s'ils sont appelés à se rencontrer dans des ateliers ou groupes de travail. Verifone, une entreprise œuvrant dans le domaine de la sécurisation des paiements électroniques, peut être évoquée à titre d'exemple.
3. L'« entreprise externalisée » s'évalue en fonction de son recours à la sous-traitance pour réaliser certaines

de ses activités. NIKE est un exemple, puisque ses fonctions de production, de distribution, de marketing et de vente au détail sont sous-traitées.

4. La «cyberentreprise» révèle une interconnexion de personnes et de groupes indépendants. Ce type d'entreprise repose sur la collecte des commandes et la coordination de la livraison des commandes. Plus que toute autre, eBay est certes la cyberentreprise typique la plus connue. Elle ne possède ni siège social, ni immobilisations, ni sites de production.
5. Le «réseau temporaire» renvoie à un groupe d'organisations formé autour d'un projet commun. Ses attributs reposent sur la rapidité de la formation, de la réorganisation et de la dissolution du groupe.

Ces différentes formes organisationnelles soulèvent de nombreux défis de gestion, notamment en termes d'interdépendance des membres qui en sont constitutifs, de conciliation des intérêts individuels et collectifs, du maintien de la cohésion de l'entreprise, de la gestion des compétences et de la présence de mécanismes de coordination et de contrôle en contexte multilingue, multiculturel, multifonction et multimétier. Ces formes organisationnelles démontrent toute l'importance de la coordination, étroitement liée à des problématiques en termes de relations de confiance, de protection des savoir-faire, de coopération, d'accord sur les procédures, d'exploitation des expériences mutuelles et de recherche de compromis. Ces formes sont en fait le produit des interactions sociales que construisent les acteurs. Leur succès repose sur la qualité de ces interactions (Dubé, 2009). En ce sens, les organisations virtuelles ne sont jamais pleinement virtuelles. Une fois de plus, il importe de reconnaître toute la pertinence de comprendre les interactions sociales entre les acteurs et les usages sociaux qu'ils font des TI. Nul doute que le regard analytique et critique de la sociologie s'avère ici des plus utiles.

Conclusion

Ce chapitre a témoigné de l'importance de comprendre les TI en tant que rupture technologique et construit social. Les usages sociaux qu'en font les acteurs ne reposent pas sur un schéma de causalité linéaire, ni sur un quelconque déterminisme. Ils relèvent plutôt de médiations entre le social et la technique. Au cœur de ces médiations se retrouvent des acteurs aux intérêts, valeurs et compétences différents. Le succès des formes organisationnelles qu'ils construisent dépend de la qualité des interactions sociales qu'ils tissent. Et au cœur de ces interactions, il y a toujours des rationalités, des marges de manœuvre, des zones d'incertitude et des enjeux, mais également des mythes, des idéologies et des utopies. Ceux-ci sont le produit des manières d'agir et de penser qui constituent l'épistème d'une époque. Les TI qui sont au cœur de la nôtre demeurent une réalité complexe : elles sont structurantes des usages sociaux et elles sont structurées par ces usages. Tout gestionnaire appelé à créer les conditions susceptibles de favoriser leur pleine exploitation en contexte organisationnel se doit de le reconnaître. Puisque les TI recouvrent de multiples potentialités en termes de créativité, il est difficile d'évaluer ce que leur réserve l'avenir dans le monde des organisations. Néanmoins, nous savons que leurs usages sociaux seront marqués par l'empreinte des pratiques sociales qui les ont précédés.

NOTES

1. Afin de simplifier la lecture du texte, nous avons privilégié tout au long de ce chapitre l'utilisation du terme «technologies de l'information» (TI), plus général que «technologies de l'information et de la communication (TIC)» ou «nouvelles technologies de l'information et de la communication (NTIC)».
2. En ce sens, les TI ne peuvent conduire à elles seules à l'innovation. Le CEFRIO (2012) nous apprend à cet égard que différents éléments participent à l'innovation, qu'elle soit de type produit (introduction d'un bien ou d'un nouveau service), procédé (mise en œuvre d'une méthode de production ou de distribution nouvelle ou améliorée), commercialisation (nouvelle méthode de mise en marché) ou organisationnel (nouvelle méthode organisationnelle). Ces éléments sont l'intensité d'utilisation des TI dans l'organisation, les modifications successives qui ont été apportées à ses processus internes, sa culture d'expérimentation, sa tolérance au risque, l'acquisition d'expertise et la présence d'équipes multidisciplinaires. À cet égard, les investissements en équipements et en infrastructures ne sont pas déterminants de la capacité d'innovation.
3. Escroquerie, prolifération de la pornographie et de la pédophilie, circulation de discours extrémistes, consommation excessive, cyberdépendance, bavardage stérile, narcissisme, exhibitionnisme, confusion entre réel et virtuel, espionnage de la vie privée et fausse démocratie; autant de risques, de facteurs anxiogènes laissant croire que les TI influencent et conditionnent; autant de risques identifiables en fait à la déshumanisation et au chaos du monde qu'elles porteraient.

CHAPITRE 10

Yves-Marie Abraham

Le capitalisme peut-il survivre ?

10.1 Destruction créatrice ou création destructrice ?

En ce début de XXIe siècle, les signes apparents d'une crise majeure du capitalisme ne manquent pas. Il y a ces inégalités de revenus qui se sont profondément creusées au cours des dernières décennies dans la plupart des sociétés occidentales. Il y a cette précarisation galopante d'une partie toujours plus grande de la population, qui en vient à considérer la possibilité de travailler, même en se faisant exploiter, comme un véritable privilège. Il y a les protestations populaires de plus en plus vives que cet état de fait semble avoir suscitées, notamment chez les plus jeunes – le *Sommet des Amériques*, *Occupy Wall Street*, le mouvement des indignés (*Indignados*), le *Printemps érable*, par exemple. Il y a par ailleurs le PIB, cet indicateur fétiche de nos sociétés, qui ne croît plus guère. Or, comment créer des emplois et améliorer le sort du plus grand nombre sans croissance ? Il y a ce dilemme apparemment inextricable auquel font face nos gouvernements : soutenir la croissance économique risque d'aggraver l'endettement public et réduire l'endettement public risque d'empêcher la croissance économique. Comment éviter alors la fragilisation de nos économies, donc l'aggravation de la situation ? Et puis, il y a cette autre contradiction, peut-être plus problématique encore : relancer l'économie, n'est-ce pas aussi relancer de plus belle la destruction de la planète, le seul habitat qui nous soit accessible pour le moment dans l'univers ? Mais, respecter les limites écologiques de la Terre, n'est-ce pas porter atteinte à cette croissance économique si indispensable à nos sociétés ?

Faut-il par conséquent en conclure à la fin prochaine du capitalisme ? Avant de prononcer un tel verdict, on doit d'abord se souvenir que quelques-uns des plus grands analystes de cette forme de vie sociale ont soutenu que la crise lui était consubstantielle. Autrement dit, affirmer que le capitalisme est en crise est un pléonasme, une sorte de tautologie. Schumpeter (1974 [1942], p. 122), par exemple, que l'on ne peut taxer d'anticapitalisme, décrivait ce phénomène comme un « processus de mutation industrielle [...] qui révolutionne incessamment de l'intérieur la structure économique, en détruisant continuellement ses éléments vieillis et en créant continuellement des éléments neufs. Ce processus de "destruction créatrice" constitue la donnée fondamentale du capitalisme [...] ». Un siècle plus tôt, Marx et Engels (1976 [1848], p. 35) avaient écrit presque la même chose dans leur fameux *Manifeste du Parti communiste* : « La bourgeoisie ne peut exister sans révolutionner constamment les instruments de production et donc les rapports de production, c'est-à-dire l'ensemble des rapports sociaux. [...] Ce bouleversement continuel de la production, ce constant ébranlement de toutes les conditions sociales, cette agitation et cette insécurité perpétuelles distinguent l'époque bourgeoise de toutes les précédentes. » Bref, la crise est la norme dans le modèle de société capitaliste, elle y est nécessaire. Schumpeter allait jusqu'à dire, pour provoquer ses étudiants, que l'effroyable dépression des années 1930 n'avait jamais été qu'une « bonne *douche froide* » pour le capitalisme (Heilbroner, 2001, p. 301)...

File de chômeurs en attente devant le refuge Meurling à Montréal durant les années 1930

La crise actuelle n'est-elle pas cependant d'une ampleur inédite et surtout d'une nature nouvelle ? À nouveau, la prudence s'impose. Ce n'est pas la première fois en effet que l'on annonce la fin prochaine du capitalisme. Ce fut le cas notamment des auteurs que nous venons d'évoquer. Dès 1848, Marx et Engels prédisaient la disparition imminente de la « société bourgeoise ». Observant une tendance à la bipolarisation des sociétés occidentales, avec d'un côté une classe bourgeoise toujours plus riche et toujours moins nombreuse, et de l'autre une classe de salariés toujours plus nombreuse et toujours plus pauvre, un conflit violent leur paraissait inévitable ; un conflit dont les prolétaires devaient sortir vainqueurs, compte tenu de leur supériorité numérique nécessairement grandissante. Cette révolution, qui supposait au préalable que le prolétariat prenne conscience de lui-même en tant que classe opprimée, devait être facilitée par au moins deux contradictions propres au mode de production capitaliste. D'une part, expliquaient ces deux auteurs, la concurrence incite le capitaliste à réduire continuellement ses coûts de production, ce qui l'amène à remplacer la force de travail humaine par celle des machines. Mais, ce faisant, c'est la source de sa plus-value qui va se tarir, car seule la force de travail humaine crée de la valeur. La bourgeoisie se condamne ainsi à une vaine fuite en avant pour contrer ce que Marx appellera plus tard la « baisse tendancielle du taux de profit ». D'autre part, le remplacement des hommes par des machines et la pression à la baisse que le capitaliste exerce en permanence sur le salaire de ceux qu'il emploie (pression d'autant plus efficace que le nombre de travailleurs sans emploi est élevé), contribuent à la paupérisation du prolétariat. Le problème est que ce prolétariat ne représente pas seulement une force de travail ; c'est aussi une classe de consommateurs. Or, plus cette classe s'appauvrit, moins elle peut acheter ces marchandises que le capitaliste doit vendre pour réaliser un profit. La société bourgeoise se retrouve alors régulièrement ébranlée par des crises de surproduction, appelées à devenir de plus en plus graves. En somme, cette société tend à s'affaiblir d'elle-même, à s'autodétruire, ce qui pourrait à la limite rendre inutile la révolution prolétarienne.

Cent ans après la publication du *Manifeste*, alors que cet effondrement spontané ou provoqué ne s'était toujours pas produit, mais que les économies occidentales venaient de connaître une longue et profonde dépression, Schumpeter (1974 [1942], p. 93) lançait la question reprise en titre du présent chapitre : « Le capitalisme peut-il survivre ? », et y répondait : « Non, je ne crois pas qu'il le puisse. » À l'appui de son pronostic, il formule quatre arguments, dont certains s'avèrent d'ailleurs assez proches de ceux de Marx et Engels.

1. La concurrence capitaliste se traduit par un phénomène de concentration des entreprises, qui, du coup, tendent à se bureaucratiser, ce qui menace leur capacité à innover. Or, sans innovation, le capitalisme perd ni plus ni moins son moteur.
2. Le phénomène de concentration des entreprises implique aussi que toute une classe de petits chefs d'entreprises et de commerçants favorables au capitalisme tend à disparaître, au profit d'une classe de salariés dont les intérêts sont contraires à ceux de la bourgeoisie qui les emploie.
3. Les grandes entreprises qui émergent de ce processus sont dirigées par des gestionnaires salariés et appartiennent à une multitude d'actionnaires n'entretenant qu'un rapport monétaire (donc abstrait et impersonnel) avec leur bien. Les uns et les autres n'ont plus cette volonté farouche, typique de l'entrepreneur capitaliste, de tout donner à leur entreprise.
4. Le capitalisme « a pour effet inévitable d'éduquer et de subventionner des professionnels de l'agitation sociale » (Schumpeter, 1974 [1942], p. 204), qui n'ont de cesse d'exciter l'hostilité du prolétariat contre le « système ».

Pour ces raisons, le processus de « destruction créatrice » allait s'interrompre, déplorait Schumpeter.

Il serait remplacé par une économie planifiée et centralisée dont les moyens de production seraient nationalisés ; une économie bien moins efficace que le capitalisme, mais moins pénible à vivre pour ceux qui auraient à la subir.

Soixante-dix ans plus tard, force est de constater que « l'ouragan perpétuel de destruction créatrice » (Schumpeter, 1974, [1942], p. 122) non seulement ne s'est pas apaisé, mais qu'il recouvre désormais la presque totalité des territoires habités de notre planète ! Annoncer la fin imminente du capitalisme est donc un exercice pour le moins aventureux, non seulement parce que la prédiction n'est pas chose facile dans les sciences humaines (pas plus en sociologie qu'en économie !), mais aussi parce que le capitalisme a fait preuve jusqu'ici d'une résilience remarquable. Peut-on exclure alors qu'il survive aux graves difficultés évoquées plus haut ? Nous ne prétendons évidemment pas trancher cette question dans le présent chapitre, mais nous tâcherons de comprendre comment cette forme de vie sociale a pu se perpétuer jusqu'à présent et de quelle manière elle affronte les contradictions qui la traversent aujourd'hui. Plus précisément, nous proposerons, des éléments de réponse aux deux questions suivantes : 1) Pourquoi le capitalisme n'a-t-il pas disparu, contrairement aux pronostics de Marx ou de Schumpeter ? 2) Pourquoi assiste-t-on actuellement à un renouveau de la critique anticapitaliste et en quoi consiste-t-elle ?

Pour répondre à ces questions, il est intéressant de prendre appui sur certaines idées de Marx. Que les prédictions ou les prophéties de ce cofondateur de la sociologie se soient révélées fausses (jusqu'à présent !) n'invalident pas forcément le cadre théorique qu'il s'est donné. Il faut se souvenir d'ailleurs que sur la fin de sa vie, l'auteur du *Capital* a pris des distances vis-à-vis de mouvements socialistes qui se réclamaient de lui, et aurait déclaré, selon son ami Engels : « Ce qu'il y a de certain, c'est que moi je ne suis pas marxiste. » (Simon, 1997, p. 238). Il faut donc prendre garde à certaines interprétations ou récupérations politiques des idées de Marx, mais sa pensée demeure, comme nous le verrons, une référence incontournable en matière d'analyse du capitalisme et elle connaît aujourd'hui un net regain d'intérêt chez bon nombre d'observateurs de nos sociétés. L'une des nombreuses forces de cette sociologie est d'ailleurs de fournir les moyens de comprendre les aléas de sa réception.

10.2 Comment le capitalisme a-t-il survécu ?

Une des idées fécondes de Marx est certainement sa conception dialectique de l'histoire des sociétés humaines. Inspirée de la philosophie de Hegel, cette approche du monde social consiste à envisager celui-ci comme étant toujours en mouvement ; un mouvement reposant sur la négation (antithèse) que porte en elle-même toute réalité, toute situation (thèse), et qui va entraîner un changement sous la forme d'un dépassement (synthèse) de cette contradiction ; cette synthèse nouvelle suscitant elle-même sa négation, et ainsi de suite. Comprendre une société humaine consiste en somme à tenter d'en saisir les contradictions profondes et d'en discerner les dépassements à venir. Telle est précisément la démarche adoptée par Marx et Engels dans *Le Manifeste du Parti communiste* : après avoir décrit la classe bourgeoise qui a pris le pouvoir partout en Occident à la fin du Moyen-Âge (thèse), ils s'efforcent de montrer que cette classe qui possède les moyens de production ne peut se reproduire qu'en générant un prolétariat toujours plus nombreux, dont les intérêts lui sont opposés (antithèse), et que cet antagonisme devrait déboucher sur une révolution violente, menée par les prolétaires contre les bourgeois, dans le but d'établir une société sans classes (synthèse). D'où cette conclusion de la première partie du texte de Marx et Engels (1976 [1848]), p. 46-47 :

> L'existence et la domination de la classe bourgeoise ont pour conditions essentielles l'accumulation de la richesse aux mains des particuliers, la formation et l'accroissement du capital ; la condition du capital, c'est le salariat. Le salariat repose exclusivement sur la concurrence des ouvriers entre eux. Le progrès de l'industrie, dont la bourgeoisie est l'agent sans volonté propre et sans résistance, substitue à l'isolement des ouvriers résultant de leur concurrence, leur union révolutionnaire par l'association. Ainsi le développement de la grande industrie sape sous les pieds de la bourgeoisie la base même sur laquelle elle a établi son système de production et d'appropriation. La bourgeoisie produit avant tout ses propres fossoyeurs. Sa chute et la victoire du prolétariat sont également inévitables.

10.2.1 Sauvetages

Si l'antagonisme entre bourgeoisie et prolétariat n'a cessé de se renforcer au cours du XIXe siècle, pourquoi n'a-t-elle pas accouché de ce renversement de pouvoir anticipé par Marx et Engels? Il y a certes eu révolution, mais pas dans les sociétés où la dynamique capitaliste était la plus avancée. C'est en Angleterre, en France, en Allemagne que l'événement aurait dû se produire, et non dans la Russie tsariste de 1917. Comment l'expliquer alors, tout en restant fidèle à une lecture dialectique des événements? On doit souligner d'abord que les mouvements révolutionnaires, et, plus généralement, les contestations ouvrières, ont été très nombreux en Occident dans les décennies qui ont suivi la publication du *Manifeste*. Mais ces mouvements ont engendré leur «négation», que ce soit sous la forme d'une récupération par la classe bourgeoise, comme dans le cas de la révolution de 1848 en France, ou, plus fréquemment, sous la forme d'une répression sanglante, comme celles qui se sont abattues sur les Communards à Paris en 1871, sur les manifestants de Haymarket Square à Chicago en mai 1886 ou encore sur les républicains espagnols pendant la guerre civile de 1936 à 1939, pour ne citer que quelques cas emblématiques. Ces réactions contre-révolutionnaires ont bien souvent étouffé pour un bon moment toute volonté d'en découdre chez les prolétaires, contraints dans la douleur de reconnaître que le rapport de force ne leur était toujours pas favorable.

Il faut dire qu'un autre phénomène majeur a constitué une forme de «dépassement», au moins provisoire, des contradictions engendrées par le capitalisme. Nous voulons parler ici des guerres, et en particulier des deux guerres mondiales. Même s'ils n'ont pas été décidés dans ce but, ces événements dévastateurs ont contribué à la survie du capitalisme à au moins deux titres. D'une part, en tant que processus de destruction massive de richesses accumulées, ils ont de fait réduit drastiquement les inégalités sociales et écarté pour un temps les risques de surproduction (risque majeur du capitalisme), tout en stimulant cette pièce maîtresse de toute grande économie capitaliste qu'est l'industrie de l'armement. D'autre part, ces guerres ont été l'occasion de mobiliser les prolétaires les uns contre les autres, et de les détourner ainsi pendant plusieurs années de la lutte contre leur adversaire commun: la classe bourgeoise. Ce type de diversion n'a d'ailleurs pas seulement fonctionné entre prolétariats internationaux. La guerre de Sécession a aussi, semble-t-il, perturbé la «conscience de classe» des ouvriers américains au début des années 1860 (Zinn, 2002 [1980], p. 270).

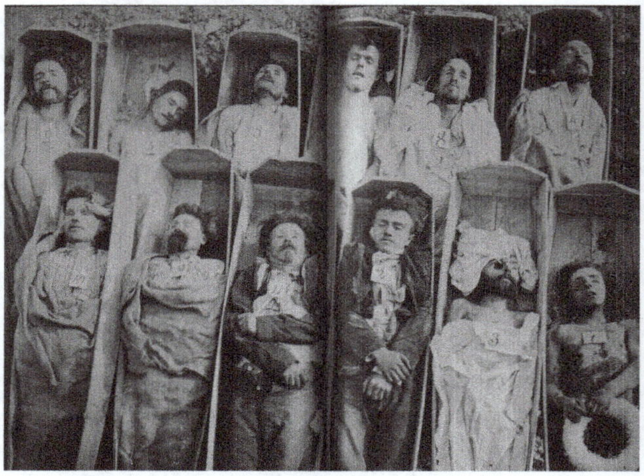

Corps de Communards fusillés pendant la Semaine sanglante (mai 1871)

Cela étant dit, la principale raison pour laquelle le capitalisme existe toujours est ailleurs. Le conflit entre prolétaires et bourgeois s'est résolu ou s'est au moins atténué au cours du XXe siècle avec la formation et la croissance dans les principaux pays occidentaux d'une vaste classe moyenne. Dans les années 1970 et 1980, de nombreux sociologues en ont conclu que la «lutte des classes» n'avait non seulement plus de sens, mais que la notion même de «classe sociale» avait perdu toute pertinence. C'est ainsi qu'ils ont tenté d'imposer l'idée que nous vivions désormais dans des «sociétés de masse». Ces affirmations méritent d'être discutées, mais d'abord, demandons-nous en quoi consiste cette «classe moyenne». Comme le rappellent des spécialistes de la question: «Au pluriel, comme au singulier, le concept de "classe moyenne" ou de "couches moyennes" n'a aucune espèce de rigueur. Le fil directeur de l'analyse de classe, c'est l'extorsion de surtravail non payé, l'exploitation d'une classe par une autre: sous le capitalisme, l'extorsion de plus-value à la classe ouvrière par la bourgeoisie. Quelle moyenne peut-il exister entre un exploiteur et un exploité?» (Baudelot, Establet et Malemort, 1974, p. 253). La catégorie sociale désignée par ce terme rassemble essentiellement des salariés, donc des prolétaires au sens strict du terme, mais des salariés qui ont vu leurs conditions matérielles d'existence s'améliorer au lieu de se détériorer et qui peuvent raisonnablement entretenir l'espoir que cette amélioration se poursuivra. On ne peut parler dans leur cas d'une quelconque «conscience de classe», sinon sous la forme d'un refus d'être assimilés à la classe ouvrière. À mesure qu'ils se sont enrichis, ces « prolétaires » ont eu tendance à ne plus remettre en question la « société bourgeoise », lui reprochant tout au plus de ne pas leur offrir une « part de gâteau » encore assez copieuse... Moins de velléités révolutionnaires donc, une soumission plus marquée aux règles du jeu en place et la propension à identifier ses intérêts à ceux de la bourgeoisie : voilà en quelques mots le rapport au monde caractéristique de cette *middle class*. Un tel changement de perception et d'attitude concernant le capitalisme a constitué évidemment un puissant facteur de stabilité sociale. Il illustre une deuxième idée centrale de la sociologie marxienne que résume bien cette phrase célèbre de l'avant-propos à la *Critique de l'économie politique* de Marx : « Ce n'est pas la conscience des Hommes qui détermine leur existence, c'est au contraire leur existence sociale qui détermine leur conscience. » (1963 [1859], p. 273). Autrement dit, le regard que nous portons sur le monde est largement fonction de la place que nous y occupons et du sort qu'il nous réserve. Plus cette place se révèle confortable, plus notre regard risque d'être favorable, et inversement.

Comment cette classe moyenne, que ses critiques préfèrent appeler la « petite bourgeoisie », a-t-elle pu se former ? D'une façon un peu provocante, il est possible de répondre en soutenant que cette classe est en réalité le fruit de la mise en œuvre du programme du *Manifeste* de Marx et Engels ! Certes, la principale disposition de ce programme – l'abolition de la propriété privée – n'a été appliquée dans aucune des principales « sociétés bourgeoises ». En revanche, plusieurs propositions formulées dans ce texte ont été adoptées, en totalité ou en partie, par les principales sociétés occidentales au cours du XXe siècle. Le lecteur pourra en juger en lisant la liste des mesures à prendre, selon Marx et Engels, « dans les pays les plus avancés », lorsque le prolétariat y aura conquis le pouvoir :

1. Expropriation de la propriété foncière et affectation de la rente foncière aux dépenses de l'État.
2. Impôt fortement progressif.
3. Abolition du droit d'héritage.
4. Confiscation des biens de tous les émigrés et rebelles.
5. Centralisation du crédit entre les mains de l'État, par une banque nationale, dont le capital appartiendra à l'État et qui jouira d'un monopole exclusif.
6. Centralisation entre les mains de l'État de tous les moyens de transport.
7. Multiplication des usines nationales et des instruments de production ; défrichement et amélioration des terres selon un plan collectif.
8. Travail obligatoire pour tous ; organisation d'armées industrielles, particulièrement pour l'agriculture.
9. Coordination de l'activité agricole et industrielle ; mesures tendant à supprimer progressivement l'opposition ville-campagne.
10. Éducation publique et gratuite de tous les enfants, abolition du travail des enfants dans les fabriques tel qu'il est pratiqué aujourd'hui. Coordination de l'éducation avec la production matérielle, etc. (Marx et Engels, 1976 [1848], p. 56-57)

Audacieuses et scandaleuses sans doute en 1848, une partie au moins de ces propositions ont été au principe des politiques menées partout en Occident au siècle dernier, notamment après la Seconde Guerre mondiale, qu'il s'agisse du *New Deal* de Roosevelt, du *Programme du Conseil national de la Résistance* en France, du *Welfare State* au Royaume-Uni ou, plus récemment, de la *Révolution tranquille* au Québec. Ces politiques dites de l'État providence, fondées généralement sur la mise en place d'un impôt fortement progressif, ont donné naissance à toute une série de dispositifs de protection des salariés, tels que l'assurance maladie et l'assurance chômage, les régimes de retraite universels et les congés payés, la semaine de travail de 40 heures ou encore les allocations familiales, dispositifs qui allaient en fait bien au-delà des revendications exprimées par Marx et Engels. Et c'est ainsi qu'a pu se développer cette fameuse classe moyenne, au sein d'un capitalisme désormais assez semblable en réalité au « socialisme » dont Schumpeter avait prédit l'avènement.

La voiture et le pavillon de banlieue, symboles de la classe moyenne américaine

Pour expliquer ces changements, il n'est pas nécessaire d'y voir la conséquence d'un geste d'altruisme – en affaires, on ne fait pas de sentiments ! L'un des enjeux cruciaux de toutes ces mesures était économique : il fallait, pour maintenir les taux de profit, que cette classe de producteurs devienne également une classe de consommateurs. Telle est la raison d'être de ce qu'on appellera plus tard le « compromis fordiste », consistant à augmenter à la fois la productivité et la rémunération du travail. Ces ajustements visaient également à empêcher la contestation populaire de prendre de l'ampleur. Ils furent le produit d'une série de luttes, y compris violentes, qui ont bénéficié indirectement de la révolution soviétique, dont l'exemple a rappelé pendant un temps aux bourgeoisies occidentales ce qu'il pouvait en coûter de trop négliger le sort de la classe ouvrière. Le paradoxe ici est que ce qui a permis aux prolétaires d'améliorer leur condition est aussi ce qui a conforté finalement le pouvoir des bourgeois. Certes, les premiers ont échappé aux horreurs des journées de travail de 12 ou 14 heures à un salaire de subsistance, six jours par semaine, typiques du XIXe siècle, mais ils sont restés dominés par les seconds. La cage est devenue plus confortable, mais les barreaux n'ont pas disparu… Ainsi, les compromis consentis par la bourgeoisie apparaissent, dans une perspective dialectique, comme une autre forme de contradiction ou de négation des aspirations du prolétariat à prendre le pouvoir ; contradiction dont la classe moyenne constitue en quelque sorte la synthèse ou le dépassement provisoire. Au bout du compte, il s'agit là clairement d'une victoire capitaliste dans la lutte des classes, la structure fondamentale de nos sociétés demeurant pour l'essentiel inchangée.

10.2.2 Le rôle clé de la superstructure capitaliste

Cette opération de sauvetage de la société bourgeoise doit beaucoup à ce que les marxistes appellent la « superstructure » des sociétés humaines. Pour Marx et Engels, toute société repose sur un certain « mode de production », c'est-à-dire sur des « forces productives » (matérielles et techniques notamment) et des rapports de production correspondants (l'esclavage, le servage ou le salariat, par exemple). Sur la base de cette « infrastructure » s'établit une superstructure constituée d'institutions (politiques, religieuses, éducatives, médiatiques, etc.) et d'idées, qui vont tendre à être l'expression ou le reflet du mode de production en vigueur. Marx (1963 [1859], p. 272-273) a résumé en deux phrases cette théorie sociologique :

> Dans la production sociale de leur existence, les hommes nouent des rapports déterminés, nécessaires, indépendants de leur volonté ; ces rapports de production correspondent à un degré donné du développement de leurs forces productives matérielles. L'ensemble de ces rapports forme la structure économique de la société, la fondation réelle sur laquelle s'élève un édifice juridique et politique, et à quoi répondent des formes déterminées de la conscience sociale.

Mais cette superstructure n'est pas seulement déterminée par l'« infrastructure ». Elle contribue en retour à soutenir, justifier et légitimer les rapports de production en place – la relation est ici aussi dialectique. Dans le cas du salariat par exemple, à l'époque de Marx, le droit envisageait ce rapport social comme un contrat commercial librement consenti entre égaux. Or, si

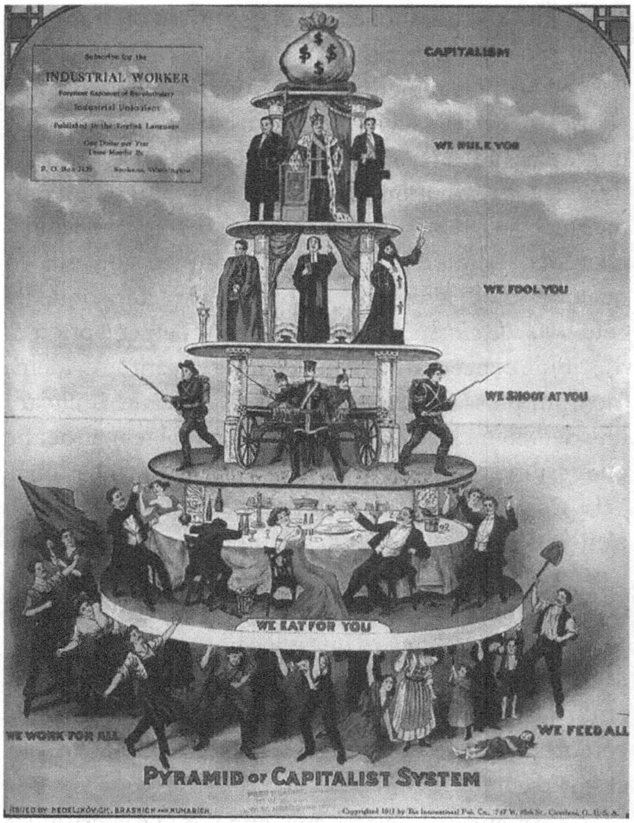

Infrastructure et superstructure de la société bourgeoise
La pyramide du système capitaliste. Affiche de l'organisation syndicale Industrial Workers of the World (1911) illustrant l'infrastructure et la super structure de la société bourgeoise
De haut en bas : Capitalisme / Nous vous gouvernons / Nous vous trompons / Nous vous tirons dessus / Nous mangeons pour vous / Nous travaillons pour vous tous – Nous vous nourrissons tous.

les prolétaires avaient éventuellement la possibilité de choisir entre plusieurs emplois, ils étaient tenus de vendre leur force de travail au bourgeois. Simple question de survie. Sous ce rapport, ils ne pouvaient donc être considérés comme les égaux des propriétaires des moyens de production (c'est-à-dire des moyens de vivre) et leur liberté s'avérait toute relative. En refusant de le reconnaître, le droit légitimait, en la niant, la domination exercée par la bourgeoisie sur le prolétariat, et les auteurs du *Manifeste* pouvaient s'écrier à l'adresse de cette bourgeoisie : « Votre droit n'est que la volonté de votre classe érigée en loi, volonté, dont le contenu est déterminé par les conditions matérielles d'existence de votre classe » (Marx et Engels, 1976 [1848], p. 52). Les choses n'ont d'ailleurs que partiellement changé depuis, et l'idée que le salariat est un échange libre entre égaux est encore bien présente, notamment dans les théories économiques dominantes, qui participent de cette superstructure dans laquelle les économistes occupent désormais la place des prêtres ou plutôt des théologiens.

Dans la perspective marxienne, la superstructure évolue en fonction des transformations du mode de production ou de l'infrastructure sur laquelle elle s'est établie. C'est ainsi que la montée en puissance de la classe prolétarienne dans les rapports de production au cours du XXe siècle a imposé à « l'édifice juridique et politique » des sociétés occidentales un certain nombre de changements tels que l'instauration du droit syndical ou du suffrage universel. Ces concessions ont ensuite ouvert la voie aux améliorations de la condition salariale évoquées plus haut. Elles n'ont pas cependant abouti à un renversement du rapport de force. Elles semblent plutôt avoir consisté à donner DU pouvoir (un peu) au prolétariat pour ne pas lui abandonner LE pouvoir. Le rôle qu'a joué sur ce plan le suffrage universel est exemplaire. À l'évidence, cette institution a conféré à la classe ouvrière un poids institutionnel qui ne lui était pas reconnu jusqu'alors. Elle était conforme par ailleurs à l'idéal égalitaire dont on observait partout en Occident la montée, et permettait désormais de qualifier de démocratique le régime politique des sociétés bourgeoises. Dans les faits pourtant, l'emploi de ce terme est tout à fait abusif. Le *demos*, le peuple, n'a jamais eu le pouvoir dans les sociétés occidentales modernes où le régime politique s'apparente plutôt à une forme d'aristocratie élective (Dupuis-Déri, 2013). En pratique, ce sont très majoritairement des bourgeois ou, plus rarement, des petits bourgeois, qui ont été portés au pouvoir depuis que le suffrage universel existe dans ces sociétés. Qualifiés de démocratiques, les gouvernements qu'ils ont formés ont bénéficié d'un surcroît de légitimité, donc de marge de manœuvre. Mais, dans le fond, l'État n'a jamais cessé d'être, entre leurs mains, ce « comité chargé de gérer les affaires communes de la classe bourgeoise toute entière » que dénonçaient Marx et Engels en 1848 (Marx et Engels, 1976 [1848], p. 34). Simplement, il lui a fallu parfois, comme dans les années 1940, soutenir un tant soit peu le prolétariat pour « sauver le navire » ou, si l'on préfère, assurer la sauvegarde du capitalisme.

D'ailleurs, quand les taux de profit des capitalistes ont décliné au cours des années 1970, en partie à cause des acquis antérieurs de la classe moyenne, les États bourgeois n'ont pas tardé à adopter une politique bien moins favorable aux salariés. Nous voulons parler ici bien sûr du virage « néolibéral » des économies occidentales amorcé par Margareth Thatcher au Royaume-Uni à la fin des années 1970, puis par Ronald Reagan aux États-Unis dès le début des années 1980. Dans son principe, cette politique adoptée par tous les États occidentaux les uns après les autres a consisté à supprimer le maximum d'obstacles ou de barrières possibles à l'accumulation de capital. Concrètement, les gouvernements concernés ont d'une part facilité autant que faire se pouvait la circulation du capital (ouvertures des frontières, marchéisation de la finance, délocalisations de la production, etc.) et, d'autre part, en ont protégé l'intégrité (allègements et abris fiscaux en tous genres, mesures anti-inflationnistes, extension et renforcement du droit de propriété, etc.). Du côté des travailleurs, la condition salariale en Europe et en Amérique du Nord s'est dégradée, du fait en particulier de la remise en question progressive par ces mêmes gouvernements des différents dispositifs de protection mis en place plus tôt dans le siècle et d'une stagnation des salaires réels ; deux stratégies facilitées par le grossissement de l'« armée de réserve » (chômage de masse, concurrence des travailleurs du Sud) et l'affaiblissement concomitant des syndicats. Parmi les symptômes les plus spectaculaires de cette dégradation, il faut au moins évoquer le cas de ces *working poor*, dont le nombre n'a cessé de croître en Occident depuis les années 1980, et qui présentent la caractéristique particulière d'être salariés (un ou deux emplois), mais de ne pas réussir pourtant à vivre au-dessus du seuil de pauvreté en vigueur dans leur pays. Symptôme très préoccupant du point de vue capitaliste, puisqu'il semble conférer à ces mots de Marx et Engels (1976 [1848], p. 46) une actualité nouvelle:

> L'ouvrier moderne au contraire, loin de s'élever avec le progrès de l'industrie, déchoit de plus en plus au-dessous même des conditions de vie de sa propre classe. L'ouvrier devient un pauvre, et le paupérisme s'accroît plus rapidement encore que la population et la richesse. Il en ressort donc clairement que la bourgeoisie est incapable de demeurer plus longtemps classe dirigeante et d'imposer à la société, comme loi impérative, les conditions d'existence de sa classe. Elle est incapable de régner, parce qu'elle est incapable d'assurer l'existence de son esclave dans le cadre de son esclavage, parce qu'elle est obligée de le laisser déchoir au point de devoir le nourrir au lieu qu'il la nourrisse. La société ne peut plus vivre sous sa domination, ce qui revient à dire que l'existence de la bourgeoisie n'est plus compatible avec celle de la société.

Les « maîtres » ont cependant trouvé une parade, au moins provisoire, pour continuer à se faire nourrir par leurs « esclaves »: le crédit. Déjà largement utilisé pendant les Trente Glorieuses en Amérique du Nord (crédit hypothécaire), ce procédé a pris une place capitale au cours des « Trente Piteuses » qui ont suivi. Il a permis en effet de soutenir la consommation de prolétaires dont les revenus stagnaient ou diminuaient, donc d'éviter cette fameuse « épidémie de la surproduction » qui demeure le talon d'Achille du capitalisme, tout en faisant fructifier l'argent accumulé par les plus aisés. Il n'y a toutefois pas de miracle: ce « commerce des promesses » dans lequel consiste la finance suppose, pour être profitable, que les promesses finissent par être tenues, ce qui implique en réalité que ceux qui les ont prononcées s'enrichissent un tant soit peu. Si ce n'est pas le cas, tout s'effondre, comme on a pu le constater avec la crise de 2008, qui fut en somme une crise de surproduction. Cela dit, on a pu constater aussi à cette occasion que les États occidentaux n'ont pas hésité à voler au secours de l'industrie financière. Certes peu conforme aux principes du libéralisme économique professés par la plupart des gouvernements concernés, cette opération de sauvetage n'est pas assimilable non plus à une quelconque stratégie socialiste, contrairement à ce que certains idéologues ultra-libéraux ont pu affirmer. Il s'est agi ni plus ni moins d'un soutien de la superstructure capitaliste à son infrastructure, conforme à la logique de privatisation des gains et de socialisation des pertes qui caractérise le capitalisme.

10.2.3 « There is no such thing as society. »

Dans la mesure où le virage néolibéral s'est avéré globalement néfaste pour les classes moyennes occidentales, en particulier aux États-Unis et en Angleterre, on peut se demander pourquoi les membres de ces classes ont élu au départ des partisans de ce changement. Plus déconcertant encore: comment se fait-il que cette même classe moyenne, ou ce qu'il en reste, continue à élire 30 ans plus tard des gouvernements mettant en œuvre des politiques qui lui sont finalement aussi peu favorables? Pour une part, il faut sans doute y voir l'impact de l'idéologie libérale, composante clef de la superstructure de nos sociétés. Formalisée notamment par Adam Smith, dans son *Enquête sur les causes et la nature de la richesse des nations* (1991 [1776], p. 337), cette idéologie préconise, pour bâtir une société humaine juste et harmonieuse, de favoriser l'enrichissement du plus grand nombre en laissant chacun poursuivre librement la satisfaction de ses intérêts égoïstes. Deux institutions sont censées suffire à produire ce résultat: le marché, qui doit permettre d'harmoniser les intérêts contradictoires, et l'État, dont le rôle essentiel est de garantir la propriété privée, c'est-à-dire de « protéger les riches contre les pauvres » (Smith, 1991 [1776], p. 337). L'un des arguments majeurs à l'appui de cette solution est qu'elle est prétendument fondée sur la « nature humaine ». Pour la mettre en œuvre, il suffirait de s'en remettre au « penchant pour l'échange » que, selon Smith, les humains manifestent depuis toujours, et à leurs efforts constants, « du berceau à la tombe », pour améliorer leur sort. Cette conception de l'être humain et de la vie sociale est tout à fait discutable, que ce soit d'un point de vue sociologique, anthropologique ou philosophique. Mais là n'est pas la question. Ce qu'il faut souligner ici est que ces idées ne pouvaient, au XVIIIe siècle, que séduire une bourgeoisie encore en quête de légitimité. Les activités marchandes et industrielles de cette classe montante, orientées vers la recherche de profit, y trouvaient en effet une précieuse justification. Et c'est ainsi que le libéralisme est devenu en Occident l'idéologie dominante. Il a certes été contesté depuis, à commencer par les idéologies socialistes au cours de la deuxième partie du XIXe siècle et de la première partie du XXe. Celles-ci ont mis en mots la révolte montante du prolétariat contre la bourgeoisie – les idées de Marx n'échappent pas aux « lois » qu'il a identifiées et expriment, comme les autres, un certain état des rapports de production! Le libéralisme n'a cependant jamais été totalement remis en question, ne serait-ce que parce que les idéologies concurrentes (à part sans doute le fascisme des années 1930) ont généralement partagé avec lui plusieurs présupposés fondamentaux: même valorisation de la liberté et de l'égalité; même économisme et même productivisme; mêmes conceptions de l'être humain et de la société (Dumont, 1985; Généreux, 2008). Tout au plus, cette idéologie s'est exprimée sous des formes atténuées, dont la version dominante a été, pendant les Trente Glorieuses, le keynésianisme, expression et justification politico-économiques parfaites du compromis fordiste évoqué plus haut.

À partir des années 1970, un discours libéral plus radical, plus proche des idées de Smith, a été remis à l'honneur par la bourgeoisie d'affaires occidentale. Il lui permettait de justifier et de légitimer les politiques visant à lever les obstacles à l'accumulation du capital dont nous avons parlé précédemment. Ce discours a fait mouche et s'est par conséquent largement répandu, parce qu'il rejoignait certaines des préoccupations majeures de la classe moyenne. Jouissant d'un certain confort matériel symbolisé par le pavillon de banlieue, l'automobile et le poste de télévision, cette petite bourgeoisie n'aspirait plus alors à changer le système mais à en profiter. Oubliant tout ce que sa bonne fortune devait aux politiques redistributives d'après-guerre et aux luttes collectives qui les avaient suscitées, elle revendiquait désormais, selon la formule de Benjamin Constant (1819), « la sécurité dans les jouissances privées ». Dès lors, ces discours typiques des années Thatcher et Reagan, dénonçant la voracité fiscale et l'interventionnisme de l'État, avaient toutes les chances de lui plaire : « Un gouvernement, c'est comme un bébé. Un tube digestif avec un gros appétit à une extrémité et aucun sens des responsabilités à l'autre. »; « Le gouvernement existe pour nous protéger les uns des autres, mais il a outrepassé les limites lorsqu'il a décidé de nous protéger de nous-mêmes. » (Reagan). De même, le mode de vie de cette *middle class* reposant sur la famille nucléaire, la maison individuelle et l'automobile individuelle, la prédisposait à s'identifier à la conception très individualiste de la solidarité sociale défendue par Margaret Thatcher : « Nous avons traversé une période où trop de gens ont été amenés à penser que s'ils ont un problème, il revient au gouvernement de le régler. "J'ai un problème, je vais aller chercher une subvention"; "Je suis sans-abri, le gouvernement doit me trouver un toit". Ils rejettent leur problème sur la société. Mais vous savez, la société n'existe pas. Il y a des femmes et des hommes, et il y a des familles. Et aucun gouvernement ne peut rien faire sans les gens, et les gens doivent d'abord s'occuper d'eux-mêmes. » (31 octobre 1987). Cela explique l'élection et la réélection de gouvernements qui vont mettre en place, à partir des années 1980, des politiques systématiquement favorables à la bourgeoisie d'affaires à peu près partout en Occident, ainsi que la diffusion dans toute la superstructure de nos sociétés de l'idéologie dite « néolibérale ». On trouve aujourd'hui cette idéologie exprimée dans les médias de masse, contrôlés directement ou indirectement par la bourgeoisie d'affaires, dans la publicité, instrument de propagande privilégié du capitalisme, ainsi que dans nos systèmes éducatifs et institutions de recherche. Il est intéressant d'observer par exemple que les plus grands départements d'économie des universités occidentales ont accueilli, au moins jusqu'à récemment, une majorité d'enseignants-chercheurs professant une version plutôt radicale des idées d'Adam Smith. Mais le phénomène s'observe également en sociologie. Les années 1980 marquent le déclin dans la recherche et l'enseignement de cette discipline des approches marxiennes ou durkheimiennes, au profit d'approches libérales telles que celle de Max Weber ou, en ce qui concerne la sociologie de l'entreprise, celle de Michel Crozier, qui d'ailleurs inspire le modèle théorique sur lequel repose pour l'essentiel le présent ouvrage. Compte tenu de l'importance acquise par l'université dans la formation des élites de nos sociétés, ces observations n'ont rien d'anecdotique et permettent de comprendre en partie l'actuelle domination de l'idéologie néolibérale; une domination qui reste si forte, que pour la plupart de nos contemporains, cette autre formule célèbre de Margaret Thatcher s'impose comme une évidence: « *There is no alternative!* ».

Dans une perspective marxienne, on peut penser que si les conditions de vie de la classe moyenne continuent à se dégrader, ses membres vont finir par développer une conscience critique à l'égard de nos sociétés, et cela malgré le travail de justification et de légitimation effectué par la superstructure de ces sociétés. Concrètement, cela devrait se traduire au moins par le rejet des politiques favorables aux plus fortunés, telles ces politiques d'austérité pratiquées à peu près partout en Occident depuis plusieurs années. Si ce n'est pas encore le cas, comme le laisse penser la figure 10.1 (*voir la page suivante*), ce n'est peut-être pas seulement parce que l'idéologie néolibérale continue de faire l'objet d'une diffusion massive dans nos sociétés. C'est aussi sans doute parce que les politiques mises en œuvre depuis la révolution conservatrice des années 1970 et 1980 ont créé une situation socioéconomique dans laquelle une grande partie de la population est incitée à choisir des solutions contraires à ses intérêts. En exacerbant la concurrence entre salariés et en favorisant chez eux des comportements individualistes, ces politiques ont instauré une sorte de dilemme du prisonnier dans lequel la classe moyenne se retrouve piégée : ses membres auraient intérêt à collaborer les uns avec les autres pour bâtir des sociétés moins injustes et moins éprouvantes, mais à court terme ils jouent le jeu qui leur est imposé par crainte de voir leur situation individuelle se dégrader encore. Comme dans le cas des deux célèbres prisonniers imaginés par Albert Tucker, la situation leur fournit de bonnes raisons d'agir de la mauvaise manière, au regard de leurs intérêts… C'est la thèse que développe notamment l'économiste antilibéral (il en existe !), Jacques Généreux (2008, p. 158) : « Les sociétés de marché contemporaines sont restructurées en "dissociétés", réseaux d'individus atomisés, où les sentiments de solitude, d'incertitude et d'urgence permanente se conjuguent pour annihiler non seulement la possibilité, mais surtout le désir de s'insurger. » Reste à savoir maintenant combien de temps ce « jeu » pourra encore durer et à quelles conditions…

FIGURE 10.1 **La répartition réelle, perçue et espérée de la richesse aux États-Unis (par quintile)**

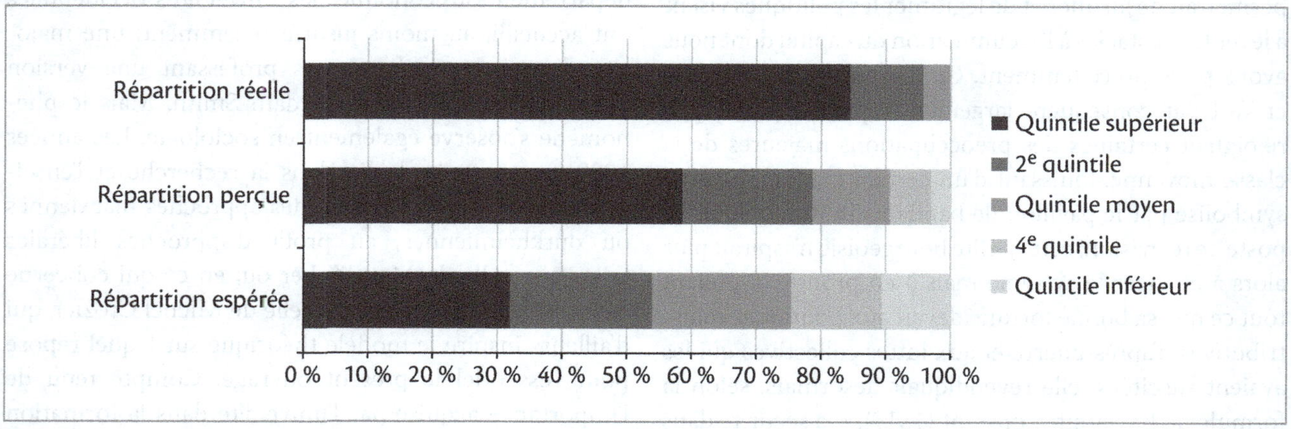

Source : Norton et Arieli (2011), p. 11.

10.3 Le renouveau de la critique anticapitaliste

Même si la majorité de nos concitoyens semblent pour le moment se résigner à accepter leur sort, une fraction croissante de la population formule des critiques de plus en plus radicales à l'égard du capitalisme. Les auteurs et propagateurs de ces critiques sont en général issus d'une petite bourgeoisie et d'une bourgeoisie intellectuelles, et sont donc dotés d'un « capital culturel » relativement important. Leur profil correspond sans doute d'assez près à celui de ces « professionnels de l'agitation sociale » que raillait Schumpeter. Quant aux idées qu'ils défendent, elles ne sont pas totalement nouvelles. Disparues ou presque du débat public depuis deux ou trois décennies, elles font aujourd'hui un retour en force, signe d'un regain de tensions au sein de l'infrastructure de la « société bourgeoise », dirait sans doute Karl Marx – Marx dont la pensée inspire d'ailleurs en partie ce renouveau de la contestation anticapitaliste. Trois critiques principales forment le socle de cette contestation : le capitalisme est destructeur, le capitalisme est injuste, le capitalisme est aliénant. Selon les cas, ces trois critiques – écologique, morale, philosophique – sont formulées ensemble ou séparément. La nouveauté, peut-être, est qu'elles font de plus en plus souvent partie d'un même discours, ce qui tend probablement à augmenter leur portée.

10.3.1 Bienvenue dans l'Anthropocène !

Dans son principe, la critique écologique est simple : elle dénonce le fait que nous sommes en train de détruire ou de dégrader le seul habitat, la seule maison (*oïkos*), dont nous disposons à ce jour dans l'univers, à savoir la planète Terre. Cette dégradation prend deux formes: d'une part, nous épuisons des ressources qui nous sont utiles (pétrole, abeilles, etc.), voire indispensables (air respirable, terres fertiles, etc.); d'autre part, nous saturons notre milieu de vie d'une quantité toujours plus grande de déchets (particules chimiques, gaz à effet de serre, etc.). En d'autres termes, et pour filer la métaphore domestique, notre garde-manger tend à se vider, alors que notre poubelle déborde de plus en plus. Dès lors, le gâteau dont nous allons devoir nous nourrir risque, en plus d'être trop petit, de nous empoisonner! On peut lire à ce sujet, entre autres bons ouvrages, *Les limites à la croissance*, qui offre un panorama très complet de l'état actuel des sources et des exutoires de l'activité humaine (Meadows, Randers et Meadows, 2013, p. 97-201). Le problème est d'une telle ampleur que certains proposent désormais de considérer que nous sommes entrés dans une nouvelle ère géologique: l'Anthropocène. En lançant ce concept au début des années 2000, Paul Cruzen, prix Nobel de chimie, spécialiste de la couche d'ozone, voulait suggérer que l'être humain était devenu, avec la révolution industrielle, une force géologique dominante sur la planète. La question est désormais débattue, y compris par les géologues. Mais force est de constater que les arguments en faveur de la thèse de Cruzen ne manquent pas. Toutes les composantes géologiques de la Terre sont en effet profondément affectées aujourd'hui par l'activité humaine. La composition de l'atmosphère est modifiée par les gaz à effet de serre (méthane, protoxyde d'azote, dioxyde de carbone, etc.), qui ont pour première conséquence un réchauffement global de la planète et d'importants dérèglements climatiques (GIEC, 2014). L'atmosphère se remplit également de dioxyde de soufre, qui certes tend à contrer le réchauffement, mais qui constitue aussi une source d'empoisonnement potentiel, notamment par le biais des pluies acides. L'hydrosphère est transformée de différentes façons. Les océans s'acidifient, ce qui est désastreux pour certains organismes formant la base de la chaîne alimentaire, et perturbateur pour de nombreux écosystèmes. Par ailleurs, le niveau des océans augmente du fait du réchauffement climatique. Les cours d'eaux sont toujours plus nombreux à être barrés, détournés ou asséchés. L'eau à l'état solide – la cryosphère (glace, neige, pergélisol) – diminue fortement, ce qui est à la fois une conséquence et une cause du réchauffement climatique. La glace et la neige réfléchissent les rayons du soleil, contribuant ainsi au refroidissement terrestre. Le pergélisol retient quant à lui prisonnières d'énormes quantités de méthane qui, si elles s'échappent dans l'atmosphère à la faveur de la fonte de ce sol gelé, vont évidemment aggraver l'effet de serre. Du côté de la lithosphère, la croûte terrestre subit également des transformations d'origine anthropique tout à fait considérables. Sont en cause ici l'industrie extractive (énergies fossiles, minerais, sable, etc.), l'industrie agricole, l'amoncellement de déchets inorganiques et à nouveau le réchauffement climatique, dont on sait dorénavant qu'en modifiant les masses glaciaires, il affecte l'activité volcanique et tectonique (McGuire, 2012). Dernier point, et non le moindre, la biosphère est en train de connaître un bouleversement gigantesque sous la forme d'une extinction massive d'espèces, la sixième depuis les débuts de la vie sur Terre. Et cela ne devrait pas s'arranger, puisque l'espèce qui a pris « la part du lion » (entre autres êtres vivants!), et dont le nombre d'individus est passé de 900 millions à 7 milliards en deux siècles à peine, consomme annuellement davantage de matières organiques que la planète est capable d'en produire durablement, compte tenu des techniques existantes. « Ce qui signifie que "nous" - enfin, surtout les 500 millions les plus aisés du globe – consommons non seulement les fruits mais aussi l'arbre sur lequel nous sommes assis. » (Bonneuil et Fressoz, 2013, p. 26). Cela dit, certaines boucles de rétroaction négative sont déjà à l'œuvre: la soupe de particules chimiques dans laquelle nous baignons désormais favorise le développement de certains cancers et semble impliquée directement dans la baisse de fertilité masculine que l'on observe depuis plusieurs décennies dans nos sociétés.

Creuser jusqu'où?

En quoi peut-on rendre le capitalisme responsable de ces perturbations écologiques? Marx a schématisé la dynamique capitaliste par la formule suivante: A – M – A'. De l'argent accumulé (A) est utilisé pour acheter ou fabriquer des marchandises (M) qui sont vendues dans le but de réaliser un profit, c'est-à-dire d'obtenir plus d'argent qu'au départ (A'). Le capitaliste, en somme, est celui qui achète pour vendre, au lieu de vendre pour acheter, comme le faisait le paysan ou l'artisan qui portait au marché le produit de son travail, dans le but de l'échanger contre de l'argent avec lequel il achetait les marchandises dont il avait besoin pour vivre. Contrairement à ce mode de circulation « simple » des marchandises, le mode de circulation capitaliste est potentiellement illimité, observe Marx (1963 [1867], p. 697-698):

> Le renouvellement ou la répétition de la vente de marchandises pour l'achat d'autres marchandises rencontre, en dehors de la circulation, une limite dans la consommation, dans la satisfaction de besoins déterminés. Dans l'achat pour la vente, au contraire, le commencement et la fin sont une seule et même chose, argent, valeur d'échange, et cette identité même de ces deux termes extrêmes fait que le mouvement n'a pas de fin. [...] La circulation de l'argent comme capital possède [...] son but en elle-même; car ce n'est que par ce mouvement toujours renouvelé que la valeur continue à se faire valoir. Le mouvement du capital n'a donc pas de limite.

Or, pour que ce mouvement s'accomplisse, il faut que toujours plus de marchandises soient produites et vendues, ce qui suppose que toujours plus de ressources terrestres soient consommées et que toujours plus de déchets soient générés. Telle est la cause principale de la crise écologique actuelle – notons au passage que cette dynamique destructrice était également à l'œuvre dans les sociétés dites socialistes, où l'on pratiquait en réalité une forme de capitalisme d'État. Le problème est que la vie d'une majorité d'êtres humains dépend étroitement désormais de ce mouvement du capital. Si celui-ci est stoppé par les limites écologiques de notre planète, on risque alors ni plus ni moins l'effondrement de notre espèce. C'est précisément ce que nous annoncent un nombre grandissant d'observateurs pour les décennies à venir, à commencer par l'équipe Meadows dont les projections établies au début des années 1970 ont été globalement confortées par les événements des trois décennies suivantes (*voir la figure 10.2*).

FIGURE 10.2 Les observations et projections de l'impact des activités humaines de 1900 à 2100

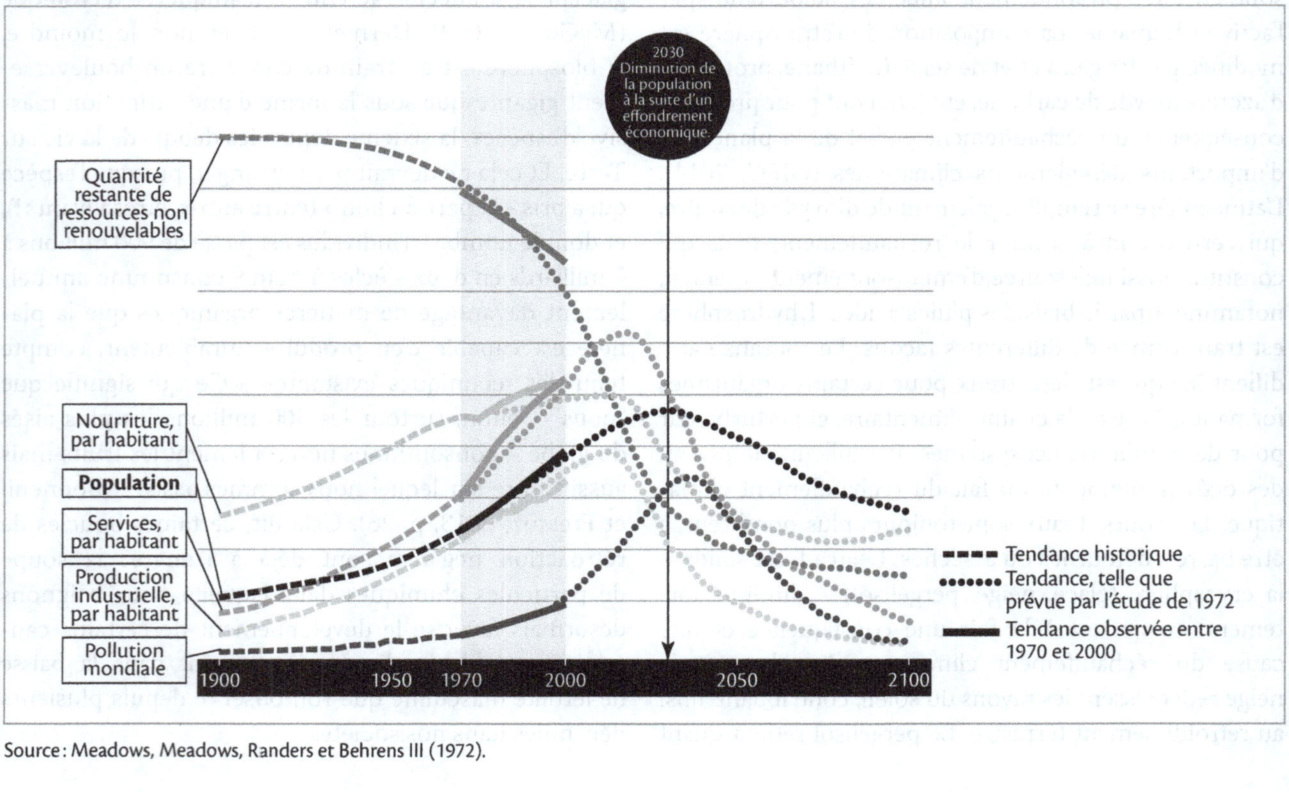

Source: Meadows, Meadows, Randers et Behrens III (1972).

Mais l'*oïkos* des humains, leur maison, ce n'est pas seulement l'entité géologique Terre, ce sont aussi les sociétés dont ils ont absolument besoin pour vivre et se constituer en tant qu'êtres humains. Or, la course à la production de marchandises que suppose le capitalisme passe par une lutte de tous contre tous, un état de « guerre économique » permanent dont les effets fragilisent et menacent la cohésion de ces sociétés. Durkheim s'en inquiétait il y a déjà plus d'un siècle et avait proposé le mot « anomie » pour désigner ce risque de désintégration sociale provoquée par « le développement, inconnu jusque-là, qu'ont pris, depuis deux siècles environ, les fonctions économiques » (Durkheim, 1986 [1897], p. IV). Avec la mondialisation des échanges et le virage néolibéral des années 1970, cette concurrence généralisée entre humains s'est intensifiée et, par conséquent, ses effets pervers aussi. Le principal d'entre eux correspond à ce que Généreux (2008, p. 182) appelle la « dissociété », c'est-à-dire un « processus d'organisation de l'espace, des institutions et des relations qui décompose une société humaine, d'une part, en déliant, isolant et opposant des communautés ou catégories sociales relativement homogènes et, d'autre part, en installant et exacerbant la rivalité entre les individus composant ces communautés ou catégories sociales ». La sentence déjà citée de Margaret Thatcher décrit assez bien le résultat de ce processus : « La société n'existe pas. Il y a des femmes et des hommes, et il y a des familles. Et aucun gouvernement ne peut rien faire sans les gens, et les gens doivent d'abord s'occuper d'eux-mêmes. » Simplement, à la différence de l'ancienne dirigeante britannique, des chercheurs tels que Généreux ou Freitag, par exemple dans *L'oubli de la société* (2002), considèrent cet agrégat d'individus, s'affrontant le jour dans une lutte des places sans merci avant de se retrancher le soir à l'écart les uns des autres, comme la conséquence du capitalisme libéral, et non pas comme son point de départ. Sur un plan individuel, cette « anomie », que Durkheim définissait parfois aussi comme « le mal de l'infini », a des implications tout à fait délétères. Les épidémies actuelles de stress au travail, d'épuisement professionnel et de dépression nerveuse en constituent certains des symptômes les plus marquants, de même que les tonnes d'antidépresseurs et d'anxiolytiques qui sont consommés pour tenter de les enrayer (Otero, 2012).

En somme, selon cette critique écologique (au sens large), le capitalisme ne pourrait exister sans ruiner ce qui le rend possible. La dénonciation de cette contradiction fondamentale n'est pas nouvelle. Marx, dans le premier livre du *Capital* (1963 [1867], p. 998-999), soulignait déjà avec force le caractère autodestructeur de l'activité capitaliste, y compris sur le plan écologique (au sens restreint) :

> Dans l'agriculture moderne, de même que dans l'industrie des villes, l'accroissement de productivité et le rendement supérieur du travail s'achètent au prix de la destruction et du tarissement de la force de travail. En outre, chaque progrès de l'agriculture capitaliste est un progrès non seulement dans l'art d'exploiter le travailleur, mais encore dans l'art de dépouiller le sol ; chaque progrès dans l'art d'accroître sa fertilité pour un temps, un progrès dans la ruine de ses sources durables de fertilité. Plus un pays, les États Unis du nord de l'Amérique, par exemple, se développe sur la base de la grande industrie, plus ce procès de destruction s'accomplit rapidement. La production capitaliste ne développe donc la technique et la combinaison du procès de production sociale qu'en épuisant en même temps les deux sources d'où jaillit toute richesse : la terre et le travailleur.

Cette critique semble n'avoir jamais été plus actuelle. À tout le moins, elle est désormais relayée et développée par une fraction croissante de nos concitoyens.

10.3.2 Une injustice structurelle

Un second type de critiques anticapitalistes connaît un regain d'intensité depuis une décennie environ. Il s'agit des protestations contre le caractère foncièrement injuste du capitalisme. En premier lieu, on reproche à cette forme de vie sociale de susciter et d'entretenir de profondes inégalités au sein de nos sociétés, mais aussi entre sociétés, que ce soit sur le plan des revenus ou de l'environnement (accès aux ressources, pollution). Cette dénonciation est alimentée par des données de plus en plus nombreuses montrant que ces inégalités intragénérationnelles ont eu tendance à croître depuis la « révolution conservatrice » des années 1970-1980. Voici par exemple la conclusion d'une étude publiée en mai 2014 par l'Organisation de coopération et de développement économiques (OCDE), un organisme qui n'a rien d'une officine marxiste :

> Ces trente dernières années, la part des 1 % les plus riches dans le total des revenus avant impôts a progressé dans la plupart des pays de l'OCDE. Sur cette période, les 1 % de la population aux revenus les plus élevés ont en effet capté une part disproportionnée de la progression globale des revenus : jusqu'à 37 % au Canada et 47 % aux États-Unis […]. En revanche,

les revenus des ménages les plus modestes n'ont pas progressé au même rythme que le total des revenus, et nombre d'entre eux n'ont pas vu leur situation financière s'améliorer depuis le milieu des années 80.

La figure 10.3 permet justement d'illustrer, parmi certains pays de l'OCDE, l'évolution de la part des revenus captés par les 1 % les plus riches au cours de la dernière décennie. La figure 10.4 offre quant à elle un portrait de la situation au Québec, où l'écart entre les 1 % les plus riches et le reste de la population ne cesse d'augmenter depuis le début des années 1980.

FIGURE 10.3 La part des revenus captée par les 1 % les plus riches au cours du XXe siècle

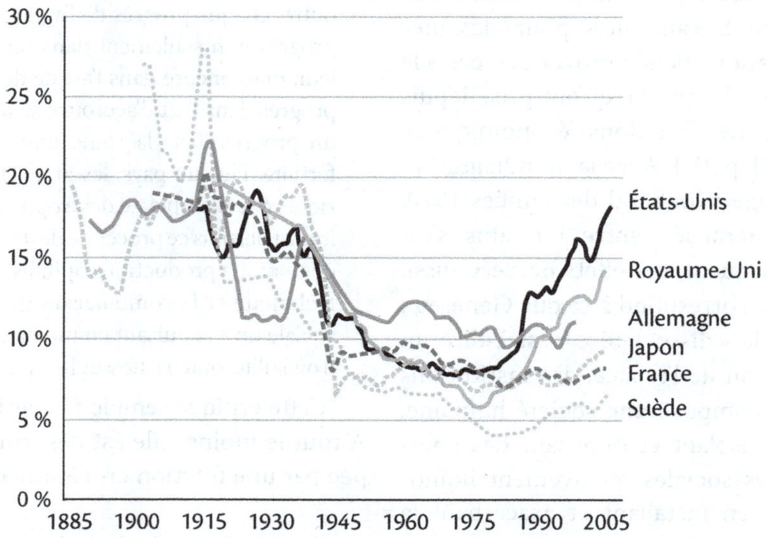

Source: Atkinson, Saez et Piketty (2009).

À l'échelle mondiale, le constat n'est guère différent, en dépit de la montée en puissance du BRICS (Brésil-Russie-Inde-Chine-Afrique du Sud), si l'on en croit le rapport du Programme des Nations Unies pour le développement (PNUD) publié en janvier 2014:

> L'humanité demeure profondément divisée. Par ailleurs, les tendances récentes ne sont pas très encourageantes. Au cours des vingt dernières années, les inégalités de revenus entre les pays et au sein des pays ont, en moyenne, augmenté. De ce fait, une grande majorité de la population mondiale vit dans des sociétés qui sont plus inégalitaires aujourd'hui qu'il y a vingt ans. Dans certaines parties du monde, les écarts de revenus se sont creusés de façon considérable (et avec eux, le fossé entre la qualité de vie des riches et celle des pauvres), malgré l'immense richesse créée par des performances de croissance impressionnantes. En effet, les hausses d'inégalités de revenus les plus prononcées se sont produites dans les pays en développement qui ont particulièrement bien réussi à assurer une croissance vigoureuse et, de ce fait, à atteindre des catégories de revenus supérieures. Dans ces pays, le progrès économique n'a pas atténué les disparités, mais les a plutôt aggravées. Le monde est plus inégalitaire aujourd'hui qu'il ne l'a jamais été depuis la Seconde Guerre mondiale (PNUD, 2014, p. 1).

Cette tendance de fond du capitalisme vient par ailleurs d'être confirmée par Thomas Piketty au terme d'une vaste enquête empirique portant sur la répartition des richesses au cours des trois derniers siècles. Dans un ouvrage en voie de devenir un best-seller, ce jeune économiste français prend soin de garder ses distances vis-à-vis de Marx, tout en observant que:

> La croissance moderne et la diffusion des connaissances ont permis d'éviter l'apocalypse marxiste, mais n'ont pas modifié les structures profondes du capital et des inégalités – ou tout du moins pas autant qu'on a pu l'imaginer dans les décennies optimistes de l'après-Seconde Guerre mondiale. Dès lors que le taux de rendement du capital dépasse durablement le taux de croissance de la production et du revenu, ce qui était le cas jusqu'au XIXe siècle et risque fort de redevenir la norme au XXIe siècle, le capitalisme produit mécaniquement des inégalités insoutenables,

FIGURE 10.4 **Les 1 % les plus riches au Québec**

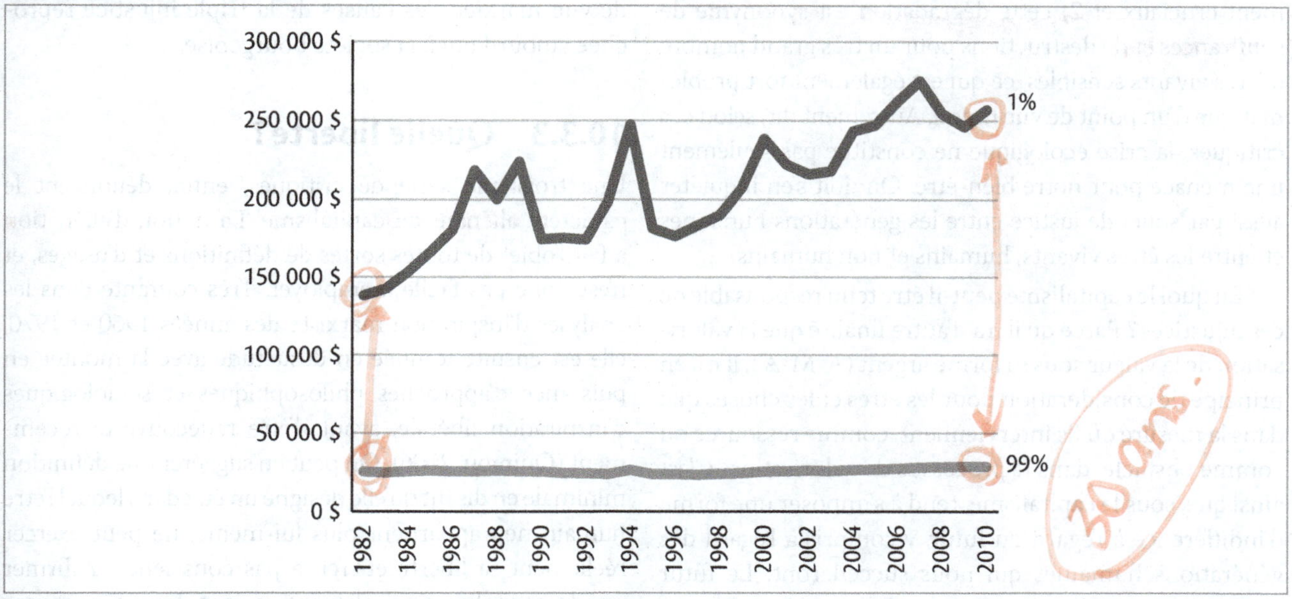

Ce graphique présente une comparaison du revenu moyen et des gains en capital après impôts et transferts entre les 1 % les plus riches au Québec et le reste de la population, 1982-2010 (en dollars constants de 2010).
Source : Statistique Canada, Tableau CANSIM 204-0002 (IRIS, 2013).

> arbitraires, remettant radicalement en cause les valeurs méritocratiques sur lesquelles se fondent nos sociétés démocratiques (Piketty, 2013, p. 16).

Dans ce contexte, la boutade aux accents marxistes lancée par l'un des hommes les plus riches du monde, Warren Buffett, dans le *New York Times* du 26 novembre 2006, paraît on ne peut plus pertinente : « Il y a une lutte des classes, bien sûr, mais c'est ma classe, celle des riches, qui mène cette guerre, et nous sommes en train de la gagner ».

Moins encore que la critique écologique, la dénonciation des inégalités générées par le capitalisme n'est inédite. Elle renoue notamment avec la critique formulée dans le *Manifeste*, évoquée au début de ce chapitre, qui consistait entre autres à reprocher à la société bourgeoise de ne pas tenir ses promesses. Menées en effet au nom de l'égalité entre les Hommes, les révolutions du XVIIIe siècle étaient accusées par Marx et Engels d'avoir accouché de hiérarchies sociales semblables dans le fond à celles qu'elles avaient prétendu abattre. Les deux grands penseurs socialistes soulevaient en fait deux problèmes : un problème moral – on ne peut pas prêcher l'égalité entre les humains et laisser l'inégalité s'instaurer durablement entre eux – et un problème sociologique – ces inégalités ne peuvent que créer des tensions et fragiliser les sociétés humaines, surtout lorsqu'elles se sont données officiellement l'égalité comme valeur centrale. La seconde de ces remarques rejoint en fait la critique écologique (au sens large toujours) abordée précédemment. Elle est proche de certaines analyses de Tocqueville qui s'inquiétait, 15 ans avant la parution du *Manifeste*, de voir l'industrie devenir le foyer d'une nouvelle aristocratie (1961 [1835], p. 225) : « Je pense qu'à tout prendre, l'aristocratie manufacturière que nous voyons s'élever sous nos yeux est une des plus dures qui aient paru sur la terre ; mais elle est en même temps une des plus restreintes et des moins dangereuses. Toutefois, c'est de ce côté que les amis de la démocratie doivent sans cesse tourner avec inquiétude leurs regards ; car, si jamais l'inégalité permanente des conditions et l'aristocratie pénètrent de nouveau dans le monde, on peut prédire qu'elles y entreront par cette porte. » Il faut croire que la « démocratie » a manqué d'amis ou que ceux-ci ont manqué de vigilance, car 150 ans plus tard, il semble bien que les craintes de Tocqueville se soient confirmées, en particulier dans le cas des États-Unis. D'où ce renouveau de la critique des inégalités auquel nous assistons actuellement, et par la même occasion ce retour en grâce de la pensée marxienne chez de nombreux intellectuels. S'ajoutent cependant à cette critique classique deux nouvelles protestations : 1) La dégradation écologique causée par la course à la production de marchandises dans laquelle le capitalisme nous entraîne est injuste à l'égard des générations futures, dans la mesure où elle risque de priver ces générations de moyens d'existence éventuellement cruciaux et 2) cette dégradation est synonyme de souffrances et de destructions pour un très grand nombre d'êtres vivants sensibles, ce qui est également fort problématique d'un point de vue moral. Autrement dit, selon ces critiques, la crise écologique ne constitue pas seulement une menace pour notre bien-être. On doit s'en inquiéter aussi par souci de justice entre les générations humaines et entre les êtres vivants, humains et non humains.

En quoi le capitalisme peut-il être tenu responsable de ces injustices ? Parce qu'il n'a d'autre finalité que la valorisation de la valeur sous sa forme argent (A-M-A'), il n'a en principe de considération pour les êtres et les choses que dans la mesure où ils interviennent, comme ressource ou comme obstacle, dans le processus de valorisation. C'est ainsi que, sous le capitalisme, tend à s'imposer une forme d'indifférence à l'égard du futur, y compris à l'égard des générations humaines qui nous succéderont. Le futur n'existe qu'« actualisé », sur la base d'une préférence pour la jouissance immédiate (un dollar aujourd'hui vaut toujours plus qu'un dollar demain). Quant aux êtres vivants non humains, ils ne bénéficient d'attention qu'à la condition de pouvoir être transformés en marchandises ou lorsqu'ils menacent d'entraver le mouvement du capital – c'est peut-être ce qui finira par sauver les abeilles de l'extinction ! Les êtres humains actuels enfin, lorsqu'ils ne sont pas propriétaires de moyens de production, sont considérés avant tout comme producteurs ou consommateurs de marchandises. On donnera de l'argent pour vivre à ceux dont le travail est susceptible de contribuer à accroître le capital et on fabriquera des marchandises pour ceux qui peuvent les acheter. Les autres importent peu, sauf quand ils menacent, volontairement ou pas, de gêner l'accomplissement du processus de valorisation. Les bénéficiaires d'un emploi, eux, ne jouiront de ce privilège que s'ils fournissent en sus du « travail nécessaire à leur entretien [...], un surplus destiné à produire la subsistance du possesseur des moyens de production » (Marx, 1963 [1867], p. 791). Ils devront en somme se résoudre à donner plus qu'ils ne recevront, c'est-à-dire à être exploités. L'ampleur de cette exploitation pourra varier, à la hausse ou à la baisse, comme ce fut le cas pendant les Trente Glorieuses. Mais il y aura toujours exploitation, parce qu'il doit y avoir « surtravail » : c'est la condition de l'accumulation du capital. Le mouvement du capital suppose donc la reproduction des inégalités entre bourgeois et prolétaires, en plus de la domination du présent sur le futur et des humains sur les non humains. Telles sont, en résumé, et toujours d'un point de vue marxien, les causes de la triple injustice reprochée aujourd'hui à la société bourgeoise.

10.3.3 Quelle liberté ?

Une troisième série de critiques, enfin, dénoncent le caractère aliénant du capitalisme. La notion d'aliénation a fait l'objet de toutes sortes de définitions et d'usages, et n'est donc pas facile à employer. Très courante dans les analyses d'inspiration marxiste des années 1960 et 1970, elle est ensuite tombée en désuétude avec la montée en puissance d'approches philosophiques et sociologiques d'inspiration libérale, avant d'être redécouverte récemment (Quiniou, 2006). On peut en suggérer une définition minimale en disant qu'elle désigne un état dans lequel l'être humain ne s'appartient plus lui-même, ne peut exercer réellement sa liberté et n'en a pas conscience. Affirmer que le capitalisme est aliénant revient donc à contester l'une des prétentions essentielles de la société bourgeoise, celle de garantir à ses membres la liberté. C'est une façon d'attaquer l'idéologie libérale sur son terrain en lui opposant une conception de la liberté qui ne se réduit pas à la « liberté de commerce », comme disaient Marx et Engels (1976 [1848], p. 34) et dont Durkheim (1966 [1922], p. 58) fournit une assez bonne définition : « Être libre, ce n'est pas faire ce qui plaît ; c'est être maître de soi, c'est savoir agir par raison et faire son devoir. »

Mais quels sont les éléments qui permettent de soutenir que le capitalisme nous empêche d'être maîtres de nous-mêmes ? Parlons d'abord de toutes ces machines qui peuplent nos sociétés et dont l'existence doit beaucoup à notre mode de production. À regarder de près les rapports que nous entretenons avec elles, on découvre vite qu'au lieu de soulager notre labeur, elles tendent en réalité à réduire notre autonomie. Alors qu'elles devraient nous servir, c'est souvent nous qui nous retrouvons à leur service. Un cas emblématique : celui de la voiture individuelle (Gorz, 2008, p. 71-87). Sa diffusion a transformé nos villes et nos campagnes à un point tel qu'il est désormais indispensable de disposer d'une machine de ce genre. Il nous reste la liberté de choisir la puissance et la marque de cette voiture, sa couleur aussi – c'est la liberté libérale. En revanche, nous n'avons plus la liberté de choisir de vivre sans automobile. Dès lors, pris dans un cercle vicieux, nous devons collectivement lui ménager toujours plus de place, en étendant le réseau routier et les espaces de stationnement pour en permettre l'usage.

Il nous faut du pétrole pour en faire tourner le moteur, ce qui suppose d'en garantir l'approvisionnement (extraction, transport, raffinage, protection armée, etc.). Il nous faut pour la fabriquer une gigantesque industrie, qui elle-même dépend d'autres industries notamment extractives, implantées partout dans le monde. Il nous faut des spécialistes et des équipements lourds pour en assurer la conception mais aussi l'entretien, car son fonctionnement est bien trop complexe pour que nous prétendions en avoir le contrôle. Il nous faut aussi individuellement consacrer beaucoup de travail pour obtenir l'argent nécessaire à son achat et à son utilisation. Bref, les efforts individuels et collectifs considérables auxquels nous consentons pour que puisse fonctionner cette machine suggèrent que nous sommes en réalité à son service, bien plus que l'inverse. À tout le moins, notre existence dépend à ce point des voitures que si elles s'arrêtaient demain de fonctionner, notre civilisation n'y survivrait pas. On pourrait en dire autant de beaucoup d'autres machines qui peuplent notre monde de façon moins spectaculaire. Toutes ensemble, elles nous confèrent une puissance effectivement phénoménale, mais au prix d'une dépendance qui l'est tout autant. Le sociologue des techniques Alain Gras (2003) parle à ce sujet de « fragilité de la puissance ». Il ne s'agit pas que d'une jolie formule, comme les Québécois ont pu le constater lors de la crise du verglas de 1998, en mesurant ce qu'il en coûte de dépendre au quotidien d'un macro-système technique. D'une façon générale, nos machines font système. Lorsque l'une d'elles, devenue simple pièce de la « mégamachine », tombe en panne, on découvre alors qu'il est présomptueux de les considérer comme des moyens à notre disposition que nous pourrions commander à volonté et sur lesquels nous aurions les pleins pouvoirs ! (Anders, 2011, p. 117-127)

Le capitalisme peut en être tenu responsable (au moins en partie) à deux titres : il a favorisé la prolifération des machines d'abord en les produisant comme marchandises, puis, surtout, en les utilisant pour produire des marchandises. En concurrence les uns contre les autres, les capitalistes doivent continuellement s'efforcer d'améliorer la productivité du travail, sous peine d'avoir à vendre des marchandises non compétitives et de ne pas rentabiliser leurs investissements. Pour ce faire, la machine s'impose comme un moyen privilégié. C'est ainsi que Marx (1963 [1867], p. 913) explique l'évolution de la manufacture vers la fabrique industrielle, en se moquant au passage de l'un des grands économistes libéraux de son époque : « "Il reste encore à savoir", dit John Stuart Mill, dans ses *Principes d'économie politique*, "si les inventions mécaniques faites jusqu'à ce jour ont allégé le labeur quotidien d'un être humain quelconque." Ce n'était pas là leur but. Comme tout autre développement de la force productive du travail, l'emploi capitaliste des machines ne tend qu'à diminuer le prix des marchandises, à raccourcir la partie de la journée où l'ouvrier travaille pour lui-même, afin d'allonger l'autre où il ne travaille que pour le capitaliste. » Le machinisme permet donc d'exploiter davantage la « force de travail » des ouvriers. Il aggrave par ailleurs de manière drastique leur aliénation :

> Dans la manufacture et le métier, l'ouvrier se sert de son outil ; dans la fabrique il sert la machine. Là le mouvement de l'instrument de travail part de lui ; ici il ne fait que le suivre. Dans la manufacture les ouvriers forment autant de membres d'un mécanisme vivant. Dans la fabrique ils sont incorporés à un mécanisme mort qui existe indépendamment d'eux. […] Dans toute production capitaliste en tant qu'elle ne crée pas seulement des choses utiles mais encore de la plus-value, les conditions du travail maîtrisent l'ouvrier, bien loin de lui être soumises, mais c'est le machinisme qui le premier donne à ce renversement une réalité technique. Le moyen de travail converti en automate se dresse devant l'ouvrier pendant le procès de travail même sous forme de capital, de travail mort qui domine et pompe sa force vivante. » (Marx, 1963 [1867], p. 955-956).

L'Homme aliéné en 2010
– Nous n'avons jamais besoin de payer quoi que ce soit à la ferme, n'est-ce pas merveilleux ?
– Tout à fait ! Même la nourriture y est gratuite.
Facebook et vous : si vous ne payez pas, vous n'êtes pas le client… vous êtes le produit mis en vente.

Les machines électroniques et informatiques qui font « tourner » aujourd'hui nos économies sont-elles bien différentes sur ce plan ? Il est permis d'en douter. Mais l'aliénation n'est pas seulement le fait des machines, selon Marx. Elle est pour lui inhérente au capitalisme, comme le suggère le passage du *Capital* que nous venons de citer. Dans cette forme de vie sociale, le prolétaire, qui n'a d'autre moyen pour vivre que de vendre sa force de travail, est soumis au bon vouloir du bourgeois, qui lui-même est soumis à la nécessité de faire fructifier son capital sous peine de le voir fondre et de se retrouver finalement dans la position du prolétaire. Bien que la situation du capitaliste soit évidemment plus confortable que celle du salarié, l'un et l'autre subissent la « loi de la valeur », qui leur impose avant toute chose de se soucier de gagner de l'argent.

> Pour pouvoir vendre notre travail, nous avons intériorisé la logique propre au capitalisme : pour celui-ci, ce qui est produit importe pour cela seulement que cela rapporte ; pour nous, en tant que vendeurs de notre travail, ce qui est produit importe pour autant seulement que cela crée de l'emploi et distribue du salaire. Une complicité structurelle lie le travailleur et le capital : pour l'un et pour l'autre, le but déterminant est de « gagner de l'argent », le plus d'argent possible. L'un et l'autre tiennent la « croissance » pour un moyen indispensable d'y parvenir. L'un et l'autre sont assujettis à la contrainte immanente du « toujours plus » « toujours plus vite » (Gorz, 2008, p. 115).

D'où l'importance que nous accordons à un indicateur tel que le PIB, dont la fonction est de mesurer notre capacité collective à produire toujours plus de marchandises qui se vendent ; une importance acquise au mépris de préoccupations pourtant *a priori* bien plus cruciales pour chacun d'entre nous, comme le dénonçait Robert Kennedy, quelques mois avant son assassinat, dans un discours dont il vaut la peine de citer un extrait :

> Notre PIB est maintenant estimé à 800 milliards de dollars/an, mais ce PIB, si nous évaluons les États-Unis d'Amérique sur cette base... alors notre PIB doit aussi comprendre, et l'empoisonnement de l'air, et la publicité des cigarettes, et les ambulances pour nettoyer nos autoroutes des carnages. Il comprend aussi les serrures spéciales de nos portes de maison, et les prisons pour ceux qui les forcent. Il comprend l'abattage des séquoias et la disparition de nos beautés naturelles dans le chaos urbanistique. Il tient compte de la production de napalm, et des missiles à tête nucléaire et des blindés que la police utilise pour réprimer les soulèvements dans nos villes. Il comprend les fusils et couteaux utilisés par les assassins, et les programmes télévisés célébrant la violence... pour vendre les jouets à nos enfants. Le PIB ne tient pas compte de la santé de nos enfants, de la qualité de leur éducation et du bonheur de leur jeu. Il ne considère pas la beauté de notre poésie ou la solidité des liens familiaux ou l'intelligence de nos discussions publiques par rapport à nos représentants. Il ne mesure ni notre subtilité, ni notre courage, ni notre sagesse, ni notre connaissance, ni notre compassion, ni notre dévotion à notre pays. En clair, il tient compte de tout sauf de ce qui rend la vie vraiment digne d'être vécue.

Pourquoi alors ne pas se débarrasser du PIB, d'autant plus que sa hausse dans nos sociétés n'est plus corrélée désormais à l'amélioration des indicateurs objectifs et subjectifs de bien-être (Wilkinson et Pickett, 2013, p. 23-36 ; Gadrey, 2010, p. 31-38) ? Parce qu'il faudrait commencer par se débarrasser du capitalisme, ce que seule une minorité de nos contemporains désire réellement. Les autres préfèrent encore pour le moment jouer le jeu, sans doute parce qu'ils n'en imaginent pas d'autres possibles (la superstructure de nos sociétés remplit encore son office !), mais aussi parce qu'il est très coûteux de refuser individuellement de prendre part à cette course à la production de marchandises.

> Chacun trouve aujourd'hui en naissant l'économie capitaliste établie comme un immense cosmos, un habitacle dans lequel il doit vivre et auquel il ne peut rien changer – du moins en tant qu'individu. Dans la mesure où l'individu est impliqué dans les rapports de l'économie de marché, il est contraint à se conformer aux règles d'action capitalistes. Le fabricant qui agirait continuellement à l'encontre de ces règles serait éliminé de la scène économique tout aussi infailliblement que serait jeté à la rue l'ouvrier qui ne pourrait, ou ne voudrait, s'y adapter. (Weber, 1964 [1904], p. 53)

Contrairement à ce que proclament les plus ardents défenseurs de la société bourgeoise, nous ne sommes pas libres : nous subissons tous la domination abstraite de la « loi de la valeur », comme disait Marx, et ne pouvons donc prétendre être des humains autonomes. Bien que non-marxiste et plutôt favorable au capitalisme, Weber est peut-être finalement celui qui exprime avec le plus de force et de sensibilité cette aliénation qui est la nôtre sous le capitalisme. Au terme de son ouvrage le plus célèbre, dans lequel il s'est efforcé de montrer que « l'esprit du capitalisme » – la recherche systématique et rationnelle du profit par l'exercice d'une profession – n'a pu se diffuser à l'origine qu'avec la complicité d'une certaine « éthique protestante », il souligne à quel point le processus de valorisation du capital s'impose désormais à nous :

> Le puritain *voulait* être un homme besogneux – et nous sommes *forcés* de l'être. Car lorsque l'ascétisme se trouva transféré de la cellule des moines dans la vie professionnelle et qu'il commença à dominer la moralité séculière, ce fut pour participer à l'édification du cosmos prodigieux de l'ordre économique moderne. Ordre lié aux conditions techniques et économiques de la production mécanique et machiniste qui détermine, avec une force irrésistible, le style de vie de l'ensemble des individus nés dans ce mécanisme – et pas seulement de ceux que concerne directement l'acquisition économique. Peut-être le déterminera-t-il jusqu'à ce que la dernière tonne de carburant fossile ait achevé de se consumer. Selon les vues de Baxter, le souci des biens extérieurs ne devait peser sur les épaules de ses saints qu'à la façon d'« un léger manteau qu'à chaque instant l'on peut rejeter ». Mais la fatalité a transformé ce manteau en une cage d'acier. (Weber, 1964 [1904], p. 249-250)

S'impose en définitive l'image de la machine se retournant contre son créateur et fonctionnant indépendamment de lui ; métaphore classique de l'idée d'aliénation, que rejoint la notion de « sujet automate » utilisée par Marx pour désigner la dynamique capitaliste. Seule limite envisagée par Weber à cette rotation folle : la contrainte physique d'un épuisement des énergies fossiles, ce qui nous ramène à la première des critiques anticapitalistes que nous avons examinées, à savoir la critique écologique.

10.4 La croissance en question

Associées entre elles, les trois séries de critiques qui s'expriment aujourd'hui contre le capitalisme débouchent sur une remise en question radicale de cette forme de vie sociale. Depuis une dizaine d'années, plusieurs courants de pensée et mouvements politiques affichent de telles idées. L'une des mouvances les plus intéressantes à cet égard est sans doute celle de la « décroissance soutenable ». Ses partisans tentent avec un certain succès de fédérer autour de la critique du « croissancisme » de nos sociétés ceux qui dénoncent l'un ou l'autre des problèmes évoqués dans les pages qui précèdent. Utilisé comme un « mot-obus » contre le dogme de la croissance économique, le terme « décroissance » désigne avant tout la volonté d'une rupture avec la course à la production de marchandises dans laquelle nous sommes tous entraînés. Le terme « a-croissance » serait donc plus approprié pour nommer ce dont il est ici question : prôner une décroissance infinie n'a pas plus de sens que d'en appeler à une croissance infinie. Le mot « décroissance » présente néanmoins trois avantages : 1) il demeure plus facile à utiliser, surtout à l'oral, que le mot « a-croissance », 2) il est provocateur et suscite immédiatement ce débat que cherchent avant tout à produire les « objecteurs de croissance » et 3) il est irrécupérable par les défenseurs de la croissance, contrairement à la notion de « développement durable ». L'ajout de l'adjectif « soutenable » au mot décroissance permet de souligner qu'il s'agit d'un choix assumé, d'une décroissance volontaire, et non pas subie. La décroissance involontaire, la décroissance subie, c'est ce que l'on appelle une récession ou, plus grave, une dépression. Dans une société croissanciste, c'est dramatique. La décroissance soutenable se présente au contraire comme le projet d'une sortie en douceur, d'une sortie contrôlée, de cette course à la croissance dans laquelle nous sommes embarqués. Sous-entendu : la décroissance économique va de toute façon s'imposer, ne serait-ce que pour des raisons écologiques. Il s'agit donc d'anticiper ce choc pour, au minimum, en atténuer la violence (Bayon, Flipo et Schneider, 2010 ; Abraham, 2012).

10.4.1 Verdir le capitalisme ?

Contre les remises en question fondamentales que prônent ces décroissancistes et leurs alliés, la superstructure capitaliste a évidemment commencé à générer différentes tentatives de négations. La plus spectaculaire est sans doute la campagne, ou plutôt les campagnes, qui sont menées actuellement pour contester l'existence d'un réchauffement climatique d'origine anthropique. Quoi qu'assez efficace pour le moment, cette stratégie soutenue par toutes sortes d'industries impliquées dans l'émission de gaz à effet de serre, ne semble pas promise à un grand avenir (Hamilton, 2013, p. 113-131), alors que les preuves du réchauffement global et de la responsabilité de notre civilisation dans ce phénomène ne cessent de s'accumuler. Les procédés utilisés par ces négationnistes ressemblent trop par ailleurs à ceux des cigarettiers qui tentaient naguère de nier les dangers du tabac pour imposer leur crédibilité durablement… La stratégie dominante est plus subtile. Elle consiste à reconnaître, au moins en partie, que nos sociétés sont sous la menace d'une crise écologique, et éventuellement d'une crise sociale, mais à soutenir que la croissance économique est justement indispensable pour résoudre ces crises. Le discours est connu: comment, sans croissance, redistribuer de la richesse aux plus démunis? Comment, sans croissance, générer les innovations technologiques et le capital qui seront nécessaires pour faire face aux «problèmes environnementaux»? La croissance n'est pas le problème, elle est la solution. En bref, ne touchons pas au capitalisme. Tentons seulement d'en orienter la dynamique pour la rendre plus vertueuse sur les plans écologique et social. Dans cette perspective, il faut notamment internaliser les externalités (principe de l'utilisateur-payeur), favoriser les économies de ressources naturelles, encourager la dématérialisation de nos activités économiques, susciter des innovations, en particulier dans le domaine de l'énergie, trouver des substituts aux ressources non renouvelables les plus cruciales. Pour ce faire, les plus conservateurs suggèrent de prendre appui essentiellement sur les mécanismes du marché (marchés de permis de polluer, par exemple), et prônent un «capitalisme vert» ou une «croissance verte». Les réformistes en appellent quant à eux à une intervention de l'État (taxe carbone, par exemple) et se rassemblent sous la bannière du «développement durable».

Pour les «objecteurs de croissance», non seulement ces solutions ne résoudront pas les problèmes d'injustice et d'aliénation évoqués plus haut, mais elles n'assureront pas davantage la soutenabilité de nos sociétés sur le plan écologique. Dans le meilleur des cas, disent-ils, le développement durable aboutira à «polluer moins pour polluer plus longtemps.» D'ailleurs, plus de vingt ans après le lancement de cette idéologie par les autorités politiques et économiques occidentales, son bilan sur le plan écologique est pratiquement nul malgré la très vaste diffusion dont elle a bénéficié. Entretenant l'espoir qu'il est possible de concilier accumulation capitaliste, justice sociale et préservation de la planète, le projet d'un «développement durable» a surtout permis de ne rien changer d'essentiel à notre mode de production. Or, il faut commencer par admettre, disent les décroissancistes, qu'une croissance infinie (exponentielle qui plus est) dans un monde fini est tout simplement impossible – les rêveurs, aujourd'hui, sont ceux qui continuent à prétendre le contraire, comme bon nombre d'économistes. Il y a en effet des limites dans la recherche de substituts, naturels ou artificiels, aux ressources terrestres dont nous avons besoin pour vivre. Par quoi remplacer de l'eau buvable, de l'air respirable, de la terre fertile? Et par quoi remplacer les carburants fossiles sur la base desquels repose toute notre civilisation depuis 200 ans? Il n'y a pas de réel substitut au pétrole ou au charbon, qui présentent la caractéristique extraordinaire d'offrir une source d'énergie à la fois très concentrée et facilement stockable et transportable. Les lois de la thermodynamique l'emportent sur celles du marché (Georgescu-Reogen, 1995). Il y a des limites aussi à la dématérialisation de l'économie. On doit reconnaître tout d'abord que les activités de service n'ont pas remplacé les activités industrielles. Elles s'y sont ajoutées, ces dernières ayant été en partie délocalisées dans des contrées lointaines. En outre, «l'économie du savoir» fonctionne sur la base d'infrastructures matérielles souvent très lourdes, consommant beaucoup d'énergie. Mais cela vaut aussi pour ces petites machines tel l'iPhone, qui consomme autant d'électricité qu'un réfrigérateur ordinaire... Plus fondamentalement encore, la notion de marchandise immatérielle est un non-sens. Au minimum, les services sont assurés par des humains qui doivent se nourrir, se vêtir, se loger, être éduqués, soignés, etc. Quant aux idées, elles ne peuvent devenir marchandises sans être matérialisées d'une façon ou d'une autre (livres, fichiers numériques, etc.). La croissance économique suppose donc forcément la croissance de la consommation de ressources matérielles et énergétiques. Un découplage absolu entre ces deux phénomènes n'est pas possible; la croissance verte est un oxymore, une contradiction conceptuelle (CRITIC, 2013). Il y a des limites également à nos efforts en matière d'éco-efficience, car il faut tenir compte de l'effet rebond théorisé par l'économiste Stanley Jevons dès la fin du XIXe siècle. Sous sa forme la plus simple, cet effet peut être défini ainsi: dans une société productiviste, tout nouveau moyen d'économiser une ressource risque en fait de stimuler la consommation de cette ressource (rebond direct) ou d'autres ressources liées (rebond indirect) – un moteur de voiture qui consomme moins d'essence permet de faire plus de kilomètres ou de s'acheter un billet d'avion pour Cuba, grâce aux économies réalisées! Observable dans tous les domaines et sous diverses formes, cet effet pervers tend à réduire à néant l'impact écologique de solutions visant à économiser nos ressources naturelles (CRITIC, 2013; Owen, 2013). Il y a enfin des limites à la stratégie d'internalisation des externalités – principe du pollueur/

utilisateur-payeur. Mise en œuvre de manière résolue, c'est-à-dire dans l'intention ferme de réduire la consommation de ressources naturelles et la production de déchets, cette stratégie ne peut qu'avoir des effets récessifs sur l'économie : le producteur concerné devra augmenter ses prix et donc vendre moins ; le consommateur devra réduire sa consommation. Elle a donc toutes les chances de faire l'objet de vives oppositions, comme l'a montré la « révolte des bonnets rouges » contre l'Écotaxe en France, à l'automne 2013. Et si elle est acceptée, ce sera à condition d'être indolore financièrement pour tout le monde, donc inefficace sur le plan écologique. Dans des sociétés qui sont fondées sur l'impératif de la croissance, il ne peut en aller autrement. Telle est la loi de la valeur. C'est la raison pour laquelle les objecteurs de croissance ne voient pas de salut pour l'humanité future en dehors d'une rupture avec la logique croissanciste.

10.4.2 Inventer d'autres manières de vivre ensemble ?

Les partisans d'une « croissance verte » ou d'un « développement durable » s'entendent généralement pour adresser aux décroissancistes l'objection fondamentale suivante : certes, cette course à la production de marchandises pose problème, mais peut-on raisonnablement espérer y mettre un terme volontairement ? Outre le fait que trop d'humains n'y ont pas un intérêt immédiat, n'est-ce pas dans la nature de l'Homme que de chercher à améliorer continuellement son sort ? En somme, la croissance n'est-elle pas un phénomène naturel ? Et, dans ce cas, y a-t-il une autre manière de résoudre la crise écologique que de réduire le nombre d'êtres humains sur Terre ? À cette proposition malthusienne typique de l'idéologie libérale, les objecteurs de croissance répondent qu'il n'est pas forcément dans la nature humaine d'éprouver des besoins ou des désirs illimités. À l'appui de cette idée, ils citent d'ailleurs bien souvent des sociologues tels que Weber (1964 [1904], p. 61), qui affirme que : « L'homme ne désire pas "par nature" gagner de plus en plus d'argent, mais [...] désire, tout simplement, vivre selon son habitude et gagner autant d'argent qu'il lui en faut pour cela », ou des anthropologues tels que Sahlins (1976 [1972], p. 52), qui précise dans un texte fameux sur les « sociétés primitives » que : « Les chasseurs-collecteurs n'ont pas bridé leurs instincts matérialistes ; ils n'en ont simplement pas fait une institution ». Notre comportement est bien plus la conséquence du capitalisme que sa cause. Le mouvement du capital ne s'accomplit que si les marchandises produites sont consommées, ou en tout cas achetées. Tout doit être mis en œuvre pour éviter « l'épidémie de la surproduction » (Marx et Engels, 1976 [1848], p. 38), risque majeur de la société bourgeoise. Le crédit facile, la publicité omniprésente, l'obsolescence rapide des marchandises et leurs prix toujours à la baisse ; l'idéologie libérale aussi, relayée activement par les médias de masse et les institutions éducatives : tout cela participe à faire de nous ces animaux croissancistes dont le capitalisme a absolument besoin. La nature n'y est pas pour grand-chose. Réduire le nombre d'êtres humains sur Terre ne nous libérera pas des trois maux examinés dans la section précédente de ce chapitre, même si cela retarde temporairement la dévastation de l'écosphère et redonne un peu d'espace vital aux autres êtres vivants. Le problème essentiel n'est pas là. Comme disent parfois certains objecteurs de croissance : « Il n'y a pas trop d'humains sur Terre. Il y a trop de voitures ». Il vaudrait mieux sans aucun doute que nous soyons moins nombreux, mais il faudrait surtout que nous renoncions à notre mode de vie, donc à cette société bourgeoise qui le rend nécessaire.

Quelle solution de remplacement proposent les « décroissancistes » ? Leur objectif ultime est de réussir à bâtir des sociétés post-croissance, selon les exigences suivantes : le mode de reproduction de ces sociétés ne devrait pas impliquer le dépassement des limites écologiques de notre planète ; il devrait viser l'équité intragénérationnelle et intergénérationnelle entre humains, ainsi que le respect de l'existence des êtres vivants non humains ; il devrait enfin favoriser l'émancipation des êtres humains et leur autonomie, au sens plein du terme. Produire moins, partager plus et décider davantage : voilà pour les trois mots d'ordre essentiels. Quant aux moyens concrets qui sont suggérés pour s'y conformer, ils sont trop nombreux et divers pour en faire le tour ici. Toutefois, on peut en présenter les principes sous-jacents, qui sont au nombre de quatre (Abraham, 2012).

Le premier est le principe de démocratisation. La plupart des objecteurs de croissance s'entendent pour considérer que nos sociétés n'ont de démocratique que le nom, et que nous vivons en réalité dans des oligarchies ploutocratiques et « expertocratiques ». La première urgence donc, et la condition de possibilité d'une transition volontaire vers une société post-croissance, c'est une révolution démocratique. Pour les uns, cette révolution

Affiche de l'un des tous premiers colloques académiques sur la décroissance en Amérique du Nord

est possible dans le cadre de nos États-nations et, pour les autres, l'État constitue au contraire un obstacle qu'il convient d'abattre ou d'esquiver. Tous soulignent la nécessité que les humains puissent débattre librement des finalités de la vie collective (en tentant de donner une voix aux non humains) et fixer collectivement les normes d'une « vie bonne ». Cela justifie le fait de ne pas établir *a priori* un programme décroissanciste complet et implique que les solutions choisies varient selon les endroits et les personnes qui les ont conçues. Plus question notamment de dicter aux pays du Sud ce qu'ils ont à faire. Il est impératif de laisser enfin leurs habitants décider de leur sort. Au Nord, le débat démocratique exige entre autres choses la limitation de la publicité, véritable outil de propagande capitaliste, et la lutte contre la concentration des médias.

Deuxième principe clé des propositions décroissancistes : l'autoproduction. L'emploi de ce terme ne signifie pas que la décroissance impliquerait que chacun d'entre nous produise lui-même ce qu'il consomme. Ce que préconisent les décroissancistes, c'est que nous produisions non plus pour gagner de l'argent, à l'aide de machines que nous ne contrôlons pas, mais pour subvenir à nos besoins de manière aussi autonome que possible. En clair, il s'agit de viser la fin du salariat (ou du moins sa marginalisation), de se libérer du travail, cette activité inventée par les modernes, « que l'on exerce pour le compte d'un tiers, en échange d'un salaire, selon des formes et des horaires fixés par celui qui vous paie, en vue de fins que l'on n'a pas choisies soi-même » (Gorz, 1980, p. 7). Pour saper ce rapport social fondateur du capitalisme, les objecteurs de croissance prônent, à titre transitoire, une réduction drastique du temps de travail (pas plus de 2 à 3 jours de travail par semaine), et/ou un système de revenu inconditionnel garanti permettant à chacun de vivre sans avoir à vendre sa force de travail. Le temps disponible pourrait ainsi être utilisé à se former à des techniques favorisant notre autonomie et à commencer à produire localement, seul et ensemble, ce dont nous avons besoin, dans des limites établies démocratiquement. Un revenu maximum autorisé serait d'ailleurs fixé.

L'autoproduction n'est envisageable que si les humains ont accès aux moyens matériels et intellectuels de satisfaire leurs besoins. Cela suppose la déprivatisation du monde et sa mise en commun, d'où le principe de communalisation. Il implique le refus de la propriété, privée ou collective, ainsi que la limitation de la consommation humaine actuelle, puisque cette mise en commun concerne tout autant les générations futures que les êtres vivants non humains. S'il faut partager équitablement avec tous ces autres êtres, il n'est plus possible d'exploiter la planète et de la polluer comme nous le faisons actuellement. L'espèce humaine doit également cesser de croître. Pratiquement, les objecteurs de croissance privilégient la production de biens et de services collectifs (habitat, transports, etc.). Ils sont favorables à la gratuité de tout ce qui correspond à un besoin essentiel (l'eau à boire) et au renchérissement de ce qui ne l'est pas (l'eau des piscines). Concernant la terre, un dispositif tel que celui des fiducies foncières, agricoles notamment, correspond d'assez près à la forme de « possession » qu'ils privilégient.

Quatrième et dernier principe sous-jacent aux propositions décroissancistes : la coopération. Ce qui est visé ici, c'est l'élimination ou la marginalisation des rapports de concurrence et de compétition entre humains, ainsi que des rapports de domination aussi bien entre humains que vis-à-vis des non humains. Il s'agit de valoriser et de développer des relations de réciprocité entre les êtres vivants, fondées autant que faire se peut sur le principe du don/contre don. Cela peut inclure l'échange entre humains sur des marchés locaux, mais exclut le principe de la concurrence généralisée que l'on trouve au fondement de l'idéologie libérale. Concrètement, les objecteurs de croissance privilégient l'entraide, le modèle coopératif, de même que ce que l'on appelle aujourd'hui le « travail collaboratif ». Ils souhaitent le développement de dispositifs tels que l'Agriculture soutenue par la communauté (ASC), les Systèmes d'échanges locaux (SEL) et les monnaies locales sans prêt à intérêt. Par ailleurs, ce sont de fervents partisans de la permaculture, qui permet de se nourrir abondamment sans « exploiter » la flore et la faune, comme dans le cadre de l'agriculture industrielle. Fondée sur l'imitation des processus naturels, la permaculture implique des rapports de réciprocité entre les êtres.

En pratique, comment les objecteurs de croissance suggèrent-ils d'amorcer la transition vers des sociétés post-croissance ? Démocrates convaincus, ils ne prônent pas la violence. Pour faire avancer leurs idées, ils travaillent sur trois fronts : élaborer et développer (y compris sur le plan théorique) des projets politiques de décroissance ; rendre visibles leurs propositions et en débattre sur la place publique ; expérimenter la décroissance individuellement (simplicité volontaire) ou collectivement (« Villes en transition », systèmes d'échanges locaux, éco-villages ou éco-hameaux, etc.). L'un des enjeux primordiaux de ces actions est la « décolonisation de notre imaginaire », c'est-à-dire la remise en question de ces « évidences » qui non seulement rendent possible notre monde actuel, mais nous empêchent d'en concevoir un autre qui soit plus souhaitable. C'est le cas de bon nombre d'idées exprimées dans des formules toutes faites circulant en permanence dans nos conversations : « On n'arrête pas le progrès », « Nous vivons en démocratie », « L'Homme est un loup pour l'Homme », « Il faut créer des emplois », « La croissance est indispensable », « L'économie, c'est important », « Nos ressources naturelles », etc. Pour les objecteurs de croissance, chacune de ces expressions est contestable et problématique. Le premier pas vers des sociétés post-croissance consiste à se libérer de la vision du monde qu'elles véhiculent. En termes marxiens, il faut en finir avec ces idées constitutives de la superstructure de nos sociétés.

Toutes ces propositions ne sont-elles pas terriblement utopiques ? À cette objection fréquente, les décroissancistes répondent généralement que l'utopie est de continuer à penser qu'une croissance infinie dans un monde fini soit possible. On peut difficilement leur donner tort sur ce point. Cela dit, cette limite physique à la croissance suffira-t-elle à convaincre l'humanité de choisir de s'engager sur la voie d'une décroissance soutenable ? En d'autres termes, le risque d'effondrement réussira-t-il à persuader le plus grand nombre de la nécessité d'en finir une fois pour toutes avec le capitalisme ? Il est permis d'en douter. Certes, la crise écologique menace tout le monde, les riches comme les pauvres, mais elle affecte et affectera bien davantage les seconds. Les plus puissants aujourd'hui, qui constituent ce que le sociologue Michael Lind (1995) a proposé d'appeler l'*overclass*, disposent des moyens de se mettre à l'abri des principaux effets pervers de la dévastation écologique en cours, et y parviendront encore pendant longtemps, grâce peut-être aux technologies transhumanistes dans lesquelles certains d'entre eux investissent. Cette nouvelle classe dominante qui parvient à mettre les États à son service en faisant jouer la concurrence entre eux, ne renoncera pas spontanément à sa toute-puissance et saura s'opposer à ceux qui la contesteront. Mais de toute façon, n'est-elle pas elle-même prisonnière de la « cage d'acier » dont parlait Weber ? Peut-elle prétendre contrôler le « sujet automate » qu'est devenu le Capital ou la « mégamachine » que celui-ci contribue à développer ? Rien n'est moins sûr. Dès lors, le plus probable est que nous subissions dans les décennies à venir des catastrophes écologiques et sociales de plus en plus désastreuses pour de plus en plus d'humains. Cela finira-t-il par arrêter le mouvement du capital, comme le pensent certains, y compris des marxiens rigoureux (Jappe, 2011) ? Il serait imprudent d'en jurer. Nous l'avons souligné au départ : le capitalisme en a vu d'autres ! Actuellement, en dépit d'une croissance économique très faible, voire inexistante, l'accumulation se poursuit à un rythme soutenu, mais essentiellement par « dépossession ». Le géographe marxiste David Harvey (2006) désigne par ce terme un ensemble de stratégies (financiarisations, privatisations, droits de propriété intellectuelle et brevetage du vivant, politiques de soutien aux entreprises, appropriation de ressources naturelles, etc.) qui ont en commun de tenter de réduire la circulation capitaliste à la formule A-A'. En ce qui concerne l'avenir, le sociologue Razmig Keucheyan observe que la finance s'est déjà emparée des risques environnementaux pour en faire de très prometteurs produits spéculatifs. Avec l'aide de l'armée, le processus d'accumulation devrait par ailleurs pouvoir être préservé des conflits occasionnés par les catastrophes écologiques. À ceux qui espèrent que le capitalisme finisse par s'effondrer de lui-même, Keucheyan (2014) adresse donc la mise en garde suivante: « Le système ne s'autodétruira pas. Les désastres écologiques et les conflits n'empêcheront pas le capitalisme de fonctionner tant et aussi longtemps que les conditions favorables à l'investissement et au profit seront garanties. Et pour ce faire, la bonne vieille finance et l'armée sont prêtes à servir. Notre seule option est de bâtir un mouvement révolutionnaire pour mettre un terme à cette logique démente. Car les vies que ce système permettra, s'il perdure, ne vaudront probablement pas la peine d'être vécues. »

Épilogue

Dans cet ouvrage, nous avons utilisé un modèle d'analyse que nous considérons aussi neutre que possible et qui repose sur les acteurs, leurs buts, leurs ressources, leurs stratégies et leurs identités. Nous avons cherché à voir les enjeux qui se cachent au cœur des interactions des acteurs, ainsi que les régulations de pouvoir à l'œuvre dans les entreprises comme dans les sociétés capitalistes. Notre modèle se veut neutre parce qu'il peut s'appliquer à la compréhension de la société contemporaine et des organisations sans parti pris idéologique. Nous n'avons pas voulu faire l'apologie des sociétés modernes capitalistes ni à les diaboliser outre mesure, pas plus que nous avons souhaité défendre les entreprises et les organisations qui les constituent. Nous tenions surtout à comprendre ce que les entreprises sont aujourd'hui et comment elles se sont transformées au fil du temps. Par exemple, dans le chapitre 1, Jean-Pierre Dupuis ne se questionne pas sur l'avenir du capitalisme comme tel, mais sur les formes qu'il emprunte de nos jours. L'auteur aurait pu bien sûr s'engager sur la voie empruntée par Marx qui, dans la deuxième moitié du XIXe siècle, annonçait la fin de la société capitaliste et la naissance du communisme. Il ne l'a pas fait parce que, comme l'a montré l'histoire, les sociologues et autres spécialistes des sciences humaines et sociales (anthropologues, économistes, psychologues, entre autres) ne peuvent prédire l'avenir.

Il est entendu que les sociologues cherchent à détecter les tendances qui sont à l'œuvre dans le monde pour mieux comprendre les sociétés qui sont en train de se créer (Baumann, 2007 ; Langlois, 2003). En effet, les sociétés changent, se transforment et, parfois même, disparaissent. Aucun système social n'est éternel et le capitalisme ne fera pas exception. Cependant, bien malin celui qui pourrait en prédire la date de disparition ou prévoir le type de société qui émergera par la suite. Yves-Marie Abraham se risque à explorer certaines pistes dans le chapitre 10, qui porte sur le capitalisme, en tentant d'identifier les acteurs qui seraient porteurs d'un nouveau projet de société. L'histoire de la sociologie et de nos sociétés modernes est aussi celle de ces tentatives d'acteurs marginaux, lucides ou utopistes, qui ont essayé de faire apparaître ou du moins de prédire l'arrivée d'une société nouvelle (coopérative, communautaire, écologiste, socialiste, etc.). C'est bien là une caractéristique de nos sociétés modernes et, surtout, des démocraties parlementaires. Les sociétés modernes et capitalistes ne sont pas uniformes ; certaines permettent la contestation et l'expérimentation, d'autres usent d'autoritarisme politique pour mieux favoriser la croissance économique. Ce pluralisme de modèles et de préférences au sein même du capitalisme et de l'économie de marché favorise l'évolution du système capitaliste, mais sans jamais remettre en question sa dynamique de fond, basée sur le libre marché et le salariat. Et c'est bien cette dynamique qui entraîne actuellement toute la planète dans le giron du capitalisme, pour le meilleur et pour le pire.

Nous avons identifié quelques tendances fortes qui influencent les entreprises et les organisations et transforment les sociétés.

La première de ces tendances est assurément la mondialisation des échanges économiques (capitaux, technologies, main-d'œuvre, etc.) et la consommation, voire le consumérisme, qui l'accompagne. Nous avons vu comment cette mondialisation, par l'entremise, entre autres, de ses principales institutions que sont le Fonds monétaire international, la Banque mondiale ou l'Organisation mondiale du commerce, exerce une pression sur les États-nations, sur les syndicats, et les force à se réinventer. Par contre, nous avons peu parlé de la diffusion des pratiques culturelles, comme la nourriture, la musique, la mode, les arts en général, qui se font non seulement de l'Occident vers le reste du monde (télé et cinéma américains, grandes marques commerciales [McDonald, l'Oréal ou Mercedes], etc.), mais aussi de ce reste du monde vers nos sociétés occidentales, comme le montrent les anthropologues Inda et Rosaldo (2002). Pensons par exemple à la musique comme le reggae des Caraïbes, la salsa d'Amérique latine ou le zouk d'Afrique, et aux omniprésentes cuisines du monde avec en tête de liste les fameux sushis (Japon), les nachos (Mexique) et la cuisine indienne ou chinoise. Ajoutons des activités aussi variées que le karaoké (Japon), le baladi (danse orientale pratiquée à l'origine au Moyen-Orient et dans les pays arabes), le yoga (Inde) ou le judo (Japon), activités planétaires pratiquées parfois depuis longtemps. N'oublions pas, finalement (ce que nous avons trop souvent tendance à faire en Occident), les échanges qui se font entre ces autres pays et nations du reste du monde, sans passer par les États-Unis ou l'Europe : un bon exemple est le cinéma qui, au Nigéria, provient principalement de l'Inde, et où les grands acteurs des films de Bollywood sont de véritables vedettes. Ces pratiques transforment certes nos sociétés qui sont de plus en plus hybrides culturellement, mais elles sont aussi récupérées, voire cannibalisées, par le capitalisme. À ce titre, le capitalisme récupère de plus en plus vite les tendances culturelles émergentes des milieux dits *underground* (arts, technologies en mode *open source*, commercialisation grandissante des industries créatives, etc.). Ces tendances en arrivent à s'inscrire graduellement dans ce qu'il est convenu d'appeler les courants *mainstream*, et génèrent par le fait même de nouvelles sources de profit pour l'économie capitaliste, des sources de profit qui doivent être constamment renouvelées. Bien qu'impressionniste, l'ouvrage *L'esthétisation du monde: vivre à l'âge du capitalisme artiste*, de Gilles Lipovetsky et Jean Serroy (2013), peut servir ici de référence à l'effet que le capitalisme brouille de plus en plus les cartes entre l'art, l'économie et la finance pour, au final, faire de la consommation une expérience culturelle.

La deuxième tendance est la montée en puissance des technologies de l'information et des télécommunications. Le monde est mis en réseau de façon virtuelle et la communication permet à chacun d'explorer l'Autre (la culture de l'Autre où qu'elle soit sur la planète), mais aussi de vivre sa propre culture, même en condition d'émigration. En effet, les immigrants ont un accès direct et rapide à leur culture d'origine (télé, cinéma, musique, etc.) à travers ces technologies qui transmettent images et sons partout dans le monde en quelques fractions de seconde. Comme l'ont dit et écrit de nombreux sociologues, il y a eu, dans nos sociétés modernes, un rétrécissement de l'espace-temps qui met de plus en plus de personnes et de sociétés en contact les unes avec les autres à travers le monde. Ces possibilités techniques, ce pouvoir des technologies, font dire à certains qu'un gouvernement mondial est possible, qu'il serait même indispensable pour assurer le développement futur des sociétés humaines sur Terre et affronter les grands défis de demain, notamment les défis écologiques et démographiques. Cela reste à voir bien sûr, mais il est vrai que ces technologies transforment profondément les individus et les sociétés. Néanmoins, comme l'a soutenu Patrick Pelletier dans le chapitre 9, ce sont les hommes et les femmes qui détermineront ultimement les usages sociaux de ces technologies.

La troisième tendance, plus ancienne celle-là, est la transformation des catégories sociales (immigrants, femmes et jeunes entre autres) en acteurs organisés revendiquant une reconnaissance et une meilleure place dans la société et dans les entreprises et organisations de tous genres. Les sociétés occidentales restent dominées par les hommes blancs, mais les autres groupes réclament de plus en plus de reconnaissance et d'autonomie. Ce qui a fait dire au sociologue français Alain Touraine (1973), que la nouvelle lutte des classes opposait ces nouveaux acteurs, à travers des mouvements sociaux, à la classe dominante s'appuyant sur un appareil d'État technocratique.

Notre ouvrage comprend aussi un chapitre sur la ville, lieu où toutes ces tendances (mondialisation des échanges, « technologisation » des rapports sociaux et montée en puissance des minorités) se retrouvent et se concentrent, faisant de la ville l'endroit du changement mais aussi du renouvellement du capitalisme. La ville, lieu de création mais aussi de destruction, nous renvoie aux questions environnementales, si cruciales aujourd'hui. La responsabilité sociale est devenue le principal véhicule par lequel certains contestent les pratiques des entreprises, notamment en matière environnementale, mais aussi celui par lequel les entreprises entendent faire leur juste part, en apparence du moins. C'est pourquoi, dans cette nouvelle édition, nous avons consacré un chapitre entier à la question de la responsabilité sociale des entreprises.

Il est assez clair que les diverses tendances soulevées tout au long de cet ouvrage participent à la transformation de nos sociétés, de nos entreprises et de nos organisations. Par contre, la question de savoir si ces tendances seront suffisamment fortes et lourdes pour entraîner un changement de système social et économique demeure sans réponse claire. Nous pouvons toutefois en douter mais, en la matière comme dans bien d'autres, prédire l'avenir s'avère un exercice hautement périlleux.

Bibliographie

chapitre 1

Albert, M. (1991). *Capitalisme contre capitalisme*, Paris, France, Seuil.

Amable, B. (2005). *Les cinq capitalismes. Diversité des systèmes économiques et sociaux dans la mondialisation*, Paris, France, Seuil.

Baechler, J. (1971). *Les origines du capitalisme*, Paris, France, Gallimard.

Bauer, M. et Bertin-Mourot, B. (août 1995). *Production d'autorité légitime, typologie des dirigeants de grandes entreprises et comparaison internationale. Schéma d'analyse et premiers résultats comparatifs européens*, communication présentée au colloque international Entreprises et sociétés. Enracinement, mutations et mondialisation, Montréal, Québec, École des HEC. (Texte disponible sur CD-ROM, p. 122.)

Beaud, M. (1990). *Histoire du capitalisme, de 1500 à nos jours*, Paris, France, Seuil.

Bélanger, Y. et Fournier, P. (1987). *L'entreprise québécoise. Développement historique et dynamique contemporaine*, Montréal, Québec, Hurtubise HMH.

Berger, P.L. (1992). *La révolution capitaliste : cinquante propositions concernant la prospérité, l'égalité et la liberté*, Paris, France, Nouveaux Horizons et Litec.

Berger, S. (1996). « Le rôle des États dans la globalisation », *Sciences humaines*, hors série n° 14, p. 52-56.

Braudel, F. (1979). *Civilisation matérielle, économie et capitalisme, XVe-XVIIIe siècle*, tome 3 : *Le temps du monde*, Paris, France, Armand Colin.

Cai, Z. (2013). « La Chine puissance mondiale ? ». Dans *Le Diploweb.com*. Repéré à www.diploweb.com/spip.php?article1114

Castoriadis, C. (1975). *L'institution imaginaire de la société*, Paris, France, Seuil.

Cerny, P.G. (1996). « Finance internationale et érosion du capitalisme diversifié », dans C. Crouch et W. Streeck (dir.), *Les capitalismes en Europe*, Paris, France, La Découverte, p. 235-246.

Chandler, A.D. (1988). *La main invisible des managers : une analyse historique*, Paris, France, Economica.

Chandler, A.D. (1992). *Organisation et performance des entreprises*, tome 1 : *Les USA 1880-1948*, Paris, France, Éditions d'organisation.

Chandler, A.D. (1993a). *Organisation et performance des entreprises*, tome 2 : *La Grande-Bretagne 1880-1948*, Paris, France, Éditions d'organisation.

Chandler, A.D. (1993b). *Organisation et performance des entreprises*, tome 3 : *L'Allemagne 1880-1939*, Paris, France, Éditions d'organisation.

Crouch, C. et Streeck, W. (1996). « Les capitalismes en Europe », dans C. Crouch et W. Streeck (dir.), *Les capitalismes en Europe*, Paris, France, La Découverte, p. 11-25.

FocusRh. (2013). « Qui sont les dirigeants d'aujourd'hui ? (Heidrick et Struggles) » dans *Actualité et évolution des Ressources Humaines*. Repéré à www.focusrh.com/actualites-rh/a-la-une/actualites/2013/06/12/qui-sont-les-dirigeants-daujourdhui-heidrick-struggles.html

Girard, C. et Perron, N. (1989). Histoire du Saguenay–Lac-Saint-Jean, Québec, Québec, Institut québécois de recherche sur la culture.

Heilbroner, R.L. (1986). *Le capitalisme : nature et logique*, Paris, France, Atlas et Economica.

Hollingsworth, J.R. (1996). « L'imbrication du capitalisme américain dans les institutions », dans C. Crouch et W. Streeck (dir.), *Les capitalismes en Europe*, Paris, France, La Découverte, p. 179-199.

Kennedy, P. (1989). *Naissance et déclin des grandes puissances*, Paris, France, Payot.

Lechevalier, A. (2013). « La "grande transformation" de l'Allemagne réunifiée dans le contexte européen », *L'économie politique*, n° 60, p. 17-34.

Mantoux, P. (1959). *La révolution industrielle au XVIIIe siècle : essai sur les commencements de la grande industrie moderne en Angleterre*, Paris, France, Génin.

Mullet, M. (1987). *Popular Culture and Popular Protest in Late Medieval and Early Europe*, Londres, Angleterre, Croom Helm.

Noël, A. (1995). « Québec Inc. : Veni ! Vidi ! Vici ? », dans J.-P. Dupuis (dir.), *Le modèle québécois de développement économique. Débats sur son contenu, son efficacité et ses liens avec les modes de gestion des entreprises*, Cap-Rouge, Québec, et Casablanca, Maroc, Presses Inter Universitaires et Éditions 2 Continents, p. 67-94.

Peyrefitte, A. (1989). *L'Empire immobile ou le choc des cultures*, Paris, France, Fayard.

Pichette, J. (1996). « Un économiste féru d'éthique », *Le Devoir*, 18 novembre, p. B1.

Rioux, J.-P. (1971). *La révolution industrielle. 1780-1880*, Paris, France, Seuil.

Strange, S. (1996). « L'avenir du capitalisme mondial. La diversité peut-elle persister indéfiniment ? », dans C. Crouch et W. Streeck (dir.), *Les capitalismes en Europe*, Paris, France, La Découverte, p. 247-260.

chapitre 2

Albert, M. (1991). *Capitalisme contre capitalisme*, Paris, France, Seuil.

Bernard, F. et Hamel, P.J. (1982). « Vers une déprofessionnalisation de la profession comptable ? La situation au Québec », *Sociologie du travail*, n° 2, p. 117-134.

Boltanski, L. (1982). *Les cadres. La formation d'un groupe social*, Paris, France, Minuit.

Bourque, R. et Lapointe, P.-A. (1992). « Syndicalisme et modernisation sociale des entreprises : l'expérience de la CSN au Québec », dans T.S. Kuttner (dir.), *Le système de relations industrielles : développements et tendances*, actes du XXIXe Congrès de l'Association canadienne des relations industrielles (ACRI-CIRA), vol. 2, n° 2, p. 571-581.

Canal Argent. (2013). « Bridgestone investit près de 40 M$ à Joliette ». Repéré à http://argent.canoe.ca/nouvelles/regions/bridgestone-investit-pres-de-40-m-joliette-18102013

Carpentier-Roy, M.-C. (1991). *Corps et âme : psychopathologie du travail infirmier*, Montréal, Québec, Liber.

Charbonneau, J.-P. (février 1996). « Joliette respire enfin », *La Presse*, p. A1.

Chevalier, J. [entretien avec]. (1996-1997). « Un enjeu de pouvoir », *Sciences humaines*, hors série n° 18, p. 37.

Clément, E. (décembre 1995). « Conflit à la Firestone de Joliette : Chevrette rencontrera les Japonais », *La Presse*, p. A1.

Cousineau, S. (mai 2004). « La chicane des bas bruns », *La Presse Affaires*, p. 5.

Crozier, M. et Friedberg, E. (1977). *L'acteur et le système*, Paris, France, Seuil (coll. « Points »).

Cru, D. (1987). « Les règles du métier », dans C. Dejours (dir.), *Plaisir et souffrance dans le travail. Séminaire interdisciplinaire de psychopathologie du travail*, tome I, Paris, France, publié avec le concours du CNRS, p. 29-42.

Dupuis, J.-P. (2002). « L'impact de la sous-traitance sur la culture professionnelle des mineurs », dans D. Harrisson et C. Legendre, *Santé, sécurité et transformation au travail. Réflexions et recherches sur le risque professionnel*, Montréal, Québec, PUQ, p. 205-228.

Friedberg, E. (1988 [1972, 3ème éd. remise à jour]). *L'analyse sociologique des organisations*, Paris, France, L'Harmattan.

Friedberg, E. (1993). *Le pouvoir et la règle. Dynamiques de l'action organisée*, Paris, France, Seuil.

Gagnon, M.-J. (1994). *Le syndicalisme : état des lieux et enjeux*, Québec, Québec, Institut québécois de recherche sur la culture.

Gatinois, C. (octobre 2008). « Des entreprises jusqu'aux ménages, comment le krach boursier contamine l'"économie réelle" », *Le Monde*, p. 12.

Harrisson, D. et Laplante, N. (1994). « Confiance, coopération et partenariat. Un processus de transformation dans l'entreprise québécoise », *Relations industrielles*, vol. 49, n° 4, p. 696-727.

Kourchid, O. (1992). *L'autre modèle californien. Contribution à une sociologie comparative de la condition salariale (France–États-Unis)*, Paris, France, Méridiens Klincksieck.

Lapointe, P.-A. (1996). *Participation et partenariat à Cascades-Jonquière : impasse temporaire ou impossible projet ?*, Montréal, Hull, Rimouski, Québec, Université du Québec et Université Laval, Cahiers du CRISES, n° 9604.

Lavigueur, R. (mai 1997). « Cascades, une culture en transformation », communication présentée au 65e Congrès de l'ACFAS, Trois-Rivières, Québec.

Lechevalier, A. (2013). « La "grande transformation" de l'Allemagne réunifiée dans le contexte européen », *L'Économie politique*, vol. 4, n° 60, p. 17-34. DOI : 10.3917/leco.060.0017

Mackenzie, H. (2014). *Une journée de travail bien remplie. La rémunération des PDG au Canada*, Centre canadien de politiques alternatives. Repéré à www.policyalternatives.ca/sites/default/files/uploads/publications/National%20Office/2014/01/All_in_a_Days_Work_CEO_Pay_FRENCH.pdf

Monks, R.A.G. et Minow, N. (1995). *Corporate Governance*, Oxford, Angleterre, Blackwell Business.

Morris, B. (1997). « Is your family wrecking your career and vice versa ? », *Fortune Magazine*, vol. 135, n° 5, p. 71-90.

Nash, J. (1979). *We Eat the Mines and the Mines Eat Us. Dependency and Exploitation in Bolivian Mines*, New York, NY, Columbia Press.

Nekhili, M. (1997). « La discipline par les banques », dans G. Charreaux (dir.), *Le gouvernement des entreprises. Corporate Governance. Théories et faits*, Paris, France, Economica, p. 331-360.

Pépin, N. (1996). « Post ou néo-fordisme chez Cascades Inc. : analyse des dimensions culturelle, organisationnelle et institutionnelle de l'entreprise à travers le cas de Kingsey Falls et d'East Angus », thèse de doctorat, Montréal, Québec, Université du Québec à Montréal.

Perreault, M. (février 1996). « Cinq conflits en 30 ans », *La Presse*, p. A23.

Rao, P.S. et Lee-Sing, C.R. (mars 1996). *Les structures de régie, la prise de décision et le rendement des entreprises en Amérique du Nord*, Ottawa, Ontario, Industrie Canada, Document de travail n° 7.

Reynaud, J.-D. (1989). *Les règles du jeu. L'action collective et la régulation sociale*, Paris, France, Armand Colin.

Rouillard, J. (1993). « L'image du pouvoir syndical au Québec (1950-1991) », *Recherches sociographiques*, vol. 34, n° 2, p. 279-304.

Sainsaulieu, R. (1977). *L'identité au travail*, Paris, France, FNSP.

Sainsaulieu, R. (1988). *Sociologie de l'organisation et de l'entreprise*, Paris, France, Presses de la FNSP et Dalloz.

Teal, G. (1986). « Organisation du travail et dimensions sexuelle et ethnique dans une usine de vêtements (Montréal) », *Anthropologie et sociétés*, vol. 10, n° 1, p. 33-57.

Tremblay, M. (1994). *Le sang jaune de Bombardier. La gestion de Laurent Beaudoin*, Québec, Québec, Presses de l'Université du Québec et École des HEC.

Tremblay, M.-A. (1983). *L'identité québécoise en péril*, Sainte-Foy, Québec, Les Éditions Saint-Yves.

chapitre 3

Amable, J. (2005). *Les cinq capitalismes. Diversité des systèmes économiques et sociaux dans la mondialisation*, Paris, France, Seuil.

Arendt, H. (1951). *The Origins of Totalitarianism*, New York, NY, Harcourt Brace & Co.

Aron, R. (1965). *Démocratie et totalitarisme*, Paris, France, Gallimard.

Bergeron, G. (1990). *Petit traité de l'État*, Paris, France, PUF.

Boudon, R. et Bourricaud, F. (1982). *Dictionnaire critique de la sociologie*, Paris, France, PUF.

Debbasch, C. et Pontier, J.-M. (1995). *Introduction à la politique*, Paris, France, Dalloz.

Delwit, P. (2001). *Introduction à la science politique*, Bruxelles, Belgique, Presses universitaires de Bruxelles.

Duhamel, A. et Mercier, B. (2000). *La démocratie. Ses fondements, son histoire et ses pratiques*, Québec, Québec, Le Directeur général des élections du Québec.

Dumont, F. (1997). *Raisons communes*, Montréal, Québec, Boréal.

Esping-Andersen, G. (1990). *Les trois mondes de l'État-providence. Essai sur le capitalisme moderne*, Paris, France, PUF.

Facal, J. (2005). « Changement social et transformations d'une identité collective : le cas des Québécois de l'après-guerre à aujourd'hui », Cahier de recherche n° 05-01, HEC Montréal.

Facal, J. (2010). *Comprendre et influencer les gouvernements*, Montréal, Québec, Transcontinental.

Giddens, A. (2000). *Runaway World. How Globalization is Reshaping Our Lives*, Londres, Angleterre, Brunner-Routledge.

Hastings, M. (1996). *Aborder la science politique*, Paris, France, Seuil.

Held, D., McGrew, A., Goldblatt, *D.* et Perraton J. (1999). *Global Transformations*, Cambridge, Angleterre, Polity.

Hermet, B., Badie, P., Birnbaum, P. et Braud, P. (1994). *Dictionnaire de la science politique et des institutions politiques*, Paris, France, Armand Colin.

Hirst, P. et Thompson, G. (1999). *Globalization in Question. The International Economy and the Possibilities of Governance*, Cambridge, Angleterre, Polity.

Lamonde, Y. et Trépanier, E. (1986). *L'avènement de la modernité culturelle au Québec*, Québec, Québec, Institut québécois de recherche sur la culture.

Lapierre, J.-W. (1985). « Du pouvoir en général au pouvoir politique », dans M. Grawitz et J. Leca (dir.), *Traité de science politique*, vol. 1, Paris, France, PUF, p. 372.

Lévesque, B. (2003). « Un modèle québécois de deuxième génération ? », dans *Le Devoir*. Repéré à www.vigile.net/

ds-economie/docs3/03-2-12-levesque-modele.html

Linteau, P.-A. (1981). *Maisonneuve. Comment des promoteurs fabriquent une ville*, Montréal, Québec, Boréal.

Lipset, S.M. (1990). *Continental Divide. The Values and Institutions of the United States and Canada*, New York, NY, Routledge.

Ohmae, K. (1995). *The End of the Nation State. The Rise of Regional Economies*, Londres, Angleterre, Free Press.

Olson, M. (1965). *The Logic of Collective Action*, Cambridge, Angleterre, Harvard University Press.

Quermonne, J.-L. (1986). *Les régimes politiques occidentaux*, Paris, France, Seuil.

Rigaud, B., Côté, L., Lévesque, B., Facal, J. et Bernier, L. (2010). « Les complémentarités institutionnelles du modèle québécois de développement », *Recherches sociographiques*, vol. LI, nos 1-2, p. 13-43.

Rosenau, J. (1997). *Along the Domestic-Foreign Frontier. Exploring Governance in a Turbulent World*, Cambridge, Angleterre, Cambridge University Press.

Rouillard, J. (1989). *Histoire du syndicalisme québécois*, Montréal, Québec, Boréal.

Roy, F. (1988). *Progrès, harmonie, liberté: le libéralisme des milieux d'affaires francophones à Montréal au tournant du siècle*, Montréal, Québec, Boréal.

Stanbury, W. (1993). *Business-Government in Canada. Influencing Public Policy*, Scarborough, Ontario, Nelson Canada.

Thériault, J.-Y. (2004). « L'avenir de la social-démocratie », dans M. Venne (dir.) *L'Annuaire du Québec 2004*, Montréal, Québec, Fides, p. 631-640.

Toulouse, J.-M. (1979). *L'entrepreneurship au Québec*, Montréal, Québec, Fides.

Verrette, M. (1989). *L'alphabétisation au Québec (1660-1900)*, thèse de doctorat (Histoire), Québec, Québec, Université Laval.

Wallot, J.-P. (1973). *Un Québec qui bougeait: trame socio-politique du Québec au tournant du XIXe siècle*, Montréal, Québec, Boréal Express.

Warren, J.-P. (2003). *L'engagement sociologique. La tradition sociologique du Québec francophone (1886-1955)*, Montréal, Québec, Boréal.

Watkins, M., Edward, M. et Thakrar, U. (2001). *Winning the Influence Game. What Every Business Leader Should Know about Government*. New York, NY, John Wiley & Sons Inc.

chapitre 4

Adda, J. (2001). *La mondialisation de l'économie*, tome I: *Problèmes*, Paris, France, La Découverte (coll. « Repères »).

Affaires étrangères, Commerce et Développement Canada. (2014). Repéré à www.international.gc.ca

Association des Nations de l'Asie du Sud-Est (ANASE). (2014). Repéré à www.aseansec.org

Baechler, J. (1971). *Les origines du capitalisme*, Paris, France, Gallimard.

Banque africaine de développement (BAD). (2014). Repéré à www.afdb.org

Banque des règlements internationaux (BRI). (2014). Repéré à www.bis.org

Banque mondiale. (2003). *Global Economic Prospects*, Washington, DC, The World Bank.

Bayremzadeh, K. (2011). « Le rôle des organisations internationales dans le processus d'intégration régionale: le cas du monde arabe », *Fédéralisme Régionalisme*, n° 2 – « Le régionalisme international: regards croisés. Europe, Asie et Maghreb », vol. 11. Repéré à http://popups.ulg.ac.be/1374-3864/index.php?id=1096

Beck, U. (2003). *Pouvoir et contre-pouvoir à l'ère de la mondialisation*; traduit de l'allemand par Aurélie Duthoo, Paris, France, Aubier.

Bell, D. (1976). *The Coming of the Industrial Society: a venture of social forecasting*, New York, NY, Basic Books.

Bernstein, S. et Milza, P. (1987). *Histoire du vingtième siècle: de 1953 à nos jours*, tome III: *La croissance et la crise*, Paris, France, Hatier.

Bérubé, N. (décembre 2013). « Les promesses non tenues du traité de l'Alena », *La Presse*. Repéré à www.lapresse.ca/international/201312/21/01-4723168-les-promesses-non-tenues-du-traite-de-lalena.php

Boltanski, L. et Chiappelo, E. (1999). *Le nouvel esprit du capitalisme*, Paris, France, Gallimard.

Brasseul, J. (2003). *Histoire des faits économiques et sociaux*, Paris, France, Armand Colin.

Braudel, F. (1985). *La dynamique du capitalisme*, Paris, France, Arthaud.

Convention. (2014). Repéré à http://convention-s.fr

Finance et Économie Québec. (2014). Repéré à www.economie.gouv.qc.ca

Fonds monétaire international (FMI). (2014). Repéré à www.imf.org

Fontanel, J. (1981). *Organisations économiques internationales*, Paris, France, Masson.

Giraud, P.-N. (2008, 2012). *La Mondialisation. Émergences et fragmentations*, Auxerre, France, Éditions Sciences humaines.

Laderman, D., Menéndez, A.M., Perry, G. et Stiglitz, J.E. (2001). « Mexico five years after the crisis », *Annual Bank Conference on Development Economics 2000*, Washington, DC, World Bank, p. 263-282.

La documentation française. (2014). Repéré à www. ladocumentationfrancaise.fr/dossiers/banque-mondiale-fmi/organisations.shtml

Moreau Defarges, P. (2002). *La mondialisation*, Paris, France, Presses universitaires de France (coll. « Que sais-je ? »).

Observatoire des inégalités. (2014). Repéré à www.inegalites.fr/spip.php?article381

Organisation Internationale du Travail (OIT). (2014). Repéré à www.ilo.org

Organisation mondiale du commerce (OMC). (2014). Repéré à www.wto.org

Réseau européen sur la dette et le développement (EURODAD). (2014). Repéré à www.eurodad.org

Rey, J.-J. et Robert, E. (1996). *Institutions économiques internationales*, 2e édition, Bruxelles, Belgique, Bruylant.

Schumpeter, J. (1942, 1990). *Capitalisme, socialisme et démocratie*; traduit de l'anglais par G. Fain, Paris, France, Payot.

Sciences Humaines. (2013-2014). « Vers un nouveau monde » dans *Les Grands Dossiers des Sciences humaines*, n° 33.

Statistiques mondiales. (2014). Repéré à www.statistiques-mondiales.com/union_europeenne.htm

Stiglitz, J.E. (2002). *La grande désillusion*, traduit de l'américain par Paul Chemla, Paris, France, Fayard.

Stiglitz, J.E. (2003). *Quand le capitalisme perd la tête*, Paris, France, Fayard.

Todorov, T. (1982). *La conquête de l'Amérique: la question de l'autre*, Paris, France, Seuil.

Union européenne (UE). (2014). Repéré à www.europa.eu.int

Ziegler, J. (2002). *Les nouveaux maîtres du monde et ceux qui leur résistent*, Paris, France, Fayard.

Ziegler, J. (décembre 2005). « L'aide alimentaire ne peut pas être l'objet de marchandage à l'OMC », *Le Devoir*, p. A7.

chapitre 5

Akyeampong, E.B. (2002). « Unionization and Fringe Benefits », *Perspectives on Labour and Income*, vol. 14, n° 3, p. 42-46.

Amossé, T. (octobre 2004). *Mythes et réalités de la syndicalisation en France, Premières informations et premières synthèses*, Ministère de l'Emploi, du Travail et de la Cohésion sociale, Direction de l'animation, de la recherche, des études et des statistiques (DARES), Paris, France, n° 44.2.

Anner, M. (2011). *Solidarity Transformed: Labor Responses to Globalization and Crisis in Latin America*, Ithaca, NY, ILR Cornell University Press.

Anner, M. (2013). « Workers' Power in Global Value Chains: Fighthing Sweatshop Practices at Russell, Nike and Knights Apparel », dans P. Fairbrother, M.-A. Hennebert et C. Lévesque (dir.), *Transnational Trade Unionism: Building Union Power*, New York, NY, Routledge, p. 25-41.

Armbruster, R. (2005). *Globalization and Cross-Border Labor Solidarity in the Americas: the Anti-Sweatshop Movement and the Struggle for Social Justice*, New York, NY, Routledge.

Bélanger, J., Giles, A. et Murray, G. (2004). « Vers un nouveau modèle de production: possibilités, tensions et contradictions », dans G. Murray *et al.* (dir.), *L'organisation de la production et du travail: vers un nouveau modèle?*, Québec, Québec, PUL, p. 13-62.

Bernier, J., Vallée, G. et Jobin, C. (2003). *Les besoins de protection sociale des personnes en situation de travail non traditionnelle*, ministère du Travail, Québec, Québec, Gouvernement du Québec, p. 76.

Bernstein, S., Coiquaud, M.-J., Dupuis, L. L., Fontaine, L., Morissette, E., Paquet, E. *et al.* (2009a). « Les transformations du travail et de l'entreprise: qu'attendre des politiques publiques? », *Administration publique du Canada*, vol. 52, n° 2, p. 177-201.

Bernstein, S., Coiquaud, M.-J., Dupuis, L. L., Fontaine, L., Morissette, E., Paquet, E. *et al.* (2009b). « Les transformations des relations d'emploi: une sécurité compromise? », *Regards sur le travail*, vol. 6, n° 1, p. 19-29.

Bettache, M. (2010). « La concertation patronale-syndicale au Québec: consultation ou décision conjointe? Des différences de perception et retombées sur la mobilisation des employés », *Relations industrielles*, vol. 5, n° 1, p. 27-69.

Bourque, R. (2005). *Les accords-cadres internationaux (ACI) et la négociation collective internationale à l'ère de la mondialisation*, Genève, Suisse, Institut international d'études sociales, Programme éducation et dialogue.

Bourque, R. et Rioux, C. (2001). « Restructuration industrielle et action syndicale locale: le cas de l'industrie du papier au Québec », *Relations industrielles*, vol. 56, n° 2, p. 336-361.

Cantin, É. (2012). « The Politics of Austerity and the Conservative Offensive against US Public Sector Unions, 2008-2012 », *Relations industrielles*, vol. 67, n° 4, p. 612-632.

Coutu, M., Fontaine, L.-L., Marceau, G. et Coiquaud, U. (2013). *Droit des rapports collectifs de travail*, 2e éd., Cowansville, Québec, Éditions Yvon Blais, p. 80-85.

Da Costa, I. et Rehfeldt, U. (2006). *Syndicats et firmes américaines dans l'espace social européen: des comités d'entreprise européens aux comités mondiaux?*, rapport pour le Commissariat général du Plan, Paris, France, Centre d'études et de l'emploi.

Deakin, S. et Wilkinson, F. (2005). *The Law of the Labour Market: Industrialization, Employment, and Legal Evolution*, Oxford, Angleterre, Oxford University Press, p. 204-209.

Dufour, C. et Hege, A. (2002). *L'Europe syndicale au quotidien*, Bruxelles, Belgique, P.I.E. Peter Lang, p. 60-61.

Dufour-Poirier, M. (2011). *Construction d'une coalition syndicale internationale: analyse d'une perspective Nord-Sud*, thèse de doctorat, HEC Montréal.

Fairbrother, P. et Hammer, N. (2005). « Global Unions: Past Efforts and Future Prospects », *Relations industrielles*, vol. 60, n° 3, p. 405-431.

Frangi, L., Hennebert, M.-A. et Memoli, V. (2014). « Social Confidence in Unions: A U.S.-Canada Comparison », *Revue canadienne de sociologie*, vol. 51, n° 2, p. 170-188.

Freeman, R.B. et Roger, J. (1999). *What Workers Want*, Ithaca, NY, Cornell University Press.

Friedman, M. (1962). *Capitalism and Freedom*, Chicago, IL et Londres, Angleterre, The University of Chicago Press.

Gagnon, M.-J. (1994). « Le syndicalisme: état des lieux et enjeux », vol. 17, Québec, Québec, Institut québécois de recherche sur la culture, p. 68.

Gérin-Lajoie, J. (2004). *Les relations du travail au Québec*, Montréal, Québec, Gaëtan Morin Éditeur.

Godard, J. (2009). « The Exceptional Decline of the American Labor Movement », *Industrial and Labor Relations Review*, vol. 63, n° 1, p. 82-108.

Greven, T. et Russo, J. (2003). « Transnational "Corporate Campaigns": A Tool for Labour Unions in the Global Economy? », *13th World Congress of the International Industrial Relations Association*, Berlin, Allemagne. Repéré à www.fu-berlin.de/iira2003

Gumbrell-McCormick, R. et Hyman, R. (2013). *Trade Unions in Western Europe: Hard Times, Hard Choices*, Londres, Angleterre et New York, NY, Oxford University Press.

Haiven, L. (2006). « Expanding The Union Zone: Union Renewal Through Alternative Forms Of Worker Organization », *Labor Studies Journal*, vol. 31, n° 3, p. 85-116.

Hammer, N. (2005). « International Framework Agreements: Global Industrial Relations Between Rights and Bargaining », *Transfer*, vol. 11, n° 4, p. 511-531.

Harrison, D. et Laplante, N. (2002). *La construction du partenariat patronal-syndical: contraintes du marché et négociations locales*, Paris, France, L'Harmattan (coll. « Logiques sociales »).

Hennebert, M.-A. (2010). *Les alliances syndicales internationales, des contre-pouvoirs aux entreprises multinationales?* Paris, France, L'Harmattan (coll. « Logiques sociales »).

Hollingsworth, J. et Boyer, R. (dir.). (1997). *Contemporary Capitalism: The Embeddedness of Institutions*, Cambridge, Angleterre et New York, NY, Cambridge University Press.

Hyman, R. (1997). « La géométrie du syndicalisme: une analyse comparative des identités et des idéologies », *Relations industrielles*, vol. 52, n° 1, p. 7-38.

Kay, T. (2011). *NAFTA and the Politics of Labor Transnationalism*, Cambridge, Angleterre, Cambridge University Press.

Kochan, T.A. *et al.* (2008). « The Potential and Precariousness of Partnership: The Case of the Kaiser Permanente Labor Management Partnership », *Relations industrielles*, vol. 47, n° 1, p. 36-65.

Krugman, P. (2007). *L'Amérique que nous voulons*, Paris, France, Flammarion.

Kumar, P. et Schenk, C. (2005). *Paths to Union Renewal: Canadian experiences*, Peterborough, Ontario, Broadview Press, p. 32.

Laplante, M. et Harrison, D. (2008). « Les conditions de la confiance entre gestionnaires et représentants syndicaux dans un contexte d'innovations», *Relations industrielles*, vol. 63, nº 1, p. 85-107.

Lapointe, P.-A. (2001). « Partenariat, avec ou sans démocratie », *Relations industrielles*, vol. 56, nº 2, p. 244-276.

Lapointe, P.-A., Lévesque, C., Murray, G. et Le Capitaine, C. (2004). *La dynamique sociale des innovations en milieu de travail dans le secteur des industries métallurgiques du Québec*, Montréal, Québec, Études théoriques, CRISES.

Lauzon, L.-P., Rogenmoser, F. et Lauzon, M. (2013). *Portrait du syndicalisme: au-delà des mythes*, Montréal, Québec, UQAM, Laboratoire d'études socio-économiques.

Lévesque, C. et Murray, G. (2001). « Mondialisation, transformation du travail et renouveau syndical », dans Y. Bélanger, R. Comeau et C. Métivier (dir.), *La FTQ, ses syndicats et la société québécoise*, Montréal, Québec, Comeau et Nadeau, p. 189-202.

Lévesque, C. et Murray, G. (2005). « Union Involvement and Workplace Change: A Comparative Study of Local Unions in Canada and Mexico », *British Journal of Industrial Relations*, vol. 43, nº 3, p. 489-514.

Lévesque, C. et Murray, G. (2010). « Comprendre le pouvoir syndical: ressources et aptitudes stratégiques pour renouveler l'action syndicale », *La revue de l'IRES*, nº 66, p. 39-62.

Organisation de coopération et de développement économiques (OCDE). (15 avril 2014). Statistiques pour tous les pays à l'exception du Québec.

Marginson, P., Hall, M., Hoffmann, A. et Müller, T. (2004). « The Impact of European Works Councils on Management Decision-Making in UK and US-Based Multinationals: A Case Study Comparison », *British Journal of Industrial Relations*, vol. 42, nº 2, p. 209-233.

Ministère du travail du Québec. (2005). *Changements organisationnels pour améliorer la productivité et l'emploi*, Québec, Québec, Gouvernement du Québec.

Ministère du Travail du Québec, Direction des études et des politiques. (1999). *La présence syndicale au Québec en 2000* Québec, Québec, Gouvernement du Québec. Données pour le Québec en 2000.

Ministère du Travail du Québec, Direction des études et des politiques. (2011). *La présence syndicale au Québec en 2010*, Québec, Québec, Gouvernement du Québec. Données pour le Québec en 2011.

Moreau, M.-A. (2002). « L'action syndicale en Europe », *Le syndicalisme salarié*, Paris, France, Dalloz, p. 59-75.

Notebaert, G. (2006). « L'impact du cadre législatif sur le taux de syndicalisation des intérimaires au Québec et en France », *Relations industrielles*, vol. 61, nº 2.

Ramsay, H. (1997). « Solidarity at Last? », *Economic and Industrial Democracy*, vol. 18, p. 503-537.

Rouillard, J. (1989). *Histoire du syndicalisme québécois*, Montréal, Québec, Boréal.

Sauviat, C. (2011). « Le Wisconsin, à l'avant-garde d'une offensive antisyndicale d'envergure », *Chronique internationale de l'IRES*, nº 129, p. 3-11.

Schuster, M.H. et Weidman, S. (2006). « Organizational Change in Union Settings: Labor-Management Partnerships: The Past and the Future », *Human Resource Planning*, vol. 29, nº 1, p. 45-51.

Statistique Canada. (août 2011). « Fact Sheet on Unionization », *Perspectives on Labour and Income*.

Travailleuses et travailleurs unis de l'alimentation et du commerce (TUAC). (21 juin 2010). « Les travailleurs migrants d'une serre du Québec gagnent un contrat novateur », *Bulletin Directions*, vol. X, nº 24, Repéré à www.tuac.ca

Travailleuses et travailleurs unis de l'alimentation et du commerce, section locale 501 c. *L'Écuyer*, 2010 QCCRT 191, AZ-50627411; requêtes principales en révision judiciaire rejetées et requête incidente en révision judiciaire accueillie en partie (C.S., 2013-03-11), 500-17-058367-106 et 500-17-058556-104, 2013 QCCS 973, SOQUIJ AZ-50945065, 2013EXP-1099, 2013EXPT-635, J.E. 2013-590, D.T.E. 2013T-222, [2013] R.J.D.T. 226.

Travailleurs et travailleuses unis de l'alimentation et du commerce, section locale 501 c. *Les Productions Horticoles Demers inc.*, 2013 QCCRT 0454, 25CT.

Thelen, K. (2009). « Institutional Change in Advanced Political Economies », *British Journal of Industrial Relations*, vol. 47, nº 3, p. 471-498.

Verma, A. (2005). « What do unions do to the workplace? Union effects on management and HRM policies », *Journal of Labour Research*, vol. 26, nº 3, p. 415-449.

Wells, D. (2001). « Labour Markets, Flexible Specialization and the New Microcorporatism: The Case of Canada's Major Appliance Industry », *Relations industrielles*, vol. 56, nº 2, p. 279-304.

chapitre 6

André, I. et Abreu, A. (2009). « Social creativity and post-rural places: the case of Montemor-o-Novo, Portugal », *Canadian Journal of Regional Science/Revue canadienne des sciences régionales*, vol. 32, nº 1, p. 101-114.

André, I., Abreu, A. et Carmo, A. (2013). « Social innovation through the arts in rural areas: the case of Montemor-o-novo », dans F. Moulaert, D. MacCallum, A. Mehmood et A. Hamdouch (dir.), *The International Handbook on Social Innovation*, Cheltenham, Angleterre, Edward Elgar, p. 242-255.

Barrère-Maurisson, M.-A. et Tremblay, D.-G. (2008). « La gouvernance de la conciliation travail-famille: comparaison France-Québec », *Santé, société et solidarité*, Paris, France, nº 1, p. 85 à 95.

Barrère-Maurisson, M.-A. et Tremblay, D.-G. (2009). *Concilier travail et famille; le rôle des acteurs*, France-Québec, Québec, PUQ.

Battaglia, A. et Tremblay, D.-G. (2012). « 22@ and the Innovation District in Barcelona and Montreal: a process of clustering development between urban regeneration and economic competitiveness », *Urban Studies Research*, vol. 2011, art. ID 568159. Repéré à www.hindawi.com/journals/usr/2011/568159

Beckstead, D. et Brown, W. M. (2006). *Capacité d'innovation: l'emploi en sciences et en génie dans les villes canadiennes et américaines*, Ottawa, Ontario, Statistique Canada.

Benko, G. et Lipietz, A. (dir). (1992). *Les régions qui gagnent*, Paris, France, Presses Universitaires de France.

Castells, M. (1997). *The Power of Identity. The Information Age - Economy, Society and Culture*, Oxford, Angleterre, Blackwell.

Côté, S., Klein, J.-L. et Proulx, M.-U. (dir). (1995). *Et les régions qui perdent...?*, Actes du colloque de la section développement régional du 63e congrès de l'ACFAS, Rimouski, Québec, GRIDEQ.

Darchen, S. et Tremblay, D.-G. (2010a). « La thèse de la classe créative: revue des écrits et perspectives de recherche », dans R. Tremblay et D.-G. Tremblay, *La classe créative selon Richard Florida : un paradigme urbain plausible ?*, Québec, Québec, Presses de l'Université du Québec et Presses universitaires de Rennes (coll. « Géographie contemporaine »), p. 13-35.

Darchen, S. et Tremblay, D.-G. (2010b). « Attracting and retaining the workforce in science and technology : the impact of factors related to the quality of place. The case of Montreal », dans K. Metaxiotis, F.J. Carrillo et T. Yigitcanlar (dir.), *Knowledge-Based Development for Cities and Societies ; integrated multi-level approaches*, Hershey, PA, IGI Global, p. 42-58.

Darchen, S. et Tremblay, D.-G. (2010c). « The creative class thesis and the mobility patterns of knowledge workers considering the place of birth : the case of Montreal », *International Journal of Knowledge Based Development*, vol. 1, n° 3, p. 176-203.

Darchen, S. et Tremblay, D.-G. (2013). « The local governance of culture-led regeneration projects : A comparative analysis between Montreal and Toronto », *Urban Research & Practice*, vol. 6, n° 2, p. 140-157. Repéré à http://dx.doi.org/10.1080/17535069.2013.808433

Durkheim, E. (1967 [1893]). *De la division du travail social*, 8e édition, Paris, France, Les Presses universitaires de France (coll. « Bibliothèque de philosophie contemporaine »). Repéré à http://classiques.uqac.ca/classiques/Durkheim_emile/division_du_travail/division_travail_1.pdf

Florida, R. (2002a). *The rise of the creative class and how it's transforming work, leisure, community and everyday life*, New York, NY, Basic Books.

Florida, R. (2002b). « Bohemia and economic geography », *Journal of Economic Geography*, vol. 2, p. 55-71.

Florida, R. (2005). *Cities and the Creative Class*, New York-London, Routledge.

Fontan, J.-M., Klein, J.-L. et Tremblay, D.-G. (2005). *Innovation socioterritoriale et reconversion économique : le cas de Montréal*, Paris, France, L'Harmattan.

Forrest, R. et Kearns, A. (2001). « Social Cohesion, Social Capital and the Neighbourhood », *Urban Studies*, vol. 38, n° 12, p. 2125-2143.

Gertler, M.S. (2004). « Les villes créatives : quelle est leur raison d'être, comment fonctionnent-elles et comment les bâtissons-nous ? », *Réseaux canadiens de recherche en politiques publiques*.

Glaeser, E.L. (2005). « Review of Richard Florida's the Rise of the creative class », *Regional Science and Urban Economics*, vol. 35, n° 5, p. 593-596.

Greffe, X. (2003). « Reconvertir autrement : la valeur des friches culturelles », dans J.-M. Fontan, J.-L. Klein et B. Lévesque (dir.), *Reconversion économique et développement territorial*, Québec, Québec, Presses de l'Université du Québec, p. 241-266.

Huang, P. (2013). *La solidarité numérique : réponse locale à l'exclusion et redéfinition des stratégies de développement en matière de TIC*, thèse de doctorat (Études urbaines), Université du Québec à Montréal.

Hula, R.C., Jackson, C.Y. et Orr, M. (1997). « Urban Politics, Governing Nonprofits and Community Revitalization », *Urban Affairs Review*, vol. 32, n° 4, p. 459-489.

Jacobs, J. (1984). *Cities and Wealth of Nations*, New York, NY, Random House.

Jenson, J. (2002). « Identifying the links : Social cohesion and Culture », *Canadian Journal of Communication*, vol. 27, n° 2, p.141-151.

Kantor, P., Savitch, H.V. et Haddock, S.V. (1997). « The Political Economy of Urban Regimes : A Comparative Perspective », *Urban Affairs Review*, vol. 32, n° 3, p. 348-377.

Klein, J.-L. (1992). « Le partenariat : vers une planification flexible du développement local ? » *Revue canadienne des sciences régionales*, Fredericton, Nouveau-Brunswick, University of New Brunswick, vol. XV, n° 3, p. 491-505.

Klein, J.-L., Fontan, J.-M., Harrisson, D. et Lévesque, B. (2014). « L'innovation sociale au Québec : un système d'innovation fondé sur la concertation », dans J.-L. Klein, J.-L. Laville et F. Moulaert (dir.), *L'innovation sociale*, Toulouse, France, ÉRÈS, p. 193-246.

Klein, J.-L. et Harrisson, D. (dir.). (2007). *L'innovation sociale*, Québec, Québec, Presses de l'Université du Québec.

Klein, J.-L., Laville, J.-L. et Moulaert, F. (dir.). (2014). *L'innovation sociale*, Toulouse, France, ÉRÈS.

Klein, J.-L. et Morrissette, P. (2013). « Le développement économique communautaire et la cohésion sociale à Montréal : une recherche partenariale sur l'apport des CDEC », *Les Cahiers du CRISES* (coll. « Études théoriques »), ET1303. Repéré à http://crises.uqam.ca/upload/files/publications/etudes-theoriques/Cahier_CRISES_ET1303.pdf

Klein, J.-L. et Tremblay, D.-G. (2010). « Social Actors and their Role in Metropolitan Governance in Montréal : Towards an Inclusive Coalition ? », *GeoJournal* (édition spéciale sur les villes canadiennes), vol. 75, n° 6, p. 567-579.

Klein, J.-L., Tremblay, D.-G. et Fontan, J.-M. (2014). « Social Actors and Hybrid Governance in Community Economic Development in Montreal », dans N. Bradford et A. Bramwell, *Governing Urban Economies; Innovation and Inclusion in Canadian City-Regions*, Toronto, Ontario, University of Toronto Press, p. 37-57.

Klein, J.-L., Tremblay, D.-G. et Rochman, J. (2014). « La durabilité urbaine revue à l'aide de la revitalisation d'un quartier à Montréal : le cas du Mile End », dans J. Forest et A. Hamdouch (dir.), *Quand l'innovation fait la ville durable*, Lausanne, Suisse, Presses Polytechniques et Universitaires Romandes. (Sous presse.)

Laville, J.-L. (2008). *Le travail. Une nouvelle question politique*. Paris, France, Desclée de Brouwer.

Lévesque, B. (2007a). « Développement local au Québec, 20 ans d'expérimentation et d'institutionalisation », dans X. Itçaina, J. Palard et S. Ségas (dir.), *Régimes territoriaux et développement économique*, Rennes, France, Presses universitaires de Rennes, p. 31-47.

Lévesque, B. (2007b). *Un siècle et demi d'économie sociale au Québec : Plusieurs configurations en présence (1850–2007)*, *Les Cahiers du CRISES*. ET0703.

Logan, J.R. et Molotch, H. (1987). *Urban Fortunes. The Political Economy of Place*, Berkeley, CA, University of California Press.

Markusen, A. (2006a). « Building the Creative Economy for Minnesota's Artists and Communities », *Center for Urban and Regional Affairs Reporter*, p. 16-25.

Markusen, A. (2006b). « Urban development and the politics of a creative class : evidence from a study of artists », *Environment and Planning A*, vol. 38, p. 1921-1940.

Markusen, A. et Schrock, G. (2006). « The artistic dividend : urban specialization and economic development implications », *Urban Studies*, vol. 43, n° 10, p. 1661-1686.

Miciukiewicz, K., Moulaert, F., Novy, S., Musterd, S. et Hillier, J. (2012). « Introduction : Problematising Urban and Social Cohesion : A Trandisciplinary

Endeavour », *Urban Studies*, vol. 49, nº 9, p. 1855-1872.

Moulaert, F. et Nussbaumer, J. (2008). *Logique sociale du développement territorial*, Québec, Québec, Presses de l'Université du Québec.

Osborne, D. et Gaebler, T. (1993). *Reinventing Government: How the Entrepreneurial Spirit is Transforming the Public Sector*, New York, NY, Penguin.

Peck, J. (2005). « Struggling with the creative class », *International Journal of Urban and Regional Research*, vol. 24, nº 4, p. 740-770.

Pilati, T. et Tremblay, D.-G. (2008). « Le développement socio-économique de Montréal : La cité créative et la carrière artistique comme facteurs d'attraction ? », *Canadian Journal of Regional Science*, vol. 30, nº 3, p. 475-495.

Rantisi, N. et Leslie, D. (2010). « Materiatility and creative production : the case of the Mile End neighborhood in Montréal », *Environment and Planning*, vol. 42, p. 2824 -2841.

Sassen, S. (dir.). (2002). *Global Networks, Linked Cities*, Londres, Angleterre, Routledge.

Scott, A.J. (dir.). (2001). *Global City-regions: Trends, Theory, Policies*, Oxford, Angleterre, Oxford University Press.

Scott, A.J. (2006). « Creative cities : Conceptual issues and policy questions », *Journal of Urban Affairs*, vol. 28, nº 1, p. 1-17.

Sennet, R. et Sassen, S. (août 2011). « Cameron's Broken Windows », *The New York Times*, The Opinion Pages. Repéré à www.nytimes.com/2011/08/11/opinion/when-budget-cuts-lead-to-broken-windows.html?_r=2&hp

Stoker, G. (2002). « Life is a lottery : New Labour's strategy for the reform of devolved governance », *Public Administration*, vol. 80, nº 3, p. 417-434.

Stone, C.N. (1989). *Regime Politics: Governing Atlanta (1946-1988)*, Lawrence, KS, Kansas University Press.

Stone, C.N. (2005). « Looking Back to Look Forward : Reflections on Urban Regime Analysis », *Urban Affairs Review*, vol. 40, nº 3, p. 309-341.

Stone, C.N., Henig, J.R., Jones, B.D. et Pierannunzi, C. (2001). *Building Civic Capacity*, Lawrence, KS, University of Kansas Press.

Tavano Blessi, G., Tremblay, D.-G., Sandri, M. et Pilati, T. (décembre 2012). « New trajectories in urban regeneration processes : Cultural capital as source of human and social capital accumulation – Evidence from the case of Tohu in Montreal », *J. Cities*, vol. 29, nº 6, p. 397-407.

Tremblay, D.-G. (dir.). (1994). *Concertation et performance économique : vers de nouveaux modèles ?* Montréal, Québec, Presses de l'Université du Québec. Repéré à http://puq.ca/catalogue/livres/concertation-performance-economique-vers-nouveaux-modeles-1490.html

Tremblay, D.-G. et Battaglia, A. (mars 2012). « El Raval and Mile End : a comparative study of two cultural quarters in Barcelona and Montreal, between urban regeneration and creative clusters », *Journal of Geography and Geology*, vol. 4, nº 1, p. 56-74.

Tremblay, D.-G. et Klein, J.-L. (septembre 2014). *Innovation sociale et cohésion sociale : le cas du cinéma Beaubien à Montréal*, article pour le colloque de l'Association d'économie sociale, Grenoble, France. (À paraître dans les actes.)

Tremblay, D.-G. et Pilati, T. (2008). « The Tohu and Artist-run Centers : Contributions to the Creative City ? », *Canadian Journal of Regional Science*, vol. 30, nº 2, p. 475-495.

Tremblay, D.-G. et Pilati, T. (2013). « Social innovation through arts and creativity », dans F. Moulaert, D. MacCallum, A. Mehmood et A. Hamdouch (dir.), *International Handbook of Social Innovation: Collective Action, Social Learning and Transdisciplinary Research*, Cheltenham, Angleterre, Edward Elgar.

Tremblay, D.-G. et Rousseau, S. (2006). « The Montreal multimedia sector : a cluster, an "innovative milieu" or a simple colocation ? », *Canadian Journal of Regional Science*, vol. 28, nº 2, p. 299-327.

Tremblay, D.-G. et Tremblay, R. (dir.). (2006). *La compétitivité urbaine dans le contexte de la nouvelle économie*, Québec, Québec, Presses de l'université du Québec (coll. « Économie politique »).

Tremblay, D.-G., Klein, J.-L. et Fontan, J.-M. (2009). *Initiatives locales et développement socio-territorial*, Québec, Québec, Télé-université et Presses de l'Université du Québec.

Tremblay, R. et Tremblay, D.-G. (dir.). (2010). *La classe créative selon Richard Florida : un paradigme urbain plausible ?*, Québec, Québec, Presses de l'Université du Québec et Presses universitaires de Rennes. Repéré à www.puq.ca/media/produits/documents/456_D2509_FPR.pdf

Veltz, P. (1996). *Mondialisation, villes et territoires: l'économie d'archipel*, Paris, France, PUF.

Walshok, M.L., Furtek, E., Lee, C.W.L. et Windham, P.H. (2002). « Building Regional Innovation Capacity : The San Diego Experience », *Industry and Higher Education*, vol. 16, nº 1, p. 27-42.

Wolfe, T. (1998). *A man in full New York*, New York, NY, Dial Press Trade Paperback.

chapitre 7

Adams, G. et Rau, B. (2004). « Job seeking among retirees seeking bridge employment », *Personnel Psychology*, vol. 57, nº 3, p. 719-744.

Adams, M. (1998). *Sex in the Snow: Canadian Social Values at the End of the Millennium*, Toronto, Ontario, Penguin Books.

Angelini, C. et Pignatel, I. (2010). « La Responsabilité Sociale d'Entreprise, un accélérateur de la prise en compte du genre », *Revue Management et Avenir*, vol. 8, nº 38, p. 188-200.

Angeloff, T. (2010). « La Chine au travail (1980-2009) : emploi, genre et migrations », *Travail, genre et sociétés*, vol. 1, nº 23, p. 79-102.

Arcand, S. (2013). *Politique de gestion de la diversité culturelle dans les organisations québécoises : de l'approche stratégique au déploiement*, Montréal, Québec, Éditions Nouvelles.

Arcand, S., Dupuis, J.-P. et Langis, S. (2012). « Language Skills and Efficient Knowledge Transfer : Evaluating possibilities from the case of young managers », *International Journal of Knowledge, Culture and Change Management*, vol. 11, nº 4, p. 297-315.

Arcand, S., Lenoir, A. et Helly, D. (2009). « Insertion professionnelle d'immigrants récents et réseaux sociaux : le cas des Maghrébins à Montréal et Sherbrooke », *The Canadian Journal of Sociology/Cahiers canadiens de sociologie*, vol. 34, nº 2, p. 373-402.

Badgett, M.V.L. et Folbre, N. (1999). « Responsabilités familiales et sociales : les normes du comportement masculin et féminin et leurs incidences économiques », *Revue internationale du travail*, vol. 138, nº 3, p. 343-361.

Banque mondiale. (2014). *Taux de participation à la population active, femmes (% de la population féminine âgée de 15 ans et plus) (estimation modélisée OIT)*. Repéré à http://donnees.banquemondiale.org/indicateur/SL.TLF.CACT.FE.ZS

Bardi, A. et Schwartz, S.H. (2003). « Values and behaviour : Strength and structure of relations », *Personality and Social Psychology Bulletin*, vol. 219, p. 1207-1220.

Béji, K. (2003). « Recherche sur les nouvelles formes de précarité de l'emploi », dans G. Fournier, B. Bourassa et K. Béji (dir.), *La précarité du travail : une réalité aux multiples visages*, Québec, Québec, Presses de l'Université Laval.

Bosch, G. et Wagner, A. (2004). « Économies de services en Europe et raisons de la croissance de l'emploi dans les services », *Sociologie du travail*, vol. 46, nº 4, p. 451-475.

Bouamama, S., Fotia, Y. et Cormont, J. (2010). « Les discriminations systémiques », dans *Les Figures de la Domination*. Repéré à www.lesfiguresdeladomination.org/index.php?id=542

Boulet, M. (2013). « L'accès limité des femmes aux emplois de gestion : un plafond de verre ? », étude pour le compte de l'Institut de la statistique du Québec, p. 3.

Boulet, M. (2014). « Même profession, salaires différents : les femmes professionnelles moins bien rémunérées », étude pour le compte de l'Institut de la statistique du Québec, p. 6.

Bureau international du travail (BIT). (2004). *Briser le plafond de verre : les femmes aux postes de direction – Réactualisation 2004*, Genève, Suisse, BIT.

Buscatto, M. et Marry, C. (2009). « Le plafond de verre dans tous ses éclats. La féminisation des professions supérieures au XXᵉ siècle », *Sociologie du travail*, vol. 51, nº 2, p. 170-182.

Caspi, A. et Roberts, B.W. (2001). « Personality development across the life course : The argument for change and continuity », *Psychological Inquiry*, vol. 12, nº 2, p. 49-66.

Caspi, A., Roberts, B.W. et Shiner, R.L. (2005). « Personality development : Stability and change », *Annual Review of Psychology*, vol. 56, p. 453-484.

Catalyst. (2013). *2013 Catalyst Census : Fortune 500 Women Board Directors*. Repéré à www.catalyst.org/knowledge/2013-catalyst-census-fortune-500-women-board-directors

Chevrier, C. et Tremblay, D.G. (2003). *Portrait actuel du marché du travail au Canada et au Québec : une analyse statistique en fonction du genre*, TÉLUQ – Télé-Université, Université du Québec.

Chicha, M.-T. (2009). *Le mirage de l'égalité : les immigrées hautement qualifiées à Montréal*, Toronto, Ontario, Fondation canadienne des relations raciales.

Chicha, M.-T. et Charest, E. (2009). « Accès à l'égalité et gestion de la diversité : une jonction indispensable », *Gestion : revue internationale de gestion*, vol. 34, nº 3, p. 66-73.

Commission de la construction du Québec. (2012). *L'intégration des femmes dans les métiers de la construction : une responsabilité partagée (Guide du CIME)*. Repéré à www.ccq.org/fr-CA/GrandPublic/Publications/Documentation/Femmes/CIME/DocumentsCIME

Conseil du statut de la femme. (2013). *Portrait des Québécoises en 8 temps*, édition 2013, p. 34.

Cornet, A. et Warland, P. (2008). *GRH et gestion de la diversité*, Paris, France, Dunod (coll. « Topos »).

Costanza, D.P., Badger, J.M., Fraser, R.L., Severt, J.B. et Gade, P.A. (2012). « Generational differences in work-related attitudes : A meta-analysis », *Journal of Business and Psychology*, vol. 27, nº 4, p. 375-394.

Cox, T.H. et Blake, S. (1991). « Managing cultural diversity : implications for organizational competitiveness », *Academy of Management Executive*, vol. 5, nº 3, p. 45-56.

Crenshaw, K. (1991). « Mapping the Margins : Intersectionality, Identity Politics, and Violence against Women of Color », *Stanford Law Review*, vol. 43, nº 6, p. 1241-1299.

Davel, E., Dupuis, J.-P. et Chanlat, J.-F. (2008). *Gestion en contexte interculturel : Approches, problématiques, pratiques et plongées*, Québec, Presses de l'Université Laval et TÉLUQ.

Davidson, M.J. et Burke, R.J. (2004). « Les femmes dans le management, une perspective mondiale », *Revue française de gestion*, vol. 4, nº 151, p. 129-143.

De Dreu, C.K.W. (2010). « Human Creativity : Reflections on the Role of Culture », *Management and Organization Review*, vol. 6, nº 3, p. 437-446.

Dejouany, L. (2012). *Les femmes au piège de la négociation salariale ou Comment demander de l'argent à son patron sans le fâcher...*, Paris, France, Éditions L'Harmattan.

Dencker, J.C., Joshi, A. et Martocchio, J.J. (2008). « Towards a theoretical framework linking generational memories to workplace attitudes and behaviors », *Human Resource Management Review*, vol. 18, nº 3, p. 180-187.

D'Iribarne, P. (1989). *La Logique de l'honneur*, Paris, France, Seuil.

D'Iribarne, P. (avec Henry, A., Segal, J.-P. *et al.*). (1998). *Cultures et mondialisation*, Paris, France, Seuil.

D'Iribarne, P. (2008). *Penser la diversité du monde*, Paris, France, Seuil.

Dubet, F. (2009). *Le travail des sociétés*, Paris, France, Seuil.

Dugré, G. (2006). *Travailleuses de la construction*, Montréal, Québec, Éditions du remue-ménage.

Dupuis, J.-P. (2002). « La gestion québécoise à la lumière des études comparatives », *Recherches sociographiques*, vol. XLIII, nº 1, p. 183-205.

Dupuis, J.-P. (dir.). (2007). *Sociologie de l'entreprise*, Montréal, Québec, Gaëtan Morin éditeur/Chenelière Éducation.

Dupuis, J.-P. (2008). « Culture et gestion au Québec », dans E. Davel, J.-P. Dupuis et J.-F. Chanlat. (2008). *Gestion en contexte interculturel : Approches, problématiques, pratiques et plongées*, Québec, Québec, Presses de l'Université Laval et TÉLUQ, chapitre IV.I (DVD).

Dupuis, J.-P. (2013). *Coopérer dans les entreprises multiculturelles : le cas d'entreprises montréalaises*, Montréal, Québec, JFD Éditions.

Educaloi. (2014). *Trousse – Accommodements raisonnables*. Repéré à www.educaloi.qc.ca/services-et-ressources/ressources-educatives/trousses-pedagogiques/trousse-les-accommodements

Eid, P. (2012). « Les inégalités "ethnoraciales" dans l'accès à l'emploi à Montréal : le poids de la discrimination », dans S. Arcand (dir.), « Migrations et marché du travail », *Recherches sociographiques*, p. 415-450.

Elder, G.H. Jr. (1994). « Time, human agency, and social change : Perspectives on the life course », *Social Psychology Quarterly*, vol. 57, nº 1, p. 4-15.

Elder, G.H. Jr. (1998). « The life course as developmental theory », *Child Development*, vol. 69, nº 1, p. 1-12.

Ely, R.J. et Thomas, D.A. (juin 2001). « Cultural Diversity at Work : The Effects of Diversity Perspectives on Work Group Processes and Outcomes », *Administrative Science Quarterly*, vol. 46, n° 2, p. 229-273.

Feather, N.T. (1990). « Bridging the gap between values and action : recent applications of the expectancy-value model », dans E.T. Higgins et R.M. Sorrentino (dir.), *Handbook of Motivation And Cognition : Foundations of Social Behaviour*, vol. 2, p. 151-192.

Fédération des travailleurs et travailleuses du Québec (FTQ). (2009). *Les femmes et l'emploi : Fiche d'information*, Rencontre biennale de réflexion en condition féminine, novembre 2009.

Ferrary, M. (2010). « Les femmes influencent-elles la performance des entreprises ? », *Travail, genre et sociétés*, vol. 1, n° 23, p. 181-190.

Finegold, D., Mohrman, S. et Spreitzer, G.M. (2002). « Age effects on the Predictors of Technical workers' Commitment and Willingness to Turnover », *Journal of Organizational Behavior*, vol. 23, n° 5, p. 655-674.

Fonds monétaire international (FMI), Strategy, Policy, and Review Department and Fiscal Affairs Department. (2013). *Women, Work, and the Economy : Macroeconomic Gains from Gender Equity.*

Foot, D.K. (1996). *Entre le boom et l'écho 2000 : comment mettre à profit la réalité démographique à l'aube du prochain millénaire*, Montréal, Québec, Boréal.

Foubert, P. (2010). « L'écart de rémunération entre femmes et hommes en Europe d'un point de vue juridique », *Commission Européenne.*

Gómez-Mejia, L.R. et Palich, L.E. (1997). « Cultural Diversity and the Performance of Multinational Firms », *Journal of International Business Studies*, vol. 28, n° 2, p. 309-335.

Granovetter, M. (1973). « The Strenght of Weak Ties », *American Journal of Sociology*, vol. 78, p. 1360-1380.

Grant, J. (1988). « Women Managers : What They Can Offer to Organizations », dans *Organizational Dynamics*, vol. 16, n° 3, p. 56-63.

Guillemard, A.-M. (2007). « Vers un nouveau management des âges et des temps sociaux en réponse au vieillissement de la population. Une perspective internationale », dans D.-G. Tremblay (dir.), *D'une culture de la retraite à un nouveau management des âges et des temps sociaux*, Québec, Québec, Presses de l'Université du Québec (coll. « Économie politique »), p. 15-31.

Hébert, B.-P. et Luong, M. (novembre 2008). « Emploi en transition », *L'emploi et le revenu en perspective*, p. 5-13.

Hofstede, G. (1980). *Culture's consequences : International Differences in Work Related Values*, Beverly Hills, CA, Sage Publications.

Hofstede, G., Hofstede, J. et Minkov, M. (2010). *Cultures and Organizations : Software of the Mind*, 3e éd., New York, NY, McGraw Hill.

Hunt, J.W. et Saul, P.N. (1975). « The relationship of age, tenure, and job satisfaction in males and females », *Academy of Management Journal*, vol. 18, n° 4, p. 690-702.

Inglehart, R. (1971). « The Silent Revolution in Europe : Intergenerational Change in Post-Industrial Societies », *American Political Science Review*, vol. 65, n° 4, p. 991-1017.

Inglehart, R. (2008). « Changing Values among Western Publics from 1970 to 2006 », *West European Politics*, vol. 31, nos 1-2, p. 130-146.

Institut de la famille et du travail, Catalyst et Centre du travail et de la famille du collège de Boston. (2003). *Leaders in Global Economy : A Study of Executive Women and Men.* Repéré à www.catalyst.org/knowledge/leaders-global-economy-study-executive-women-and-men

Institut de la statistique du Québec (ISQ). (2013). *Le Bilan démographique du Québec 2013.* Repéré à www.stat.gouv.qc.ca/statistiques/population-demographie/bilan2013.pdf

Institut de la statistique du Québec (ISQ). (2014). *Travail et rémunération. État du marché du travail du Québec, bilan de l'année 2013.* Repéré à www.stat.gouv.qc.ca/statistiques/travail-remuneration/bulletins/etat-marche-travail-2013.pdf

Irrmann, O. (2008). « L'analyse interculturelle en gestion : l'approche interactionniste », dans E. Davel, J.-P. Dupuis et J.-F. Chanlat, *Gestion en contexte interculturel : approches, problématiques, pratiques et plongées*, Québec, Québec, Presses de l'Université Laval et TELUQ/UQAM.

Jérôme-Forget, M. (2012). *Les femmes au secours de l'économie. Pour en finir avec le plafond de verre*, Montréal, Québec, Éditions internationales Alain Stanké.

Juteau, D. (1999). *L'ethnicité et ses frontières*, Montréal, Presses de l'Université de Montréal (coll. « Trajectoires sociales »).

Kacmar, K.M. et Ferris, G.R. (1989). « Theoretical and methodological considerations in the age-job satisfaction relationship », *Journal of Applied Psychology*, vol. 74, n° 2, p. 201-207.

Kochan, T. *et al.* (printemps 2003). « The effects of diversity on business performance : Report of the diversity research network », *Human Resource Management*, vol. 42, n° 1, p. 3-21.

Kymlicka, W. (2001). *La citoyenneté multiculturelle : une théorie libérale du droit des minorités*, Montréal, Québec, Éditions du Boréal.

Lapierre, L. (10 décembre 2007). « Gérer est féminin », *Le Journal de Montréal, Votre Argent.*

Laufer, J. (2004). « Femmes et carrières : la question du plafond de verre », *Revue française de gestion*, vol. 4, n° 151, p. 117-127.

Laufer, J. et Paoletti, M. (2010). « Spéculations sur les performances économiques des femmes », *Travail, genre et sociétés*, vol. 1, n° 23, p. 167-170.

Lestrade, B. (2011). *Travail et précarité : les « working poor » en Europe*, Paris, France, L'Harmattan, p. 267.

Lenoir-Achdjian, A., Arcand, S., Helly, D., Drainville, I. et Vatz-Laaroussi, M. (2009). « Si j'avais su, jamais je ne serais venu : Discrimination en emploi et impact sur les politiques publiques : Le cas des Maghrébins au Québec », *Choix IRPP*, vol. 15, n° 3, Montréal, Institut de recherche en politiques publiques, p. 4-42. Repéré à www.irpp.org/fr/fasttrak/index.htm

Macky, K., Gardner, D. et Forsyth, S. (2008). « Generational differences at work : Introduction and overview », *Journal of Managerial Psychology*, vol. 23, n° 8, p. 857-861.

MacLean, A. et Elder, G.H. Jr. (2007). « Military service in the life course », *Annual Review of Sociology*, vol. 36, p. 175-196.

Maguain, D. (2006). « Discrimination positive : un bilan des expériences américaines et européennes », *Revue française d'économie*, vol. 21, n° 2, p. 147-193.

Manço, A. et Barras, C. (dir.). (2013). *La diversité culturelle dans les PME : Accès au travail et valorisation des ressources*, Paris, France, L'Harmattan, Compétences interculturelles, IRFAM.

Milewski, F. (2011). « L'inégalité entre les femmes et les hommes dans la haute fonction publique : du constat aux moyens d'y remédier », *Politiques et management public*, vol. 28, n° 2, p. 157–179.

Ministère de l'emploi et de la solidarité sociale. (2009). *Faits saillants. Femmes et travail : le féminin, ça s'emploie partout. Stratégie d'intervention d'Emploi-Québec à l'égard de la main-d'œuvre féminine.* Repéré à http://emploiquebec.gouv.qc.ca/publications/pdf/00_imt_femmes_faits-saillants.pdf

Ministère de l'Immigration, de la Diversité et de l'Inclusion (MIDI). (2014). *Portraits régionaux 2003-2012. Caractéristiques des immigrants établis au Québec et dans les régions en 2014*, Repéré à www.midi.gouv.qc.ca/publications/fr/recherches-statistiques/PUB_Portraits_regionaux2003-2012.pdf

Ministère de l'Industrie, du Commerce, de la Science et de la Technologie (Industrie Canada). Direction générale. (novembre 1996). *La tertiarisation de l'économie du Québec.*

Mir, A., Mir, R. et Mosca, J.B. (2002). « The new age employee : An exploration of changing employee-organization relations », *Public Personnel Management*, Washington, DC, vol. 3, n° 2, p. 187-200.

Morin, E. (1999). *Introduction à une politique de l'homme*, Paris, France, Seuil (coll. « Points »).

Ng, T.W.H. et Feldman, D.C. (2010). « The relationships of age with job attitudes : A meta-analysis », *Personnel Psychology*, vol. 63, p. 677-718.

Nifle, R. (2014). *Journal Permanent de l'Humanisme Méthodologique.* Repéré à http://journal.coherences.com/auteur1.html

Noble, S.M. et Schewe, C.D. (2003). « Cohort segmentation : An exploration of its validity », *Journal of Business Research*, vol. 56, n° 12, p. 979-987.

Office québécois de la langue française (2011). *Rapport sur l'évolution de la situation linguistique : suivi démo-linguistique* (septembre 2011), Montréal, Québec, Office québécois de la langue française.

Organisation de Coopération et de Développement Économiques (OCDE). (2006). *Vieillissement et politiques de l'emploi : Vivre et travailler plus longtemps*, Paris, France, OCDE.

Organisation de Coopération et de Développement Économiques (OCDE). (2012). *Inégalités hommes-femmes : il est temps d'agir*, Éditions OCDE.

Office International du Travail (OIT). (2012). *Global Employment Trends for Women*, Genève, Suisse.

Olivier, F. (26 juin 2013). « Scolarité : les femmes dépassent les hommes », *La Presse.* Repéré à www.lapresse.ca/actualites/education/201306/26/01-4664964-scolarite-les-femmes-depassent-les-hommes.php

Parasuraman, S. (1982). « Predicting turnover intentions and turnover behavior : A multivariate analysis », *Journal of Vocational Behavior*, vol. 21, p. 111-121.

Parry, E. et Urwin, P. (2010). « Generational differences in work values : A review of theory and evidence », *International Journal of Management Reviews*, vol. 13, p. 79-96.

Portes, A. (1998). « Social Capital : its origins and applications in modern sociology », *Annual Review of Sociology*, vol. 24, p. 1-24.

Putnam, R. (2007). « E Pluribus Unum : Diversity and Community in the Twenty-first Century » (The 2006 Johan Skytte Prize Lecture), *Scandinavian Political Studies*, vol. 30, n° 2, p. 137-174.

Revel, D. (2001). *La précarité professionnelle au masculin et au féminin*, Montréal, Québec, L'Harmattan (coll. « Logiques sociales »), p. 298.

Rhodes, S.R. (1983). « Age-related differences in work attitudes and behavior : A review and conceptual analysis », *Psychological Bulletin*, vol. 93, n° 2, p. 328-367.

Robinson, S.L. et Rousseau, D.M. (1994). « Violating the psychological contract : Not the exception but the norm », *Journal of Organizational Behavior*, vol. 15, p. 245-259.

Rousseau, D.M. (1995). *Psychological Contracts in Organizations : Understanding Written and Unwritten Agreements*, Thousand Oaks, CA, Sage Publications.

Rousseau, D.M. et Tijoriwala, S.A. (1998). « Assessing psychological contracts : Issues, alternatives and measures », *Journal of Organizational Behavior*, vol. 19, p. 679-695.

Saba, T. (2009). « Les différences intergénérationnelles au travail : faire la part des choses », *Gestion*, vol. 34, n° 3, p. 25-37.

Saba, T. (2010). *Parcours de vie et conditions de travail : les différences intergénérationnelles.* (Non publié.) Repéré à http://benhur.teluq.uquebec.ca/SPIP/aruc/IMG/pdf_ARUC-PPT-10-23.pdf

Saba, T. (2014a). « Promoting Active Aging : The Canadian Experience of Bridge Employment », dans C.-M. Alcover, G. Topa, E. Parry, F. Fraccaroli et M. Depolo (dir.), *Research Handbook in Bridge Employment*, Londres, Angleterre, Routledge, chap. 11.

Saba, T. (2014b). « Le débat sur les générations au travail : les introuvables différences », dans C. Perrin-Joly, *Entreprise et générations : de la transmission à la coopération*, Paris, France, Ouvertures sociologiques. (Sous presse.)

Saba, T. et Dolan, S.L. (2013). *La Gestion des ressources humaines, tendances, enjeux et pratiques actuelles*, 5e éd., Montréal, Québec, ERPI-Pearson Education. (À paraître.)

Saba, T. et Guérin, G. (2004). « Planifier la relève dans un contexte de vieillissement : conjuguer les préférences individuelles, les politiques publiques en matière de retraite et les enjeux organisationnels », *Gestion*, vol. 29, n° 3, p. 54-63.

Saba, T. et Guérin, G. (2005). « Extending Employment beyond Retirement Age : The Case of Health Care Managers in Quebec », *Public Personnel Management*, vol. 34, n° 2, p. 195-213 (« Citation of Excellence » de Emerald Management Reviews, Royaume-Uni).

Saba, T., Blouin, M. et Lemire, L. (2006). « Statut d'emploi et engagement organisationnel : l'effet médiateur de la violation du contrat psychologique », *CJAS/Revue Canadienne des Sciences Administratives*, vol. 23, n° 4, p. 318-333 (Prix Verity International, 2007).

Sachdev, I. et Bouris, R.Y. (juillet-septembre 1987). « Status differentials and intergroup behaviour », *European Journal of Social Psychology*, vol. 17, n° 3, p. 277-293.

Sachdev, I. et Bouris, R.Y. (janvier-février 1991). « Power and status differentials in minority and majority group relations », *European Journal of Social Psychology*, vol. 21, n° 1, p. 1-24.

Schwartz, S.H. (1992). « Universals in the Content and Structure of Values : Theoretical Advances and Empirical Tests in 20 Countries », *Advances in Experimental Social Psychology*, vol. 25, p. 1-65.

Schwartz, S.H. (1999). « A Theory of Cultural Values and Some Implications for Work », *Applied Psychology: An International Review*, vol. 48, n° 1, p. 23-47.

Scott, Mary, E. (2014). « Number of Women In Senior Management Stagnant At 24 % », *Forbes Magazine*. Repéré à www.forbes.com/sites/forbesasia/2014/03/06/number-of-women-in-senior-management-stagnant-at-24

Site du premier ministre du Québec. (2011). Conseils d'administration des sociétés d'État. La parité entre les femmes et les hommes est atteinte. Repéré à www.premier.gouv.qc.ca/actualites/communiques/details.asp?idCommunique=164

Smith, P.L. et Smits, S.J. (1994). « The Feminization of Leadership ? », *Training & Development*, vol. 48, n° 2, p. 43-46.

Smola, K.W. et Sutton, C.D. (2002). « Generational differences : revisiting generational work values for the new millennium », *Journal of Organizational Behavior*, vol. 23, p. 363-382.

Spell, C.S. et Bezrukova, K. (2010). « Genre, prise de décision et performance », *Travail, genre et sociétés*, vol. 1, n° 23, p. 191-199.

Statistique Canada. (juillet 2011). *Femmes au Canada : rapport statistique fondé sur le sexe*, n° 89-503-X au catalogue.

Statistique Canada. (2013). « Pourcentage de femmes parmi les diplômés universitaires, selon le domaine d'études, Canada, 1992 et 2008 ». Repéré à www.statcan.gc.ca/pub/89-503-x/2010001/article/11542/tbl/tbl009-fra.htm

Statistique Canada. (2014). *Enquête nationale auprès des ménages de 2011 : Immigration, lieu de naissance, citoyenneté, origine ethnique, minorités visibles, langue et religion*. Repéré à www.statcan.gc.ca/daily-quotidien/130508/dq130508b-fra.pdf

Strauss, W. et Howe, N. (1991). *Generations : The history of America's future, 1584 to 2069*, New York, NY, William Morrow & Co.

Symons, G.L. (2007). « Qui a peur des émotions organisationnelles ? Revisiter le rapport entre le féminin et la gestion à l'aide du concept de l'espace-temps affectif », *Recherches féministes*, vol. 20, n° 1, p. 101-127.

Taylor, C. (1993). *Multiculturalisme : Différence et démocratie*, Paris, France, Aubier.

Trzesniewski, K.H. et Donnellan, M.B. (2010). « Rethinking "Generation Me" : A study of cohort effects from 1976-2006 », *Perspectives on Psychological Science*, vol. 5, n° 1, p. 58-75.

Twenge, J.M., Campbell, S.M., Hoffman, B.J. et Lance, C.E. (2010). « Generational differences in work values : Leisure and extrinsic values increasing, social and intrinsic values decreasing », *Journal of Management*, vol. 36, n° 5, p. 1117-1142.

UNESCO, *Priority Gender Equality*, Action Plan 2008-2013.

Verplanken, B. et Holland, R.W. (2002). « Motivated decision making : Effects of Activation and Self Centrality of Values on Choices and Behaviour », *Journal of Personality and Social Psychology*, vol. 82, p. 434-447.

Waxin, M.F., Wils, T. et Labelle, C. (2009). « Évaluation de la validité de convergence d'un inventaire de valeurs au travail », Communication présentée au 46e congrès de l'ACRI, Gatineau, Québec, UQO.

Weyer, B. (2007). « Twenty years later : explaining the persistence of the glass ceiling for women leaders », *Women In Management Review*, vol. 22, n° 6, p. 482-496.

Wils, T., Luncasu, M. et Waxin, M.F. (2007). « Développement et validation d'un modèle de structuration des valeurs au travail », *Relations Industrielles/Industrial Relations*, vol. 62, n° 2, p. 305-332.

Wils, T., Saba, T., Waxin, M.F et Labelle, C. (2011). « Intergenerational and Intercultural Differences in Work Values in Quebec and the United Arab Emirates », *Relations Industrielles/Industrial Relations*, vol. 66, n° 3, p. 445-469.

Wong, M., Gardiner, E., Lang,W. et Coulon, L. (2008). « Generational differences in personality and motivation : Do they exist and what are the implications for the workplace ? », *Journal of Managerial Psychology*, vol. 23, n° 8, p. 878-890.

Zemke, R., Raines, C. et Filipczak, B. (2000). *Generations at Work : Managing the Clash of Veterans, Boomers, Xers, and Nexters in Your Workplace*, New York, NY, American Management Association.

chapitre 8

Aéro Montréal. (2014). *Un client existant commande trois avions CSeries de Bombardier – le compte des commandes fermes du programme augmente à plus de 200.* Repéré à www.aeromontreal.ca/un-client-existant-commande-trois-avions-cseries-de-bombardier-le-compte-des-commandes-fermes-du-programme-augmente-ainsi-a-plus-de-200

Barin Cruz, L. (2013). « Lutter contre la pauvreté : un cas brésilien », dans C. Gendron et B. Girard, (dir.), *Repenser la responsabilité sociale de l'entreprise : L'école de Montréal*, Paris, France, Armand Colin.

Batellier, P. et Sauvé, L. (2011). « La mobilisation des citoyens autour des gaz de schiste au Québec : les leçons à tirer », *Gestion - Revue Internationale de gestion*, vol. 36, n° 2, p. 49-58.

Bowen, H.R. (1953). *Social responsibilities of the businessman*, New York, NY, Harper.

Brundtland, G. (1987). *Our Common Future : Report of the World Commission on Environment and Development*, New York, NY, Oxford University Press.

Cesselin, M., Riom, F., Sibieude, T. et Vidal, R. (2008). « Le "Protocole Base of the Pyramid" : Vers une stratégie BOP de deuxième génération », dans Institut de l'Innovation et de l'Entreprenariat Social – IIES. Repéré à http://iies.essec.edu/sites/default/files/ProtocoleBoP-7fevrier_ESSEC-IIES_FR.pdf

CNES. (2012). *L'économie du spatial*. Repéré à www.cnes-csg.fr/web/CNES-CSG-fr/9759-economie-du-spatial.php

Commission européenne. (2001). *Livre vert : Promouvoir un cadre européen pour la responsabilité sociale des entreprises*, Bruxelles, Belgique.

Davis, K. (1973). « The Case For and Against Business Assumption of Social Responsibilities », *Academy of Management Journal*, vol. 16, n° 2, p. 312-322.

Elkington, J. (1998). *Cannibals With Forks : The Triple Bottom Line of 21st Century Business*, Stony Creek, CT, New Society Publishers.

Freeman, R.E. (1984). *Strategic Management : A stakeholder approach*, Boston, MA, Pitman.

Friedman, M. (13 septembre 1970). « The social responsibility of business is to increase its profits », *New York Times Magazine*.

Garriga, E. et Melé, D. (2004). « Corporate Social Responsibility Theories : Mapping the Territory », *Journal of Business Ethics*, vol. 53, p. 51-71.

Ghoshal, S. (2005). « Bad management theories are destroying good management practices », *Academy of*

Management Learning and Education, vol. 4, p. 75-91.

Gond, J.-P., Kang, N. et Moon, J. (2011). « The government of self-regulation : on the comparative dynamics of corporate social responsibility », *Econ. & Soc.* vol. 40, n° 4, p. 640-671.

Hart, S. et Prahalad, C.K. (janvier 2002). « The fortune at the bottom of the pyramid », *Strategy+Business*, vol. 26, p. 54-67.

Husted, B.W. et Salazar, J.J. (2006). « Taking Friedman Seriously : Maximizing Profits and Social Performance », *Journal of Management Studies*, vol. 43, n° 1, p. 75-91.

INSEE. (2010). « Guyane - Le Spatial », *Antiane*, vol. 73, p. 24-27.

KPMG. (2011). The KPMG *International Survey of Corporate Responsibility Reporting 2011*, GB, KPMG International.

Pasquero, J. (2005). « La responsabilité sociale de l'entreprise comme objet des sciences de gestion : un regard historique », dans M.F. Turcotte et A. Salmon (dir.), *Responsabilité sociale et environnementale de l'entreprise : 80-111*, Québec, Québec, Presses de l'Université du Québec.

Pasquero, J. (2013). « La responsabilité sociale de l'entreprise : trajectoire d'une idée », dans C. Gendron et B. Girard (dir.), *Repenser la responsabilité sociale de l'entreprise*, Paris, France, Armand Colin, p. 1-61.

Porter, M. et Kramer, M. (2011). *The Big Idea : Creating Shared Value ; How to reinvent capitalism—and unleash a wave of innovation and growth*, Harvard Business Review.

Scherer, A.G. et Palazzo, G. (2011). « The New Political Role of Business in a globalized World : A Review of a New Perspective on CSR and its Implications for the Firm, Governance, and Democracy », *Journal of Management Studies*, vol. 48, n° 4, p. 899-931.

Scherer, A.G., Palazzo, G. et Matten, D. (2009). « Introduction to the Special Issue : Globalization as a Challenge for Business Responsibilities », *Business Ethics Quarterly*, vol. 19, n° 3, p. 327-347.

Scherer, A.G., Palazzo, G. et Seidl, D. (2013). « Managing Legitimacy in Complex and Heterogeneous Environments : Sustainable Development in a Globalized World », *Journal of Management Studies*, vol. 50, n° 2, p. 259-284.

Simanis E., Hart, S. et Duke D. (2008). « The Base of the pyramid protocol : beyond "basic needs" business strategies », *Innovations*, p. 57-84.

Zadek, S. (2004). « Paths to corporate responsibility », *Harvard Business Review*, vol. 82, n° 12, p. 125-132.

chapitre 9

Akrich, M. (1998). « Les utilisateurs, acteurs de l'innovation », *Éducation permanente*, n° 134, p. 79-89.

Bailly, F., Blanc, M., Dezalay, T. et Peyrard, C. (2002). *Pratiques professionnelles et usages des écrits électroniques*, Paris, France, L'Harmattan.

Becheikh, N. et Su, Z. (2005). « L'organisation virtuelle : un avenir qui se dessine », *Communication*, vol. 1, n° 154, p. 93-110.

Benkler, Y. et Nissembaum, H. (2006). « Common-Based Production and Virtue », *The Journal of Political Philosophy*, vol. 14, n° 4, p. 394-419.

Breton, P. et Proulx, S. (2002). *L'explosion de la communication à l'aube du XXIe siècle*, Paris, France, La Découverte et Montréal, Québec, Boréal.

Brunelle, E. (2003). « Entreprises virtuelles ou virtualité dans les entreprises ? Un modèle d'analyse », *Gestion*, vol. 28, n° 2, p. 41-47.

Bustamente, E. (1997). « Société de l'information : la permanence des mythes dans les discours : vision panoramique sur un quart de siècle », *Quaderni*, n° 32, p. 21-32.

Castells, M. (2000). *The Rise of network society : The information age : Economy, Society, Culture*, vol. 1, 2e éd., Oxford, Angleterre, Les Éditions Blackwell.

CEFRIO. (2012). *Indices de l'innovation par les TIC : résultats d'enquête menée auprès d'entreprises et d'organisations québécoises et canadiennes.* Repéré à www.cefrio.qc.ca/media/uploader/Resultats_enquete_menee_entreprises.pdf

CEFRIO. (2014). *Les intranets et leur écosystème : portait des usages et meilleures pratiques.* Repéré à www.cefrio.qc.ca/media/uploader/Lesintranetsetleurchosystme-portraitdesusagesetmeilleurespratiques_final.pdf

Chambat, P. (1994). « Usage des TIC : évolution des problématiques », *Technologies de l'information et société*, vol. 6, n° 3, p. 249-269.

Chaptal, A. (2007). « Usages prescrits ou annoncés, usages observés. Réflexions sur les usages scolaires du numérique pour les enseignants », *Document Numérique*, vol. 3, n° 10, p. 81-106.

Charki, N.B. et Charki, M.H. (2008). « L'e-mail : un moyen de contrôle ou de responsabilisation ? », *Systèmes d'information et Management*, vol. 4, n° 13, p. 31-60.

David. A. (1965). *La cybernétique et l'humain*, Paris, France, Gallimard (coll. « Idées »).

David, P.A. et Foray, D. (2002). « Une introduction à l'économie et à la société du savoir », *Revue internationale des sciences sociales*, Unesco, n° 171, p. 13-28.

Déry, R. (2002). « Modernité et gestion : du royaume des Dieux au crépuscule des Hommes », *Cahiers des leçons inaugurales*, HEC Montréal, vol. 27.

Dubé, L. (2009). « Survivre aux paradoxes de l'équipe virtuelle », *Gestion*, vol. 34, n° 2, p. 75-83.

Elie-Dit-Cosaque, C.M. (2010). « Les réponses de cadres intermédiaires face à l'implémentation de technologies de l'information et de la communication : le cas d'une administration publique », *Management & Avenir*, vol. 9, n° 39, p. 213-232.

Ellul, J. (1954). *La technique ou l'enjeu du siècle*, Paris, France, Armand Colin.

Faucheux, S., Hue, C. et Nicolaï, I. (2010). *T.I.C. et développement durable : Les conditions du succès*, Bruxelles, Belgique, De Boeck Supérieur.

Flichy, P. (1995). *L'innovation technique ; récents développements en sciences sociales, vers une nouvelle théorie de l'innovation*, Paris, France, La Découverte.

Geraud, D. (2001). « Le copyleft : un ver dans le verger des titulaires de droit », *Réseaux*, vol. 6, n° 110, p. 156-162.

Halpern, C. (2008). « Les techniques menacent-elles l'homme ? », *Les Grands Dossiers des Sciences Humaines*, vol. 3, n° 10, p. 76-78.

Hamon-Cholet, S., Greenan, N. et Moatty, F. (2012). « Les conditions de travail à l'épreuve des TIC », *Santé et travail*, n° 78, p. 42-45.

Huff, C. et Finholt, T. (1994). *Social Issues in Computing. Putting Computing in its place*, New York, NY, McGraw-Hill, p. 2.

Institut de la statistique du Québec. (2013). « L'accès des entreprises à Internet dans les régions du Québec », vol. 12, n° 4.

Jauréguiberry, F. et Proulx, S. (2011). *Usages et enjeux des technologies de communication*, Toulouse, France, Erès.

Kiyindou, A. (2009). *Les pays en développement face à la société de l'information*, Paris, France, L'Harmattan.

Kuzminski, A. (1997). « Nouvelles technologies : entre utopie et tyrannie », dans J.-P. Dupuis et A. Kuzminski (dir.), *Sociologie de l'économie, du travail et de l'entreprise*, Montréal, Québec, Éditions Gaëtan Morin, p. 107-129.

Lacroix J.-G., Mœglin P. et Tremblay G. (1992). « Usages de la notion d'usages des NTIC et discours promotionnels au Québec et en France », dans *Les nouveaux espaces de l'information et de la communication*, Actes du colloque INFORCOM, Lille, France, Société française des sciences de l'information et de la communication (SFSIC).

Lardellier, P. (2013). « Un anthropologue à l'Apple Store », *Questions de communication*, vol. 1, n° 23, p. 121-144.

Lefebvre, S. et Desgagnés, G. (2010). « Internet et courrier électronique : le droit de regard de l'employeur », *Gestion*, vol. 2, n° 35, p. 96-102.

Lemke, D.K. (1998). « Cyberia », *Journal of Management Inquiry*, vol. 7, n° 2, p. 270-272.

Le Petit Robert 2008. (2007). Paris, France, Le Robert.

Lévy, J.-L. et Lasserre, E. (2011). « Cyberespace et anthropologie : transmission des savoirs et des savoir-faire », *Anthropologie et sociétés*, vol. 35, n° 1-2, p. 9-16.

Mattelart, A. (2001). *Histoire de la société d'information*, Paris, France, La Découverte.

McLuhan, M. (1964). *Understanding Media, The Extensions of Man*, New York, NY, McGraw-Hill Book Company.

Metzger, J.-L. et Labs, O. (2011). « TIC et travail : de l'étude des usages à la critique de l'impératif du changement », dans J. Denouël et F. Granjon (dir.), *Communiquer à l'ère numérique. Regards croisés sur la sociologie des usages*, Paris, France, Éd. Transvalor/ Presses des Mines (coll. « Sciences sociales »), p. 91-119.

Michaud, T. (2014). « La dimension imaginaire de l'innovation : l'influence de la science-fiction sur la construction du cyberespace », *Innovations*, vol. 2, n° 44, p. 213-233.

Miladi, S. (2006). « Les campus numériques : le paradoxe de l'innovation par les TIC », *Distances et savoirs*, vol. 1, n° 4, p. 41-59.

Mondoux, A. (2011). *Histoire sociale des technologies numériques, de 1945 à nos jours*, Québec, Québec, Éditions Nota bene.

Muselli, L. (2004). « Les licences informatiques. Un instrument stratégique des éditeurs de logiciels », *Réseaux*, n° 125, p. 143-174.

Orlikowski, W.J. (1992). « The Duality of Technology : Rethinking the Concept of Technology in Organizations », *Organization Science*, vol. 3, n° 3, p. 398-427.

Peaucelle, J.-L. (2007), La malléabilité organisationnelle des TIC, *Revue française de gestion*, vol. 3, n° 172, p. 105-116.

Proulx, S. (2005). *Penser les usages des TIC aujourd'hui : enjeux, modèles, tendances*. Repéré à www.sergeproulx.info

Rallet, A. et Rochelandet, F. (2004). « La fracture numérique : une faille sans fondement ? », *Réseaux*, vol. 5-6, n° 127, p. 19-54.

Service de l'enseignement des technologies de l'information de HEC Montréal (SETI). (2007). « Les technologies de l'information et l'organisation : une histoire riche, un avenir prometteur », *Gestion*, vol. 32, n° 3, p. 110-120.

Taskin, L. (2010). « La déspatialisation. Enjeu de gestion », *Revue française de gestion*, n° 202, p. 61-76.

Tönnies, F. (2010). *Communauté et société*, Paris, France, PUF.

Tran, S. (2010). « Quand les TIC réussissent trop bien dans les organisations : le cas du courrier électronique chez les managers », *Management & Avenir*, vol. 4, n° 34, p. 200-215.

Wiener, N. (1962). *Cybernétique et société*, Paris, France, Éditions des Deux-Rives.

chapitre 10

Abraham, Y.-M. (novembre 2012). *La décroissance soutenable comme sortie de crises ?*, colloque de l'ACSALF, Montréal, Québec.

Anders, G. (2011). *L'obsolescence de l'homme*, tome 2, Paris, France, Éditions Fario.

Baudelot, C., Roger, E. et Malemort, J. (1974). *La petite bourgeoisie en France*, Paris, France, Maspéro.

Bayon, D., Flipo. F et Schneider, F. (2012). *La décroissance. 10 questions pour comprendre et débattre*, Paris, France, La Découverte.

Bonneuil, C. et Fressoz, J.-B. (2013). *L'événement Anthropocène. La Terre, l'histoire et nous*, Paris, France, Seuil.

Constant, B. (1819). *De la liberté des Anciens comparée à celle des Modernes*, discours prononcé à l'Athénée royal à Paris, 1819. Repéré à www.catallaxia.org/wiki/Benjamin_Constant:De_la_libert%C3%A9_des_Anciens_compar%C3%A9e_%C3%A0_celle_des_Modernes

CRITIC. (octobre 2013). *La véritable indépendance énergétique du Québec passe par la décroissance*, mémoire présenté dans le cadre de la consultation publique sur les enjeux énergétiques du Québec.

De Tocqueville, A. (1961 [1835]). *De la démocratie en Amérique*, tome 2, Paris, France, Gallimard.

Dumont, L. (1985). *Homo aequalis. Genèse et épanouissement de l'idéologie économique*, Paris, France, Gallimard.

Dupuis-Déri, F. (2013). *Démocratie. Histoire politique d'un mot*, Montréal, Québec, Lux.

Durkheim, E. (1966 [1922]). *Éducation et sociologie*, Paris, France, PUF.

Durkheim, E. (1986 [1897]). *De la division du travail social*, Paris, France, PUF.

Freitag, M. (2002). *L'oubli de la société*, Québec/Rennes, Québec/France, PUL/PUR.

Gadrey, J. (2010). *Adieu à la croissance. Bien vivre dans un monde solidaire*, Paris, France, Les petits matins.

Généreux, J. (2008). *La dissociété*, Paris, France, Seuil.

Georgescu-Roegen, N. (1995). « La loi de l'entropie et le problème économique », dans N. Georgescu-Roegen (dir.), *La décroissance. Entropie – Écologie – Économie*, Paris, France, Éditions Sang de la Terre.

Gorz, A. (1980). *Adieux au prolétariat*, Paris, France, Galilée.

Gorz, A. (2008). *Écologica*, Paris, France, Galilée.

Gras, A. (2013). *Fragilité de la puissance. Se libérer de l'emprise technologique*, Paris, France, Fayard.

Groupe d'experts intergouvernemental sur l'évolution du climat (GIEC). (mars 2014). *Climate Change 2014: Impacts, Adaptation, and Vulnerability, Summary for policymakers*. Repéré à https://ipcc-wg2.gov/AR5/images/uploads/IPCC_WG2AR5_SPM_Approved.pdf

Hamilton, C. (2013). *Requiem pour l'espèce humaine*, Paris, France, Les Presses de SciencesPo.

Harvey, D. (2006). *The Limits to Capital*, Londres, Angleterre, Verso.

Heilbroner, R.L. (2001). *Les grands économistes*, Paris, France, Seuil.

Institut de recherche et d'informations socio-économiques (IRIS). (2013). *Les inégalités: le 1 % au Québec*, note socio-économique. Repéré à www.iris-recherche.qc.ca

Jappe, A. (2011). *Crédit à mort*, Paris, France, Lignes.

Keucheyan, R. (mars 2014). « Not even climate change will kill off capitalism », *The Guardian*. Repéré à www.theguardian.com/commentisfree/2014/mar/06/not-even-climate-change-will-kill-off-capitalism

Lind, M. (1995). *The next American nation: the new nationalism and the fourth American revolution*, New York, NY, Free Press.

Marx, Karl. (1963 [1859]). *Critique de l'économie politique.* Traduction de Maximilien Rubel et Louis Évrard, dans *Œuvres, tome I: Économie*. Paris, France: Économie, Bibliothèque de la Pléiade, © Éditions Gallimard.

Marx, Karl. (1963 [1867]). *Le Capital.* Traduction de Joseph Roy révisée par Maximilien Rubel, dans *Œuvres, tome I: Économie*. Paris, France: Économie, Bibliothèque de la Pléiade, © Éditions Gallimard. (Reproduit avec la permission d'Édition Gallimard.)

Marx, Karl et Friedrich Engels. (1976 [1848]). *Manifeste du parti communiste*, Paris, France, © Éditions Sociales. (Reproduit avec la permission d'Éditions Sociales.)

McGuire, B. (2012). *Waking the Giant: How a Changing Climate Triggers Earthquakes, Tsunamis and Volcanoes*, Oxford University Press.

Meadows, D., Randers, J. et Meadows, D. (2013). *Les limites de la croissance*, Montréal, Québec, Écosociété.

Norton, M. I. et Ariely, D. « Building a Better America One Wealth Quintile at a Time », *Perspectives on Psychological Science*, vol. 6, n° 1, p. 11, © 2011 SAGE Publications. (Reproduit avec la permission de SAGE Publications.)

Organisation de coopération et de développement économiques (OCDE). (mai 2014). *Focus on Top Incomes and Taxation in OECD Countries: Was the crisis a game changer?* Repéré à www.oecd.org/social/OECD2014-FocusOnTopIncomes.pdf

Otero, M. (2012). *L'ombre portée. L'individualité à l'épreuve de la dépression*, Montréal, Québec, Boréal.

Owen, D. (2013). *Vert paradoxe. Le piège des solutions écoénergétiques*, Montréal, Québec, Écosociété.

Piketty, T. (2013). *Le capital au XXIème siècle*, Paris, France, Seuil.

Programme des Nations Unies pour le développement (PNUD). (2014). *L'humanité divisée: combattre les inégalités dans les pays en développement.* Repéré à www.undp.org/content/undp/fr/home/librarypage/poverty-reduction/humanity-divided--confronting-inequality-in-developing-countries

Quiniou, Y. (2006). « Pour une actualisation du concept d'aliénation », *Actuel Marx*, vol. 1, n° 39, p. 70-88.

Sahlins, M. (1976 [1972]). *Âge de pierre, âge d'abondance. L'économie des sociétés primitives*, Paris, France, Gallimard.

Schumpeter, J.A. (1974 [1942]). *Capitalisme, socialisme et démocratie*, Paris, France, Payot.

Simon, P.-J. (1997). *Histoire de la sociologie*, Paris, France, PUF.

Smith, A. (1991 [1776]). *Recherches sur la nature et les causes de la richesse des nations*, Paris, France, Flammarion.

Weber, M. (1964 [1904]). *L'éthique protestante et l'esprit du capitalisme*, Paris, France, Plon.

Wilkinson, R. et Pickett, K. (2013). *L'égalité, c'est mieux. Pourquoi les écarts de richesses ruinent nos sociétés*, Montréal, Québec, Écosociété.

Zinn, H. (2002 [1980]). *Une histoire populaire des États-Unis. De 1492 à nos jours*, Montréal, Québec, Lux.

Épilogue

Baumann, Z. (2007). *Le présent liquide*, Paris, France, Seuil.

Inda, J.X. et Rosaldo, R. (2002). « Introduction. A World in Motion », dans J.X. Inda et R. Rosaldo (dir.), *The Anthropology of globalization*, Malden, MA, Blackwell Publishing Inc., p. 1-34.

Langlois, S. (2003). « Nouvelles tendances: objets et méthodes », dans P. Beaucage et J.-P. Dupuis (dir.), *Des sociétés en mutation*, Québec, Québec, Nota Bene, p. 18-38.

Lipovetsky, G. et Serroy, J. (2013). *L'esthétisation du monde: vivre à l'âge du capitalisme artiste*, Paris, France, Gallimard.

Touraine, A. (1973). *Production de la société*, Paris, France, Seuil.

Index